马克思主义理论研究和建设工程重点教材

马克思主义经济学说史

（第二版）

《马克思主义经济学说史》编写组

高等教育出版社
人民出版社

教学课件下载

本书有配套教学课件，供教师免费下载使用，请访问 xuanshu.hep.com.cn，经注册认证后，搜索书名进入具体图书页面，即可下载。

图书在版编目（CIP）数据

马克思主义经济学说史 /《马克思主义经济学说史》编写组编. -- 2 版. -- 北京：高等教育出版社，2020. 8（2023.1 重印）
ISBN 978-7-04-054443-5

Ⅰ. ①马… Ⅱ. ①马… Ⅲ. ①马克思主义政治经济学-经济思想史-高等学校-教材 Ⅳ. ①F091. 9

中国版本图书馆 CIP 数据核字（2020）第 113973 号

责任编辑 刘清田 王 琼　封面设计 王 洋　版式设计 于 婕
责任校对 李大鹏　责任印制 赵义民

出版发行	高等教育出版社	网　　址	http://www.hep.edu.cn
社　　址	北京市西城区德外大街 4 号		http://www.hep.com.cn
邮政编码	100120	网上订购	http://www.hepmall.com.cn
印　　刷	北京中科印刷有限公司		http://www.hepmall.com
开　　本	787mm × 1092mm 1/16		http://www.hepmall.cn
印　　张	21	版　　次	2012 年 5 月第 1 版
字　　数	340 千字		2020 年 8 月第 2 版
购书热线	010-58581118	印　　次	2023 年 1 月第 7 次印刷
咨询电话	400-810-0598	定　　价	43.00 元

物 料 号 54443-00

·马克思主义理论研究和建设工程重点教材·

马克思主义理论研究和建设工程咨询委员会委员、审议专家

（以姓氏笔画为序）

《马克思主义经济学说史》教材编写课题组

首席专家 顾海良　　程恩富　　柳　欣

主要成员 （以姓氏笔画为序）

王　耀　　白暴力　　乔洪武　　李玉峰

李　楠　　何自力　　张　旭　　孟　捷

姚开建　　常庆欣　　葛　扬

《马克思主义经济学说史》教材修订课题组（第二版）

首席专家 顾海良

主要成员 （以姓氏笔画为序）

王在全　　王　璐　　白暴力　　李　楠

张　旭　　郑吉伟　　姚开建　　傅辉煌

目　录

导　论

马克思主义经济学是马克思主义基本原理同各国革命、建设和改革实践相结合的产物，是关于人类经济发展规律的科学，是指导工人阶级及其政党进行革命斗争和社会主义建设的理论。在长期的发展中，马克思主义经济学不断深化对资本主义经济运动及其内在规律的研究，不断深化对社会主义经济发展及其内在规律的研究，形成了具有丰富内涵的科学体系。学习和研究马克思主义经济学发展的历史，有助于加深对马克思主义经济学基本原理的理解，有助于深化对人类经济活动本质和规律的认识，从而为科学认识当代资本主义社会和建设中国特色社会主义经济提供指导。

一、马克思主义经济学说史的研究对象和主要内容

马克思主义经济学说史以马克思主义经济学产生、发展的历史为研究对象，既要研究马克思主义经济学说的形成过程、理论渊源、发展状况和现实依据，又要研究马克思主义经济学说的科学内涵、理论体系和精神实质，是政治经济学和历史学的交叉学科。具体来说，其主要包括以下五个方面：

第一，对马克思主义经济学产生和发展过程的研究。这包括：研究马克思主义经济学的创始人马克思和恩格斯批判地继承前人的思想和理论成果，经过艰苦卓绝的科学研究，创立马克思主义经济学的过程。研究马克思和恩格斯逝世以后，世界各国的马克思主义者在实践中不断丰富和发展马克思主义经济学的过程。其中，以列宁为代表的俄国和苏联共产党人的理论和实践，把马克思主义经济学发展到了列宁主义的阶段；以毛泽东、邓小平、江泽民、胡锦涛、习近平等为代表的中国共产党人在中国革命、社会主义经济建设和改革的实践中，把马克思主义基本原理与中国具体实际相结合，创立了毛泽东思想、邓小平理论、“三个代表”重要思想、科学发展观、习近平新时代中国特色社会主义思想，开辟了马克思主义经济学的新境界。此外，世界其他各国共产党人和马克思主义者，也对马克思主义经济学的发展做出了贡献。

第二，对马克思主义经济学产生和发展的历史背景和现实基础的研究。马克思主义经济学是历史、时代和实践的产物，同时它也随着历史、时代和实践的发展而不断发展。所以，在对马克思主义经济学说史的研究中，也包括对马

克思主义经济学产生和发展各个阶段上的经济与社会背景的分析，以及对这些不同阶段资本主义的发展状况、社会主义的发展状况、工人阶级和其他社会阶层状况的分析。这也就是说，要研究马克思主义经济学形成发展所面临的历史环境、历史课题和实践基础。

第三，对马克思主义经济学代表人物及其思想的研究。马克思主义经济学是由马克思和恩格斯共同创立的，由列宁等结合俄国社会主义革命和经济建设实践进一步发展的，特别是毛泽东、邓小平、江泽民、胡锦涛、习近平等从中国实际出发创造性地发展的。因此，研究马克思主义理论家的经济学思想，本身就是马克思主义经济学说史的有机组成部分。马克思和恩格斯创立的唯物史观和剩余价值理论，为马克思主义经济学奠定了根本基础；列宁、毛泽东、邓小平、江泽民、胡锦涛、习近平等，在指导各个历史阶段马克思主义政党经济工作的实践中形成了系统的科学理论，有大量的著作、文章、讲话、手稿，这些都是我们研究马克思主义经济学说史的第一手材料。深入研究这些马克思主义经济学代表人物的思想，对于我们深入了解马克思主义经济学产生的时代背景、理论基础、发展过程，深入理解和掌握马克思主义经济学的深刻含义和精神实质都具有重要意义。

第四，对马克思主义经济学理论内容的研究。马克思主义经济学说史的研究，归根到底是为马克思主义经济学自身发展服务的。因此，学习和研究马克思主义经济学说史，不仅要弄清马克思主义经济学发展中的各种“史实”，而且还要通过对于这些“史实”的研究，更好地弄清和把握马克思主义经济学的精髓和真谛。这样，才能从历史发展和理论渊源的角度了解基本原理，避免教条式的错误理解。但是，马克思主义经济学说史研究马克思主义经济学的理论内容，不是简单的原理研究，它同马克思主义经济学原理学科的研究是不同的。马克思主义经济学原理研究更多地从完成形态的角度对马克思主义经济学基本理论进行研究，而马克思主义经济学说史侧重于研究马克思主义经济学理论内容的发展变化及其规律。

第五，对其他非马克思主义经济学说的研究和分析。马克思主义经济学是在与各种资产阶级经济学说以及其他非马克思主义经济学说论辩和斗争中发展起来的，也是在批判和揭露形形色色的庸俗经济学说中显示自己思想锋芒的。因此，要深入认识和了解马克思主义经济学说史，就要认识和了解各种资产阶级经济学说以及其他非马克思主义经济学说，包括形形色色的庸俗经济学说。

在对马克思主义经济学说史的学习和研究中，必然也要包含对于这些资产阶级经济学以及其他非马克思主义经济学说的研究、分析和批判。

二、马克思主义经济学发展的主要阶段和基本特征

马克思主义经济学是在不断回答解决时代提出的新课题，在指导工人阶级及其政党的实践中形成和发展起来的。从马克思主义经济学发展的时代背景、理论内容和基本特征来看，大致可以划分为以下五个历史阶段。

第一，19 世纪 40 年代初到 19 世纪 90 年代中期，是马克思主义经济学的创立和形成阶段。这一阶段，马克思（1818—1883 年）和恩格斯（1820—1895 年）在深入研究资本主义经济关系并批判地继承英法古典政治经济学和其他理论的基础上，共同创立了马克思主义经济学。

19 世纪三四十年代，资本主义生产方式在英国、法国等许多西欧国家已经确立，并成为占统治地位的社会生产方式；英国的工业革命已经完成，以机器大工业为特征的资本主义社会化大生产时代开始到来。工业革命极大地促进了社会生产力的发展，以至于“资产阶级在它的不到一百年的阶级统治中所创造的生产力，比过去一切世代创造的全部生产力还要多，还要大”①。同时，资本主义生产关系与社会生产力之间的矛盾也日益激化：一是自 1825 年开始周期性地爆发生产过剩的经济危机；二是工人的生活状况日益恶化，工人阶级同资产阶级的矛盾已经上升为社会的主要矛盾。工人运动在英、法、德等国家出现高潮，并且从自发的经济斗争转向包括政治要求在内的自觉斗争。马克思主义经济学正是在这样一种社会和时代条件下形成的。

马克思和恩格斯是马克思主义经济学的奠基人。从 1843 年起，马克思和恩格斯就开始研究政治经济学问题。1844 年年初，马克思主编的《德法年鉴》发表了恩格斯撰写的第一部经济学著作《国民经济学批判大纲》。1844 年 4—8 月，马克思撰写了《1844 年经济学哲学手稿》。在这部当时未发表的著作中，马克思对探索建立一种新的经济学理论体系进行了第一次尝试。此后，马克思和恩格斯撰写了《雇佣劳动与资本》（1849 年）、《1857—1858 年经济学手稿》、《政治经济学批判》第一分册（1859 年）、《1861—1863 年经济学手稿》、《1863—1865 年经济学手稿》等许多重要著作。1867 年，《资本论》第 1 卷德

---

① 《马克思恩格斯文集》第 2 卷，人民出版社 2009 年版，第 36 页。

文第1版在汉堡出版，标志着马克思主义经济学理论体系正式创立。在《资本论》等著作中，马克思和恩格斯批判地继承了英法古典政治经济学、德国古典哲学和空想社会主义的思想，创立和阐述了唯物史观和剩余价值理论，构建了马克思主义经济学理论体系，实现了政治经济学的革命。马克思和恩格斯深刻揭示了资本主义生产关系的本质及其运动规律，揭示了资本主义社会发展的历史趋势，并对未来社会做了科学预测，论证了人类社会最终将走向共产主义。

第二，19世纪90年代中期到1917年十月革命爆发前，是马克思主义经济学经历严峻挑战的发展阶段。这一阶段，马克思和恩格斯的战友、学生，为传播、捍卫和发展马克思主义经济学同各种资产阶级和工人运动内部的机会主义思潮进行了坚决斗争，其中包括马克思主义者与第二国际伯恩施坦（1850—1932年）等修正主义者的斗争，列宁（1870—1924年）与修正主义和民粹主义等错误思潮的斗争，以及为传播、捍卫、发展马克思主义经济学所做的工作，等等。

19世纪末至20世纪初期，资本主义从自由竞争阶段向垄断阶段过渡，资本主义经济、政治、文化、社会发生剧烈变化，出现了很多新情况和新特点。一方面，垄断资产阶级在国内加强了经济和政治统治；同时，在相对和平的环境中，资产阶级采取各种手段笼络和培育了一批工人贵族，以腐蚀和破坏工人运动。另一方面，欧美资本主义国家加紧对亚非拉殖民地、半殖民地的经济、政治和军事控制，并展开了争夺殖民地的激烈竞争。在资本主义社会的剧烈变化中，马克思主义经济学的发展面临严峻挑战。以伯恩施坦为代表的修正主义者，以资本主义发生的新变化为借口提出要对马克思主义进行“修正”，特别是攻击劳动价值论和剩余价值理论，提出马克思主义基本原理“过时论”，以掩盖其对马克思主义的背叛。面对修正主义者对马克思主义经济学的攻击，一批马克思主义者进行了坚决斗争，并更加积极地传播、捍卫和发展马克思主义经济学。列宁作为其中的杰出代表，在同第二国际的修正主义者进行斗争的同时，将马克思主义基本原理同垄断资本主义阶段工人阶级斗争的实际相结合，把马克思主义经济学推进到一个新的发展阶段。

列宁主义所蕴含的经济思想，集中代表了马克思主义经济学在19世纪末20世纪初的发展。针对自由竞争资本主义阶段发展到垄断资本主义阶段以后出现的新情况，列宁运用马克思主义的方法，对垄断资本主义的基本特征和深刻矛盾做了精辟分析，论述了垄断是帝国主义最深厚的经济基础和最主要的经济特征，阐述了在垄断基础上产生的帝国主义的寄生性与腐朽性，分析了帝国主义时期资本主义经济、政治发展的不平衡状况，创立了崭新的帝国主义论，得出了社会主义可能在少数或者单独一国内获得胜利的新结论。

第三，十月革命胜利到20世纪50年代中期，是马克思主义经济学得到广泛传播和发展的阶段。在这一阶段，主要包括列宁关于社会主义经济建设理论对马克思主义经济学的发展、苏联社会主义经济理论的发展、毛泽东思想对马克思主义经济学的发展，以及西方国家学者在马克思主义经济学研究方面的探索，等等。

在以列宁为首的布尔什维克党的领导下，俄国取得了无产阶级革命的胜利，建立了世界上第一个社会主义国家。在新的历史条件下，列宁通过科学分析俄国社会的多种经济成分和阶级关系创立了新的过渡时期理论，提出用新经济政策代替"战时共产主义"政策，强调经济建设中的经济核算和物质利益原则，并提出社会主义阶段利用商品货币关系以及有关计划、管理、分配等方面的一系列理论原则，为社会主义经济理论的发展奠定了重要基础。

1924年列宁逝世以后，斯大林（1879—1953年）等苏共领导人继承列宁的革命事业和理论成果，在实践探索中形成了苏联的社会主义经济理论。斯大林的《苏联社会主义经济问题》（1952年）论证了社会主义经济规律的客观性，指出生产关系一定要适合生产力状况的规律在社会主义社会同样起作用，揭示了国民经济有计划按比例发展规律和社会主义的基本经济规律，阐述了社会主义社会存在商品生产的原因和价值规律的作用，探讨了一系列社会主义经济理论问题。

以毛泽东（1893—1976年）为主要代表的中国共产党人把马克思列宁主义的普遍真理与中国革命和建设实践相结合，推动了马克思主义经济学在中国的运用和创新。中国共产党人根据中国革命实践分析了中国半殖民地半封建经济结构和阶级关系，阐明了新民主主义经济理论；根据新民主主义革命完成后的中国国情提出了对农业、手工业、资本主义工商业进行社会主义改造的过渡时期理论；根据中国社会主义建设的探索实践，阐明了关于社会主义社会基本矛盾的理论、关于正确处理经济建设中重大关系的理论，以及关于社会主义工业化和现代化的理论，等等。

1929年到1933年，西方国家经历了资本主义历史上最为严重的经济危机，给资本主义体系以沉重打击。20世纪30年代中期到40年代中期，法西斯主义给世界人民带来了深重灾难。第二次世界大战以后，资本主义经济经过短暂繁荣之后，又进入了新的周期性衰退和滞胀，资本主义世界的经济、政治矛盾不仅没有缓解，而且在新的形势下更加尖锐。在这种背景下，西方国家的一批马克思主义者和经济学学者也深化了马克思主义经济学研究，并取得了一些成果。如对社会化、工业自治和工厂委员会等社会主义经济制度和体制问题的探讨，对马克思劳动价值论和经济危机理论的研究等。

第四，20世纪50年代中期到20世纪70年代末、80年代初期，是马克思主义经济学在探索发展中出现曲折的阶段。在这一阶段，主要体现在对苏联社会主义经济理论在各社会主义国家的运用和反思方面，以及对西方国家的马克思主义经济学的研究。

第二次世界大战以后，一些国家相继走上社会主义道路，这些新兴国家的经济迅速恢复并得到迅猛发展，马克思主义经济学也在世界范围内得到广泛传播和发展。马克思主义经典作家的很多著作、手稿得到大规模整理、编辑和出版，为推动马克思主义经济学的研究发挥了重要作用。然而，到20世纪五六十年代以后，东欧各社会主义国家照搬苏联模式建立起来的高度集中的计划经济体制，逐渐显现出弊端。为了克服这些弊端，这些国家根据各自国情，开始探索对社会主义经济体制做不同程度的改革。苏联也对自身的经济体制改革进行了一些探索。苏联和东欧国家的经济改革都取得了一些成效，其间形成的一些经济思想是发展马克思主义经济学的有益尝试。但是由于主观和客观方面的多种原因，这些国家的改革探索都没有取得突破性的成效，都没有建立起具有活力的新的社会主义经济体制，而是在各种因素的影响下，逐渐偏离了社会主义发展道路。

在社会主义国家从繁荣发展进入探索改革的这一时期，欧美发达资本主义国家也经历了经济繁荣和逐步陷入滞胀困境的阶段。在这种变化的世界经济格局下，西方国家的马克思主义经济学研究也有所深化，如对劳动价值论、剩余价值与剥削理论、价值转型理论、经济危机理论，以及国家垄断资本主义、晚期资本主义、世界资本主义体系、不发达国家经济依附性发展、不平等交换、中心与外围资本主义等的探讨。

第五，20世纪80年代初以来，是经济全球化、世界多极化不断深化和社会主义改革开放从起步逐步走向深入，马克思主义经济学在经受重大挑战中实现重大创新的阶段。在这一阶段，最重要的成果是中国特色社会主义理论体系及中国社会主义市场经济理论的形成和发展。同时，西方国家的马克思主义经济学研究也取得了一些新进展。

1978年以前，中国主要是借鉴苏联的经验建立了高度集中的计划经济体制。这一体制在社会主义经济建设实践中发挥了重要作用，但其弊端也日益显现。为此，中国多次尝试进行改革，力图做出适当调整，但都没有突破这种高度集中的计划经济体制框架。1978年党的十一届三中全会以后，随着对社会主义改革与发展的认识不断深化，一系列理论与实践探索相继展开，中国的经济体制改革迈出了新步伐。中国的改革开放，有力地推动了马克思主义经济学的创新发展。

进入20世纪90年代以后，随着苏联、东欧国家政局的急剧变化，世界社会主义运动转入低潮，同时，国际经济政治格局发生复杂深刻变化，经济全球化、世界多极化深入发展，世界政治经济发展进入了新的阶段，马克思主义经济学面临理论和实践的双重严峻考验。在这样的时代背景和国际环境下，中国毫不动摇地坚持以马克思主义为指导，高举中国特色社会主义伟大旗帜，坚持改革开放，积极应对各种困难和挑战，紧紧抓住经济全球化带来的历史机遇，大力推进实践创新和理论创新，不断深化对中国特色社会主义经济发展规律的认识，致力于建立并不断完善社会主义市场经济体制，形成和发展了中国特色社会主义经济理论，极大地丰富和发展了马克思主义经济学。

在社会主义制度下发展市场经济，是前无古人的伟大创举，是中国共产党人对马克思主义经济学发展做出的历史性贡献，是中国特色社会主义对人类文明发展的重大贡献。1992年，党的十四大正式确立“我国经济体制改革的目标是建立社会主义市场经济体制”，是中国共产党在社会主义经济理论上实现的一次重大突破；1997年，党的十五大提出“使市场在国家宏观调控下对资源配置起基础性作用”；2002年，党的十六大提出“在更大程度上发挥市场在资源配置中的基础性作用”；2007年，党的十七大提出“从制度上更好发挥市场在资源配置中的基础性作用”；2012年，党的十八大提出“更大程度更广范围发挥市场在资源配置中的基础性作用”；2013年，党的十八届三中全会把市场在资源配置中的“基础性作用”修改为“决定性作用”，反映了中国共产党对市场经济的认识达到新的高度；2017年，党的十九大明确提出建设现代化经济体系必须依靠全面深化改革，“加快完善社会主义市场经济体制”。社会主义市场经济既体现了市场经济的普遍原则，又体现了社会主义制度的基本特征，使社会主义制度的优越性和市场经济的长处都得到了更好的发挥。在发展社会主义市场经济的过程中，中国共产党人正是在不断回答当代中国一系列重大问题的过程中形成了一系列独创性成果，赋予了马克思主义经济学新的时代内涵和实践要求。

中国特色社会主义经济理论是在马克思主义指导下产生和发展起来的，集中体现了马克思列宁主义、毛泽东思想、邓小平理论、“三个代表”重要思想、科学发展观、习近平新时代中国特色社会主义思想的精神实质和根本要求。中国特色社会主义经济理论体系的内容十分丰富，主要包括：社会主义经济本质的理论、社会主义初级阶段基本经济制度的理论、社会主义分配理论、社会主义市场经济理论、中国特色的经济发展理论、经济全球化与对外开放的理论等。这些理论涵盖了中国特色社会主义经济的生产、分配和交换等主要环节，以及基本制度、经济体制、经济发展和对外开放等主要方面。特别是党的十八大以来，中国特色社会主义进入新时代，我国经济发展也进入新时代，我国社会主要矛盾从“人民日益增长的物质文化需要同落后的社会生产之间的矛盾”转化为“人民日益增长的美好生活需要和不平衡不充分的发展之间的矛盾”。围绕新时代坚持和发展什么样的中国特色社会主义、怎样坚持和发展中国特色社会主义这个重大时代课题，中国共产党在实践中形成了以新发展理念为主要内容的习近平新时代中国特色社会主义经济思想：坚持加强党对经济工作的集中统一领导，保证我国经济沿着正确方向发展；坚持以人民为中心的发展思想，贯穿到统筹推进“五位一体”总体布局和协调推进“四个全面”战略布局之中；不断适应、把握、引领经济发展新常态，立足大局，把握规律；坚持使市场在资源配置中起决定性作用，更好发挥政府作用，坚持扫除经济发展的体制机制障碍；坚持适应我国经济发展主要矛盾变化完善宏观调控，相机抉择，开准药方，把推进供给侧结构性改革作为经济工作的主线；坚持问题导向，部署经济发展新战略，对我国经济社会发展变革产生深远影响；坚持正确工作策略和方法，稳中求进，坚持战略定力、坚持底线思维，一步一个脚印向前迈进。习近平新时代中国特色社会主义经济思想，是党的十八大以来推动我国经济发展实践的理论结晶，是中国特色社会主义政治经济学的最新成果，是党和国家十分宝贵的精神财富，必须长期坚持、不断丰富发展。同时我们也要认识到，我国还处在社会主义初级阶段，我们对社会主义经济运动规律的认识和掌握还不够。因此，中国特色社会主义经济理论体系的内容不是凝固不变的，是要随着实践的发展而不断发展的。

20 世纪八九十年代以来，西方国家的马克思主义经济学研究状况也发生了新的变化。在研究地域上，除了德法等欧洲大陆国家依然是主要研究区域外，英美国家马克思主义经济学研究的地位愈加突出；在研究主题上，马克思主义经济学研究从前一阶段关注第二次世界大战后资本主义国家和社会主义国家新的经济问题，逐步转向深入研究国际经济新形势下的马克思主义国际经济理论，以及第三世界如何应对资本主义的全球扩张等问题。特别是 2008 年国际金融危机爆发以后，面对世界资本主义经济的逐渐衰退，如何应对纷繁多变的国际经济环境、推动建立更加合理的国际经济新秩序，成为西方国家马克思主义经济学研究的新课题。在当代世界马克思主义思潮中，一个很重要的特点是其中很多人对资本主义结构性矛盾以及生产方式矛盾、阶级矛盾、社会矛盾等进行了批判性揭示，对资本主义危机、资本主义演进过程、资本主义新形态及本质进行了深入分析。这些观点有助于我们正确认识资本主义的发展趋势和命运，准确把握当代资本主义的新变化新特征，加深对当代资本主义变化趋势的理解，从而深化对资本主义和国际政治经济关系深刻复杂变化的规律性认识。

从马克思主义经济学发展的上述五个阶段来看，马克思主义经济学发展具有如下基本特征。

一是马克思主义经济学是根源于实践、依赖于实践并在指导实践中实现新发展的。实践的观点、生活的观点是马克思主义认识论的基本观点，实践性是马克思主义理论区别于其他理论的显著特征。19 世纪 40 年代，马克思和恩格斯正是通过对资本主义经济关系的深入研究和对无产阶级革命斗争经验的深刻总结，揭示了社会主义必将取代资本主义的历史趋势。19 世纪 70 年代以后，随着股份资本和股份公司的发展，马克思深入分析了它们在资本主义生产方式中的性质和地位，进一步丰富和发展了马克思主义经济学的有关理论。列宁从 19 世纪末 20 世纪初期俄国变化着的社会历史条件出发，把马克思和恩格斯提出的政治经济学原理与资本主义最新发展阶段的具体实践相结合，提出了帝国主义理论，丰富和发展了马克思主义经济学。改革开放以后，中国共产党人在马克思列宁主义、毛泽东思想、邓小平理论、“三个代表”重要思想、科学发展观、习近平新时代中国特色社会主义思想的指导下，在改革开放和社会主义现代化建设实践中形成了中国特色社会主义经济理论，指导中国特色社会主义经济建设取得了举世瞩目的辉煌成就，坚持和发展了马克思主义经济学。因此，发展马克思主义经济学，既要坚持基本原理和方法论，更要同我国经济发展实际相结合，不断形成新的理论成果。特别是要立足我国国情和发展实践，揭示新特点新规律，提炼和总结我国经济发展实践的规律性成果，把实践经验上升为系统化的经济学说，不断开拓当代中国马克思主义政治经济学的新境界。

二是马克思主义经济学是在汲取各种思想养分并同各种错误思想进行斗争中实现新发展的。在马克思提出科学社会主义之前，空想社会主义者早已存在，他们对理想社会有很多美好的设想，但由于没有揭示社会发展规律，没有找到实现理想的有效途径，因而也就难以真正对社会发展起作用。马克思和恩格斯创立了唯物史观和剩余价值理论，揭示了人类社会发展的一般规律，揭示了资本主义运行的特殊规律，为人类指明了从必然王国向自由王国飞跃的途径，为人民指明了实现自由和解放的道路。马克思和恩格斯创立政治经济学理论时，不仅汲取了当时自然科学领域的最新成就，而且也批判地汲取了资产阶级古典政治经济学中的劳动价值论、利润理论、社会资本再生产理论等思想精华。马克思主义经济学从创立起就显示出不同各种机会主义妥协的革命锋芒，马克思和恩格斯批判过蒲鲁东主义、工联主义、拉萨尔主义、巴枯宁主义和杜林主义，列宁批判过伯恩施坦修正主义、考茨基右倾机会主义、俄国党内的孟什维克主义以及欧洲共产主义运动中的“左派”幼稚病等。马克思主义经济学正是在明辨是非、去伪存真中，沿着科学的道路向前发展的。

三是马克思主义经济学是在不断维护无产阶级利益的过程中实现新发展的。马克思主义经济学公开主张和维护无产阶级的利益，是无产阶级的政治经济学。无产阶级作为先进生产力和生产关系的代表，其经济地位和阶级利益的要求同社会发展的方向完全一致。因此，马克思主义经济学越是肩负起无产阶级的历史使命，维护无产阶级的利益，就越能如实地把社会经济发展现状揭示出来，深刻认识经济和社会发展规律。十月革命胜利后，为了战胜帝国主义的围攻，苏维埃政权实行了“战时共产主义”政策，有力地保卫了新生的无产阶级政权。但是，随着苏维埃政权的巩固和经济形势的变化，“战时共产主义”政策挫伤了广大农民的生产积极性，引发了一系列经济、社会问题，损害了无产阶级的利益。为此，列宁及时调整了“战时共产主义”政策，创造性地提出了新经济政策，发展了马克思主义经济学。在中国特色社会主义经济建设中，中国共产党人始终秉承马克思主义经济学的阶级立场，强调发展为了人民、发展依靠人民、发展成果由人民共享，在使人民群众得到更多实惠的过程中不断完善自己的理论和政策。对马克思主义的发展来说，马克思主义经济学既是无产阶级的理论，也是人民的理论。马克思主义第一次站在人民的立场探求人类自由解放的道路，以科学的理论为最终建立一个没有压迫、没有剥削、人人平等、人人自由的理想社会指明了方向。马克思主义之所以具有跨越国度、跨越时代的影响力，就是因为它根植人民之中，指明了依靠人民推动历史前进的人间正道。人民是历史的创造者，是决定党和国家前途命运的根本力量。中国共产党人坚定地认识到必须坚持人民主体地位，坚持立党为公、执政为民，践行全心全意为人民服务的根本宗旨，并把党的群众路线贯彻到治国理政的全部活动中，把人民对美好生活的向往作为奋斗目标，依靠人民创造历史伟业。因此，坚持以人民为中心的发展思想，就是要坚持把增进人民福祉、促进人的全面发展、朝着共同富裕方向稳步前进作为经济发展的出发点和落脚点，只有这样才能极大地丰富和发展中国特色社会主义经济理论。

四是马克思主义经济学是随着时代前进实现新发展的。作为一种反映时代潮流和特征的科学理论，马克思主义经济学在发展中具有与时俱进的理论品质，体现出鲜明的时代特色。一部马克思主义发展史就是马克思和恩格斯以及他们的后继者们不断根据时代、实践、认识发展而发展的历史，是不断吸收人类历史上一切优秀思想文化成果丰富自己的历史。在自由资本主义向垄断资本主义过渡时期，面对垄断资本主义国家之间矛盾的日益激化，面对第二国际修正主义者伯恩施坦对时代主题做出的错误回答，列宁不但准确把握了时代主题，而且丰富和发展了马克思主义经济学。中国共产党人在实现马克思主义中国化的进程中，也在准确把握时代脉搏和中国国情的基础上，对当代中国发展中的一系列重大问题做出了符合马克思主义的科学回答。特别是党的十八大以来，中国共产党坚持从中国实际和现实经济问题出发，高度重视中国特色社会主义经济学的理论创新，形成了习近平新时代中国特色社会主义经济思想，开创了经济发展的新局面，使马克思主义经济学体现出强大的生命力。因此，马克思主义能够永葆其美妙之青春，不断探索时代发展提出的新课题、回应人类社会面临的新挑战。

三、学习马克思主义经济学说史的意义

学习马克思主义经济学说史，不仅可以使我们更好地掌握科学的世界观和

方法论以及科学的经济学理论体系，而且对于深入了解资本主义的基本矛盾及其在当代的表现，正确理解社会主义的经济理论及其发展规律，也具有十分重要的意义。

第一，学习马克思主义经济学说史，有助于更好地理解马克思主义经济学的立场、观点和方法，全面掌握马克思主义的科学世界观和方法论。站在无产阶级立场来研究社会经济问题，是马克思和恩格斯创立马克思主义经济学过程中所坚持的一贯立场。在19世纪40年代马克思和恩格斯创立经济学的时期，资本主义发展已经成熟，资本主义的特征、矛盾已经显露和展开，无产阶级作为独立的政治力量也已登上历史舞台。在这样的历史背景下，马克思和恩格斯自觉地站在无产阶级的立场上，运用科学的辩证唯物主义和历史唯物主义，按照客观世界的本来面目揭示资本主义经济的发展规律。特别是，马克思将辩证法贯穿于矛盾分析法、抽象法、逻辑与历史统一法、分析与综合法等具体方法中，同时又从探讨全人类的解放来论证唯物史观，从最基本的人的社会物质生产活动中揭示社会的基本矛盾和发展规律，使马克思主义经济学不仅在内容上具有科学性，还形成了一个严整的科学体系。

第二，学习马克思主义经济学说史，有助于完整、准确地掌握马克思主义经济学理论体系。正如恩格斯所说："政治经济学本质上是一门历史的科学。"① 马克思主义经济学是揭示社会经济运动规律的。但是，社会经济运动规律不可能在任何社会形态中都是相同的。即使在同一社会形态中，同一经济规律在经济与社会发展的不同阶段上，发生作用的形式也有所不同。因此，马克思主义经济学对于这些经济规律的揭示，其内容和形式也必然有所不同。马克思主义经典作家的经济学说，也有一个从产生到发展、从不成熟到成熟的发展过程，即便对于同一经济现象、同一经济范畴或规律，经典作家也是根据不同时期和不同背景做出不同的分析，甚至给予看似不同的表述。如果不了解马克思主义经济学的历史，就不能很好地了解马克思主义经济学的发展，也就不能完整、准确地理解和把握马克思主义经济理论。

第三，学习马克思主义经济学说史，有助于深入把握资本主义的基本矛盾及其在当代的表现。早在19世纪40年代至90年代，马克思和恩格斯就已经深刻地分析和揭示了资本主义社会内部的经济结构和基本矛盾，以及这一社会的

---

① 《马克思恩格斯选集》第3卷，人民出版社2012年版，第525页。

经济运动规律和趋势。19 世纪末和 20 世纪初，资本主义发展到垄断阶段，列宁通过分析垄断资本主义的新特征，提出了帝国主义是资本主义发展的最高阶段、资本主义经济政治发展不平衡等理论，揭示了资本主义基本矛盾的新形式，并且领导俄国十月革命取得了伟大的胜利。在当代，虽然资本主义发生了一些新变化，但资本主义的基本矛盾并没有改变。比如，在国家垄断资本主义条件下，一些资本主义国家投资兴办适应科技发展要求的大型工业企业，在一定程度上缓和了社会化大生产与私人垄断资本之间的矛盾；一些国家建立某些社会福利保障制度，在一定程度上缓和了劳资矛盾；一些国家的国际经济调节也缓解了资本主义各国间的矛盾，为国内经济发展创造了有利的国际环境；等等。但事实上，这些措施并没有也不可能从根本上克服资本主义的固有矛盾。只要生产社会化与生产资料的资本主义私人占有之间的资本主义基本矛盾还存在，无论当代资本主义怎样发展和繁荣，马克思和恩格斯所揭示的资本主义发生、发展、周期波动与危机，直至最终消亡的历史命运就不可能改变。

第四，学习马克思主义经济学说史，有助于深化对社会主义经济的特征和发展规律的认识。马克思主义经济学说史，不仅包括马克思主义关于资本主义的经济学说的历史，也包括它的科学社会主义的原理，以及对社会主义经济建设经验的总结。马克思主义创始人通过对资本主义经济和社会的深刻分析，提出了科学社会主义的一般原则。列宁在领导俄国十月社会主义革命的过程中，把马克思和恩格斯关于社会主义革命的理论变成了现实。在十月革命胜利后，苏维埃政权对社会主义建设的各个方面进行了一系列的实践探索。中国共产党人在社会主义建设中取得了伟大的成就，积累了宝贵的经验，形成了一系列社会主义经济理论。当代中国马克思主义政治经济学是马克思主义基本原理同当代中国实际相结合的产物，是中国共产党对当代马克思主义的新贡献。学好用好马克思主义政治经济学，有利于我们掌握科学的经济分析方法，提高驾驭社会主义市场经济的能力；学习马克思主义经济学说史，有助于我们深入了解社会主义经济建设的经验，深化对于社会主义发展规律的认识，更好地回答我国经济发展的理论和实践问题，提高领导我国经济发展的能力和水平。

第五，学习马克思主义经济学说史，有助于深刻把握世界经济发展趋势和规律。马克思主义经济学的发展是建立在对人类经济活动基本规律的深刻认识基础上的，马克思主义经济学的发展过程客观上反映了人类社会经济发展的过程，体现了世界经济发展的内在规律。当今世界正处在大发展、大变革、大调整时期，世界经济格局正在发生深刻变化，尽管我们所处的时代同马克思所处时代相比发生了巨大而深刻的变化，但从世界社会主义 500 年的大视野来看，我们依然处在马克思主义所指明的历史时代。这是我们对马克思主义保持坚定信心、对社会主义保持必胜信念的科学根据。学习马克思主义经济学的发展史，可以帮助我们在错综复杂的变化中做出正确判断，把握世界经济的未来趋势。那种认为马克思主义政治经济学过时的说法，显然是武断的。从国际金融危机看，许多西方国家经济持续低迷、两极分化加剧、社会矛盾加深，说明资本主义固有的生产社会化和生产资料私人占有之间的矛盾依然存在，只是表现形式、存在特点有所不同。2008 年爆发的国际金融危机，让世界上越来越多的人更加相信，马克思主义经济学对于预测和判断当代世界经济发展趋势具有重要的解释力。这次国际金融危机是自 20 世纪 30 年代大萧条之后资本主义世界最为严重的一次经济大危机，不但动摇了资本主义世界的经济金融秩序，也引起了中西方无数学者对西方主流经济学的深刻反思和重新认识。反思的一个重要结果就是，背离或放弃马克思主义就会失去灵魂、迷失方向；在坚持以马克思主义为指导这一根本问题上必须坚定不移，任何时候、任何情况都不能动摇。国际金融危机发生后，不少西方学者也在重新研究马克思主义政治经济学、研究《资本论》，马克思主义经济学再次成为人们理解资本主义经济发生、发展及周期运行规律的重要理论支点。深入学习马克思主义经济学说史，有助于更深刻地理解马克思主义经济学在不同历史时期对资本主义经济、世界经济的预判，掌握分析当今世界经济发展趋势的科学方法。

四、学习马克思主义经济学说史的方法

学习马克思主义经济学说史，需要有科学的态度和正确的方法，这样才能掌握学习要点，提高理论分析能力，为今后的进一步学习和研究打下坚实的基础。

第一，必须认真研读马克思主义经典作家的著作。学习和研究马克思主义经济学说史的最好途径之一，就是认真研读马克思主义经济学的经典著作。正如恩格斯所说的："一个人如果想研究科学问题，首先要学会按照作者写作的原样去阅读自己要加以利用的著作，并且首先不要读出原著中没有的东西。"①

① 《马克思恩格斯文集》第 5 卷，人民出版社 2009 年版，第 26 页。

列宁在谈到学习恩格斯的著作时也指出："要正确评价马克思的观点，无疑必须熟悉他最亲密的同志和合作者弗里德里希·恩格斯的著作。不研读恩格斯的全部著作，就不可能理解马克思主义，也不可能完整地阐述马克思主义。"① 我们要以科学的态度对待科学，以真理的精神追求真理；要学好用好马克思主义经典著作，坚持学以致用、用以促学，原原本本学，熟读精思、学深悟透，熟练掌握马克思主义立场、观点、方法，不断提高马克思主义理论素养。对待马克思和恩格斯的著作是如此，对待马克思主义经济学其他经典作家的著作也是如此。这对于学习马克思主义经济学说史，尤为重要。

第二，必须坚持历史、理论与现实相结合的方法。这里所说的"历史"，包括马克思主义经济学自身的历史和作为其背景的经济与社会发展的历史。而对于历史，最基本的态度应该是"实事求是"。对于马克思主义经济学说史的态度也应当是这样。这里所说的"理论"，是指马克思主义经济学自身的各个理论。学习马克思主义经济学说史，不仅要弄清马克思主义经济学自身发展的历史"事实"，即其"思想事实"和"理论事实"，而且还要弄清它们之间的内在联系和发展关系，即它们发展的轨迹和归宿，从而把握这些理论的实质和精髓。否则，有可能把马克思主义经济学的理论变成一种毫无内在联系的、甚至自相矛盾的思想的堆积。马克思主义具有与时俱进的理论品质，是随着时代、实践、科学发展而不断发展的开放的理论体系。学习马克思主义经济学说史，必须贯彻理论联系实际和为现实服务的原则，在实践中加深对马克思主义经济学及其发展史的理解，在实践中运用、检验和发展马克思主义经济学。正如毛泽东所说的："读书是学习，使用也是学习，而且是更重要的学习。"②

第三，必须深入了解世界经济发展史。经济理论的形成是与经济实践紧密联系在一起的。学习马克思主义经济学说史也要相应地了解那个时代的经济发展史，这样才能更准确地把握这些经济思想的演进过程和规律。马克思在创立马克思主义经济学的过程中，认真考察了18、19世纪欧洲资本主义经济实践进程。列宁在发展马克思主义经济学过程中，深入研究了垄断资本主义阶段世界经济的发展状况，深入研究了十月革命胜利前后俄国经济的实际。中国马克思主义者也是在深刻认识世界经济形势、准确把握中国国情的基础上，丰富和发

① 《列宁专题文集 论马克思主义》，人民出版社2009年版，第50页。

② 《毛泽东选集》第1卷，人民出版社1991年版，第181页。

展马克思主义经济学的。因此，充分了解经济思想形成、发展和演进的历程，就能够更深刻地体会马克思主义经济学的精神实质，更深刻地体会马克思主义经济学源于实践、指导实践、伴随实践的发展而发展的根本特点。特别是在深刻认识世界经济形势、准确把握中国国情的基础上，深入研究世界经济和我国经济面临的新情况新问题，才能更好地把握马克思主义经济学的发展脉络。

第四，必须联系多种学科知识，做到融会贯通。马克思主义经济学说史是一门综合性很强的学科，其内容不仅涉及马克思主义经济学及其发展史本身，而且涉及马克思主义哲学和科学社会主义，以及西方经济学、世界经济学、社会学、历史学、政治学、经济思想史等许多学科。正如列宁所说，“如果你们试图从这里得出结论说，不掌握人类积累起来的知识就能成为共产主义者，那你们就犯了极大的错误。如果以为不必领会共产主义本身借以产生的全部知识，只要领会共产主义的口号，领会共产主义科学的结论就足够了，那是错误的。共产主义是从人类知识的总和中产生出来的，马克思主义就是这方面的典范”①。“只有了解人类创造的一切财富以丰富自己的头脑，才能成为共产主义者”②。这一切，对于学习马克思主义经济学说史来说也是适用的。

思考题

1. 马克思主义经济学说史的研究对象是什么？
2. 马克思主义经济学的发展经历了哪些主要阶段？
3. 马克思主义经济学的发展有哪些基本特征？
4. 学习马克思主义经济学说史有什么意义？
5. 怎样学好马克思主义经济学说史？

---

① 《列宁专题文集 论马克思主义》，人民出版社2009年版，第296页。

② 《列宁专题文集 论无产阶级政党》，人民出版社2009年版，第281-282页。

第一章　经济学说史上的伟大革命

马克思主义经济学的创立是经济学说史上的伟大革命。它第一次确立了经济学的科学世界观、方法论和科学的经济学理论体系，第一次全面系统地阐明了资本主义生产方式的运动规律及其历史趋势。它不仅为无产阶级的革命运动提供了科学的理论武器，而且为人类的解放指明了方向，从而成为推动人类社会进步与发展的巨大科学力量。

第一节　马克思主义经济学产生的历史背景

一、资本主义生产方式的产生

马克思主义经济学的产生是人类社会发展到一定阶段的必然产物。深刻理解和把握马克思主义经济学产生的历史背景，是正确理解马克思主义经济学说史的重要前提。

资本主义生产方式萌芽于14—15世纪欧洲的地中海沿岸国家和地区，经过16—18世纪的进一步发展，19世纪初期在欧洲和许多国家取得统治地位。资本主义生产方式的产生和发展极大地改变了人类社会发展的面貌和进程。

14—15世纪，地中海沿岸的一些城市（主要是威尼斯、热那亚、佛罗伦萨等），已经出现了资本主义生产方式的萌芽。在西欧封建社会后期，商品经济的发展促进了封建社会自然经济的解体，引起小商品生产者的两极分化。资本的原始积累加速了这种分化，产生了大批失去生产资料而不得不出卖自己劳动力的无产者，也使得大量货币和生产资料集中在少数人手里并转化为资本。

资本原始积累的过程，就是强制地使劳动者同他们的生产资料相分离的历史过程，而对农民土地的剥夺是全部过程的前提。资本原始积累破坏了自给自足的自然经济，大量农民和手工业者破产，从而既给资本主义造成了劳动力市场，又给它造成了商品市场。剥夺农民和手工业者生产资料的历史在不同国家具有不同的特点，经历了不同的阶段。劳动力转化为商品和生产资料转化为资本，标志着简单商品生产向资本主义生产的过渡，也标志着对劳动者的剥削形式的变换，即由封建剥削变成资本主义剥削。这个资本原始积累过程在西欧大致是从 15 世纪末开始，一直延续到 19 世纪初。资本原始积累过程加速了资本主义生产方式在欧洲的确立。

随着资本主义的发展，资产阶级的经济、政治力量不断壮大，各国的新兴资产阶级为了扫除资本主义发展道路上的障碍，进行了资产阶级革命。1688 年英国资产阶级革命的胜利，标志着西方国家开始从封建主义时代进入资本主义时代。此后，法国、德国、美国等在 18 世纪末 19 世纪初也相继取得了资产阶级革命的胜利。资产阶级取得政权以后，废除封建贵族的种种特权、取消国内关卡、宣布工商业活动的自由、实行统一的度量衡和货币制度，采取了一系列有利于资本主义发展的经济措施，为资本主义经济的发展开辟了道路。

二、工业革命与生产社会化的发展

工业革命是资本主义发展的里程碑，不仅使资本主义社会的生产技术和经济发展发生了巨大变革，而且也极大地推动了社会化大生产的发展，推动了人类社会的历史进程。

资本主义生产方式的建立，使社会生产力在资本主义生产关系下有了快速的发展。18 世纪，在英国等资本主义国家，国内市场与世界市场的迅速扩大逐渐同工场手工业的狭隘技术基础发生矛盾；资本家为了在竞争中获取更多利润，要求对生产方式本身进行进一步的变革。从 18 世纪 30 年代起到 19 世纪下半叶，英、美、法、德、日等资本主义国家先后开始并完成了工业革命，实现了从手工劳动到机器大生产的过渡，机器大工业的出现标志着资本主义生产方式确立了自己的物质技术基础。正是工业革命的完成、机器大生产以及工厂制度的建立，使资本主义生产方式彻底战胜了封建主义生产方式，标志着资本主义制度的最终确立。

机器大工业取代个体农业和工场手工业的过程，也就是生产社会化的过程。伴随着发达国家工业革命的逐步完成，资本主义条件下的生产社会化也在激烈竞争中得到了巨大的发展。这主要表现在：第一，生产资料的积聚和生产规模的扩大。资本和生产的集中与积聚使单个人分散使用的生产资料变成大批人共同使用的生产资料，并且创造了一些只能由许多人共同使用的生产资料（如大型机器设备和大型运输工具）。在此基础上，形成了若干工业中心和大城市，集中了大量的工业和人口，形成了强大的生产力。第二，个人劳动产品变成社会产品。由于专业化分工和协作的发展，产品也由单个人的产品变成社会产品，成为许多劳动者、企业共同劳动的成果，从而在劳动者之间、企业之间、部门之间、地区之间乃至国与国之间结成了密切依存的复杂的分工、协作关系。第三，生产日益依赖市场的需要。伴随着资本主义生产的社会化，狭小的地方市场扩展成统一的国内市场，进而形成世界市场，使生产、分配、交换和消费在更大的范围内联结起来，整个社会的经济活动形成一个密切联系的统一整体。而且，随着资本主义的发展，生产社会化的程度越来越高。生产社会化的程度已成为社会生产力水平高低的重要标志。然而，资本主义生产社会化的过程却是建立在资本主义私有制的基础上的，这样就不可避免地遇到了资本主义所有制的严重障碍。随着资本主义各国生产社会化的逐步发展，各种社会矛盾也日益激化了。

工业革命不仅改变了工业的生产方式，使资本主义社会的生产力以前所未有的速度和规模飞跃发展，而且使社会阶级结构也发生了剧烈变化。它使社会明显分裂为两大对立阶级——工业资产阶级和工业无产阶级，并使得资产阶级和无产阶级这两大对立阶级逐步成为资本主义社会基本的阶级结构。此时，科学技术的不断进步和在生产中的应用，既促进了生产方式进一步变革，使资本主义生产关系扩展到一切生产部门，也使无产阶级和资产阶级的矛盾进一步发展。

三、周期性经济危机的形成和欧洲工人运动的发展

随着资本主义国家的迅速发展，资本主义社会固有的内在矛盾日益暴露出来。一方面，机器大工业的发展使生产社会化程度越来越高；另一方面，以社会化形式使用的生产资料，却越来越集中在少数大资本家手中。简单商品生产已经包含着社会生产无政府状态的萌芽，资本主义生产方式更是把这种无政府状态推向极端，加深了生产与消费之间的矛盾，直接导致了 1825 年从英国开始爆发的第一次以生产相对过剩为特征的世界性的资本主义经济危机。这场危机不仅使社会生产遭到严重破坏，也给广大工人阶级带来了深重灾难。

这次危机是从货币危机开始的。当时股票行情猛烈下跌，到 1826 年年初股价下跌造成的损失约达 1 400 万英镑，信用关系破裂，银行纷纷倒闭，工业生产和对外贸易都受到沉重打击。1825—1826 年，有 3 549 家企业破产，80 家银行停止支付，英格兰银行的黄金储备从 1824 年 3 月的 1 390 万英镑骤降为 1825 年 12 月的 120 万英镑；棉花、羊毛和生丝的消费量减少了 1/3 以上，煤的消费

量减少了一半，整个出口减少了16%；大量失业工人出国谋求生计，人口外流的数目大增，整个社会经济都处于极度恐慌和混乱之中。英国的经济危机影响到美国、法国、德国和意大利等其他资本主义国家。而且在这之后的一个多世纪中，这种经济危机大约每隔10年就周期性地爆发一次，如在1837年、1847年、1857年和1866年爆发的经济危机。

然而，资本主义经济的生产过剩只是相对过剩，它是相对于广大劳动人民的支付能力的过剩。一方面市场上大量商品卖不出去；另一方面工人大量失业，在岗工人的工资也大幅度降低，这就进一步加重了商品积压和生产相对过剩。如1824—1825年工人的实际工资仅相当于1792年的4/5左右，而1825年的工业产值比1820年增长了大约1/3。生产和销售之间的严重脱节，使经济危机不可避免地爆发了。在资本主义上升时期，资本主义生产关系适应生产力的要求，促进了社会生产突飞猛进地发展。然而随着资本主义的发展，资本主义基本矛盾越来越尖锐，必然导致周期性生产过剩的经济危机。因此，经济危机是资本主义的痼疾，不可能由资本主义生产方式本身来解决，这也表明了资本主义生产方式的历史局限性和过渡性。

工业革命在创造出一个资本家阶级的同时，也创造出了一个在人数上远远超过前者的无产阶级。随着资本主义经济的迅速发展，资产阶级对无产阶级的剥削程度也不断加强，工人的生活状况日益恶化，加上周期性的经济危机，广大的工人和劳动群众深受失业和贫困的折磨。在工业革命初期，工人们掀起了反对使用机器、捣毁机器的运动。随着资本主义工业的发展和工人自身状况的恶化，工人群众在斗争中逐渐认识到组织起来的必要，但19世纪初的工人运动具有自发的特征，还没有超出罢工和经济斗争的范围。到了19世纪30—40年代，工人运动有了新的发展，出现了工人运动的新高潮。在这一时期，欧洲爆发的一系列工人运动，揭开了由无产阶级领导的社会革命的序幕，其主要标志就是著名的法国里昂工人起义、英国宪章运动和德国西里西亚纺织工人起义。

1831年和1834年法国爆发了反对资本主义剥削压迫的两次里昂工人起义。里昂是法国丝织业中心，在工场主和包买商的残酷剥削下，丝织工人和手工业者的生活极为困苦。1831年年初里昂工人掀起一场以要求提高工价为主要内容的武装起义，但是，起义很快被七月王朝政府的军队镇压了。1834年4月9日里昂再度爆发丝织工人起义，起义的原因是政府逮捕和审判罢工领袖，发布禁止工人结社集会的法令。这次起义具有鲜明的政治性质，不仅提出经济要求，还提出“废除君主制度、建立共和政体”的口号，但是最终因力量悬殊被政府的军队镇压。起义在巴黎和法国其他许多地区引起强烈反响，不仅暴露了资产阶级政府的反人民性，而且进一步提高了工人阶级的组织性，推动了法国工人运动的发展。可以说，里昂工人的两次起义是法国无产阶级作为独立的政治力量登上历史舞台的重要标志之一。

1835—1843 年英国爆发了影响深远的宪章运动。英国是第一个发生资产阶级革命和进行工业革命的国家，19 世纪时被称为“世界工厂”。19 世纪 30 年代英国工人运动的不断高涨，促使一批先进的工人和手工业者在 1836 年成立伦敦工人协会。1837 年 6 月，该协会草拟了一个要求普遍选举权和改革议会的纲领性文件。1838 年 5 月，这个文件以法案形式公布，被称为“人民宪章”。这是无产阶级第一次公开提出争取参与政权的政纲。“人民宪章”公布后，工人运动迅速发展成为全国性的无产阶级政治运动，即宪章运动。1839 年宪章运动遭到政府镇压，但在 1840 年重新高涨并成立了全国宪章派协会，它是近代第一个工人政党的萌芽。1842 年 5 月，宪章派拟订了新的请愿书，提出改善工人政治和经济状况的要求。同年 8 月，宪章派号召工人举行总罢工，各地掀起了罢工和游行示威的高潮，运动的中心是曼彻斯特。但罢工的工人缺乏有力的领导，在 1842 年 9 月遭到政府镇压。宪章运动是世界上第一次广泛的、真正群众性的无产阶级政治运动，它揭开了无产阶级同资产阶级争夺政治权力斗争的序幕，标志着英国无产阶级开始作为一支独立的政治力量登上历史舞台。

1844 年德国发生了著名的西里西亚纺织工人起义。西里西亚是德国的纺织业中心，当地从事棉麻纺织的工人和家庭手工业者一直受到工场主、包买商以及地主的残酷剥削。1844 年 6 月 4 日，以争取提高工资被拒绝为导火线，在欧根山麓两个纺织村镇彼特斯瓦尔道和朗根比劳爆发了纺织工人自发的起义。起义队伍扩大到 3 000 人，集中打击工人最痛恨的工场主。起义者以简陋的武器迎战前来镇压的包括骑兵和炮兵的政府军队，6 月 6 日起义被镇压。尽管起义归于失败，但它推动了德国工人运动的发展。此后，西里西亚主要城市布勒斯劳的手工业者和学徒，柏林、亚琛的纺织工人，马格伏堡的糖厂工人等，先后举行罢工和局部起义以响应西里西亚纺织工人斗争。这次起义事件表明，德国无产阶级作为独立的政治力量也已经登上了历史舞台，虽然其规模不及法国里昂工人起义和英国宪章运动，但它却是德国现代工人运动的开端。

里昂工人起义提出了要求建立民主共和国的口号，使起义具有了鲜明的政治斗争的性质，富于革命性和战斗性的法国无产阶级把工人运动推进到武装斗争的高度。宪章运动中工人们提出的“人民宪章”是无产阶级第一次公开提出的争取参加政权的政纲，普遍地提高了英国工人阶级的觉悟，推动了英国工人运动的发展。列宁指出，宪章运动“在很多方面是马克思主义的准备，是马克思主义的‘前奏’”①。西里西亚纺织工人起义把斗争的矛头指向资本主义剥削，要求废除私有制。这次起义虽然也以失败告终，但是正如马克思指出的，它“一开始就恰好做到了法国和英国工人在起义结束时才做到的事，那就是意识到无产阶级的本质”②。

法、英、德三国的工人运动中，无产阶级提出自己独立的政治经济要求是对资本主义制度的一种冲击，工人运动及其遭到的残酷镇压，则充分表明资产阶级和无产阶级之间的矛盾已经成为社会的主要矛盾，而且这种矛盾是一种无法在资本主义制度内部得以调和的矛盾。此外，工人运动开始超越自发的阶段，组织程度越来越高，提出明确的政治口号和政治要求，进行武装斗争，并把消除资本主义剥削和废除私有制作为工人运动的目标，这表明，工人运动已经开始和社会主义相联系，无产阶级作为独立的政治力量登上历史舞台，真正认识了自己的力量和历史使命。然而，三大工人运动的失败说明，工人运动要同社会主义联系起来，就要求有科学的理论阐明无产阶级贫困和遭受剥削的秘密，揭示资本主义的运动规律，论证无产阶级的力量所在和历史使命。如果没有科学的革命理论指导，无产阶级革命是不可能取得胜利的。同时，从工人运动开始到失败的具体过程看，缺乏一个用科学的无产阶级理论武装起来的革命政党的领导，也是工人运动失败的主要教训之一。三大工人运动的历史经验为马克思主义经济学的诞生提供了必要的前提条件。马克思和恩格斯科学地总结了国际工人运动的历史经验，最终把工人运动和社会主义结合起来，从经济理论的角度回答工人受剥削的秘密，从而把无产阶级的斗争推向新的发展阶段。

---

① 《列宁专题文集 论辩证唯物主义和历史唯物主义》，人民出版社 2009 年版，第 299 页。

② 《马克思恩格斯全集》第 1 卷，人民出版社 1956 年版，第 483 页。

第二节　马克思主义经济学的思想来源

一、对古典哲学的批判和吸收

马克思主义经济学的哲学基础是历史唯物主义和唯物辩证法，它的直接来源是德国古典哲学，特别是黑格尔哲学中的辩证法和费尔巴哈的唯物主义。

德国古典哲学是在18世纪末至19世纪上半叶欧洲资本主义发展和德国独特社会条件下产生的。像18世纪的法国唯物主义者和启蒙学派一样，德国古典哲学也为资产阶级革命做了准备。当时西欧正经历着重大的社会经济变革，英国的工业革命和法国的资产阶级大革命也都对德国的思想界产生了重大影响。然而由于当时的德国经济落后和政治不统一，新生资产阶级极为软弱，企图依靠封建贵族实行自上而下的改良，从而缺乏革命的彻底性。德国古典哲学的产生和发展，反映了当时德国资产阶级既要求革命又害怕革命、企图向封建势力妥协的特性，因而往往具有抽象的、思辨的形式。在内容上，它是以对中世纪长期占统治地位的形而上学思维方法进行革命为开端的。这个革命是由康德（1724—1804年）开始的，康德哲学的主要特点是企图调和唯心主义和唯物主义。自康德后，德国古典哲学经过费希特（1762—1814年）和谢林（1775—1854年），到黑格尔（1770—1831年）达到了发展的巅峰。

黑格尔是德国古典哲学的集大成者，是第一个全面地、有意识地叙述辩证法一般运动形式的哲学家。他批判地继承了前人的哲学思想，建立起庞大的客观唯心主义体系。他把所谓“绝对精神”或“绝对理念”说成是第一性的永恒的本原，认为自然界和人类社会都是从精神中派生出来的。绝对理念由于自身的发展而外化为自然界，又通过进一步发展克服了外化，在人类的精神生活中回到自身，最后在精神发展的最高阶段——绝对精神中认识了自身，从而构成了一个包罗万象的、封闭的体系。在这个唯心主义的神秘外壳中，又包含了极为丰富的内容和辩证法的“合理内核”。但是，黑格尔的辩证法却是头足倒置的，它的表现形式是唯心主义和神秘主义。此外，“它还包含着一个无法解决的内在矛盾：一方面，它以历史的观点作为基本前提，即把人类的历史看作一个发展过程，这个过程按其本性来说在认识上是不能由于所谓绝对真理的发现而结束的；但是另一方面，它又硬说它自己就是这种绝对真理的化身”①。正因为如此，到了黑格尔逝世以后的1835年，黑格尔学派也很快解体。

与此相反，从黑格尔哲学的解体中产生的费尔巴哈（1804—1872年）的哲学批判了黑格尔的唯心主义，在德国古典哲学中重新恢复了唯物主义权威，但同时也抛弃了黑格尔的辩证法。费尔巴哈冲破了黑格尔唯心主义哲学体系的束缚，认为世界是物质的，自然界不依赖于人的意识而独立存在，人与自然是统一的。因此，与黑格尔把观念、思维和神描述为唯一的实在和动力相反，费尔巴哈把观念、思维和神还原为其现实根源、人和自然界。由此，费尔巴哈尖锐抨击了宗教宣扬的上帝，认为人们幻想的上帝实际上是人类自己的特性，并由此揭示了宗教产生的认识论根源。显然，费尔巴哈根据唯物主义自然观和唯物主义认识论坚决维护了物质第一性、精神第二性的原理，彻底否认了所谓在物质世界之外独立存在的精神实体，这是费尔巴哈哲学的“基本内核”。但是，费尔巴哈在批判黑格尔的唯心主义时也把辩证法简单抛弃了，这使得他的唯物主义哲学带有较浓厚的形而上学性，虽然坚持唯物主义的自然观，但是在历史观上仍然是唯心主义，因而是一种不彻底的“半截子”唯物主义。

费尔巴哈对黑格尔的批判宣告了德国古典哲学的终结，马克思主义作为德国古典哲学的直接继承者登上了历史舞台。19世纪40年代，马克思和恩格斯对德国古典哲学思想进行了批判性改造。他们充分肯定了德国古典哲学的积极成果，批判了黑格尔的唯心主义，汲取了其辩证法思想的“合理内核”；批判了费尔巴哈的人本主义，汲取了其唯物主义思想的“基本内核”，并克服了它的机械性、形而上学性和不彻底性；从而把唯物主义和辩证法、唯物辩证的自然观和历史观有机地结合起来，开辟了哲学史上的新纪元，形成了辩证唯物主义和历史唯物主义，为创立无产阶级政治经济学提供了科学的世界观和方法论基础。

二、对古典政治经济学的批判和吸收

政治经济学作为一门独立的社会科学，产生于17世纪中叶。当时，工场手工业已在英、法等国确立，资本主义生产关系迅速发展。但是新兴资产阶级与封建地主阶级之间的矛盾仍然十分尖锐，代表产业资本家阶级利益的古典政治

① 《马克思恩格斯文集》第9卷，人民出版社2009年版，第27页。

经济学应运而生。

古典政治经济学产生之前，在西方经济思想中占据统治地位的是重商主义经济学。重商主义认为，金、银是财富的唯一代表，商品流通是获取财富的唯一源泉，开展对外贸易是一国增加财富总量的唯一途径。英国古典政治经济学家克服了重商主义专注于流通领域的局限性，将研究重点转向生产领域。从 17 世纪中叶到 19 世纪 30 年代是古典政治经济学的形成时期，这一时期正是资本主义生产方式逐步确立的时期。古典政治经济学适应新兴资产阶级发展资本主义的需要，论证了资本主义相对封建主义的优越性，反对封建特权和重商主义关于国家干预经济生活的主张，提倡经济自由。

威廉·配第（1623—1687 年）是英国古典政治经济学的创始人。在其代表作《赋税论》（1662 年）和《政治算术》（1672 年）中，他把经济学研究对象从流通领域转到生产领域，提出了与劳动价值论有关的若干命题。配第认为价值的源泉是劳动，商品的价值量同生产该商品的劳动生产率成反比。但他把价值等同于价格，也不了解生产商品的劳动的二重性。英国古典政治经济学的集大成者是亚当·斯密（1723—1790 年）。亚当·斯密在代表作《国民财富的性质和原因的研究》（1776 年，简称《国富论》）中，提出了一般社会劳动决定商品价值的理论，认为劳动是价值的源泉，是衡量一切商品交换价值的真正尺度；还明确区分了商品的使用价值和交换价值，区分了简单劳动和复杂劳动，研究了价值（自然价格）和市场价格的关系，从而为古典政治经济学的劳动价值论奠定了更加广泛的基础。但是，由于亚当·斯密的研究方法的二重性，他并未把劳动价值论贯彻始终。由于不了解生产商品的劳动的性质，亚当·斯密又认为在资本主义生产方式下价值也由工资、利润和地租三种收入构成，导致他同时拥有了劳动价值论和收入价值论两种价值理论。作为经济自由主义的倡导者，亚当·斯密还提出了著名的“看不见的手”的理论，用来说明自由市场经济机制对资本主义体系的重要作用。《国富论》构建了一个几乎涉及政治经济学一切方面问题的理论体系，极大地影响了后来的经济学家。但是由于其中的庸俗性成分，也为后来的庸俗经济学打开了方便之门。

大卫·李嘉图（1772—1823 年）作为英国古典政治经济学的完成者，他坚持和发展了亚当·斯密的劳动价值论。在其代表作《政治经济学及赋税原理》（1821 年）中，李嘉图坚持认为商品价值只能由生产该商品所耗费的劳动量决定，价值大小与这种劳动量成正比；并在利润的名义下考察了剩余价值的生产，指出价值是由生产商品的社会必要劳动量决定，认为产品的全部价值都是由工人劳动创造的，从而社会各阶级的一切收入都来源于此。其中，工资只是产品价值的一部分而归工人所有；利润是产品价值扣除工资之后的余额而由资本家占有；地租是产品价值扣除工资和利润之后的余额而由土地所有者占有。在此基础上，李嘉图分析了资本主义社会阶级对立关系在分配领域的表现，强调了工资和利润成反比的关系，从而揭示了资本家与工人的对立。但是，李嘉图却无法在劳动价值论的基础上解释资本主义经济中的两个问题，即价值规律与劳动和资本相交换之间的矛盾，价值规律与等量资本获得等量利润之间的矛盾。这两个难题暴露出李嘉图的价值理论和剩余价值理论存在缺陷，由此导致了李嘉图体系最终走向解体。

此外，早在法国古典政治经济学确立之时，法国重农学派创始人魁奈（1694—1774 年），在其代表作《经济表》（1758 年）中，提出了只有生产“纯产品”的农业劳动才是生产劳动的重要观点，从而在事实上把剩余价值的起源归结于生产领域。在此基础上，魁奈还把流通过程纳入再生产过程，描绘了社会总产品在三大阶级（生产阶级、不生产阶级及土地所有者阶级）之间的实现过程，以及工业、农业两个生产部门再生产条件的补偿过程。尽管魁奈的经济理论存在一些错误观点，但他对社会再生产过程的分析却被马克思认为包含着“最有天才的思想”①。西斯蒙第（1773—1842 年）是法国古典政治经济学的完成者，在 1819 年发表了代表性著作《政治经济学新原理，或论财富同人口的关系》。在这部著作中，西斯蒙第从小生产者的立场出发，批评英国古典政治经济学以财富为研究对象而忽视了财富和人的关系以及人的需要。在此基础上，他强调消费先于生产、生产服从消费，主张生产不应该是无限制的。因此，他否定了李嘉图等人的“无危机论”，肯定了资本主义制度下经济危机的不可避免性。西斯蒙第认为，资本家为利润拼命扩大生产，但小生产的破产和社会分配不公使广大人民收入不足，由此引起消费不足的矛盾，从而导致一部分产品不能实现而必然产生经济危机。西斯蒙第最早论述了资本主义生产过剩危机的必然性，这是他的科学功绩。但是，他不了解资本主义制度下生产和消费矛盾的性质，不了解经济危机的根源是资本主义的基本矛盾，即生产的社会性和资本主义私人占有形式之间的矛盾，而生产和消费的矛盾

---

① 《马克思恩格斯全集》第 33 卷，人民出版社 2004 年版，第 415 页。

只是这一基本矛盾的表现形式。作为当时法国小生产者的代表，西斯蒙第幻想采用宗法和行会原则来组织社会以消除资本主义社会矛盾。马克思和恩格斯在《共产党宣言》中指出，小资产阶级的社会主义认为消灭资本主义矛盾的途径是使现代社会回到他所理想化的小生产方式，这种观点“是反动的，同时又是空想的”①。

由于当时社会的主要矛盾是新兴资产阶级和地主阶级的矛盾，无产阶级和资产阶级的矛盾尚未公开化，因此，代表新兴资产阶级利益与要求的古典政治经济学家具有一定的进步作用。他们把批判封建主义经济制度当作自己的主要任务，探讨了资本主义制度下财富的生产、交换和分配的规律，并在当时资产阶级的视野所能允许的范围内探讨了资本主义生产关系的内部联系和规律，为马克思主义经济学的创立提供了可贵的思想材料。古典政治经济学的贡献主要表现在：首先，古典政治经济学在政治经济学的研究对象和方法上比前人更进了一步，他们把研究对象从流通领域转入生产领域，试图研究和揭示资本主义经济现象背后的内在联系和规律。其次，古典政治经济学最重要的贡献是奠定了劳动价值论的基础，并力图贯穿于理论的各个组成部分；而且在劳动价值论基础上，有些古典经济学家如亚当·斯密和李嘉图还论证了利润、地租和利息等概念，为马克思创立剩余价值理论奠定了基础。然而，古典政治经济学家对社会经济运动的本质认识还是初步的。“古典政治经济学的根本缺点之一，就是它从来没有从商品的分析，特别是商品价值的分析中，发现那种正是使价值成为交换价值的价值形式。恰恰是古典政治经济学的最优秀的代表人物，像亚当·斯密和李嘉图，把价值形式看成一种完全无关紧要的东西或在商品本性之外存在的东西。这不仅仅因为价值量的分析把他们的注意力完全吸引住了。还有更深刻的原因”②。显然，由于受自身立场、世界观和方法论的限制，同时受当时社会、政治、经济条件的制约，他们不能真正认识资本主义发生、发展和灭亡的规律，从而不可能从根本上触及资本主义制度本身，而是把资本主义制度看成合乎人本性的永恒社会制度，并停留于对资本主义表面现象的观察，从而不可能彻底揭示资本主义生产方式的内在矛盾。

相反，正是在批判地继承了古典政治经济学的劳动价值论、并创造性地提

---

① 《马克思恩格斯选集》第1卷，人民出版社2012年版，第426页。

② 《马克思恩格斯文集》第5卷，人民出版社2009年版，第98-99页。

出了剩余价值理论的基础上，马克思和恩格斯深刻揭露了资产阶级剥削无产阶级的秘密，揭示了无产阶级与资产阶级对立的经济根源；并通过搜集资本主义发展历史的大量材料和详细解析现实资本主义经济的运行规律，创立了科学的马克思主义经济学的理论体系。

三、对空想社会主义的批判和吸收

空想社会主义，又称为“乌托邦社会主义”，也是马克思主义经济学产生的重要思想来源。世界社会主义有着 500 年的发展历史，它的最初形态就是空想社会主义。

空想社会主义早期的代表性著作见于 16 世纪托马斯·莫尔（1478—1535 年）的《乌托邦》一书。到 19 世纪初期空想社会主义盛行于西欧，到 20 年代资本主义生产方式确立为止，它的发展前后经历了三个世纪，可分为三个发展阶段。从 16 世纪初到 17 世纪末是空想社会主义发展的第一阶段，这一时期的空想社会主义通常称为早期空想社会主义，主要代表人物有英国的托马斯·莫尔、德国的托马斯·闵采尔（1489—1525 年）、意大利的托马斯·康帕内拉（1568—1639 年）和英国的杰拉德·温斯坦莱（1609—1652 年）等。他们揭露了资本原始积累时期的社会矛盾，对理想社会制度做了空想式的描述。18 世纪空想社会主义进入第二阶段，这一阶段的空想社会主义与法国大革命的准备相联系，主要代表人物有法国的让·梅叶（1664—1729 年）、摩莱里（1720—1780 年）、马布利（1709—1785 年）和格拉古·巴贝夫（1760—1797 年）等。他们认为，不仅应当消灭阶级特权，而且还应消灭阶级本身，要求建立完全平等的共产主义体制。由于当时社会生产力还不发达，他们设想通过普遍平均的办法消灭阶级不平等和社会矛盾的学说，具有明显的“平均主义”和“禁欲主义”特点。19 世纪初期是空想社会主义发展的第三阶段，最突出的代表人物是法国的圣西门（1760—1825 年）、傅立叶（1772—1837 年）和英国的欧文（1771—1858 年）。工业革命后，资本主义国家的社会财富迅速增多，创造财富的工人阶级却日益贫困，当时的空想社会主义思想家无情地揭露了资本主义社会的矛盾和弊端，并积极探索建立理想的社会模式。他们的著作不仅深刻揭露了资本主义制度的罪恶，而且还从各自的特点出发设想未来社会，并做了广泛的社会实验，从而把空想社会主义学说推向新的高峰。但是，由于他们建立理想社会的设想只是建立在对资本主义产生的各种弊病和灾难的义愤之上，而不是建立在对社会发展历史规律的认识之上，因此，尽管他们对社会发展的未来做了天才的描述，可是仍难以找到把理想社会变为现实的途径，因而他们的社会主义具有空想成分。

在内容上，19 世纪空想社会主义者的经济思想主要包括以下几个方面：第一，对前资本主义的认识。空想社会主义者探讨了资本主义以前的社会经济制度，认为人类历史的起点是公有制而不是私有制，原始社会中人们共同劳动，也共同享有劳动的成果。第二，对资本主义制度的批判。几乎所有空想社会主义者都批判了资本主义制度，如圣西门把无政府状态称作“一切灾难中最严重的灾难”，认为经济自由必然导致这一状态；傅立叶认为雇佣劳动制度是“恢复奴隶制度”，资本主义工厂是“温和的监狱”；欧文抨击了资本主义私有制，认为私有制是一切阶级之间纷争的根源。第三，对过渡时期的认识。一些空想社会主义者提出，从现存社会进入未来理想社会要经过过渡时期。如傅立叶认为，从分散生产的文明制度到复杂协作的和谐制度，中间必须经过两个过渡时期：半协作的保障制度和简单协作的协作制度；欧文则认为，从资本主义过渡到公社制度必须经过一个社会改造过程。第四，对财产公有和计划经济的主张。大多数空想社会主义者都主张实行财产公有制，如欧文等把财产公有制理解为除日常生活品以外的财产的公共占有，实际上是生产资料的公共占有。还有一些空想社会主义者提出计划经济的思想，如圣西门主张在实业制度下要有计划地组织生产，彻底根除无政府状态。第五，对社会生产目的的认识。圣西门第一次明确提出把满足人们的需要规定为新社会唯一和固定的目的；欧文把公社生产目的同资本主义生产目的做了对比，认为资本主义生产是为了资本家的利润，公社生产则是直接为了满足公社全体成员和社会的物质生活与文化生活需要。第六，对未来社会消费品分配的主张。圣西门提出每个人的作用和收入都应当同其才能和贡献成正比，其门徒把这一思想发展成为“按能力计报酬，按工效定能力”的原则，这一原则实际上已含有按劳分配的思想萌芽；傅立叶提出了按劳动、资本、才能分配的原则，这一原则同其保存生产资料资本主义所有制的思想相一致；欧文则认为，在过渡时期的消费品应当按照劳动分配，而在公社制度即共产主义制度下应按照需要分配。第七，对未来社会的交换的设想。在早期空想社会主义思想家莫尔提出的“乌托邦”设想中，商品货币关系是不存在的，由于没有商品生产，货币也就随之废除，人们都把金银视为贱品；而在傅立叶的“法朗吉”中还存在商品货币关系，他认为协作制度下的商品交换将十分活跃，商品流通量将相比文明制度下成百倍地增长。第八，对城乡结合与开放的主张。空想社会主义者设计的理想社会并不是闭关自守的社会，而是不同程度地存在对外联系。如欧文主张，要把城市和乡村、工业和农业及脑力劳动和体力劳动都结合起来，还要通过多种途径从国外学习先进的科学技术、发展生产等。

以圣西门、傅立叶、欧文为代表的空想社会主义者提出的很多重要思想，后来成为马克思和恩格斯创立科学社会主义和马克思主义经济学的直接来源。他们对资产阶级制度的无情批判，为开启工人的思想提供了宝贵资料；他们对人类社会发展规律的探索，成为启发人们认识社会主义必然代替资本主义的依据；他们对未来社会天才的设想，包含了许多积极的思想。但是，空想社会主义作为一种早期无产者运动的理论仍然有很多不成熟的地方，主要表现在：他们在思想上受历史唯心主义支配，把社会主义和共产主义看成天才头脑的发明、是永恒理性和正义的体现，相信只要通过少数革命者就可以实现革命；他们既没有科学的劳动价值论，也没有剩余价值学说，因而不能够阐明资本主义雇佣劳动制度的本质；他们主张阶级调和、反对阶级斗争，没有找到消灭资本主义社会和建立新社会的强大力量，也没有找到进行社会变革的正确途径，而是把实现理想社会的希望寄托于统治阶级的帮助，希望通过和平改良的方式实现社会主义。显然，这条道路是走不通的，因为他们处于资本主义生产方式还不够发展以及资产阶级和无产阶级的对立还不够突出的时候，还不能认识到资本主义的发展规律和无产阶级的伟大历史作用，因而具有十分虚幻和空想的性质。19 世纪 40 年代，资本主义社会内部矛盾日益尖锐，无产阶级反对资产阶级的斗争也不断高涨。这种变化了的社会历史条件和深刻的社会背景，促使马克思和恩格斯着手认真研究空想社会主义者的具体思想和理论观点。在科学地总结无产阶级革命运动经验的基础上，马克思和恩格斯批判地吸收了空想社会主义特别是 19 世纪三大空想社会主义者的思想成果，创立了科学社会主义；并使之与国际工人运动紧密结合起来，得以在工人阶级中迅速传播，使社会主义实现了从空想到科学的历史性跨越，而空想社会主义的影响逐步走向衰落。

第三节　马克思主义经济学的创立及其历史地位

一、马克思主义经济学的创立

马克思和恩格斯的经济思想萌芽于19世纪40年代初期。马克思主义经济学的产生不仅是历史和时代的要求，而且也是马克思主义的创始人马克思和恩格斯积极参加革命实践和深入进行科学研究的结果。马克思和恩格斯正是在积极投入革命实践的过程中，实现了从唯心主义向唯物主义、从革命民主主义向共产主义的根本转变，并且在此基础上深入研究了人类社会的历史，批判了资产阶级的政治和经济，批判地吸取了人类社会的优秀思想文化成果，创立了马克思主义经济学。

马克思1818年5月5日出生于德国莱茵省特利尔城。1835年至1841年先后在波恩大学和柏林大学学习法律，1837年开始钻研黑格尔哲学并加入青年黑格尔派的“博士俱乐部”，1841年大学毕业获哲学博士学位，1842年10月至1843年3月任《莱茵报》主编。1843年秋，马克思到巴黎参与创办《德法年鉴》杂志。这一时期是马克思的思想发生重大转变的时期，他广泛研究了当时的各种思潮和学派，涉及哲学、政治经济学、空想社会主义、法学、政治学等，在大量阅读各种著作的基础上，马克思完成了《1844年经济学哲学手稿》。这部手稿虽然是马克思在其思想尚未完全成熟时期的著作，但包含着许多马克思重要思想的萌芽。他在书中深刻批判了资产阶级政治经济学、黑格尔哲学和空想社会主义学说，阐明了一系列唯物史观的基本原理。

恩格斯1820年11月28日出生于德国莱茵省巴门市。1841年9月至1842年10月在柏林大学旁听了哲学讲座，并参加青年黑格尔派的活动，接受了费尔巴哈的唯物主义思想。1842年11月，恩格斯在英国曼彻斯特参加宪章派活动，通过深入研究历史、哲学、政治经济学和社会主义理论，开始了从唯心主义向唯物主义、从革命民主主义向共产主义的转变。

1844年2月，马克思和卢格主编的《德法年鉴》第1~2期合刊在巴黎出版，该刊发表了马克思的《〈黑格尔法哲学批判〉导言》《论犹太人问题》，以及恩格斯的《国民经济学批判大纲》《英国状况——评托马斯·卡莱尔的〈过去和现在〉》。①

发表在《德法年鉴》上的《〈黑格尔法哲学批判〉导言》一文，是马克思继在 1843 年夏《黑格尔法哲学批判》之后写作的从现实角度来批判德国的政治、思想和社会现状的战斗檄文。在这篇文章中，他把批判的矛头从指向黑格尔的法哲学和国家哲学转向了德国的现状，主张把对德国现状的批判和斗争提高到世界历史的高度来认识，并且诉诸实践，诉诸群众，诉诸无产阶级。他认为“无产阶级要求否定私有财产，只不过是把社会已经提升为无产阶级的原则的东西……提升为社会的原则”②。其中，特别是在谈及“工业以至于整个财富领域对政治领域的关系”问题时，把它称为“现代主要问题之一”，马克思在这里不仅首次使用了“国民经济学”和“政治经济学”等术语，而且首次表明了他对“国民经济学”和李斯特的“狡猾的理论”与德国资本主义经济的发展（即私有财产对国民的统治）之间的关系，以及“政治经济学”与“社会对财富的统治”（社会主义）之间的关系的初步见解。

发表在《德法年鉴》上的《论犹太人问题》，是包含着马克思最初政治经济学见解的另一篇重要论文。在这篇论文中，马克思驳斥了鲍威尔把犹太人问题仅仅归结为政治解放对宗教的关系的错误观点，提出了人的解放和社会解放的观点。从经济学的角度看，一是提出了把人的社会力量“组织起来”的观点。其中写道：“只有当人认识到自身‘固有的力量’是社会力量，并把这种力量组织起来”③ 的时候，人的解放才能完成。二是结合法国《人权宣言》和美国《独立宣言》中的相关条款，深刻揭露了资产阶级“人权”的本质，指出它们无非是市民社会成员的（资产阶级的）、私有财产的、自私自利的权利。“这种个人自由和对这种自由的应用构成了市民社会的基础。”④ 三是马克思指出了“犹太精神”的世俗基础就是实际需要、自私自利、经商牟利和金钱，而这也就是“市民社会的原则”。所以，结论就是：“犹太人的解放……就是人类从犹太精神中解放出来。”⑤ 可以看出，这不仅已经涉及历史唯物主义和科学社会主义的某些原则，而且也已经包含了作为马克思主义经济学基本命

---

① 《马克思恩格斯全集》第 26 卷，人民出版社 2014 年版，第 930 页。

② 《马克思恩格斯文集》第 1 卷，人民出版社 2009 年版，第 17 页。

③ 《马克思恩格斯文集》第 1 卷，人民出版社 2009 年版，第 46 页。

④ 《马克思恩格斯文集》第 1 卷，人民出版社 2009 年版，第 41 页。其中的“市民社会”一词的德文原文是 bürgerliche Gesellschaft，可译作“市民社会”，也可译作“资产阶级社会”。

⑤ 《马克思恩格斯文集》第 1 卷，人民出版社 2009 年版，第 50 页。

题之一的“商品拜物教”和“货币拜物教”理论的原则。

如果说马克思上述两篇文章中的经济学见解主要还是内含于马克思的政治和社会主张当中，那么恩格斯同期发表在《德法年鉴》上的《国民经济学批判大纲》一文，则直接从正面开始了对于资产阶级经济学以及资产阶级政治经济学的批判。正是在这篇著作中，恩格斯不仅全面批判了资产阶级经济学的范畴和规律，而且论述了消灭私有制的必要性，并对社会主义革命作了初步论证，从而成为马克思主义发展史上的第一部经济学著作。马克思很快就对该文做了全面的提要，并在其随后所写的《1844年经济学哲学手稿》中称其为德国人的“内容丰富而有独创性的著作”①。在著名的《〈政治经济学批判〉序言》中，马克思称恩格斯的《国民经济学批判大纲》是“批判经济学范畴的天才大纲”②。马克思后来指出：“《大纲》中已经表述了科学社会主义的某些一般原则。”③ 恩格斯的这篇著作虽然与马克思和恩格斯后来的经济学著作相比，还包含有许多不够成熟和不够完善的地方，但它是马克思主义创始人在完成两个根本转变过程中公开发表的第一篇专门的政治经济学著作。

在写作《国民经济学批判大纲》这篇著作的同时，在1844年1—2月，恩格斯还完成了他为《德法年鉴》准备的、用历史唯物主义的方法来考察英国历史的一组文章，即《英国状况》。尤其是其中的《英国状况·十八世纪》一文，在马克思主义经济学的历史上，第一次运用历史唯物主义的观点，深刻分析了英国的产业革命及其深刻的影响。恩格斯指出，初看起来，革命的世纪并没有使英国发生多大变化便过去了。“但是，英国自上一世纪中叶以来经历了一次比其他任何国家经历的变革意义更重大的变革；这种变革越是不声不响地进行，它的影响也就越大；……英国的革命是社会革命，因此比任何其他一种革命都更广泛，更有深远影响。人类知识和人类生活关系中的任何领域，哪怕是最生僻的领域，无不对社会革命发生作用，同时也无不在这一革命的影响下发生某些变化。”④ 18世纪科学和实践的结合使社会的运动活跃起来。它们的最直接的结果就是英国工业的兴起。“一经形成的工业推动所带来的结果是无穷无尽的。一个工业部门的前进运动会传播到所有其他的部门。……新产生的力

① 《马克思恩格斯文集》第1卷，人民出版社2009年版，第112页。
② 《马克思恩格斯文集》第2卷，人民出版社2009年版，第592页。
③ 《马克思恩格斯文集》第3卷，人民出版社2009年版，第491页。
④ 《马克思恩格斯文集》第1卷，人民出版社2009年版，第87页。

量需要营养；新产生的劳动人口带来了新的生活关系和新的需求。”① “英国工业的这一次革命化是现代英国各种关系的基础，是整个社会的运动的动力。”② 但是由于私有制的作用，“这些理应属于全人类的力量便成为少数富有的资本家的垄断物，成为他们奴役群众的工具。商业吞并了工业，因而变得无所不能，变成了人类的纽带；个人的或国家的一切交往，都被溶化在商业交往中，这就等于说，财产、物升格为世界的统治者”③。“18 世纪在英国所引起的最重要的结果就是：由于工业革命，产生了无产阶级。”④ 而“现代英国工人阶级的贫困和穷苦却具有全国性意义，甚至具有世界历史意义”⑤。

与此同时，1844 年 4—8 月，马克思研究完成的《1844 年经济学哲学手稿》(《政治和政治经济学批判》的草稿)，从唯物主义和共产主义的立场出发，对涉及哲学、政治经济学和共产主义理论的各种历史文献和思想观点进行了系统的批判性考察，在剖析资本主义经济制度和资产阶级经济学的过程中，提出了新的经济学观点、哲学观点和共产主义理论观点，并做了初步的综合性阐述。

马克思论述了劳动实践对于人类文明和历史进步的伟大意义，指出整个世界历史不外是人通过人的劳动而诞生的过程，人正是通过劳动这种有意识的生命活动创造了社会的全部物质财富和精神财富。马克思批判地改造了德国古典哲学的异化概念，提出了异化劳动理论，用来分析资本主义的社会关系。马克思通过对异化劳动的剖析揭露了资本主义社会中资本与劳动不可调和的对立，说明私有财产的存在必然造成异化劳动，因而必然给工人阶级和整个人类带来灾难性的后果。马克思提出要从“当前的国民经济的事实出发”⑥，通过对异化劳动和私有财产关系的研究，找到“劳动和资本分离以及资本和土地分离的原因”⑦。他指出，只有扬弃私有财产才能消除异化劳动，而要使社会从私有财产的统治下解放出来，必须通过工人解放这种政治形式。马克思强调指出，要扬弃现实的私有财产，必须有现实的共产主义行动，“历史将会带来这种共产

① 《马克思恩格斯文集》第 1 卷，人民出版社 2009 年版，第 102 页。
② 《马克思恩格斯文集》第 1 卷，人民出版社 2009 年版，第 105 页。
③ 《马克思恩格斯文集》第 1 卷，人民出版社 2009 年版，第 105 页。
④ 《马克思恩格斯文集》第 1 卷，人民出版社 2009 年版，第 107 页。
⑤ 《马克思恩格斯文集》第 1 卷，人民出版社 2009 年版，第 93 页。
⑥ 《马克思恩格斯文集》第 1 卷，人民出版社 2009 年版，第 156 页。
⑦ 《马克思恩格斯文集》第 1 卷，人民出版社 2009 年版，第 155 页。

主义行动，而我们在思想中已经认识到的那正在进行自我扬弃的运动，在现实中将经历一个极其艰难而漫长的过程”①。

《1844 年经济学哲学手稿》是马克思从 1843 年年底开始进行政治经济学研究得出的丰硕成果的结晶，为马克思随后的经济学研究奠定了初步的基础，也是他创立马克思主义经济学理论体系的第一次伟大尝试。

19 世纪 40 年代中期至 60 年代，马克思和恩格斯在深入分析资本主义经济关系、批判地研究资本主义国家大量政治经济学著作的基础上，撰写了《哲学的贫困》(1847 年)、《共产党宣言》(1848 年)、《雇佣劳动与资本》、《伦敦笔记》(1850—1853 年)、《1857—1858 年经济学手稿》、《政治经济学批判》第一分册、《1861—1863 年经济学手稿》、《1863—1865 年经济学手稿》等许多重要著作，创造性地发展了他们的经济思想。1867 年，《资本论》第 1 卷德文第 1 版在汉堡出版，标志着马克思主义经济学理论体系正式创立。此后，马克思和恩格斯继续深入研究经济问题，《资本论》第 2 卷、第 3 卷等一系列重要经济学著作陆续出版，马克思主义经济学的完整理论体系逐步形成。

二、马克思主义经济学创立的理论意义

马克思主义经济学的创立，是人类经济思想史上的一次伟大革命，具有重大的理论意义。

第一，马克思主义经济学的创立，实现了政治经济学的伟大变革。政治经济学作为一门近代科学，最初是作为一门资产阶级的科学而产生的。处于资本主义生产方式上升时期的资产阶级古典政治经济学最先分析了资本主义生产方式的内部联系和规律，但是由于其自身狭隘的资产阶级眼界的局限，到马克思主义经济学诞生之前，它已经遇到了自身发展无法克服的障碍。与资产阶级古典政治经济学同时产生，并在资产阶级古典政治经济学解体以后得到进一步发展的庸俗经济学，除了上述资产阶级狭隘眼界的局限外，又表现出更加明显的肤浅性、辩护性和调和性的特征。这两种意义上的资产阶级经济学，都无法适应已经发展变化了的人类社会历史发展的需要。而马克思主义以前的空想社会主义和小资产阶级社会主义者的经济学著作，事实上仍然停留在资产阶级政治经济学的范围内。他们事实上仍然承认资产阶级政治经济学在理论上是正确

---

① 《马克思恩格斯文集》第 1 卷，人民出版社 2009 年版，第 232 页。

的，只是责备资本主义社会的实际与政治经济学的理论相矛盾，从而“要求资产阶级社会在实践中贯彻它的理论原则的臆想的结论”①。只有马克思主义经济学才在辩证唯物主义和历史唯物主义的指导下，在批判地继承古典政治经济学成就的基础上，克服了资产阶级经济学的历史局限和阶级局限，从而实现了人类政治经济学历史上的彻底革命。在以后的发展中，又进一步形成了马克思主义经济学成熟的理论体系，从而使人们对于资本主义经济运动规律和发展趋势的认识，乃至对于全部人类社会经济发展规律的认识，建立在了真正科学的基础之上。

第二，马克思主义经济学的创立，使唯物主义的历史观得到证明和运用，从而使之不再仅仅是一种科学假说。马克思主义的历史唯物论，是在批判地继承德国古典哲学成就的基础上诞生的。但是黑格尔的历史哲学本身是唯心主义的和思辨的，而费尔巴哈的唯物主义则是仅仅把人类社会的历史归结于自然界和抽象的人。马克思正是批判地克服了黑格尔哲学中的唯心主义世界观和费尔巴哈抽象的人的观点，才形成了社会的物质生活决定社会生活、政治生活和精神生活的历史唯物主义的基本观点，从而把“市民社会”即社会物质生活关系的总和，看作国家等上层建筑的基础。而对市民社会的解剖，则要到政治经济学中去寻求。因此，如果离开了马克思主义政治经济学的研究，唯物史观就还仅仅是一种哲学思辨的理论。马克思主义经济学说的创立，又进一步丰富和发展了历史唯物主义的学说和原理。

第三，马克思主义经济学的创立，使社会主义从空想走向科学。马克思主义以前的社会主义和共产主义学说，大都仍然是建立在抽象的甚至是资产阶级“公平”“正义”等基础上的。它们对于资本主义社会的批判，大都或多或少地与资产阶级古典政治经济学的“原理”相联系，甚至以它们为依据。同时，它们对于未来社会的主张，也是唯心主义的和空想的，认为未来社会只是少数天才人物的发明或设计；并且似乎只要通过宣传和必要的典型示范，就可以从外部强加于社会，从而看不到实现社会主义的物质力量和条件。与空想社会主义学说不同，马克思主义经济学自创立之日起，就是要从私有财产的运动中，也就是在资本主义的经济运动中，为整个革命运动寻找理论和经验的根据。因此，马克思主义的科学社会主义的学说和运动，始终是同马克思主义经济学说

---

① 《马克思恩格斯文集》第4卷，人民出版社2009年版，第202页。

的产生密不可分的。同时，马克思和恩格斯对于未来社会经济特征的判断，也只有通过研究政治经济学，分析资本主义社会中已经显露出来的那些带有未来社会萌芽性质的因素，才能得出结论。所以，也正是由于马克思主义经济学说的创立，才使社会主义由空想走向科学。

思考题

1. 马克思主义经济学是如何产生的？
2. 马克思是如何批判地继承古典政治经济学的？
3. 马克思主义经济学诞生的历史意义是什么？

第二章　马克思主义经济学科学体系的形成

唯物史观是马克思主义经济学的哲学基础，是马克思和恩格斯创立马克思主义经济学理论体系的指导思想。马克思和恩格斯坚持辩证唯物主义和历史唯物主义，坚持从客观的经济事实和经济现象出发，揭示隐藏在经济现象背后的本质联系及其运动规律，逐步确立了政治经济学的研究对象和科学方法，构建了马克思主义经济学的科学体系。《资本论》集中体现了马克思主义经济学的基本理论，是马克思尽毕生精力探索研究的伟大成果，在马克思主义经济学理论体系中具有不可替代的重要地位。

第一节　唯物史观的创立与政治经济学研究对象和方法的形成

一、唯物史观的创立

1844年6月，马克思在巴黎开始研究政治经济学时，德国西里西亚爆发了工人起义，这是德国无产阶级和资产阶级之间第一次大规模的阶级搏斗，各阶级、各阶层对此持不同的态度。马克思和恩格斯认为，有必要公开反对鲍威尔兄弟以及纠集在《文学总汇报》周围的其他青年黑格尔派的追随者，因为他们给当时的德国工人运动造成理论和思想的混乱。为此，他们合作撰写了《神圣家族》一书。

在《神圣家族》中，他们阐明了唯物主义历史观的一系列基本观点，提出了无产阶级经济学理论的一些基本观点。第一，物质生产方式决定社会历史发展。在社会历史发展过程中起决定作用的，绝不是鲍威尔所说的“自我意识”，而是人们的物质生产，生产总是以某种客观条件为前提的。人们在物质生产过程中发生着人和人之间的社会关系，只有理解了这一点，才能理解社会历史的发展。马克思和恩格斯已经把物质资料的直接生产方式，看作历史发展的基础。第二，人民群众是历史的创造者。“历史不过是追求着自己目的的人的活动而已”[①]，现实的、活生生的人创造了历史。“历史活动是群众的活动，随着历史活动的深入，必将是群众队伍的扩大。”[②] 随着物质生产的发展，群众必然会认识到自己的利益同少数统治者的利益相冲突，必然会自觉地加入社会历史活动中来，群众是社会进步的主要动力。第三，无产阶级负有消灭私有制的历史使命。“国民经济学的一切论述都以私有财产为前提。国民经济学把这个基本前提当做确定不移的事实，而不作任何进一步的考察。”[③] “无产阶级和财富是两个对立面。它们本身构成一个整体。它们是私有财产世界的两种形态。”[④] 私有财产或资本主义社会，“不得不保持自身的存在，因而也不得不保持自己的对立面——无产阶级的存在”[⑤]。对于无产阶级来说，它“不得不消灭自身，因而也不得不消灭制约着它而使它成为无产阶级的那个对立面——私有财产”[⑥]。无产阶级在资本主义社会这个矛盾统一体中处于否定的方面，因此“无产阶级在获得胜利时，无论如何决不会因此成为社会的绝对方面，因为它只有消灭自己本身和自己的对立面才能获得胜利。到那时，无产阶级本身以及制约着它的对立面——私有财产都会消失”[⑦]。马克思和恩格斯对私有制和无产阶级辩证关系的论述，是唯物史观由萌芽走向建立的明显标志。列宁指出，《神圣家族》这一论战式的著作所阐述的思想，“奠定了革命唯物主义的社会主义的基础”[⑧]。

1845 年春，马克思在布鲁塞尔期间，除了研究政治经济学以解剖资本主义社会外，还从哲学批判的角度，深刻地理解资本主义社会和无产阶级革命的任务。这期间，马克思起草的《关于费尔巴哈的提纲》，如恩格斯所言，“它作为包含着新世界观的天才萌芽的第一个文献，是非常宝贵的”[⑨]。《关于费尔巴哈的提纲》的重大意义在于，明确了革命实践在社会生活中的决定作用，认为实践是认识的基础和标准，从而确立了科学的实践观。世界是否可知，“人的思

---

① 《马克思恩格斯文集》第 1 卷，人民出版社 2009 年版，第 295 页。
② 《马克思恩格斯文集》第 1 卷，人民出版社 2009 年版，第 287 页。
③ 《马克思恩格斯文集》第 1 卷，人民出版社 2009 年版，第 255-256 页。
④ 《马克思恩格斯文集》第 1 卷，人民出版社 2009 年版，第 260 页。
⑤ 《马克思恩格斯文集》第 1 卷，人民出版社 2009 年版，第 260 页。
⑥ 《马克思恩格斯文集》第 1 卷，人民出版社 2009 年版，第 260 页。
⑦ 《马克思恩格斯文集》第 1 卷，人民出版社 2009 年版，第 261 页。
⑧ 《列宁专题文集　论马克思主义》，人民出版社 2009 年版，第 56 页。
⑨ 《马克思恩格斯文集》第 4 卷，人民出版社 2009 年版，第 266 页。

维是否具有客观的真理性，这不是一个理论的问题，而是一个实践的问题”①，只能由实践来证明。“全部社会生活在本质上是实践的。”② 马克思批判了费尔巴哈对人的本质的抽象理解，指出人的本质不是单个人所固有的抽象物，而在其现实性上是一切社会关系的总和。《关于费尔巴哈的提纲》最后一条即第十一条，揭示了新旧世界观的根本区别，提出了马克思主义哲学的使命：“哲学家们只是用不同的方式解释世界，问题在于改变世界。”③

1845 年秋至 1846 年 5 月左右，马克思和恩格斯合作撰写的《德意志意识形态》(当时未能公开出版，留下的只是手稿)，第一次系统地阐述了唯物主义历史观的基本原理，是唯物史观创立的重要标志。

第一，马克思和恩格斯论述了社会存在决定社会意识的原理。现实中的人从事的物质生产活动“是在一定的物质的、不受他们任意支配的界限、前提和条件下活动着的”④。这些从事实际活动的人，在发展着自己的物质生产和物质交往，“在改变自己的这个现实的同时也改变着自己的思维和思维的产物。不是意识决定生活，而是生活决定意识”⑤。“意识……在任何时候都只能是被意识到了的存在……而人们的存在就是他们的现实生活过程。”⑥ 社会存在决定社会意识原理的“最初结论就给一切唯心主义，甚至给最隐蔽的唯心主义当头一棒。关于一切历史的东西的全部传统的和习惯的观点都被这个原理否定了”⑦。

第二，马克思和恩格斯论述了物质资料的生产对人类社会生存和发展的决定作用，以及生产关系一定要适应生产力性质的规律。“一切人类生存的第一个前提，也就是一切历史的第一个前提，这个前提是：人们为了能够‘创造历史’，必须能够生活”⑧，生产物质资料本身，是一切历史的基本条件。马克思和恩格斯指出，人为了进行生产，必然和自然界以及他人形成双重关系，前者构成生产力，后者构成生产关系。“一当人开始生产自己的生活资料，即迈出由他们的肉体组织所决定的这一步的时候，人本身就开始把自己和动物区别开

① 《马克思恩格斯文集》第 1 卷，人民出版社 2009 年版，第 500 页。
② 《马克思恩格斯文集》第 1 卷，人民出版社 2009 年版，第 501 页。
③ 《马克思恩格斯文集》第 1 卷，人民出版社 2009 年版，第 502 页。
④ 《马克思恩格斯文集》第 1 卷，人民出版社 2009 年版，第 524 页。
⑤ 《马克思恩格斯文集》第 1 卷，人民出版社 2009 年版，第 525 页。
⑥ 《马克思恩格斯文集》第 1 卷，人民出版社 2009 年版，第 525 页。
⑦ 《马克思恩格斯文集》第 2 卷，人民出版社 2009 年版，第 598 页。
⑧ 《马克思恩格斯文集》第 1 卷，人民出版社 2009 年版，第 531 页。

来。人们生产自己的生活资料，同时间接地生产着自己的物质生活本身。”① 人们的生产方式决定其生活方式。人们生产什么、怎样生产同人的社会存在是完全一致的。

第三，马克思和恩格斯还论述了人类社会历史上，与一定的生产方式相适应的各种不同的社会形式，阐明了经济基础决定上层建筑的原理。依据社会生产力发展水平所决定的社会分工以及相应的所有制形式，他们第一次把资本主义以前人类社会的发展分为三种类型：部落所有制、古代的公社所有制和国家所有制、封建的或等级的所有制。在对不同类型所有制形式进行分析的基础上，他们对人类社会的“社会结构”、政治结构和生产方式的相互关系，第一次做了较为全面的概括：“以一定的方式进行生产活动的一定的个人，发生一定的社会关系和政治关系。经验的观察在任何情况下都应当根据经验来揭示社会结构和政治结构同生产的联系，而不应当带有任何神秘和思辨的色彩。”②“一定的生产方式或一定的工业阶段始终是与一定的共同活动方式或一定的社会阶段联系着的，而这种共同活动方式本身就是‘生产力’；由此可见，人们所达到的生产力的总和决定着社会状况。”③ 这表明马克思和恩格斯已经洞悉与一定社会的生产力相适应的社会结构（即经济关系）对政治结构（即上层建筑）的决定作用，为创立崭新的政治经济学体系奠定了理论上和方法上的基础。

第四，对崭新的唯物史观第一次做了全面的表述。“这种历史观就在于：从直接生活的物质生产出发阐述现实的生产过程，把同这种生产方式相联系的、它所产生的交往形式即各个不同阶段上的市民社会理解为整个历史的基础，从市民社会作为国家的活动描述市民社会，同时从市民社会出发阐明意识的所有各种不同的理论产物和形式，如宗教、哲学、道德等等，而且追溯它们产生的过程。这样做当然就能够完整地描述事物了（因而也能够描述事物的这些不同方面之间的相互作用）。”④ 这种历史观同唯心主义历史观的原则区别就在于：“始终站在现实历史的基础上，不是从观念出发来解释实践，而是从物

---

① 《马克思恩格斯文集》第 1 卷，人民出版社 2009 年版，第 519 页。
② 《马克思恩格斯文集》第 1 卷，人民出版社 2009 年版，第 523-524 页。
③ 《马克思恩格斯文集》第 1 卷，人民出版社 2009 年版，第 532-533 页。
④ 《马克思恩格斯文集》第 1 卷，人民出版社 2009 年版，第 544 页。

质实践出发来解释各种观念形态。"①

1859年6月，马克思整理出版了《政治经济学批判》第一分册。在该书的《序言》中，马克思对唯物史观的基本内容作了深刻而系统的概括："人们在自己生活的社会生产中发生一定的、必然的、不以他们的意志为转移的关系，即同他们的物质生产力的一定发展阶段相适合的生产关系。这些生产关系的总和构成社会的经济结构，即有法律的和政治的上层建筑竖立其上并有一定的社会意识形式与之相适应的现实基础。物质生活的生产方式制约着整个社会生活、政治生活和精神生活的过程。不是人们的意识决定人们的存在，相反，是人们的社会存在决定人们的意识。社会的物质生产力发展到一定阶段，便同它们一直在其中运动的现存生产关系或财产关系（这只是生产关系的法律用语）发生矛盾。于是这些关系便由生产力的发展形式变成生产力的桎梏。那时社会革命的时代就到来了。随着经济基础的变更，全部庞大的上层建筑也或慢或快地发生变革。"② 这是马克思经过整整十五年的刻苦研究之后，对唯物史观做出的经典表述，充分表明了马克思主义政治经济学和作为它的方法的唯物史观的关系是何等密切。正如列宁指出的："马克思的哲学和政治经济学结成了一个完整的唯物主义世界观。"③ 恩格斯在《人民报》上高度评价了《政治经济学批判》第一分册，介绍了"科学的、独立的、德国的经济学"④ 的理论基础——唯物史观的基本内容，还阐述了马克思主义政治经济学方法论的唯物主义基础，特别论述了马克思经济学著作中的逻辑与历史的一致性。

马克思主义的唯物史观的基本原理，"不仅对于经济学，而且对于一切历史科学（凡不是自然科学的科学都是历史科学）都是一个具有革命意义的发现"⑤，随着唯物史观的发现和创立，马克思在经济学上的研究也进入了一个新阶段。

二、政治经济学研究对象的形成

马克思和恩格斯对于政治经济学研究对象的认识，肇始于对资产阶级古典

① 《马克思恩格斯文集》第1卷，人民出版社2009年版，第544页。
② 《马克思恩格斯文集》第2卷，人民出版社2009年版，第591-592页。
③ 《列宁全集》第25卷，人民出版社1988年版，第39页。
④ 《马克思恩格斯文集》第2卷，人民出版社2009年版，第597页。
⑤ 《马克思恩格斯文集》第2卷，人民出版社2009年版，第597页。

政治经济学的批判。19 世纪 40 年代前半期，马克思和恩格斯曾经把政治经济学看作是研究私有财产及其相应的经济范畴和经济规律的科学。1844 年，恩格斯在《国民经济学批判大纲》中将资产阶级政治经济学称为“一门完整的发财致富的科学”①，是“私经济学”②。后来恩格斯曾经这样说明马克思对经济学的研究：“对莱茵省议会辩论的批评，迫使马克思着手研究有关物质利益的问题，在这方面他获得了一些无论法学或哲学都不曾提供的新观点。马克思从黑格尔的法哲学出发，得出这样一种见解：要获得理解人类历史发展过程的锁钥，不应当到被黑格尔描绘成‘大厦之顶’的国家中去寻找，而应当到黑格尔所那样蔑视的‘市民社会’中去寻找。但关于市民社会的科学，也就是政治经济学，而当时要切实地研究这门科学，在德国是不可能的，只有在英国或法国才有可能。”③ 因此，马克思必须寻找到对市民社会解剖的钥匙，而不是仅仅对私有制弊端做出激情式的批判。马克思必须对政治经济学的对象及其研究方法进行科学的界定，对政治经济学进行深入的研究。

随着历史唯物主义基本观点的形成，马克思和恩格斯对于政治经济学研究对象的认识也不断深化。在《德意志意识形态》中，马克思和恩格斯指出，在不同的历史发展阶段上，个人之间的相互关系根据“个人在劳动材料、劳动工具和劳动产品方面的相互关系”④ 而不断地改变，这其实就是对劳动与资本关系的一种表述，尽管还并不十分准确。这种关系就是“地租、利润等这些私有财产的现实存在形式是与生产的一定阶段相适应的社会关系”⑤，这样的“社会关系”其实就是生产关系。这表明马克思和恩格斯在事实上已经认识到，政治经济学的研究对象是一定的社会生产关系。

1857 年下半年，马克思在着手写作他的经济学著作之前，起草了一篇总的导言，即写于当年 8 月底的《〈政治经济学批判〉导言》（以下简称《导言》）的未完成手稿。《导言》在马克思生前没有发表。1903 年 3 月，考茨基（1854—1938 年）首次将其发表在《新时代》杂志上。《导言》第一次系统地阐述了政治经济学的研究对象和方法，是十分珍贵的政治经济学文献，在马克

① 《马克思恩格斯文集》第 1 卷，人民出版社 2009 年版，第 56 页。
② 《马克思恩格斯文集》第 1 卷，人民出版社 2009 年版，第 60 页。
③ 《马克思恩格斯全集》第 16 卷，人民出版社 1964 年版，第 409 页。
④ 《马克思恩格斯文集》第 1 卷，人民出版社 2009 年版，第 521 页。
⑤ 《马克思恩格斯全集》第 3 卷，人民出版社 1960 年版，第 255 页。

思主义经济学说史上具有重要意义。

《导言》一开始就写道："摆在面前的对象，首先是物质生产。"① 这是马克思关于政治经济学对象问题一个基本的也是最一般的命题。在之前的资产阶级政治经济学理论中，研究对象都被看作是生产中物的关系，而不是人的关系。资产阶级古典政治经济学具有一定的科学性，但只是说明资本主义关系下如何获得财富，它们只是将资本主义生产关系表达为范畴和规律，并证明其比封建社会的范畴和规律更便于财富的生产。它们并不认为研究的对象是生产关系。马克思站在唯物史观的基础上，深刻认识到政治经济学研究的对象实质上是生产中人和人的关系。在《导言》中，马克思着重阐明了，政治经济学对生产关系的研究以物质生产为出发点。

第一，政治经济学研究的物质生产，不是单个的、孤立的个人生产，"在社会中进行生产的个人，——因而，这些个人的一定社会性质的生产，当然是出发点"②。马克思的这一观点，强调了生产的社会性，指出要从社会中进行生产的许多相互联系的个人出发来研究生产。斯密、李嘉图把单个的孤立的猎人和渔夫作为研究生产的出发点，必然忽略生产的社会性质和物质生产中人们的社会关系。马克思指出，"被斯密和李嘉图当做出发点的单个的孤立的猎人和渔夫，属于18世纪的缺乏想象力的虚构。这是鲁滨孙一类的故事"③，"人是最名副其实的政治动物，不仅是一种合群的动物，而且是只有在社会中才能独立的动物"④。马克思辛辣地讽刺持有孤立个人观点的人，恰恰是处在"迄今为止最发达的社会关系……的时代"⑤。

第二，作为政治经济学出发点的生产，不仅是一定社会性质的生产，而且"说到生产，总是指在一定社会发展阶段上的生产——社会个人的生产。……例如，是现代资产阶级生产——这种生产事实上是我们研究的本题"⑥。针对资产阶级经济学家抹杀不同社会形态生产的本质差别，空谈"生产一般"的方法论缺陷，马克思指出，"生产一般"是一切时代或某几个时代生产的共同标志、共同规定或共同点，真正把共同点提取出来、被思维当作一般规定而确定下来

---

① 《马克思恩格斯文集》第8卷，人民出版社2009年版，第5页。
② 《马克思恩格斯文集》第8卷，人民出版社2009年版，第5页。
③ 《马克思恩格斯文集》第8卷，人民出版社2009年版，第5页。
④ 《马克思恩格斯文集》第8卷，人民出版社2009年版，第6页。
⑤ 《马克思恩格斯文集》第8卷，人民出版社2009年版，第6页。
⑥ 《马克思恩格斯文集》第8卷，人民出版社2009年版，第6–9页。

的规定，是一个合理的抽象，但是这个一般本身是只能存在于具有许多组成部分的、分别有不同规定的各种具体的生产形态之中。不同历史时代生产的各种具体形态又具有各自的特殊规定性和本质的差别。马克思指出："那些证明现存社会关系永存与和谐的现代经济学家的全部智慧，就在于忘记这种差别。"①马克思阐明了生产的历史性，指出他要研究的是资产阶级社会的生产关系。

第三，政治经济学研究的生产也不只是特殊的生产，"而始终是一定的社会体即社会的主体在或广或窄的由各生产部门组成的总体中活动着"②。政治经济学还要研究在各生产部门组成的总体中现实运动的关系，这种运动关系的实质就是经济活动中不同生产部门参与财富创造的过程，同时也是据此获得财富占有的不同地位。也就是说，各生产部门之间的相互关系，不仅决定了经济运动的形式，而且决定着经济运动的结果。

最后，从社会再生产的总过程看，政治经济学所研究的社会生产，是包含着生产和分配、交换、消费诸环节的一个有机体。在这个有机体的各个环节、各个因素之间存在着相互作用，但它们的地位和作用是不同的。"生产既支配着与其他要素相对而言的生产自身，也支配着其他要素。……因此，一定的生产决定一定的消费、分配、交换和这些不同要素相互间的一定关系。当然，生产就其单方面形式来说也决定于其他要素。"③ 社会生产有机体的理论，是马克思关于政治经济学研究对象的一个重要理论，显示了同资产阶级经济学家的根本区别与对立。

在《资本论》第 1 卷中，马克思把研究对象的提法进一步精确化了，即"资本主义生产方式以及和它相适应的生产关系和交换关系"④。马克思认为，经济学范畴是生产关系的理论表现，经济学通过经济学范畴来建立理论体系，而这些范畴反映的都是生产中人和人的关系，即生产关系。但是，人们在生产中发生怎样的生产关系，是由生产力决定的，而一定的生产关系又反作用于生产力。如果在研究生产关系时，不考察它和生产力的相互作用，不考察它对生产力发展的作用，那就丧失了研究的意义。所以，研究生产关系决不能脱离生产力的基础，恰恰相反，应从生产力出发来研究生产关系。因此，根据马克思

---

① 《马克思恩格斯文集》第 8 卷，人民出版社 2009 年版，第 9 页。
② 《马克思恩格斯文集》第 8 卷，人民出版社 2009 年版，第 10 页。
③ 《马克思恩格斯文集》第 8 卷，人民出版社 2009 年版，第 23 页。
④ 《马克思恩格斯文集》第 5 卷，人民出版社 2009 年版，第 8 页。

在《〈政治经济学批判〉导言》和《资本论》中的有关论述，我们可以把政治经济学的研究对象理解为一定的物质生产方式以及与之相适应的生产关系和交换关系。这是政治经济学史上对政治经济学研究对象的崭新概括。

三、政治经济学方法的形成

马克思主义政治经济学的根本方法是唯物史观和唯物辩证法。根据马克思的有关论述，也可以把它叫作“总体方法”。

马克思在《〈政治经济学批判〉导言》中指出：“整体，当它在头脑中作为思想整体而出现时，是思维着的头脑的产物，这个头脑用它所专有的方式掌握世界，而这种方式是不同于对于世界的艺术精神的，宗教精神的，实践精神的掌握的。实在主体仍然是在头脑之外保持着它的独立性；只要这个头脑还仅仅是思辨地、理论地活动着。因此，就是在理论方法上，主体，即社会，也必须始终作为前提浮现在表象面前。”① 这是马克思对于思维与实在的辩证关系和“总体方法”的科学概括，它包含如下丰富的思想内涵。

第一，思维的整体是对客观世界全面的把握，是客观世界所有物质和精神及其关系的总体抽象，并且只有通过实践而不是纯粹精神才能形成对于客观世界的整体认识，也只有通过思维的整体而不是它的各个部分才能再现世界的全貌和认识世界的本质。

第二，“实在主体”，即社会的实际运动，是客观存在的。这种客观的社会存在，是作为思维的前提而不是思维的结果，因为思维总是对已经存在的或者曾经存在的客观事物的反映。因而，思维的运动也只有始终围绕历史和现实来展开，才能反映世界的真实性，才能达到对于世界的科学认识。历史和现实的客观运动总是思维的素材和前提，思维的运动只不过是现实世界本身的运动在人类思想中的再现。

第三，整体思维运动的结果就是由概念、范畴构成的理论整体。在思维整体及理论整体中，由历史和现实构成的客观世界被不断地再现出来，使得思维和历史、现实达成统一，也就是逻辑和历史的统一。

第四，构建经济学体系的总体方法其实就是运用“思维着的头脑”对已经形成的概念、范畴进行从抽象上升到具体的演绎，从而在思维的整体上再现客

---

① 《马克思恩格斯文集》第 8 卷，人民出版社 2009 年版，第 25-26 页。

观世界及其发展过程。

在总体方法的规定下，马克思将政治经济学的具体方法分成两类，即研究方法和叙述方法。在《〈政治经济学批判〉导言》中，马克思在评述资产阶级古典政治经济学家和黑格尔的方法论时，探讨了政治经济学史上曾经采用过的两种方法。他指出，资产阶级政治经济学的产生和发展过程，实际上经历了由具体到抽象和由抽象到具体两条相反的道路。

马克思强调，如果从实在和具体开始，从现实的前提开始，我们只能得到"关于整体的一个混沌的表象，并且通过更切近的规定我就会在分析中达到越来越简单的概念；从表象中的具体达到越来越稀薄的抽象，直到我达到一些最简单的规定"①。而从"关于整体的一个混沌的表象"② 进行了抽象的概念回到"一个具有许多规定和关系的丰富的总体了"③，这才是构建政治经济学体系的方法。马克思指出，前一过程，即"整体—概念"的过程或第一条道路，"是经济学在它产生时期在历史上走过的道路。例如，17 世纪的经济学家总是从生动的整体……开始；但是他们最后总是从分析中找出一些有决定意义的抽象的一般的关系，……这些个别要素一旦多少确定下来和抽象出来，……各种经济学体系就开始出现了"④。

"后一种方法显然是科学上正确的方法"⑤，这种方法就是"从抽象上升到具体"。马克思指出："具体之所以具体，因为它是许多规定的综合，因而是多样性的统一。"⑥ 也就是说，构建政治经济学体系的方法，不能从混沌的表象开始，而必须从已经抽象出来的概念和范畴出发，在逻辑上再现具体，这时的具体并不是实在的事物本身，而是对其进行抽象的最简单范畴的展开，达到"丰富的总体"。从抽象上升到具体，"它在思维中表现为综合的过程，表现为结果，而不是表现为起点，虽然它是现实的起点，因而也是直观和表象的起点。在第一条道路上，完整的表象蒸发为抽象的规定；在第二条道路上，抽象的规定在思维行程中导致具体的再现"⑦。从抽象的规定上升为具有多种规定的丰富

---

① 《马克思恩格斯文集》第 8 卷，人民出版社 2009 年版，第 24 页。
② 《马克思恩格斯文集》第 8 卷，人民出版社 2009 年版，第 24 页。
③ 《马克思恩格斯文集》第 8 卷，人民出版社 2009 年版，第 24 页。
④ 《马克思恩格斯文集》第 8 卷，人民出版社 2009 年版，第 24 页。
⑤ 《马克思恩格斯文集》第 8 卷，人民出版社 2009 年版，第 25 页。
⑥ 《马克思恩格斯文集》第 8 卷，人民出版社 2009 年版，第 25 页。
⑦ 《马克思恩格斯文集》第 8 卷，人民出版社 2009 年版，第 25 页。

的具体，才使得历史的进程有了逻辑理念的依据，也使得逻辑理念的推进有了历史现实的依托。

从抽象上升到具体的方法就是马克思政治经济学的叙述方法。政治经济学的研究任务除了要求透过表面的经济现象发现资本主义经济制度的本质关系和运动规律之外，还必须说明这些本质规定为什么必然要采取这样一种表现形式，以及它怎样表现为表面所呈现出来的那种形式。也就是说，科学的政治经济学的任务，不仅要通过分析发现经济过程的本质，还必须说明本质和现象之间的联系。马克思强调："从抽象上升到具体的方法，只是思维用来掌握具体、把它当做一个精神上的具体再现出来的方式。但决不是具体本身的产生过程。"①

马克思在《〈政治经济学批判〉导言》中所论述的政治经济学方法实际上是建立政治经济学体系的方法，是认识世界和构建经济学体系的基本方法。马克思后来在《资本论》中进一步指出的研究方法和叙述方法则在于："研究必须充分地占有材料，分析它的各种发展形式，探寻这些形式的内在联系。只有这项工作完成以后，现实的运动才能适当地叙述出来。"②

第二节 对政治经济学体系的不断探索

一、对政治经济学体系的最初思考

在《1844年经济学哲学手稿》中，马克思第一次尝试建立自己的经济学理论体系。他通过对资本主义社会阶级利益关系的探讨，力图揭示资本主义制度的本质。但是，马克思认为，由于需要探讨的题目丰富多样，用格言式的叙述会造成任意制造体系的外表。因此，马克思"打算用不同的、独立的小册子来相继批判法、道德、政治等等，最后再以一本专门的著作来说明整体的联系、各部分的关系，并对这一切材料的思辨加工进行批判"③。马克思并没有写作这些连续"不同的、独立的小册子"，这是因为马克思确信，在他还没有对各种社会（其中包括资产阶级社会）的基础——生产关系做出科学的分析以前，要

---

① 《马克思恩格斯文集》第8卷，人民出版社2009年版，第25页。
② 《马克思恩格斯文集》第5卷，人民出版社2009年版，第21-22页。
③ 《马克思恩格斯文集》第1卷，人民出版社2009年版，第111页。

对法、道德、政治和上层建筑的其他范畴的问题进行独立的科学的考察是不可能的。因此，在《1844年经济学哲学手稿》中，马克思“只限于国民经济学本身专门涉及的这些题目的范围”① 来讨论国民经济学同国家、法、道德和市民生活等的关系。

在《1844年经济学哲学手稿》中，马克思在探究异化劳动和私有财产的关系时强调指出，在考察由异化劳动和私有财产这两个基本因素“特定的、展开了的表现”的其他范畴（商业、竞争、资本、货币）时，要解决两个问题，一是从私有财产同政治人和社会的财产的关系，来说明作为异化劳动结果的私有财产的普遍本质，二是人怎么使他的劳动外化、异化和这种异化同人类发展进程的关系问题。马克思指出，“把私有财产的起源问题变为外化劳动对人类发展进程的关系问题，就已经为解决这一任务得到了许多东西。……问题的这种新的提法本身就已包含问题的解决。”② 这是马克思从整体上对私有制进行探讨的最初解答。这一解答，经过《德意志意识形态》和《哲学的贫困》转变为马克思的社会结构理论。这一理论不仅为马克思经济学总体方法论奠定了基础，而且为马克思经济学体系的构架提供了思路。

在这里，马克思第一次提出，他所要研究的是一个完整的体系，各个部分之间具有“整体的联系”，这是马克思对其政治经济学体系的第一个表述。而“对一切材料的思辨加工进行批判”，表明马克思已经认识到从现象出发进行研究，进而抽象出范畴是一般的规律，但是这种加工过程是需要“批判”的。也就是说，作为完整地再现对“材料”加工的结果，必须从“抽象上升为具体”。

二、马克思主义政治经济学体系的构建

在《〈政治经济学批判〉导言》中，马克思按照从抽象上升到具体的方法，把计划中写作的《政治经济学批判》分为五篇：“（1）一般的抽象的规定，因此它们或多或少属于一切社会形式，不过是在上面所阐述的意义上。（2）形成资产阶级社会内部结构并且成为基本阶级的依据的范畴。资本、雇佣劳动、土地所有制。它们的相互关系。城市和乡村。三大社会阶级。它们之间的交换。流通。信用事业（私人的）。（3）资产阶级社会在国家形式上的概括。就它本

① 《马克思恩格斯文集》第1卷，人民出版社2009年版，第111页。
② 《马克思恩格斯文集》第1卷，人民出版社2009年版，第168页。

身来考察。‘非生产’阶级。税。国债。公共信用。人口。殖民地。向国外移民。(4) 生产的国际关系。国际分工。国际交换。输出和输入。汇率。(5) 世界市场和危机。”① 这就是马克思关于《政治经济学批判》的“五篇计划”。

马克思提出的“五篇计划”，是一个把资本主义生产方式作为一个整体在思维中再现出来的计划草案。第一篇“一般的抽象的规定”，指的就是《导言》开头所说的“分工、货币、价值”这样一些比“资本”更为抽象、更为一般的范畴，首先对它们做出阐述，是为了进一步揭示资本主义经济发展规律。这些最抽象的范畴，因其抽象而适用于一切时代，但是，这些抽象规定性本身只是历史关系的产物，它们只有针对这一特定的历史关系并在这些关系之内才具有充分的意义。因此，这些抽象的范畴实质上只是存在于资本主义这一特定的历史关系中的抽象。

第二篇考察“资本、雇佣劳动、土地所有制”，是资本主义社会的基本阶级——资本家、雇佣劳动者、土地所有者的经济依据。阐明了这三个范畴，也就可以揭示资本主义社会的内部经济结构。这三个范畴的次序不是按照它们在历史上起作用的先后来排列，而是由它们在现代资产阶级社会中的相互关系决定的。在现代资产阶级社会中，资本具有支配一切的经济权力，因此，只有在考察资本范畴之后，才能透彻考察另外两个在历史上早于资本范畴，但在资本主义条件下受资本范畴约束的雇佣劳动范畴和土地所有制范畴及其相互关系。

第三篇是在一个资本主义国家范围内对资本主义经济的考察。按照马克思的设想，这一篇应该包括逐次展开的三个层次：一是，对国家和资产阶级社会关系之间的研究，其中主要是对国家的本质及其经济职能性质的研究；二是，对国家本身的考察，其中主要是对国家和经济发展、经济结构关系的研究，也包括对不同国家和经济发展、经济结构不同关系的比较研究；三是，对国家经济职能形式的概述，包括对税、“非生产”阶级、国债、公共信用、人口等问题的概述。

第四篇和第五篇则把资本主义经济作为一个世界体系来进行全面的研究。资本主义经济作为一个世界体系，既包含前述各篇所研究的各种规定性，同时又增加了在前述各篇未加考察的一些规定，因而第四篇和第五篇把资本主义经济作为一个更为具体的整体完整地再现出来。马克思把资本主义经济危机放在

① 《马克思恩格斯文集》第 8 卷，人民出版社 2009 年版，第 32-33 页。

最后进行研究，是因为经济危机是资本主义经济内部各种矛盾的集中表现，是资本主义生产关系已经成为生产力发展桎梏和它必将被共产主义社会代替的最有力的证明。在“五篇计划”中，第三篇的论题较前两篇的论题具有较为具体的规定性；相对于后两篇，它又具有较为抽象的规定性。它是“五篇计划”中，从对一国资本主义经济关系的研究上升到对世界范围内资本主义经济关系研究的逻辑中介。

马克思十分重视不同经济范畴在关于资本主义的经济理论中的地位和次序，而要正确地反映资本主义社会的客观经济结构，就必须把握资本概念的中心地位。因此，在这个最初的“五篇计划”中，第二篇在马克思的整个关于资本主义经济的经济学著作中居于支配地位。

1858年年初，马克思在“五篇计划”的基础上，进一步提出了“六册计划”。在1858年2月22日给拉萨尔的信中，马克思第一次提出分册出版其经济学巨著的打算：“全部著作分成六个分册：1. 资本（包括一些绪论性的章节）；2. 土地所有制；3. 雇佣劳动；4. 国家；5. 国际贸易；6. 世界市场。”① “六册计划”是在“五篇计划”的基础上形成的。

“五篇计划”中的第一篇“一般的抽象的规定”，或“关于生产一般”不再独立成篇，成为“六册计划”中第一册《资本》的“绪论性的章节”。“五篇计划”中的第二篇，依次扩展成独立的《资本》册、《土地所有制》册和《雇佣劳动》册。“五篇计划”中的后三篇与“六册计划”中后三册的主题基本上是一致的。“六册计划”最鲜明地反映了马克思主义政治经济学理论体系的整体性和开放性。

从“五篇计划”到“六册计划”的演变，可以发现：

一是从“五篇计划”到“六册计划”的演进，反映了马克思经济学体系形成的渐进过程。

二是从“五篇计划”到“六册计划”的演进，是马克思对政治经济学长期研究的结果。从《1844年经济学哲学手稿》的写作开始，马克思一方面致力于对资产阶级政治经济学的分析和批判，另一方面又致力于唯物史观和唯物辩证法的创立，并且将这两个方面的工作与他自己的政治经济学理论体系的创建结合起来，逐步形成了完整的理论结构上的设想。

---

① 《马克思恩格斯文集》第10卷，人民出版社2009年版，第150页。

三是“六册计划”是一个整体，由资本开始到世界市场结束，世界市场成为最后的“总体”，“创造世界市场的趋势已经直接包含在资本的概念本身中”①。“资产阶级社会的真正任务是建成世界市场（至少是一个轮廓）和确立以这种市场为基础的生产”②。从“五篇计划”到“六册计划”的演进，体现了马克思对资产阶级社会发展的准确把握。

大约在1862年年底，马克思对“六册计划”又做了进一步构思，产生了以《资本论》为标题单独出版自己著作的想法。从1863年7月开始，马克思即以《资本论》为标题，重新写作他的经济学著作。在写作《资本论》手稿过程中，马克思提出了《资本论》四卷结构计划，即第1卷资本的生产过程；第2卷资本的流通过程；第3卷总过程的各种形式；第4卷理论史，即17世纪中叶以来的政治经济学理论史批判。这样，“六册计划”中的《资本》册第一篇“资本一般”就转变为《资本论》的四卷结构。《资本论》四卷结构是在“六册计划”基础上形成和发展起来的，但这并不意味着马克思放弃了“六册计划”。《资本论》是马克思主义经济学理论最重要的著作，构成了论述资本本质规定性的完整的理论体系，但《资本论》并没有穷尽马克思对资本主义经济关系研究的全部内容。恢宏的《政治经济学批判》“六册计划”，为马克思主义经济学在当代的发展提供了极其重要的思路。正如马克思自己所说的：《资本论》的内容“就是英国人称为‘政治经济学原理’的东西。这是精髓（同第一部分合起来），至于余下的问题（除了不同的国家形式对不同的社会经济结构的关系以外），别人就容易在已经打好的基础上去探讨了”③。

第三节　《资本论》的科学体系及其当代意义

一、《资本论》的写作过程

马克思写作《资本论》经历了一个长期而艰辛的过程，恩格斯也为马克思《资本论》的写作和出版做出了重要贡献。

早在马克思和恩格斯合作之前，恩格斯就写作了《国民经济学批判大纲》，

---

① 《马克思恩格斯文集》第8卷，人民出版社2009年版，第88页。
② 《马克思恩格斯文集》第10卷，人民出版社2009年版，第166页。
③ 《马克思恩格斯文集》第10卷，人民出版社2009年版，第196页。

并于1844年2月发表在《德法年鉴》上。在这一著作中，恩格斯对资产阶级政治经济学做了比较系统的考察，指出了资产阶级政治经济学的起源、作用、影响，剖析了它的基本范畴，并着重指出，竞争是资产阶级经济学家的主要范畴，阐明了资本主义私有制条件下的竞争必然会导致种种恶果，揭露了资产阶级经济学家的阶级实质。资产阶级经济学是“私经济学，因为在这种科学看来，社会关系只是为了私有制而存在”①，因此，是资本主义私有制的理论表现。恩格斯还揭露了资本主义生产方式的各种矛盾，指出以劳动和资本相对立为特征的资本主义私有制是一切社会矛盾的根源。资本主义内部正孕育并必然发生社会革命，强调只有消灭私有制，全面变革社会关系，才能消除资本主义制度造成的极其严重的社会弊端。

1843年年底，马克思在巴黎开始研究政治经济学。马克思首先研读了大量的政治经济学文献，其中既包括当时已故的著名经济学家，如斯密、李嘉图的著作，也包括当时正活跃在欧洲经济学界的著名学者，如弗里德里希·李斯特（1789—1846年）、约翰·雷姆赛·麦克库洛赫（1789—1864年）等人的著作。马克思还阅读了恩格斯的《国民经济学批判大纲》。到1845年1月，马克思离开巴黎时，已写了7本涉及政治经济学原理、政治经济学史、经济史和现实经济问题的笔记。这一期间，马克思还首次做了建立无产阶级政治经济学理论体系的尝试，这就是他在1844年上半年撰写的、后来被称作《1844年经济学哲学手稿》的未完成的著作。1845年2月，马克思移居布鲁塞尔后，进一步钻研了大量有关政治经济学原理和经济史的文献资料。由于参加了1848年欧洲革命，马克思一度中断了政治经济学研究。1849年8月底，马克思移居伦敦后，一方面继续从事共产主义同盟领导机关的重新组建工作，继续总结1848年欧洲革命的新鲜经验；另一方面着手对政治经济学理论的重新研究，以进一步丰富和发展他在这之前已取得的理论成果，实现他创建无产阶级政治经济学理论体系的夙愿。马克思移居伦敦，也有助于他的政治经济学研究。英国是当时资本主义经济关系最发达、最典型的国家，伦敦又是当时资本主义国际贸易和世界金融的中心，是观察资本主义经济关系最理想的地方。从1850年8月开始，马克思利用大不列颠博物馆收藏的几乎是全欧洲最丰富、最完备的政治经济学著作和资料，再次研究了可能发现的所有重要的经济学文献。在截至1853年年底

---

① 《马克思恩格斯文集》第1卷，人民出版社2009年版，第60页。

的三年时间中，马克思完成了包括 24 个笔记本的读书笔记，这些笔记被后人统称为《伦敦笔记》。从《巴黎手稿》到《伦敦笔记》生动地证明，马克思是在与当时政治经济学理论发展的最高成就的“对话”中，是在批判地吸收前人与同时代人优秀理论成果的基础上，形成自己理论研究新起点的。

1856 年下半年，马克思开始通宵达旦地总结他的经济学研究成果，决心在革命的“洪水”到来之前，至少把政治经济学的一些基本问题搞清楚，撰写出名为《政治经济学批判》的著作。尽管这场危机之后并没有爆发马克思所预期的新的革命，但他在 1857 年 7 月到 1858 年 5 月写下的一系列经济学手稿，却实现了经济学领域一场真正的科学革命。这一系列经济学手稿，现在被统称为《1857—1858 年经济学手稿》，手稿中除了著名的《〈政治经济学批判〉导言》外，就是以“政治经济学批判”为题的手稿正文，通常被称为《政治经济学批判（1857—1858 年手稿）》。《1857—1858 年经济学手稿》是马克思自 1843 年以后的 15 年间政治经济学研究的光辉结晶。在手稿中，马克思不仅确立了写作计划，更重要的是完成了最为关键的理论构建，开始了从对现存的经济学理论批判为主的研究向以马克思自己的经济学体系构建为主的理论叙述的转变，在马克思主义经济学体系的形成和《资本论》的写作中具有重要意义。

第一，实现了货币理论的根本变革，并在对货币起源、本质和职能的揭示中，形成了科学的劳动价值论，从而为剩余价值学说奠定了科学的基础。

第二，劳动力商品学说和劳动二重性理论的确立，成为理解资产阶级社会制度的钥匙。因为只有确立了劳动力商品学说才能准确地说明资本和雇佣劳动的关系，也只有确立了劳动二重性理论，才能将劳动价值论奠定在科学的基础之上。

第三，第一次使用剩余价值范畴，标志着马克思已经在理论上真正抓住了资产阶级社会关系的“咽喉”。马克思还对剩余价值的产生和分解进行了阐述，为建立全面的剩余价值理论奠定了基础。

1859 年 6 月，在《1857—1858 年经济学手稿》的基础上，马克思整理出版了《政治经济学批判》第一分册。马克思称该书“是 15 年的即我一生中的黄金时代的研究成果”①。按照马克思的设想，第一分册只包括“商品”和“货币或简单流通”两章，第三章“资本”构成一个单独的分册。在马克思为

---

①《马克思恩格斯文集》第 10 卷，人民出版社 2009 年版，第 167 页。

该书写的一篇字数不多但十分重要的序言中，对唯物史观的基本内容做了系统概括。除此之外，该书对马克思经济学说的另一个贡献就是第一次全面系统地阐明了马克思的价值理论和货币理论。马克思在《资本论》第1卷第1版序言中，简略地提到了该书与《资本论》第一章的联系。“前书的内容已经在本卷第一章作了概述。这样做不仅是为了联贯和完整，叙述方式也改进了。在情况许可的范围内，前书只是略略提到的许多论点，这里都作了进一步的阐述；相反地，前书已经详细阐述的论点，这里只略略提到”①。

《政治经济学批判》第一分册出版后，马克思就开始着手进行新的手稿的写作，也就是《政治经济学批判》第二分册第三章“资本一般”的写作。马克思编写了用以写作“资本”章的提纲，即《提纲草稿》，把第三章分为：Ⅰ资本的生产过程，Ⅱ资本的流通过程，Ⅲ资本和利润。但是，在写作过程中，马克思不断接触和发现新的理论问题，1862年4月28日，马克思在给拉萨尔的信中说：“要是隔一个月重看自己所写的一些东西，就会感到不满意，于是又得全部改写。”②

到1863年7月，马克思完成的是一部包括23个笔记本1 472页的卷帙浩繁的手稿，大大超过了原来的写作计划，这就是《1861—1863年经济学手稿》。

《1861—1863年经济学手稿》大体可划分为三部分：第一部分为第Ⅰ—Ⅴ笔记本（前五个笔记本），属于Ⅰ“资本的生产过程”；第二部分为第Ⅵ—XV笔记本（中间十个笔记本），属于Ⅱ“剩余价值理论”；第三部分为第XⅥ—XXⅢ（后八个笔记本），包括对第一、二部分的补充和Ⅲ“资本和利润”，以及其他。在马克思经济学发展史上，《1861—1863年经济学手稿》占有极其重要的地位。在这部手稿中，马克思对劳动价值理论、剩余价值理论、社会资本再生产理论、资本主义生产劳动和非生产劳动理论、生产价格理论、地租理论等都做出了重要的论述，为《资本论》的写作做好了充分准备，也为其最终形成奠定了基础性的理论支撑。同时，这部手稿也使马克思政治经济学著作的结构体系得到了进一步的发展。

1865年年底，马克思完成《资本论》3卷手稿后，立即投入对第1卷进行最后加工的工作。经过一年多的紧张工作，《资本论》第1卷于1867年3月28

---

① 《马克思恩格斯文集》第5卷，人民出版社2009年版，第7页。

② 《马克思恩格斯文集》第10卷，人民出版社2009年版，第180页。

日最后定稿。同年4月10日，马克思亲自把手稿送到汉堡。1867年9月14日，《资本论》第1卷德文第1版终于问世了。这是经济思想史上的伟大革命，《资本论》第1卷被誉为“工人阶级的圣经”。

《资本论》第1卷德文第1版出版后，马克思就投入了对第1版的修订以及对《资本论》第2卷和第3卷的写作。马克思还为《资本论》第1卷法文版的出版付出了巨大的心血。法文版是在《资本论》第1卷德文第2版的基础上翻译的，分册出版于1872年9月到1875年11月。在法文版中，马克思将德文第2版中的第7篇“资本的积累过程”分为“资本的积累”和“原始积累”两篇，把有些节改为章，由此形成了法文版8篇33章的结构。在法文版中，马克思不仅在文字上做了修订，使理论叙述更通俗化、条理化，补充了一些历史材料和统计数据，还对《资本论》第1卷中最抽象的价值理论和资本积累理论做了重要修改，有些部分甚至完全重写。马克思曾提到，由他本人亲自修订、校改的法文版增加了一些新的东西，有许多问题的阐述要好得多，因此，法文版在“原本之外有独立的科学价值”①。

由于长期辛劳工作积劳成疾，1883年，马克思没有完成《资本论》续卷的出版就与世长辞了。作为马克思最亲密的战友，恩格斯责无旁贷地承担起完成马克思未竟事业的重任，进一步捍卫和发展了马克思主义经济学。

马克思在《资本论》第1卷德文第1版出版后，就希望《资本论》第2卷也能很快出版。但是由于他忙于刚刚成立的第一国际的领导工作和第1卷的修改再版等工作，《资本论》第2卷的修改时断时续，在其生前未能完成出版，而是留下了8个手稿本。为了维护《资本论》的完整性和科学性，恩格斯自1883年3月至1885年上半年两年多的时间里，挑起了整理出版《资本论》第2卷的重担。由于马克思写作的手稿字迹特殊、潦草，其他人很难辨认，为了保证符合马克思的原意，恩格斯一个人完成了对马克思手稿全部的字迹辨认工作。1884年6月20日，恩格斯在致贝克尔的信中说：“如果我没有完成这些工作就去世的话，那就没有其他人能够辨认这些手稿，这些手稿连马克思本人也往往在事后认不出来。”② 正是由于恩格斯巨大的创造性劳动，才使1885年7月出版的《资本论》第2卷第1版成为一部完整的著作。1893年恩格斯还亲自

① 《马克思恩格斯文集》第5卷，人民出版社2009年版，第27页。

② 《马克思恩格斯全集》第36卷，人民出版社1974年版，第165页。

修订、出版了《资本论》第2卷第2版。恩格斯在《资本论》第2卷整理、加工中所作出的创造性劳动和重大贡献，完全有理由将其视为《资本论》第2卷实际的合著者。

1885年《资本论》第2卷编辑、出版后，恩格斯接着着手第3卷的编辑工作。在《资本论》第3卷序言中，恩格斯提道："当1885年第二册出版的时候，我曾以为，第三册的困难大概只是技术性的……但我当时没有想到，正是全书这些最重要的章节会给我造成这么多的困难，同样也没有想到，还有其他一些障碍会如此严重地拖延本书的付排。"① 这些障碍首先是恩格斯的健康状况日益恶化，"长期视力衰退，因此，我多年来不得不把写作时间限制到最低限度"②。还有就是对马克思和恩格斯自己以前各种著作的重新修订、翻译和出版。但是最大的困难在于，"第三册只有一个初稿，而且极不完全"③。恩格斯只能先按照原文把全部手稿口授一遍，然后再进行细致加工，同时还需要对手稿进行大量的补充。由于面临种种困难和障碍，使得《资本论》第3卷的编辑和整理用了整整9年多的时间，直到1894年才编订出版。

恩格斯不仅编辑加工了马克思《资本论》第3卷，而且为了帮助读者理解第3卷，还为第3卷增补了两篇重要的论文作为附录，即《价值规律和利润率》和《交易所》。在《价值规律和利润率》中，恩格斯批判了洛里亚等经济学家对马克思《资本论》的错误认识，以及把价值混同于交换价值和价格等一系列错误观点，从多方面补充、发展和深化了马克思有关商品生产、价值规律和生产价格的理论。在《交易所》中，恩格斯将马克思写就《资本论》第3卷手稿以来30年间资本主义经济的巨大变化，进行了简明扼要的阐述，写作了带有提纲性质的几个方面的内容：交易所的作用大大增加了，并且还在不断增加，交易所成了资本主义生产本身最突出的代表；1865年交易所在资本主义体系中还是一个次要因素，而自1866年危机以来，资本积累的速度不断增加了，食利者人数也增加了，大量闲置资本迫切需要寻找出路；工业、商业以及银行和其他信用机构，都采取了股份公司的形式；股份公司的发展侵入了农业领域；国外投资都已采取股份公司的形式；殖民地是交易所的附属品，欧洲列强为了交易所的利益瓜分世界；等等。这个增补是在恩格斯去世前3个月完成

---

① 《马克思恩格斯文集》第7卷，人民出版社2009年版，第3页。
② 《马克思恩格斯文集》第7卷，人民出版社2009年版，第3页。
③ 《马克思恩格斯文集》第7卷，人民出版社2009年版，第4页。

的，对马克思主义经济学的发展具有重要意义。

列宁在恩格斯去世后的纪念文章中，高度评价了恩格斯编辑整理《资本论》第 2 卷和第 3 卷的功绩，他说："恩格斯出版《资本论》第 2 卷和第 3 卷，就是替他的天才朋友建立了一座庄严宏伟的纪念碑，无意中也把自己的名字不可磨灭地铭刻在上面了。的确，这两卷《资本论》是马克思和恩格斯两人的著作。"①

1895 年恩格斯逝世后，由考茨基整理编辑了《资本论》第 4 卷，以"剩余价值学说史"的名称出版，以后又由苏联根据原稿重新整理，以"剩余价值理论"的名称出版。

二、《资本论》的科学体系

马克思在《资本论》第 1 卷德文第 1 版的序言中指出："我要在本书研究的，是资本主义生产方式以及和它相适应的生产关系和交换关系"②，"本书的最终目的就是揭示现代社会的经济运动规律"③。无产阶级和资产阶级及其关系，是资本主义社会运转的轴心。无产阶级和资产阶级关系的要害在于无产阶级创造剩余价值、资产阶级无偿攫取剩余价值。因此，剩余价值的发现，揭示了"现代资本主义生产方式和它所产生的资产阶级社会的特殊的运动规律"④。这是马克思《资本论》的"划时代的功绩"。列宁高度评价说："剩余价值学说是马克思经济理论的基石。"⑤《资本论》所揭示的所有经济范畴，都直接或间接地与"剩余价值"相关，《资本论》的整个体系，就是围绕"剩余价值"这一核心构建和展开的。

《资本论》第 1 卷分析"资本的生产过程"，即直接的生产过程，中心问题是研究剩余价值的生产问题，目的是从生产过程揭示剩余价值的来源。在《资本论》第 1 卷德文第 2 版中，马克思把这一卷确定为 7 篇 25 章。第一篇商品和货币，对劳动价值理论作了系统阐述；第二篇到第六篇（第二篇货币转化为资本，第三篇绝对剩余价值的生产，第四篇相对剩余价值的生产，第五篇绝对剩

---

① 《列宁专题文集　论马克思主义》，人民出版社 2009 年版，第 58 页。
② 《马克思恩格斯文集》第 5 卷，人民出版社 2009 年版，第 8 页。
③ 《马克思恩格斯文集》第 5 卷，人民出版社 2009 年版，第 10 页。
④ 《马克思恩格斯文集》第 3 卷，人民出版社 2009 年版，第 601 页。
⑤ 《列宁专题文集　论马克思主义》，人民出版社 2009 年版，第 69 页。

余价值和相对剩余价值的生产，第六篇工资）对剩余价值理论作了系统阐述；第七篇资本的积累过程，对剩余价值转化为资本，即资本积累理论作了系统阐述。

《资本论》第 2 卷分析“资本的流通过程”，是包括资本直接生产过程在内的广义的流通过程，从再生产的角度，分析了资本的运行机制，阐述了资本主义商品经济的运行过程，其中心是研究剩余价值的实现问题。《资本论》第 2 卷分为 3 篇 21 章。第一篇资本形态变化及其循环，建立了资本循环理论；第二篇资本周转，建立了资本周转理论；第三篇社会总资本的再生产和流通，研究了社会资本理论。

《资本论》第 3 卷分析“资本主义生产的总过程”，即研究整个社会各种资本形式运动的总过程，研究资本主义再生产的总过程，研究剩余价值的分配过程及资本主义生产总过程的本质。《资本论》第 3 卷分为 7 篇 52 章。第一篇到第三篇（第一篇剩余价值转化为利润和剩余价值率转化为利润率，第二篇利润转化为平均利润，第三篇利润率趋向下降的规律）研究了利润和利润率问题；第四篇到第六篇（第四篇商品资本和货币资本转化为商品经营资本和货币经营资本，第五篇利润分为利息和企业主收入，第六篇超额利润转化为地租）研究资本的各种具体形式，并研究了剩余价值在资本的各种具体形式下的分配问题；第七篇各种收入及其源泉，主要阐述资本主义社会中与三种收入形式相适应的三大阶级必然产生阶级斗争，论证了资本主义被更高级的社会制度所代替的必然性，是《资本论》第 3 卷乃至全书全面的、概括性的总结。

《资本论》第 4 卷就是被马克思称作“理论史”的部分。在这一卷中，马克思围绕着剩余价值理论这个政治经济学的核心问题，系统地揭示了资产阶级政治经济学从 17 世纪中叶到 19 世纪中叶的产生、发展和没落的历史，揭示了资产阶级古典政治经济学的发生、发展和完成以及被庸俗政治经济学所代替的历史，对各派资产阶级经济学家的理论进行了系统的、历史的批判，同时以论战的形式阐述了自己政治经济学理论的许多重要方面。

《资本论》全书是一个完整、严密的科学体系。这主要表现在：

首先，《资本论》体系的科学性体现在“从抽象上升到具体”政治经济学方法的完美运用。《资本论》紧紧围绕“剩余价值”这一核心来展开分析和阐述。《资本论》第 1 卷分析资本的生产过程，就是要解答什么是资本，资本是怎样产生、发展，最终如何结束的。“商品流通是资本的起点。商品生产和发达的商品流通，即贸易，是资本产生的历史前提”①，同时，货币是“资本的最初的表现形式”②，因此，第一篇从商品与货币谈起，就是要说明在资本主义条件下形成的商品货币关系，并不是超历史的自然产物，而是由前资本主义的劳动生产物的简单商品形态和商品的简单价值形态逐渐发展过来的，而“资本主义生产方式占统治地位的社会的财富，表现为‘庞大的商品堆积’，单个的商品表现为这种财富的元素形式”③。所以，商品是最普遍的、最常见的、最大量的、最简单的同时又是包含着丰富内在规定性的最一般的范畴，从这个抽象出发，就能“滴水见海”。同时，从商品出发，找到了商品二因素（使用价值和价值）以及批判地证明了商品中包含的劳动二重性（具体劳动和抽象劳动）这一“理解政治经济学的枢纽”④，建立了科学的劳动价值理论。在此基础上，论证了在资本主义生产过程中，雇佣工人的具体劳动在生产出新的使用价值时，转移了生产资料原有的价值，而抽象劳动却创造出新的价值。正是在这个新价值中，包含着被资本家无偿占有的剩余价值，揭示了剩余价值的真正来源是雇佣工人的剩余劳动，从而创立了科学的剩余价值理论。马克思从科学的劳动价值论出发，在剩余价值理论的基础上，进而创立了资本有机构成理论、资本积累理论、社会资本再生产理论、平均利润理论、资本主义地租理论，等等，从而建立起科学的政治经济学理论体系。

从资本的生产过程（第1卷）出发，到加入了流通过程的扩大再生产过程（第2卷），使得对“资本的生产过程”有了更丰富的认识：“资本主义生产过程，就整体来看，是生产过程和流通过程的统一。”⑤ 在这项工作完成以后，就可以揭示说明资本运动过程作为整体考察时所产生出的各种具体形式。“资本在其现实运动中就是以这些具体形式互相对立的，对这些具体形式来说，资本在直接生产过程中采取的形态和在流通过程中采取的形态，只是表现为特殊的要素。因此，……资本的各种形态，同资本在社会表面上，在各种资本的互相作用中，在竞争中，以及在生产当事人自己的通常意识中所表现出来的形式，是一步一步地接近了。”⑥ 可见，《资本论》就是从最简单抽象的范畴出发，逐

① 《马克思恩格斯文集》第5卷，人民出版社2009年版，第171页。
② 《马克思恩格斯文集》第5卷，人民出版社2009年版，第171-172页。
③ 《马克思恩格斯文集》第5卷，人民出版社2009年版，第47页。
④ 《马克思恩格斯文集》第5卷，人民出版社2009年版，第55页。
⑤ 《马克思恩格斯文集》第7卷，人民出版社2009年版，第29页。
⑥ 《马克思恩格斯文集》第7卷，人民出版社2009年版，第29-30页。

步展现整个资本主义社会超常发展的经济面貌。马克思所“使用的分析方法”，正如他自己所说，是“至今还没有人在经济问题上运用过”① 的方法。《资本论》是“把辩证方法应用于政治经济学的第一次尝试”②。

其次，《资本论》体系的科学性体现在逻辑和历史的统一。马克思主义认为，作为认识对象的历史发展过程是逻辑思维过程的基础，是第一性的；人们逻辑思维的发展是现实历史发展的客观逻辑反映，因而是第二性的。以现实的历史发展过程为基础的逻辑与历史的统一是马克思主义研究方法的唯物主义性质的表现，是对逻辑与历史关系的唯一科学的理解。《资本论》研究的是资本主义社会，所以这里的逻辑和历史的统一，指的是《资本论》的逻辑同资本主义经济本身发展的客观逻辑一致或统一。马克思指出，资本主义社会是一种发展了的对抗的社会形式，所以以前各种对抗性社会的各种关系往往以十分萎缩的或完全歪曲了的形式保存下来。因此，决不能按照各经济范畴在历史上起决定作用的先后顺序，来安排这些范畴在政治经济学理论体系中的次序。比如，土地所有制和地租早在资本存在之前就已经存在了，而农业则是多少固定的社会最初的生产方式，但是地租决不能先于资本加以研究，它更不能成为政治经济学的出发点。资本主义的经济学是以现代资本主义社会为研究主体的，在资本主义社会中，农业越来越变成一个完全由资本来支配的工业部门，因而逻辑的发展就只能从资本到地租，而不能相反，否则就无法理解地租。在资本主义社会中资本主义剥削关系的形成是资本主义地租出现的前提条件，因此，在政治经济学诸范畴的体系中，反映这种剥削关系的资本、雇佣劳动、剩余价值等范畴也就要先于地租而加以说明。马克思正是用逻辑与历史统一的原则，构建《资本论》理论体系，最终呈现出对资本主义经济运行深入的剖析与揭示。同时，逻辑的过程作为一个认识的过程，必然要求批判地检验前人的认识成果，推动认识的发展。

马克思对资本主义经济进行研究的时候，始终是与对资产阶级经济学的批判相辅而行的。恩格斯在介绍《政治经济学批判》第一分册时指出：“我们面前的这部著作，决不是对经济学的个别章节作零碎的批判，决不是对经济学的某些争论问题作孤立的研究。相反，它一开始就以系统地概括经济科学的全部

① 《马克思恩格斯文集》第 5 卷，人民出版社 2009 年版，第 24 页。
② 《马克思恩格斯全集》第 31 卷，人民出版社 1972 年版，第 385 页。

复杂内容，并且在联系中阐述资产阶级生产和资产阶级交换的规律为目的。既然经济学家无非是这些规律的代言人和辩护人，那么，这种阐述同时也就是对全部经济学文献的批判。"① 这也正是《资本论》第 4 卷即《剩余价值理论》的价值所在。

《资本论》正是以科学的体系和严密的逻辑，"揭露了现代资本主义生产方式以及以它为基础的占有方式的机制，揭示了整个现代社会制度得以确立起来的核心"②。正如马克思自己所说的那样："在像我这样的著作中细节上的缺点是难免的。但是结构，即整个的内部联系是德国科学的辉煌成就，这是单个的德国人完全可以承认的，因为这决不是他的功绩，而是全民族的功绩。"③

三、《资本论》的当代意义

《资本论》作为马克思主义经典著作，虽然写作完成于 19 世纪，但是一个半世纪以来，经历时代的磨洗，仍然没有失去它的思想光芒。特别是进入 21 世纪以来，主要由西方发达资本主义国家引发的、席卷全球的国际金融危机，进一步证明了《资本论》所阐明的基本思想、基本原理的科学性、正确性。认真学习研究和继承发展《资本论》中阐述的理论，对于科学认识当代资本主义和当代社会主义，特别是对于推进中国特色社会主义政治经济学的发展和创新，都具有重要的意义。

第一，《资本论》科学地揭示了资本主义生产的全部秘密，揭示了资本主义历史上一定的生产关系发生、发展和衰落的规律。马克思从资本主义物质生产出发，从分析商品生产和商品交换入手，剖析资本主义经济运行的全过程，深刻地揭示了当时两大阶级对立的经济根源是资产阶级无偿占有无产阶级创造的剩余价值。为了攫取剩余价值，资产阶级找到了劳动力商品，由于劳动力商品的使用过程同时也是价值的创造过程，包括创造出被资本家无偿占有的剩余价值的过程，构成了资本家对工人的剥削。以此为基础，马克思考察了资本历史发展的大趋势，揭示出"资本的垄断成了与这种垄断一起并在这种垄断之下繁盛起来的生产方式的桎梏。生产资料的集中和劳动的社会化，达

---

① 《马克思恩格斯文集》第 2 卷，人民出版社 2009 年版，第 600 页。
② 《马克思恩格斯文集》第 9 卷，人民出版社 2009 年版，第 214 页。
③ 《马克思恩格斯文集》第 10 卷，人民出版社 2009 年版，第 236 页。

到了同它们的资本主义外壳不能相容的地步。这个外壳就要炸毁了。资本主义私有制的丧钟就要响了。剥夺者就要被剥夺了”①。恩格斯对此给予高度评价：“这个问题的解决是马克思著作的划时代的功绩。……科学社会主义就是以这个问题的解决为起点，并以此为中心的。”② 当代资本主义发生了很多新变化，对内通过福利制度缓解社会矛盾，对外通过与发展中国家的不对等交换，将自身矛盾输出到其他国家。但是，由于资本主义制度的自我调节并没有消除其固有的基本矛盾，因此，资本主义必然灭亡和社会主义必然胜利是不可避免的。

第二，《资本论》揭示了资本的历史性，既说明了资本的历史局限性和过渡性，也肯定了资本的历史作用。马克思在将“资本社会”与“前资本”社会加以历史区分时指出：“这些古老的社会生产有机体比资产阶级的社会生产有机体简单明了得多，但它们或者以个人尚未成熟，尚未脱掉同其他人的自然血缘联系的脐带为基础，或者以直接的统治和服从的关系为基础。”③ 马克思在写作《资本论》时也指出，都是认为“资产阶级赖以进行统治的社会条件是历史的最后产物，是历史的极限”④，因而完全“不懂得资产阶级制度本身的伟大和暂时存在的必然性”⑤。马克思指出，资本在人类历史上是有历史使命的，这就是一方面创造出一个普遍的劳动体系；另一方面也创造出一个利用自然属性和人的属性的普遍有用性体系，极大地促进生产力和人的一般能力的发展，构建起人们之间的普遍联系，改造了人的需要。资本“不断地驱使劳动生产力向前发展……来为发展丰富的个性创造出物质要素”⑥；资本“培养社会的人的一切属性，并且把他作为具有尽可能丰富的属性和联系的人，因而具有尽可能广泛需要的人生产出来——把他作为尽可能完整的和全面的社会产品生产出来（因为要多方面享受，他就必须有享受的能力，因此他必须是具有高度文明的人）——，这同样是以资本为基础的生产的一个条件。”⑦ 当今世界，资本仍然以各种形式广泛存在于市场经济之中，如何有效地限制资本的负面作用，发挥

① 《马克思恩格斯文集》第5卷，人民出版社2009年版，第874页。
② 《马克思恩格斯文集》第9卷，人民出版社2009年版，第212页。
③ 《马克思恩格斯文集》第5卷，人民出版社2009年版，第97页。
④ 《马克思恩格斯全集》第28卷，人民出版社1973年版，第509页。
⑤ 《马克思恩格斯全集》第28卷，人民出版社1973年版，第509页。
⑥ 《马克思恩格斯文集》第8卷，人民出版社2009年版，第69页。
⑦ 《马克思恩格斯文集》第8卷，人民出版社2009年版，第69页。

资本的积极作用，使资本更好地服务于社会主义市场经济，成为一个需要不断深入研究的课题。

第三，《资本论》在揭示资本主义本质的同时，也细致地考察了商品经济的运行过程，这些都可以成为社会主义市场经济的有益借鉴。马克思在《资本论》中对资本主义流通过程的分析所形成的资本循环理论、资本周转理论、社会总资本再生产和流通理论，给我们深入认识现代市场经济提供了科学工具。马克思对资本运动总过程的分析形成的平均利润和生产价格理论、商业利润和利息理论、地租理论等，对于更好地理解市场经济运动及其内部关系，正确处理不同企业的产权关系，都能够提供很好的借鉴。中国共产党把马克思主义政治经济学基本原理同改革开放的实践结合起来，不断丰富和发展马克思主义政治经济学，形成了当代中国马克思主义政治经济学的许多重要理论成果，比如，关于发展社会主义市场经济、使市场在资源配置中起决定性作用和更好发挥政府作用的理论。

第四，《资本论》科学勾画了未来社会的前途，给当代社会主义国家的发展提供了强大的理论支持。马克思在《1857—1858年经济学手稿》中，从分析一般商品货币关系来考察个人与社会关系的历史发展，提出了人的发展的三大形式学说。他指出："人的依赖关系（起初完全是自然发生的），是最初的社会形式，在这种形式下，人的生产能力只是在狭小的范围内和孤立的地点上发展着。以物的依赖性为基础的人的独立性，是第二大形式，在这种形式下，才形成普遍的社会物质变换、全面的关系、多方面的需要以及全面的能力的体系。建立在个人全面发展和他们共同的、社会的生产能力成为从属于他们的社会财富这一基础上的自由个性，是第三个阶段。第二个阶段为第三个阶段创造条件。"① 当代的社会主义制度大多都是建立在经济、文化落后的国家，因此还不能跨越商品经济阶段，必须通过大力发展商品经济，夯实物质基础，才能更好地发挥社会主义制度的优越性，才能在与资本主义的竞争中获得成功。

《资本论》经受了时间和实践的检验，始终闪耀着真理的光芒，是马克思主义最厚重、最丰富的著作。加强《资本论》的教学与研究，切实发挥理论的现实指导作用，对进一步深化、丰富和发展中国特色社会主义理论体系具有重

---

① 《马克思恩格斯文集》第8卷，人民出版社2009年版，第52页。

要意义。

思考题

1. 试述马克思主义政治经济学研究对象的形成过程。
2. 试述马克思主义政治经济学的方法。
3. 如何理解《资本论》的科学体系?
4. 如何理解《资本论》的当代价值?

第三章　马克思和恩格斯对资本主义生产方式的理论探索

马克思和恩格斯通过对资本主义生产方式的理论探索，不仅科学地揭示了资本主义生产关系的本质，说明了工人阶级和资产阶级两大阶级对立的经济根源，而且深刻地阐明了资本主义生产方式的历史性及其运动规律，揭示了资本主义生产方式的历史趋势，即最终将被共产主义生产方式所取代的客观必然性。

第一节　劳动价值论的科学革命及其意义

一、对劳动价值论的初步研究

从 17 世纪中叶到 19 世纪初，劳动价值论成为资产阶级，特别是产业资本家阶级发展社会生产力、反对封建贵族阶级的理论武器。为适应这一需要，一大批资产阶级经济学家在劳动价值论的研究中取得了瞩目的成就，提出了劳动创造价值的基本理论。特别是在李嘉图那里，劳动决定价值的命题被看作是“政治经济学上的一个极端重要的学说”，劳动价值论被发展到资产阶级界限内可能达到的最高成就。但是，由于阶级局限性及历史观和方法论上的缺陷，李嘉图的劳动价值论存在着严重的缺陷。1823 年李嘉图去世后，他在理论上的缺陷，既成为反对者攻击其劳动价值论的有力“论据”，也成为李嘉图学派辩护者理论研究的“热点”。

1843 年，马克思开始研究经济学时，面对的就是经济学界理论混乱与激烈争论的局面。1873 年，马克思在撰写《资本论》第 1 卷“第二版跋”时，对这一理论纷争的特点做过如下概述：“从 1820 年到 1830 年，在英国，政治经济学方面的科学活动极为活跃。这是李嘉图的理论庸俗化和传播的时期，同时也是他的理论同旧的学派进行斗争的时期。这是一场出色的比赛。……1830 年，最终决定一切的危机发生了。”① 事实上，李嘉图学派及其理论追随者们已不再

① 《马克思恩格斯文集》第 5 卷，人民出版社 2009 年版，第 16-17 页。

可能发展劳动价值论，而只可能曲解、庸俗化劳动价值论。

1844 年年底，马克思在与恩格斯合作完成的《神圣家族》中，对劳动价值论的态度开始发生转变，处在由劳动价值论异议者向拥护者的过渡之中，既反对效用价值论也不完全认可劳动价值论。马克思提道："最初，价值看起来确定得很合理：它是由物品的生产费用和物品的社会效用来确定的。后来却发现，价值是一个纯粹偶然的规定，这个规定根本不需要同生产费用和社会效用有任何关系。"① 显然，马克思在否定效用决定价值的同时也否定了劳动决定价值。但是，在对价值问题的深入探讨中，马克思也开始承认劳动价值论的一些基本观点。例如，关于商品价值及其决定问题，马克思就提道："生产某个物品所花费的劳动时间，属于这个物品的生产费用，某个物品的生产费用也就是它值多少钱，因此撇开竞争的影响不谈，就是它能卖多少钱。"② 马克思已经觉察到，对价值决定的考察可以撇开竞争的影响。

马克思在《神圣家族》中还明确地提出："在直接的物质生产领域，确定某物品是否应当生产，即确定这种物品的价值，这主要取决于生产该物品所需要的劳动时间。"③ 这一论述表明，马克思开始理解价值在竞争中的现象形态与在生产过程中的本质规定之间的区别，从而在方法论上初步理顺了价格现象和价值本质的关系。

马克思对劳动价值论的这些看来似乎矛盾的观点，同他还没有搞清楚价值、交换价值和价格的关系有关，也同他还没有弄懂价值规律的作用及作用形式有关，更同他还没有真正完成唯物史观的创立有关。

随着唯物史观的创立，马克思从新的世界观和方法论的高度，赋予李嘉图劳动价值论新的内涵，在许多理论观点上实现了对李嘉图的超越。在发表于 1847 年的《哲学的贫困》中，马克思第一次公开表述了自己对劳动价值论的基本立场。他完全承认李嘉图劳动价值论的历史功绩，充分地利用并批判地吸收了李嘉图理论中的合理成分。与李嘉图不同的是，马克思研究劳动价值论是要证实价值与资本主义生产方式的基础存在着密切的关系，是要说明价值只有在竞争中并通过竞争的作用才能得到实现，是要揭示资本主义生产方式的运动规律。马克思明确指出，李嘉图犯有"把资产阶级的生产关系当做永恒范畴的一

---

① 《马克思恩格斯文集》第 1 卷，人民出版社 2009 年版，第 256 页。

② 《马克思恩格斯文集》第 1 卷，人民出版社 2009 年版，第 269 页。

③ 《马克思恩格斯文集》第 1 卷，人民出版社 2009 年版，第 270 页。

切经济学家的通病”①。马克思确信，价值、货币这一类经济范畴是一种社会关系，这一关系只是其他经济关系的整个链条中的一个环节，并且是和一定的生产方式相适应的。在《哲学的贫困》中，马克思已经实现了劳动价值学说和唯物史观的统一。在随后的一系列重要经济学著作中，马克思对劳动价值论进行了更为全面、系统的研究。

二、马克思劳动价值论的主要内容

马克思从写作《1857—1858 年经济学手稿》《政治经济学批判》第一分册和《1861—1863 年经济学手稿》，一直到出版《资本论》第 1 卷德文第 1 版长达 10 年的科学研究中，对价值实体、价值形式与价值本质都进行了系统研究，建立起了包含商品二因素与劳动二重性、价值量的决定和价值形式的发展、价值规律的作用、商品拜物教的科学的劳动价值论体系，在劳动价值论的研究上实现了新的理论突破。

第一，商品的二因素与劳动的二重性。马克思首先从价格的现象形态中揭示价值的本质，从交换价值的外在形态中揭示价值的内容；并在阐明使用价值是交换价值的物质承担者的基础上，明确了使用价值和价值都是商品这一物质存在和社会产物的两个因素。在《资本论》第 1 卷中，马克思循着这一思想轨迹，以商品为研究的出发点，逐次展开对交换价值、价值、价值量等问题的分析。

一旦商品这一用作交换的劳动产品成为研究的出发点，生产商品的劳动的性质就成了马克思探讨的另一个重要问题，由此创立了劳动二重性学说。在《1857—1858 年经济学手稿》中，马克思阐明了商品生产中的劳动所具有的二重性质：一种是抽象的、在质上相同只是在量上不同的劳动；另一种是自然的、在质上不相同的劳动。接着，在《政治经济学批判》第一分册中，马克思进一步指出：“生产交换价值的劳动是抽象一般的和相同的劳动，而生产使用价值的劳动是具体的和特殊的劳动。”②

在《资本论》第 1 卷中，马克思进一步系统地阐述了劳动二重性学说。他指出，商品是使用价值和价值的统一体，价值是其社会属性；商品中包含着劳

---

① 《马克思恩格斯文集》第 1 卷，人民出版社 2009 年版，第 644 页。

② 《马克思恩格斯全集》第 31 卷，人民出版社 1998 年版，第 428 页。

动二重性，作为相同的、无差异的或抽象的人类劳动，形成价值，作为具体的有用的劳动，生产使用价值；在社会商品再生产过程中，进一步精确为抽象劳动创造新价值和具体劳动创造使用价值，并转移所消耗的生产资料中的旧价值这样的二重性。马克思十分珍视自己的这一理论创见，他认为，“商品中包含的劳动的这种二重性，是首先由我批判地证明的”①，而且还是他政治经济学理论中“最好的地方”②。

劳动二重性理论的创立，使“劳动创造价值”这一古老命题从此有了崭新的含义。劳动二重性成了理解政治经济学的枢纽，成了马克思剖析资本主义经济关系最重要的理论武器之一。

第二，价值量的决定。19 世纪 50 年代末，马克思创立了劳动二重性学说，在此基础上进一步阐明了决定价值量的不是个人劳动而是社会必要劳动，从而解释了劳动生产率和价值量之间的关系。在《资本论》第 1 卷中，马克思将价值从交换价值中抽象出来，从而更科学地说明了价值量的决定，指出“只是社会必要劳动量，或生产使用价值的社会必要劳动时间，决定该使用价值的价值量”③，也即社会必要劳动时间决定商品价值量。在此基础上，马克思进一步阐述了劳动生产率与单个商品价值量之间的反比关系：“劳动生产力越高，生产一种物品所需要的劳动时间就越少，凝结在该物品中的劳动量就越小，该物品的价值就越小。相反地，劳动生产力越低，生产一种物品的必要劳动时间就越多，该物品的价值就越大。”④

第三，价值形式的发展。在政治经济学说史上，价值形式理论是由马克思首先发现并做出全面阐述的，这一理论是科学的劳动价值论中具有决定意义的内容。马克思在说明货币本质时，首次提到价值形式理论，接着，马克思从分析“最原始的物物交换”出发，探讨了货币的本质规定性。他认为：“产品作为交换价值的规定，必然造成这样的结果：交换价值取得一个和产品相分离即相脱离的存在。同各种商品本身相脱离并且自身作为一种商品又同这些商品并存的交换价值，就是货币。”⑤ 马克思这一初步的但却蕴含了深邃思想的论述，

---

① 《马克思恩格斯文集》第 5 卷，人民出版社 2009 年版，第 54-55 页。
② 《马克思恩格斯文集》第 10 卷，人民出版社 2009 年版，第 268 页。
③ 《马克思恩格斯文集》第 5 卷，人民出版社 2009 年版，第 52 页。
④ 《马克思恩格斯文集》第 5 卷，人民出版社 2009 年版，第 53 页。
⑤ 《马克思恩格斯文集》第 8 卷，人民出版社 2009 年版，第 42 页。

在《政治经济学批判》第一分册中得到进一步的发挥。在那里，马克思第一次按价值形式发展的序列，简要地探讨了商品价值关系中所包含的价值表现是怎样从简单的最不显眼的样子，一直发展到炫目的货币形式。但是，马克思还没能创立与这一崭新理论相适应的一系列专门的科学术语。

在《资本论》第1卷中，马克思才在逻辑和历史的统一上，在创立一系列专门的科学术语的基础上，系统地论述了价值形式发展的全部理论问题：价值形式是指商品价值的表现形式，价值形式的发展依次经历了简单的个别的或偶然的价值形式、总和的或扩大的价值形式、一般价值形式和货币形式，货币是价值形式长期发展的结果。马克思在对价值形式发展序列的分析中，科学地揭示了货币的起源和本质。

价值形式发展的事实，进一步使商品二因素理论、劳动二重性理论和商品拜物教理论在商品经济发展的逻辑序列与历史序列中得到了证实，从而使劳动价值论的内在结构具有高度的统一性。

第四，价值规律的作用。马克思在创立劳动价值论之初，就高度重视价值规律的作用。在《1857—1858年经济学手稿》中，马克思就已指出："价格和价值的差别不只是像名和实的差别；不只是由于以金和银为名称，而是由于价值表现为价格运动的规律。……商品价格不断高于或低于商品价值，商品价值本身只存在于商品价格的上涨和下跌之中。"① 在《资本论》中，马克思完整阐述了价值规律的内容、形式与作用。在阐明商品价值量由生产该商品的社会必要劳动时间决定、即价值规律内容的基础上，马克思指出"市场价格的不断波动，即它的涨落，会互相补偿，彼此抵销，并且还原为平均价格，而平均价格是市场价格的内在规则。……价格是由平均价格即归根到底是由商品的价值来调节的"②，即市场价格围绕价值上下波动，从而说明了价值规律的表现形式。并且，马克思进一步说明了价值规律的作用：价格的波动调节着生产资料和劳动力在各部门的分配比例，使社会资源得到合理配置。在价值规律支配下，商品生产者为缩短个别劳动时间而展开竞争，推动技术进步和生产力发展。生产条件较好的生产者，因个别劳动时间少于社会必要劳动时间而获得较高收益，可以进一步采用先进技术来提高劳动生产率，进而获取更大收益；反

---

① 《马克思恩格斯全集》第30卷，人民出版社1995年版，第86页。
② 《马克思恩格斯文集》第5卷，人民出版社2009年版，第193页。

之，生产条件较差的生产者则收益越来越少甚至破产，从而，价值规律促使商品生产者在竞争中优胜劣汰。

第五，商品拜物教。19 世纪 40 年代，马克思主要从异化理论的角度，提出了商品拜物教的基本思想。他在《论犹太人问题》中指出："金钱是人的劳动和人的存在的同人相异化的本质；这种异己的本质统治了人，而人则向它顶礼膜拜。"① 19 世纪 50 年代后半期以后，马克思在劳动价值论的基础上，对商品拜物教的性质和实质做了深入的阐释。在《1857—1858 年经济学手稿》中，马克思指出了商品拜物教产生的现实根源和理论根源。在《1861—1863 年经济学手稿》中，马克思进一步就商品拜物教的最高形式——资本拜物教的实质问题做了探讨。

在《资本论》中，马克思完成了对商品拜物教的理论探索，形成了系统的理论体系。马克思不仅分析了商品拜物教的本质，还深刻揭示了其根源。他指出，商品的神秘性质既不是来源于商品的使用价值，也不是来源于商品价值规定的内容；商品拜物教的直接来源在于，生产者的个人劳动与总劳动的关系被反映为生产者之外的物与物之间的关系，即劳动产品取得商品形式，劳动取得价值形式；商品拜物教的根源在于，私人劳动的社会性要通过物的交换得到实现。马克思对商品拜物教、货币拜物教和资本拜物教转化序列的分析，揭示了"资本不是物，而是一定的、社会的、属于一定历史社会形态的生产关系，后者体现在一个物上，并赋予这个物以独特的社会性质"②。

三、劳动价值论在马克思主义经济学中的地位和意义

劳动价值论是马克思和恩格斯在经济学上实现科学革命最辉煌的成果之一。劳动价值论不仅是马克思和恩格斯对资本主义及其运动规律和历史趋势进行探讨的基础，而且是马克思主义经济学的理论基础。

劳动价值论的产生是经济学上的科学革命。配第和布阿吉尔贝尔（1646—1714 年）作为英法资产阶级古典政治经济学的创始人，在其著作中提出了以劳动时间决定商品价值的基本命题。到李嘉图时期，劳动价值论已经发展到资产阶级界限内可能达到的最高成就。但是，古典政治经济学者对价值学说的研究

---

① 《马克思恩格斯文集》第 1 卷，人民出版社 2009 年版，第 52 页。
② 《马克思恩格斯文集》第 7 卷，人民出版社 2009 年版，第 922 页。

有一个共同的缺点，即不能明确区分价值和交换价值。所有的古典政治经济学家都是在交换价值的形态下探讨商品的价值问题，从而阐述其劳动价值论。

劳动二重性理论是理解马克思主义经济学的枢纽。马克思的经济学研究从商品入手，区分了使用价值和交换价值，进一步由交换价值抽象出价值。他从商品的二重性出发，研究了生产商品的劳动的性质，创立了劳动二重性学说。在此基础上，马克思彻底改造了古典政治经济学的劳动价值学说，建立了科学、完整的劳动价值学说，实现了对资产阶级经济学理论基础的革命性创新。

劳动价值论是马克思主义经济学的理论基础。马克思对于资本主义经济关系的本质是剩余价值生产和资本对剩余价值无偿占有的说明，对于资本主义经济的内在矛盾和不可避免的经济危机的阐释，以及对于资本主义经济的历史局限性和向共产主义经济过渡的必然性的结论，都是建立在劳动价值论的基础上的。劳动价值论是马克思主义经济学整体研究的分析基础。

第二节 剩余价值理论的创立及其意义

一、剩余价值一般的发现

17 世纪中叶以后，资产阶级古典政治经济学家就对剩余价值如何产生的问题做过一定程度的研究。但是，他们都只是“在利润和地租这些特殊形式上来考察剩余价值”①。经济学说史上诸多经济学家都犯有这个错误，其原因除了他们的阶级局限性和缺少科学的劳动价值论之外，还在于他们存在方法论上的缺陷。

19 世纪 40 年代初，马克思在开始研究政治经济学时，就纠正了资产阶级古典政治经济学家在资本和利润问题研究中的非社会和非历史的错误倾向，他指出，资本是“对他人劳动产品的私有权，……是对劳动及其产品的支配权力”②。他还证明，工资是异化劳动的直接结果，工资和利润的对立是资本对工人劳动占有、奴役和剥夺的结果。马克思对利润的社会历史性质的深刻认识，为他进一步探讨利润的一般性奠定了重要基础。

---

① 《马克思恩格斯全集》第 33 卷，人民出版社 2004 年版，第 7 页。

② 《马克思恩格斯文集》第 1 卷，人民出版社 2009 年版，第 129-130 页。

在《1857—1858年经济学手稿》中，马克思第一次提出了剩余价值一般的概念。马克思以资本和劳动能力的交换作为考察资本主义生产过程的出发点。他首先区分了资本和交换这两个性质上不同甚至相互对立的过程：一是工人拿自己的劳动力商品同资本家一定的货币额相交换；二是资本家把交换来的“劳动本身”在生产过程中作为一种生产劳动加以使用，使资本价值得到保存和增殖。马克思认为，第二个过程是资本占有劳动的特殊过程，是与本来意义上的交换相对立的、本质上完全不同的范畴，其实质在于：“由于劳动被占有、被并入资本……资本开始发酵并且成为过程，成为生产过程。”① 这一过程在现实经济运动中表现出二重性：一方面表现为一般生产过程中活劳动和它的物质对象之间的自然联系；另一方面表现为资本占有劳动而实现价值增殖的特殊的社会关系。前者是“形成的资本内容”关系，后者是“资本作为资本的形式关系”。马克思认为：“资本同时是这两种规定，并且同时是这两种规定彼此的关系。”②

马克思在分析了资本和第二个交换过程的二重性之后，进一步考察了“资本作为资本的形式关系”中体现的“价值的简单保存”（或“预先存在的价值的保存”）和“价值增殖”的二重性问题，也就是《资本论》第1卷中的资本主义生产过程中劳动过程和价值增殖过程的二重性。在这一考察中，马克思首次提出了“剩余价值”概念。马克思认为，从“资本作为资本的形式关系”来看，资本是由价值构成的，要使预先存在的资本价值得到增殖，就必须使劳动能力使用所创造的价值大于劳动力自身的价值，这个价值差额就是“剩余价值”。资本的使命就是创造并攫取剩余价值。

马克思初步提出了剩余价值和利润的转化关系。他认为：“利润只是剩余价值的第二级的、派生的和变形的形式，只是资产阶级的形式，在这个形式中，剩余价值起源的痕迹消失了。”③ 这里的“第二级的”一词，不仅具有由原生的生产关系转化而来的意义，而且具有在形式上脱离原生的生产关系，形成更高层次的“非原生的生产关系”的意义。利润作为剩余价值的“第二级的”转化形式，不仅说明剩余价值是利润的源泉，是利润的本质，还说明，在剩余价值转化为利润时，利润比剩余价值具有更复杂、更具体的规

① 《马克思恩格斯全集》第30卷，人民出版社1995年版，第259页。
② 《马克思恩格斯全集》第30卷，人民出版社1995年版，第260页。
③ 《马克思恩格斯全集》第30卷，人民出版社1995年版，第599页。

定性。

在《1861—1863年经济学手稿》中，马克思对剩余价值一般做了更广泛意义的探讨。他把剩余价值一般和剩余价值特殊的转化关系，看作是从资本一般形式到资本特殊形式转化过程的有机组成部分。他认为，首先必须在“资本一般”的基础上揭示“一般形式的剩余价值”，然后才有可能在商业资本、借贷资本形式上揭示剩余价值“分支”——利润、利息等的本质；同时，马克思也把剩余价值一般向剩余价值特殊的转化过程和价值到生产价格的转化过程联系在一起，从而使剩余价值一般不只是一种逻辑运动中的存在，同时也是资本现实运动中的一种存在。

二、剩余价值源泉的探索

剩余价值一般的提出，揭示了剩余价值的本质，纠正了剩余价值理论研究中的根本性错误。劳动力商品理论的提出，则揭示了剩余价值的源泉，解开了资本对雇佣劳动剥削的历史之谜。

早在19世纪40年代后半期，马克思就意识到，在资本和雇佣劳动的交换关系中，“工人拿自己的劳动力换到生活资料，而资本家拿他的生活资料换到劳动，即工人的生产活动，亦即创造力量。工人通过这种创造力量不仅能补偿工人所消费的东西，并且还使积累起来的劳动具有比以前更大的价值”①。这里已显露出劳动力商品理论的雏形。

马克思在《1857—1858年经济学手稿》中，首次提出了劳动力商品理论的基本内容。马克思在对资本运动两个过程的第一个过程的分析中，对“劳动”和“劳动力”做了区分，并指出劳动实质上只是劳动能力使用价值实际发挥作用的过程。马克思进一步区分了“劳动能力”价值和“劳动能力”使用价值，认为“劳动能力”商品的价值也是由把工人本身生产出来所需耗费的劳动量决定的。最后，马克思的结论就是：“在资本方面表现为剩余价值的东西，正好在工人方面表现为超过他作为工人的需要，即超过他维持生命力的直接需要的剩余劳动。”② 在这里，马克思把剩余价值归结为剩余劳动，并把剩余劳动归结为“劳动能力”使用价值所创造的价值超过“劳动能力”自身价值的余额。劳

① 《马克思恩格斯文集》第1卷，人民出版社2009年版，第726页。
② 《马克思恩格斯全集》第30卷，人民出版社1995年版，第286页。

动力商品理论成为揭示剩余价值源泉的重要理论基点。

在《1861—1863年经济学手稿》中，马克思进一步丰富和发展了劳动力商品理论。这时，马克思是在“货币转化为资本”总命题下，在对资本总公式G—W—G′的深入分析中，对劳动力商品存在的历史条件、劳动力商品价值和使用价值的特殊性作了周详论述。这一论述深刻地表明，G—W—G′运动形式是揭示劳动力商品实质的逻辑前提，而劳动力商品又是G—W—G′运动形式存在和发生作用的实际基础。只有在劳动力商品存在并发生作用的基础上，G—W—G′的价值增殖才可能是不违背商品经济基本规律的经济过程。在剩余价值生产过程中，工人出卖给资本家的是劳动力，而不是劳动；工人获得的工资只是劳动力价值或价格的转化形式，资本获得的是劳动力的使用价值，劳动力使用价值创造的价值大于劳动力价值的部分，就是被资本无偿占有的剩余价值，即利润的原生形态。马克思正是在严格意义的劳动价值论基础上阐明剩余价值起源的。

在《资本论》中，马克思完整地阐述了劳动力商品理论，并最终揭示了剩余价值的源泉。他指出，随着商品经济的发展，商品流通和货币流通发展到一定程度，货币在市场上购买到劳动力商品时，货币就转化为资本，原来单纯的货币所有者就转化为资本家，劳动力成为商品是货币转化为资本的关键。这不仅为分析剩余价值的生产奠定了基础，而且解决了资产阶级古典政治经济学中资本和劳动相交换而产生的矛盾。资本主义生产过程是劳动过程和价值增殖过程的统一，价值增殖过程是目的，劳动过程是价值增殖过程的手段。在价值增殖过程中，以生产资料形式存在的不变资本（c）只是转移价值而不创造价值，而以劳动力形式存在的可变资本（v）才创造出新的价值（包括相当于劳动力的价值和剩余价值），才是剩余价值（m）的真正源泉。

三、剩余价值的生产形式

马克思在剩余价值一般形式的基础上，进一步提出了剩余价值生产的两种具体形式，从而揭露了资本家剥削工人的更为隐蔽的新方式。

第一，剩余价值生产的两种形式。剩余价值生产形式理论是马克思剩余价值理论的重要组成部分。在《1857—1858年经济学手稿》中，马克思首次提到绝对剩余价值和相对剩余价值概念，并初步分析了相对剩余价值产生的原因。他认为，资本为力图创造更多的剩余价值而不停运动，而生产力一旦成为资本的生产力，就自然成了创造更多剩余价值的物质条件。其原因在于，“工人劳动的提高了的生产力，由于缩短了补偿对象化在工人身上的劳动（为创造使用价值即生存资料）所必需的时间，因而表现为工人用在资本价值增殖（创造交换价值）上的劳动时间延长了”①。但是，马克思当时还没从逻辑和历史的统一上，阐明这两种剩余价值生产形式的内在联系。

在《1861—1863年经济学手稿》中，马克思首次对绝对剩余价值和相对剩余价值之间的内在联系做了考察。他认为，从现代资本主义工业发展历史来看，绝对剩余价值是以资本生产的已有的“现实条件”，如土地自然的富饶程度为基础的。这时，生产力的既定程度是前提。相反，相对剩余价值则是以发展了的社会生产力和已提高的劳动生产率为前提的。

在《1861—1863年经济学手稿》中，马克思还首次提出了超额剩余价值范畴。他认为，超额剩余价值的实质就是，“用超过该生产阶段平均水平的更有生产效率的劳动方法作为例外生产出来的那个商品的个别价值，低于这个商品的一般的或社会的价值”②。超额剩余价值“这一暂时的剩余价值是生产方式变化的直接结果”③。在这里，马克思首次把资本的一般的、必然的趋势同这种趋势的表现形式区别开来，搞清楚了绝对剩余价值生产向相对剩余价值生产过渡的现实转化机制和逻辑上的“中介”环节。

在《资本论》第1卷中，马克思再现了绝对剩余价值向相对剩余价值转化的历史过程。他指出，每个资本家提高劳动生产率的直接目的都是追逐超额剩余价值，社会劳动生产率的提高是个别资本家为了这种目的而竞争的必然结果。资本主义生产为了获得相对剩余价值而提高劳动生产率，它的发展过程依次经历了“简单协作”“分工和工场手工业”“机器和大工业”三个主要阶段。剩余价值的产生不是靠自然条件而是历史发展的产物，是资本和劳动关系的产物。

第二，劳动从属于资本理论。在阐明剩余价值生产的两种基本形式的基础上，马克思提出了劳动从属于资本的两种基本形式的理论。劳动从属于资本的理论是剩余价值生产形式理论的延续，是马克思剩余价值理论的重要组成部分。马克思认为，和两种剩余价值形式相适应的是劳动从属于资本的两种单独

---

① 《马克思恩格斯全集》第30卷，人民出版社1995年版，第297页。
② 《马克思恩格斯文集》第8卷，人民出版社2009年版，第388页。
③ 《马克思恩格斯文集》第8卷，人民出版社2009年版，第389页。

的形式，一种是劳动对资本的形式从属，另一种是劳动对资本的实际从属。劳动对资本的形式从属的典型形式，发生在资本主义经济关系建立的初期。这时，与新兴的资本主义经济关系相适应的社会化大生产还没建立起来，劳动和资本之间不存在任何政治上或社会上固定的统治和从属关系。但是，随着社会生产力的发展，资本有可能在更大规模上利用自然力、科学和机器，这时，"不仅是形式上的关系发生了变化，而且劳动过程本身也发生了变化"①。劳动和资本的关系进入了"实际"从属的阶段。劳动对资本的实际从属标志着资本主义经济关系已取得与自身发展相适应的物质基础，资本主义生产方式已进入它的成熟阶段。在劳动实际从属于资本的阶段，劳动已完全成了一种"异己"的所有制，随着资本主义经济关系的发展，"资本家对这种劳动的异己的所有制，只有通过他的所有制改造为非孤立的单个人的所有制，也就是改造为联合起来的、社会的个人的所有制，才可能被消灭"②。劳动对资本的实际从属潜藏着资本主义经济关系自我扬弃的因素。因此，马克思所阐明的劳动从属于资本的理论，不仅揭示了雇佣劳动隶属于资本的经济实质，而且包含着资本所有制转化为"社会个人的所有制"的思想，揭示了资本所有制最终消亡的内在必然性。

四、剩余价值理论的意义

剩余价值理论的创立，是马克思划时代的功绩。马克思揭示了剩余价值的真正来源，揭开了现代资本主义社会内部资产阶级剥削无产阶级的秘密，从而"发现了现代资本主义生产方式和它所产生的资产阶级社会的特殊的运动规律"③。剩余价值理论的创立，"使明亮的阳光照进了经济学的各个领域，而在这些领域中，从前社会主义者也曾像资产阶级经济学家一样在深沉的黑暗中摸索。科学社会主义就是以这个问题的解决为起点，并以此为中心的"④。剩余价值理论是马克思一生科学研究的第二个伟大发现，是马克思经济理论的基石。

第一，剩余价值理论阐明了资本主义雇佣劳动制度的本质。雇佣工人的剩余劳动创造了剩余价值。资本主义生产实质上就是榨取雇佣工人劳动生产的剩

① 《马克思恩格斯文集》第 8 卷，人民出版社 2009 年版，第 383 页。
② 《马克思恩格斯文集》第 8 卷，人民出版社 2009 年版，第 386 页。
③ 《马克思恩格斯文集》第 3 卷，人民出版社 2009 年版，第 601 页。
④ 《马克思恩格斯文集》第 9 卷，人民出版社 2009 年版，第 212 页。

余价值。虽然资产阶级是靠占有他人的无偿劳动发财致富的，这一点与奴隶主阶级、封建主阶级本质上并无不同，但是，资产阶级的剥削形式与另外二者存在不同之处：在奴隶制度和封建制度中，剥削形式是很容易被识别的、直接的劳动占有或者实物占有；而在资本主义制度中，资产阶级是在价值形态上占有工人的无偿劳动，其剥削形式更为隐蔽，工资形式又进一步掩盖了剥削的真相，剩余价值理论揭穿了交换公平外衣和资本主义工资形式隐蔽下的剥削本质，使资产阶级宣扬的资本主义社会公平、正义、人人平等等粉饰太平的虚伪说教，失去了最后的根据。资本主义社会与奴隶社会、封建社会一样，都是少数人剥削绝大多数人的社会。

第二，剩余价值理论揭示了资本主义生产方式产生、发展和灭亡的规律。资本主义生产的唯一目的就是追求剩余价值，为了达到这一目的，资本家不惜采取一切手段剥削工人，从最开始的延长工作日到后来的不断改进技术，提高劳动生产率。这使生产社会化和生产资料私人占有制之间的矛盾越来越深，最终导致资本主义必将走向灭亡，被以生产资料公有制为基础的共产主义社会所替代。

第三，剩余价值理论阐明了无产阶级在资本主义制度中的地位和历史使命。资本家为追求剩余价值一方面会无限扩大生产，另一方面会加紧对工人的剥削。随着资产阶级对无产阶级剥削的加强，无产阶级的反抗力量也必然不断增长。无产阶级必将成为资本主义制度的掘墓人，成为社会主义社会的建设者。

第三节 资本主义生产方式运行的理论

一、资本积累理论的形成

在政治经济学史上，资产阶级古典政治经济学家对资本积累问题做过探讨，但他们未能从资本发展历史趋势的角度，揭示资本积累的实质及其必然性。马克思在一开始研究政治经济学时就从资本与雇佣劳动的对立关系上探讨了资本积累问题。

在 19 世纪 40 年代初期，马克思指出，资本财富的积累是剥夺工人劳动成果的结果，“劳动为富人生产了奇迹般的东西，但是为工人生产了赤贫。劳动生产了宫殿，但是给工人生产了棚舍”①。到19世纪40年代末期，马克思进一步认识到，随着资本积累的发展和资本对新技术、新生产方式的运用，一方面会造成大量的失业者，另一方面也会使大批较高社会阶层中的人落入工人阶级队伍。

随着马克思劳动价值论和剩余价值论的形成，马克思的资本积累理论也日臻完善。在《1857—1858年经济学手稿》中，马克思明确指出资本积累具有两重性：一方面，资本积累是资本生产发展的基础，是资本物质生产能力不断增长的过程，因而包含着“进步的因素”；另一方面，资本积累也是资本主义生产关系再生产的过程，资本积累实质上是资本物质生产能力和资本主义生产关系本身再生产的统一，而资本家和工人关系本身的再生产则反映了资本积累的实质。

在《1861—1863年经济学手稿》中，马克思进一步从资本主义经济运动趋势的高度发展了资本积累理论。马克思证明资本积累是资本主义生产方式的条件，提出资本积累中资本和雇佣劳动之间对立关系的发展存在着三个主要趋势：第一，劳动条件在作为资本的财产而“永恒化”的同时，也使工人成为雇佣工人的地位“永恒化”；第二，资本积累通过使资本家及其同伙的相对财富增多而使工人的状况相对恶化；第三，由于劳动条件以越来越庞大的形式，越来越作为社会力量出现在单个工人面前，所以，对工人来说，像过去在小生产中那样，自己占有劳动条件的可能性已经不存在了。马克思认为，这三个主要趋势就是资本积累比其物质结果更为重要的结果。

1863年以后，特别是在《资本论》第1卷中，马克思在他所创立的剩余价值理论的基础上，从资本主义经济运动趋势的高度系统地阐述了资本积累理论。

马克思认为，把剩余价值再转化为资本，就是资本积累。资本积累的真正来源是工人所创造的剩余价值。对剩余价值的无止境贪欲，是驱使资本家不断进行资本积累的内在动力，而激烈的竞争则是迫使资本家不断进行资本积累的外在压力。由于资本积累的实质是剩余价值的资本化，因而资本积累的数量也就取决于剩余价值的数量。因此，在剩余价值分割为积累基金和资本家个人消费基金比例已定的情况下，对劳动力的剥削程度、社会劳动生产率水平、所使

---

① 《马克思恩格斯文集》第1卷，人民出版社2009年版，第158页。

用资本和所消费资本之间的差额、预付资本总量，就是决定并制约资本积累量的主要因素。

马克思考察了资本积累的中心问题，即资本积累对工人阶级命运的影响。马克思认为，资本积累引起资本技术构成的变化，从而使资本的可变部分同不变部分相比越来越小；同时又由于资本集中对资本积累的加速作用，加速了资本技术构成的变化，即减少对资本的可变部分的需求以增加它的不变部分，从而减少了对劳动力的需求。这样，“工人人口本身在生产出资本积累的同时，也以日益扩大的规模生产出使他们自身成为相对过剩人口的手段”①。马克思由此揭示了资本主义生产方式运动中所特有的人口规律。同时，马克思通过大量的事实，深刻地揭示了资本财富积累和工人贫困积累之间的对立运动，得出了“资本主义积累的绝对的、一般的规律”②，即在资本积累过程中，“在一极是财富的积累，同时在另一极，即在把自己的产品作为资本来生产的阶级方面，是贫困、劳动折磨、受奴役、无知、粗野和道德堕落的积累”③。

二、资本周转与循环理论的提出

在《1857—1858 年经济学手稿》对“资本的流通过程”的论述中，马克思从对资本周转问题的研究切入，对资本流通过程理论第一次做了阐述。马克思这时还没有涉及资本循环问题，其对资本循环问题的研究在 19 世纪 60 年代初才开始。

《1857—1858 年经济学手稿》中《资本章》第 2 篇“资本的流通过程”一开始涉及的是“资本流通和资本周转”问题，马克思集中探讨了以下三个问题。

第一，对资本周转构成的要素的分析。从“整体”上考察，资本流通包括生产过程和流通过程两大要素。这里的资本流通实际上就是周而复始、不断重复的资本周转。资本周转由四个要素构成：Ⅰ. 实际生产过程及其持续时间；Ⅱ. 产品转化为货币；Ⅲ. 货币转化为生产资本各要素；Ⅳ. 资本同活劳动能力相交换。在这四个要素中，资本周转要讨论的只是第Ⅱ要素，即资本由产品转化为货币的问题。

---

① 《马克思恩格斯文集》第 5 卷，人民出版社 2009 年版，第 727-728 页。
② 《马克思恩格斯文集》第 5 卷，人民出版社 2009 年版，第 742 页。
③ 《马克思恩格斯文集》第 5 卷，人民出版社 2009 年版，第 743-744 页。

第二，对资本周转第Ⅱ要素的分析。资本由产品转化为货币这一要素对资本周转的影响，只能是由“价值实现的较大困难而产生的”①。这一实现过程首先涉及市场距离问题，这也就涉及“运输费用”问题。马克思指出，运输中耗费的劳动时间，同直接生产过程中物化在产品中的劳动时间一样，都是产品“生产费用”的组成部分。

第三，流通过程和生产过程的内在联系。在资本周转限度内，流通本身不仅是一般生产过程的要素，也是直接生产过程的要素，如运输作为直接生产过程的继续，就是在流通过程中完成的，而且流通过程的时间、速度，对资本再生产过程中的价值增殖也具有决定性影响。同时，资本生产过程只有顺利地通过流通阶段，才能开始资本的再生产过程。因此，流通过程也是对资本再生产过程的一种限制因素。

在《1857—1858年经济学手稿》中，马克思还首次对资本周转的中心问题——固定资本和流动资本问题做了考察。其一，马克思从资本周转阶段性和连续性相统一的视角，提出了固定资本和流动资本的第一种规定，即所谓的“资本的形式规定”：在资本周转中，就资本从一个阶段向另一个阶段过渡而言，资本是流动资本；就资本总是在特定环节中采取某种特殊形态而言，资本是固定资本。其二，与资本周转的阶段性和连续性相统一的问题有关，马克思进一步对运输等与直接生产过程相关的费用之外的流通费用问题做了考察。这些非生产性流通费用并不创造价值，只是实现价值的费用，这是对价值的一种扣除。其三，马克思提出了固定资本和流动资本的第二种规定，即我们现在理解的严格意义上的固定资本和流动资本。其四，在对固定资本和流动资本第二种规定理解的基础上，马克思就固定资本和社会生产力发展之间的关系做了详尽论述，提出了三个基本观点：固定资本的发展是资本主义生产发展的标志；资本主义机器的大规模使用和科学技术的发展，加剧了劳动异化；与固定资本发展相一致的社会生产力的发展，必然导致资本主义社会向共产主义社会过渡。其五，马克思集中考察了固定资本和流动资本的流通和补偿问题，认为流动资本作为资本再生产的次数，同它作为剩余价值和追加资本来实现的次数一样多；固定资本作为价值进入流通的数量，只限于它作为使用价值被消费的部分。流动资本和固定资本的构成比例，影响总资本的年平均周转速度和周转

---

① 《马克思恩格斯全集》第30卷，人民出版社1995年版，第518页。

次数。

在《资本论》中，马克思对之前关于资本周转的理论进行了系统梳理，并明确了资本周转速度对年剩余价值率的影响，形成了科学的资本周转理论：为了实现预付资本的不断增殖，资本家就必须让资本不断地周期运动，即资本周转。影响资本周转速度的主要因素有两个：生产资本的构成和周转时间。按照价值周转方式的不同，生产资本分为固定资本和流动资本。预付总资本周转次数是固定资本和流动资本的平均周转次数，或者说预付总资本在一年的周转次数为预付资本价值总额除固定资本和流动资本周转的价值总额所得的商数。资本周转速度加快，其中的预付可变资本周转速度会加快，资本家可以获得更多的剩余价值，年剩余价值率会提高。

在大约写于 1864 年下半年到 1865 年上半年的《资本论》第 2 卷“第 I 稿”中，马克思从整体上对资本流通理论做了阐述。在这部手稿中，马克思把“资本的流通过程”分为三章，第 1 章“资本流通”第一次周详地考察了资本循环问题。马克思在货币资本循环 G—W…P…W′—G′形式上，揭示了资本循环中资本作为货币资本、生产资本和商品资本三种职能的基本性质。

在货币资本循环的基础上，马克思还提出了其他三种资本循环形式。第二种形式是 W…P…W′—G′—W，这种循环是以资本的生产要素为起点，并以这些生产要素的复归为终点的资本循环形式。第三种形式是生产资本循环，它的公式是 P…W′—G′—W…P。第四种形式是商品资本循环，它的公式是 W′—G′—W…P…W′。后来，马克思在进一步的研究中，舍弃了第二种形式。但是，在资本流通理论形成过程中，第二种形式有其存在的必然性。因为马克思这时主要是以资本循环中 G、W、P 和 W′的四个逻辑中介点来确定资本循环形式的。

在这一章中，马克思还对资本循环的统一性问题做了论述：一方面，“资本的整个循环过程，实际上是这四个不同循环的统一。换句话说，这只意味着，在这四种不同形式中表现着整个过程的连续性”①。另一方面，“这种连续性……只有当资本同时不断地以不同的形式存在，被分割在不同阶段之间，并且这些部分中的每一部分，而不是全部资本，不断地完成它自己的周转时，才

① 《马克思恩格斯全集》第 49 卷，人民出版社 1982 年版，第 298 页。

是可能的，才是现实的”①。马克思提出了资本循环中的一个重要命题：资本循环不同形式的时间上的继起性和空间上的并存性，是实现整个资本循环统一性的基本条件。

在《资本论》第2卷第一篇，马克思进一步明确了资本循环中的形态变化及其循环的连续性，阐述了科学的资本循环理论：第一，单个产业资本要采取货币资本、生产资本和商品资本三种职能形式。这三种形式并不是三种不同类型的独立的资本，而只是产业资本在自身运动中所采取的三种不同的职能形式。其中货币资本职能是剩余价值生产的前提条件，生产资本职能是生产剩余价值，商品资本职能是实现剩余价值。在产业资本的这三种职能形式中，生产资本具有决定意义。第二，产业资本三种不同的循环形式，分别从一个方面表现出资本的特征，同时又具有自己的片面性。产业资本的运动是上述三种循环形式的统一，是流通过程和生产过程的统一。第三，产业资本循环连续性的条件是三种职能形式在空间上并存和时间上不断继起。第四，资本循环的时间包括生产时间和流通时间，而生产时间包括劳动时间和非劳动时间；流通时间包括购买时间和售卖时间。只有劳动时间才能创造价值和剩余价值，所以劳动时间在资本循环的时间中具有决定意义。

三、社会资本再生产理论的创立

马克思在19世纪50年代末就已开始探讨社会资本再生产问题，到19世纪60年代初创立了社会资本再生产理论。在《1857—1858年经济学手稿》中，马克思在《资本章》分析剩余价值生产之后，对资本的总体运动做过插入性论述。马克思认为，在资本的总体运动中，资本的价值增殖过程，实际上也就是资本“丧失”货币资格的“价值丧失”过程。这种“价值丧失”过程只有在被生产出来的包含了增殖价值的商品再度进入流通过程，并顺利得到“实现”时，资本才重新取得了货币的形式。可见，资本的再生产过程表现为“价值增殖—价值丧失—价值增殖实现”的序列转化过程。显然，从“价值丧失”到“价值增殖实现”的转化，对资本再生产有着极其重要的意义。这一转化的关键，就在于各资本彼此按照一定的和限定的比例进行交换。

马克思认为，社会总产品实际上可以分为两部分，一部分是用于个人消费

---

① 《马克思恩格斯全集》第49卷，人民出版社1982年版，第299页。

的生活消费品；另一部分是用于生产消费的生产资料。因此，社会总产品可以按其最终用途分为用于生活消费的消费资料和用于生产消费的生产资料两大部分。与此相适应，社会生产部门也应该区分为生产消费资料的“A 部类”和生产生产资料的“B 部类”。这样，马克思科学地解决了社会资本再生产理论的另一个基本前提。

马克思对社会资本再生产的实现过程也作了初步考察。马克思考察了社会资本简单再生产的三个主要的交换过程：第一，收入同收入的交换，这一交换使“A 部类”内部归于工人和资本家的“收入”($v+m$) 得到实现；第二，收入同资本的交换，即由“B 部类”归于工人和资本家的“收入”($v+m$) 同“A 部类”作为不变资本的 c 相交换；第三，资本同资本的交换，这是“B 部类”内部各资本家之间实现各自不变资本 c 的过程。这一考察表明，马克思已经搞清了社会资本再生产实现过程的基本内容。

在《1861—1863 年经济学手稿》中，除了一些细节之外，马克思对社会资本简单再生产理论已有了总体性的理解。首先，马克思确定了理解社会资本再生产理论的两个基本前提，即：社会总产品在价值上划分为不变资本、可变资本和剩余价值三部分，在实物形式上划分为第Ⅰ部类（生活资料）和第Ⅱ部类（生产资料）两大部类。其次，马克思已准确地概述了社会资本简单再生产的三个主要的交换过程，即第Ⅰ部类内部的交换、第Ⅱ部类内部的交换和两大部类之间的交换。最后，马克思还简要地阐明了社会资本再生产过程中货币回流运动的实质，进一步证明了他在对魁奈《经济表》的分析中得到的那个重要的结论：“货币流通表现为完全是由商品流通和商品再生产决定的，实际上是由资本的流通过程决定的。”①

在完成《1861—1863 年经济学手稿》后，马克思在 1865—1870 年期间及在 1877 年以后，对社会资本再生产理论又做了进一步的考察，其中最重要的就是他在 1865—1870 年完成的《资本论》第 2 卷“第Ⅰ稿”和“第Ⅱ稿”中的理论考察。

在这两部手稿中，马克思对社会资本再生产理论的重要发展主要包括以下三个方面。

第一，在“第Ⅰ稿”中，马克思对社会资本再生产理论的方法论问题做了

① 《马克思恩格斯全集》第 33 卷，人民出版社 2004 年版，第 374 页。

许多重要说明。首先，探讨社会资本再生产“现实条件”的出发点应该是“商品资本”。其次，明确了社会资本再生产中简单再生产和扩大再生产的逻辑转化关系。最后，资本的货币形式在再生产过程中只是作为再生产的起媒介作用的和转瞬即逝的形式执行职能，和再生产的实际过程本身没有任何关系，因此，也可以“暂时把货币抽象掉”。

第二，马克思进一步发展了社会资本扩大再生产的理论。在《1861—1863年经济学手稿》中，马克思已经提出，社会资本扩大再生产是以两个部类同时进行积累为前提的，是以不变资本和可变资本同时扩大为前提的。在“第Ⅰ稿”中，马克思又进一步考察了再转化为资本的那部分剩余价值被用来购买生产资料的各要素的“实际条件”。他认为，转化为生产资本的那部分剩余价值，必须同时转化为可变资本与不变资本两部分，而且是按照与不同生产部门相适应的比例划分。但是，在“第Ⅰ稿”和“第Ⅱ稿”中，马克思都没明确地提出社会资本扩大再生产实现过程和实现条件的问题。这一问题在马克思写于1881年的“第Ⅷ稿”中才作了完整的论述。

第三，马克思阐述了社会资本再生产过程的“平行性”“相继性”“可变性”问题。在社会资本再生产过程中，“平行性”是指整个再生产过程中为给任何商品提供不同生产要素的各生产过程的彼此并列和同时性；这种“平行性”必然产生“相继性”。在“相继性”中，不同商品的这些不同生产过程彼此联系在一起，互相制约。同时，在其他互相联系的各生产过程之间还存在着相互交错或相互作用，存在着循环，但不是逐步提高的顺序性。“可变性”则主要是指社会再生产过程中预付价值转化为实物形态过程中的变化。例如，旧有资本或者追加资本投入新的生产部门，就可能对社会资本中各资本的“平行性”或“相继性”产生直接的影响。从动态上来看，社会资本再生产的实现过程，就是“平行性”“相继性”和“可变性”相统一的结果。

第四，马克思在《资本论》第2卷第三篇中分析了社会总资本的运动过程，研究了社会总资本再生产的实现条件和形式，提出了科学的社会总资本再生产理论：其一，社会总资本的运动既包括生产消费以及与之相适应的资本流通，又包括生活消费以及与之相适应的商品流通，因此，分析社会总资本运动以商品资本循环为对象，核心是考察社会总产品价值补偿和实物补偿。其二，资本主义社会总产品从价值形态上可分为不变资本（c）、可变资本（v）和剩余价值（m）；资本主义社会总产品从实物上可分为生产资料和消费资料两大类，相应的社会生产分为两大部类：生产生产资料部类（Ⅰ）和生产消费资料部类（Ⅱ）。社会总资本运动是通过交换实现的，这种互相交换是通过货币流通来完成的，货币流通成为交换媒介。其三，社会总资本简单再生产的实现条件：Ⅰ$(v+m)=$ Ⅱc；Ⅰ$(c+v+m)=$ Ⅱc+Ⅰc；Ⅱ$(c+v+m)=$ Ⅰ$(v+m)$+Ⅱ$(v+m)$。其四，社会总资本扩大再生产的实现条件是：Ⅰ$(v+\Delta v+m/x)=$ Ⅱ$(c+\Delta c)$；Ⅰ$(c+v+m)=$Ⅰ$(c+\Delta c)$+Ⅱ$(c+\Delta c)$；Ⅱ$(c+v+m)=$Ⅰ$(v+\Delta v+m/x)$+Ⅱ$(v+\Delta v+m/x)$。可见，社会总资本运动要顺利进行，社会生产的两大部类之间及各部类内部必须保持一定比例关系。

四、平均利润与生产价格理论的形成

马克思在平均利润与生产价格理论的形成中，首先分析了剩余价值到平均利润的“两种转化”关系。

在《1857—1858 年经济学手稿》中，马克思已经把剩余价值看作利息、利润的“纯粹”形式，认为“利润只是剩余价值的第二级的、派生的和变形的形式”①。在《1861—1863 年经济学手稿》中，马克思从两个方面研究了剩余价值一般和剩余价值特殊的关系：第一，马克思在对“资本一般”转化为资本特殊的论述中，探讨了剩余价值一般向剩余价值的分支——利润、利息等的转化过程；第二，马克思在对价值转化为生产价格的论述中，探讨了剩余价值转化为利润、利润转化为平均利润的序列过程。这里着重对马克思后一方面的探讨做一些说明。他认为：“作为剩余价值第一种转化的利润——以及这第一种转化中的利润率——表现为剩余价值对产生剩余价值的全部单个资本的关系；……而不管这个资本的各个组成部分与它的剩余价值的生产保持怎样的有机关系。”② 在第一种转化的基础上，发生了利润到平均利润的第二种转化。第二种转化所涉及的不再只是形式，还涉及实体本身，也就是说，改变利润的绝对量，从而改变在利润形式上表现出来的剩余价值的绝对量。经过这两种转化，剩余价值的内在规定性逐步地外化为利润、平均利润的外在规定性。这两种转化的结果使剩余价值和平均利润的内在联系在其外在化的形式上完全消失了。

---

① 《马克思恩格斯全集》第 30 卷，人民出版社 1995 年版，第 599 页。
② 《马克思恩格斯全集》第 32 卷，人民出版社 1998 年版，第 445-446 页。

在搞清楚“两种转化”关系的基础上，马克思进一步探索了价值到生产价格转化的中介问题。

在《1857—1858 年经济学手稿》中，马克思已着意在劳动价值论和剩余价值论的基础上，探讨等量资本获得等量利润这一经济现实的内在规定性。马克思提出了利润平均化和平均利润率的重要思想，探讨了实现这一转化的各个必要的中间环节。但是，在许多场合，马克思还只是把等量资本获得等量利润看作价值表现为价格形式的结果，还只是在价值和价格这一内容和形式的相互联系上理解利润平均化和平均利润率，没有明确地在价值和生产价格这一质的转化关系上理解这些问题。

在《1861—1863 年经济学手稿》中，马克思首次探明了由价值到生产价格的质的转化关系，周详地考察了这一转化的内在机制。在价值转化为生产价格的过程中，首先遇到的就是“生产费用”问题。在这部手稿中，马克思首次区分了三种不同含义的生产费用：第一，商品中所包含的为生产过程预付的劳动；第二，商品生产本身所花费的东西；第三，预付资本的价格加平均利润决定的价格。只有第一种含义的生产费用，才与剩余价值向利润形式的转化相适应。马克思还指出，在商品按生产价格实现的情况下，生产费用不再由其中的价值量，而是由其中的生产价格量来计算。马克思还第一次提出了两种不同形式的竞争的理论，揭示了竞争机制在价值转化为生产价格过程中的作用。马克思首先提出了资本的“两种平均化运动”的理论。他认为，在价值转化为生产价格的过程中，资本一方面表现为“同一生产领域内部”的平均化运动，另一方面又表现为“不同生产领域之间”的平均化运动。

与资本“两种平均化运动”相联系，竞争也采取了两种不同的形式：第一种竞争形式是同一生产部门内部的竞争，它利用不同的利润率在部门内部造成同一市场价值；第二种竞争形式是不同资本家之间的竞争，它使资本从一个领域转移到另一个领域，以此“造成费用价格，即造成不同生产领域的同一利润率”①。

马克思进一步认为，第二种竞争形式是借助于资本转移来实现的，这种特定的资本转移本身有两种不同方式。“第一种转移的发生是为了确立不同于价

① 《马克思恩格斯全集》第 34 卷，人民出版社 2008 年版，第 229 页。

值的费用价格”①，这种转移是价值转化为生产价格据以实现的基础；第二种转移则是在生产价格既定的前提下，由市场价格围绕生产价格波动而引起的资本间的转移。因而这种转移是“为了在市场价格高于或低于费用价格的时候使实际市场价格同费用价格趋于一致”②，是“不同领域中实际的偶然的市场价格围绕费用价格旋转”③ 的作用过程。在第二种资本转移的作用过程中，迫使不同行业的市场价格不是围绕商品的价值旋转，而是围绕着商品的生产价格旋转。市场价格依据运动的“中心”的改变，是价值到生产价格质的转化的结果。

1862年6月，马克思在写作手稿《第X笔记本》时，第一次通过举例系统地阐述了价值转化为生产价格的整体过程，揭示了“平均价格规律”(生产价格规律）的本质。在1862年8月给恩格斯的信中，马克思再次概述了这一转化过程的要点。这些论述表明，19世纪60年代初，马克思的生产价格理论已经形成。马克思通过对这一系列中介环节的分析，通过对价值本身质的转化关系的分析，已经科学地证明：等量资本获得等量利润是在生产价格规律作用形式的基础上形成的。在生产价格规律中，各部门资本家都依据统一的平均利润率，获得与各自预付资本量大小成比例的平均利润。各部门中商品的价值和生产价格的差额，主要是由各部门创造的剩余价值和获得的平均利润的差额引起的，归根到底是由剩余价值在各生产部门之间重新分配引起的。因此，等量资本获得等量利润的现实，并不是对劳动价值论的否定，相反是劳动价值论在资本主义经济关系发展到一定阶段的具体表现。同样，生产价格理论的创立也绝不是劳动价值论的“终结”，相反是劳动价值论内在生命力的体现。

在《资本论》第3卷第一篇到第三篇中，马克思系统阐述了平均利润和生产价格理论，从更高层次上揭示了产业资产阶级与无产阶级之间的剥削关系。

马克思指出，在资本主义生产条件下，剩余价值取得了利润这个转化形式。利润在本质上和数量上就是剩余价值，但剩余价值反映了资本对雇佣劳动的剥削关系，而利润掩盖了资本家与雇佣工人之间的剥削关系。相应地，剩余价值率转化为利润率，剩余价值率反映了资本家对雇佣工人的剥削程度，而利润率反映了资本的增殖程度，这进一步掩盖了资本家对工人的剥削关系。

---

① 《马克思恩格斯全集》第34卷，人民出版社2008年版，第231页。
② 《马克思恩格斯全集》第34卷，人民出版社2008年版，第231页。
③ 《马克思恩格斯全集》第34卷，人民出版社2008年版，第231页。

由于不同部门的资本有机构成不同，就会形成各不相同的利润率。这些不同的利润率，通过竞争而平均化为一般利润率，按照这个一般利润率，一定量的资本所获得的利润，就是平均利润。“一个商品的价格，如等于这个商品的成本价格，加上生产这个商品所使用的资本（不只是生产它所消费的资本）的年平均利润中根据这个商品的周转条件归于它的那部分，就是这个商品的生产价格①”。生产价格是价值的转化形式。当价值转化为生产价格后，价值规律就以生产价格规律的形式发挥作用。

五、资本的扩张性与世界市场的形成

马克思最初提及世界市场相关理论是在1842—1843年。马克思在自述中提及：“1842—1843年间，我作为《莱茵报》的编辑，……关于自由贸易和保护关税的辩论，是促使我去研究经济问题的最初动因。”② 但此时，马克思还没有在理论上形成“世界市场”的概念。

马克思和恩格斯在《德意志意识形态》中，对以世界市场为特征的资本主义世界经济趋势作了最早论述，提出“世界市场”这一概念及其发展的两种趋势观点。马克思和恩格斯指出：“大工业创造了交通工具和现代的世界市场……它首次开创了世界历史，因为它使每个文明国家以及这些国家中的每一个人的需要的满足都依赖于整个世界，因为它消灭了各国以往自然形成的闭关自守的状态。”③ 在这里，马克思只是初步论述了“世界市场”这一范畴。

在《共产党宣言》中，马克思和恩格斯则系统阐释了资本主义时代的世界市场。“大工业建立了由美洲的发现所准备好的世界市场。世界市场使商业、航海业和陆路交通得到了巨大的发展。这种发展又反过来促进了工业的扩展，同时，随着工业、商业、航海业和铁路的扩展，资产阶级也在同一程度上发展起来，增加自己的资本，把中世纪遗留下来的一切阶级排挤到后面去。”④ “资产阶级，由于开拓了世界市场，使一切国家的生产和消费都成为世界性的了。……古老的民族工业……被新的工业排挤掉了，……它迫使一切民族——如果它们不想灭亡的话——采用资产阶级的生产方式；它迫使它们在自己那里

---

① 《马克思恩格斯文集》第7卷，人民出版社2009年版，第177页。

② 《马克思恩格斯文集》第2卷，人民出版社2009年版，第588页。

③ 《马克思恩格斯文集》第1卷，人民出版社2009年版，第566页。

④ 《马克思恩格斯文集》第2卷，人民出版社2009年版，第32-33页。

推行所谓的文明，即变成资产者。一句话，它按照自己的面貌为自己创造出一个世界。”① 在这里，马克思和恩格斯初步揭示了世界市场是资本为实现其无限增殖和外在扩张的本性而剥削劳动力的外在表现。

马克思在资本主义生产方式逻辑体系和国际经济理论方面，大大推进了世界经济和国际经济关系学说。马克思在对世界市场做了系统的研究后指出：世界市场总体是资本关系最为发达最为发展的形式。在《资本论》及其手稿中，马克思把世界市场总体置于反映资本运动客观辩证法的资本主义生产方式逻辑体系的宏大背景和牢固基础之上，构筑了一个以商品为逻辑起点、资本为核心范畴、世界市场为终点的反映资本主义经济运动规律的逻辑体系。

马克思考察了国际化的生产、分配、交换和消费，并且在世界市场总体的框架内，重新对一系列经济学概念、范畴和理论做了初步的探讨，提出了涵盖国际价值理论、国际分工理论、世界货币与汇率理论、国际贸易及贸易政策理论在内的国际经济思想。

在此期间，马克思第一次科学地阐释了世界市场总体的本质和发展的两重趋势，逻辑地复制资本主义生产方式运动的全过程（世界市场总体正是它运动的终点和最高发展形态）。这些思想给我们今天认识和剖析经济全球化的内在机理和运行机制提供了重要的理论基础和科学方法。

第四节 资本主义经济危机及其历史趋势

一、对经济危机问题研究的特点

马克思和恩格斯的经济危机理论，是他们关于资本主义生产方式发展趋势研究的一个重要成果。早在 19 世纪 40 年代后半期，马克思在《哲学的贫困》《雇佣劳动与资本》《关于自由贸易的演说》中，以及在和恩格斯合著的《共产党宣言》中，就已探讨过资本主义经济危机的必然性和周期性问题。19 世纪 50 年代，随着劳动价值论和剩余价值论的发展，马克思和恩格斯对经济危机理论做了更深入的研究。

在《1861—1863 年经济学手稿》中，马克思批判了萨伊（1767—1832

① 《马克思恩格斯文集》第 2 卷，人民出版社 2009 年版，第 35-36 页。

年)、李嘉图等人否认资本主义存在普遍经济危机的错误观点，还指出了西斯蒙第（1773—1842 年）和其他一些小资产阶级经济学家在证明资本主义经济危机必然性问题上存在的严重缺陷。通过对资产阶级政治经济学危机理论的批判，马克思明确指出：“要追踪考察潜在的危机的进一步发展，……要就危机来自资本作为资本所特有的，而不是包含在资本作为商品和货币的单纯存在中的那些资本形式规定，来进行这种考察。”① 并且，马克思和恩格斯在研究资本主义经济危机时，都将资本主义生产放到国际经济总的联系中来考察。

第一，马克思的经济危机理论与资本主义古典学派的“无危机论”的区别。资产阶级庸俗经济学家和古典政治经济学家都否认生产过剩的可能性，从而否认经济危机的普遍性。

穆勒（1773—1836 年）和萨伊认为，交易就是以一种货物交换另一种货物，所以，买同时就是卖，买者同时就是卖者。根据人类物质欲望永不满足的原理，他们认为，当一种需求被满足时，人们会产生新的对其他产品的需求。因此，虽然局部的、暂时的商品生产过剩有可能存在，但普遍的生产过剩是不可能存在的。李嘉图沿袭并发展了穆勒和萨伊的观点，认为生产过剩虽然可能在个别范围内存在，但就全部商品来说，这种情形是不可能有的；而且认为无限制的消费欲望要求一个无限的扩大生产，所以普遍性的生产过剩是不存在的。

马克思认为，他们的理论基础是撇开商品流通中的货币，将 W—G—W（即商品流通）简单地退回到 W—W（即物物交换），否认买和卖的分离，这是错误的，“这种教条是要证明，卖者会把自己的买者带到市场上来。……但谁也不会因为自己已经卖，就得马上买。流通所以能够打破产品交换的时间、空间和个人的限制，正是因为它把这里存在的换出自己的劳动产品和换进别人的劳动产品这二者之间的直接的同一性，分裂成卖和买这二者之间的对立”②，也就是说，买与卖的对立，已经包含着经济危机的可能性。马克思还指出，生产过剩是相对于购买能力的过剩，它“只同有支付能力的需要有关。……不是绝对的生产过剩”③，李嘉图的错误在于混淆了生产相对过剩和生产绝对过剩的概念，忽视了资本主义生产无限发展与有限购买力之间的矛盾，从而忽视了资本

---

① 《马克思恩格斯文集》第 8 卷，人民出版社 2009 年版，第 250-251 页。
② 《马克思恩格斯文集》第 5 卷，人民出版社 2009 年版，第 135 页。
③ 《马克思恩格斯全集》第 34 卷，人民出版社 2008 年版，第 574 页。

主义基本矛盾，因此得出了错误的“无危机论”。与庸俗经济学家以及古典政治经济学家不同，马克思认为普遍的生产过剩是存在的，因而经济危机的大规模爆发是存在的，这是资本主义社会基本矛盾不可避免的产物。

第二，马克思的经济危机理论与需求不足论的区别。18 世纪末 19 世纪初，资本主义世界频繁爆发的局部危机开始过渡为普遍性的生产过剩的经济危机，资本主义古典学派的“无危机论”已经不能解释这个现象。

西斯蒙第提出，生产应该服从于消费，不服从消费的无限扩大的生产将造成与消费的脱节，并称之为资本主义的基本矛盾。他认为，这个矛盾是经济危机的根源，矛盾的一方面是生产的无限扩大，另一方面是收入从而消费在生产不断扩大下的不足。但他将收入的不足归结为资本主义的分配制度。

马克思对西斯蒙第的进步之处给予了肯定，更指出了其危机理论的错误之处：一是把生产和消费之间的矛盾这个表面现象理解为资本主义的基本矛盾，而它只是生产的社会性和资本主义生产资料私有制的矛盾的一种表现形式，后者才是资本主义真正的基本矛盾。二是企图以群众消费不足解释经济危机，但群众消费不足只是危机的一个先决形式，它既不能解释资本主义之前不存在危机的原因，也不能解释现在出现危机的原因。三是将收入和“生产”等同起来，将产品由价值形态到实物形态的实现和个人消费等同起来。四是承认资本主义有限购买能力和扩大再生产之间的矛盾，但却把缓和矛盾的希望寄托在国内小商品生产者或其他不发达资本主义国家或非资本主义国家的市场身上。

马尔萨斯（1766—1834 年）也是消费不足论的支持者，他认为有效需求不足会导致商品无法全部售出，从而社会商品的总价值无法实现。而仅靠资本家之间的相互买卖和工人工资的支出是不足以构成充足的有效需求的，必须存在第三类购买者，这一类购买者不向任何人出卖商品，是不生产的消费者，包括国王、宫廷、教会、官吏、军队、地主等。

马克思指出，马尔萨斯只是西斯蒙第经济理论的拙劣仿制者，但他并不像西斯蒙第那样还具有一定的积极作用，而是完全反动的。马尔萨斯阐述消费不足可能造成普遍的商品过剩，是为了证明地主和其他不生产的消费者也有其社会功能。

总之，马克思和恩格斯对经济危机问题研究的特点在于，他们对经济危机的研究不仅仅从消费层面进行，而是深入生产过程，从资本的本性出发进行研究，并且将其放在国际经济总的联系中考察。他们认为：一方面，劳动力的商品性质制约了社会有效需求；另一方面，资本对剩余价值的追求必然导致社会供给与需求的根本对立；因此，资本—雇佣劳动制度使社会有效需求不足的产生成为必然，资本主义世界普遍性经济危机也就不可避免，而且，资本主义无法摆脱社会有效需求不足以及由此引发的经济危机。

二、资本主义经济危机的基本问题

1845 年，恩格斯在《英国工人阶级状况》中初步描述了周期性经济危机的形成及其各个阶段，并指出过剩人口增长和工业不断发展的矛盾是造成危机的原因。小危机个别地、局部地爆发，但最终，“个别的小危机一天天地汇合起来，逐渐形成一连串的定期重演的危机。这种危机通常是每隔五年在一个短短的繁荣和普遍兴旺的时期之后发生”①。1847 年，恩格斯在《共产主义原理》中更进一步指出，几乎每隔五至七年就要爆发一次大危机，这种大危机是资本主义工业生产过剩的产物。

在《哲学的贫困》中，马克思明确描述了资本主义生产过程的周期性阶段，“生产一定要经过繁荣、衰退、危机、停滞、新的繁荣等等周而复始的更替”②。马克思还开始了对经济危机的原因的探讨，他指出，维持正确的生产比例的是支配供给并且先于供给的需求，然而，“大工业由于它所使用的工具的性质，不得不经常以愈来愈大的规模进行生产，它不能等待需求。生产走在需求前面，供给强制需求。……生产的无政府状态是灾难丛生的根源”③。

在《雇佣劳动与资本》中，马克思更进一步解释了经济危机越来越剧烈地爆发的原因：“这种危机之所以越来越频繁和剧烈，就是因为随着产品总量的增加，亦即随着对扩大市场的需要的增长，世界市场变得日益狭窄了，剩下可供榨取的新市场日益减少了，因为先前发生的每一次危机都把一些迄今未被占领的市场或只是在很小的程度上被商业榨取过的市场卷入了世界贸易。”④

在《共产党宣言》中，马克思和恩格斯初步从资本主义制度的层面对危机问题进行研究，认为产生于资本主义生产方式矛盾自身的商业危机，同时又是摧毁资本主义生产方式的力量。“在危机期间，发生一种在过去一切时代看来

① 《马克思恩格斯全集》第 2 卷，人民出版社 1957 年版，第 367 页。
② 《马克思恩格斯全集》第 4 卷，人民出版社 1958 年版，第 109 页。
③ 《马克思恩格斯全集》第 4 卷，人民出版社 1958 年版，第 109 页。
④ 《马克思恩格斯文集》第 1 卷，人民出版社 2009 年版，第 742 页。

都好像是荒唐现象的社会瘟疫，即生产过剩的瘟疫。……生产力已经强大到这种关系所不能适应的地步，它已经受到这种关系的阻碍；而它一着手克服这种障碍，就使整个资产阶级社会陷入混乱，就使资产阶级所有制的存在受到威胁”①。

19 世纪 50 年代，随着在劳动价值论和剩余价值论研究方面的进展，马克思对经济危机理论做了更深入的研究。特别是在《1857—1858 年经济学手稿》中，他对危机理论做了多方面的论述。

首先，马克思确定了危机理论在政治经济学理论体系中的地位。他在确定“政治经济学批判”理论结构时，曾把“世界市场和危机”看作是资本主义经济关系最具体的规定性。马克思对此做了重要说明：其一，作为货币关系发展到一定阶段的产物，资本主义经济危机和世界市场的独立化有着密切的联系。尽管在理论逻辑中，经济危机萌芽于货币关系，但它只有在世界市场上才可能获得最为具体的展开形式。其二，只有从世界市场的视角考察资本主义经济关系，才能使资本主义生产的一切矛盾都展开。因此，资本主义经济危机不仅揭示了资本主义经济关系的历史性，而且还预示了新的社会经济关系产生的必然性。其三，马克思通过对货币关系的分析，阐明了危机的可能性；通过对资本主义经济关系的分析，揭示了资本主义经济危机的根源及其必然性。在这一时期，马克思还多次提到，固定资本的更新同资本主义生产周期有着密切的联系，它是资本主义经济危机周期性的物质基础。

其次，马克思还通过剩余价值生产和实现过程的分析，揭示资本对生产力发展的四个限制因素：“（1）必要劳动是活劳动能力的交换价值的界限；（2）剩余价值是剩余劳动和生产力发展的界限；（3）货币是生产的界限；（4）使用价值的生产受交换价值的限制。”②

实质上，这四个限制反映了资本主义经济关系发展中生产的扩张和雇佣工人的消费萎缩、资本价值增殖的生产目的和手段、价值生产和价值实现等一系列矛盾。马克思认为，由于这些限制因素的强制作用，资本主义在不断推动生产力发展的同时，必然使资本主义遭到一次比一次更大的危机。

在《1857—1858 年经济学手稿》中，马克思指出在简单商品生产条件下，

① 《马克思恩格斯文集》第 2 卷，人民出版社 2009 年版，第 37 页。
② 《马克思恩格斯文集》第 8 卷，人民出版社 2009 年版，第 97 页。

在货币作为交换手段和支付手段的职能中已经存在着危机的两种形式上的可能性。但是，危机的这两种形式上的可能性无非是危机的最一般的形式，不能说危机的抽象形式就是危机的原因。所谓危机的原因指的应该是，为什么危机的抽象形式、危机的可能性的形式会从可能性变为现实性。危机的可能性转变为现实性的根源，就在于资本主义基本矛盾的充分发展。

因此，只有在对资本的直接生产过程、资本的流通过程以及资本总过程做了充分阐述的基础上，才能全面地理解资本主义经济危机的内在必然性。

1863年以后，马克思在《资本论》中，按原先的方法论原则，对经济危机从潜在的可能性向实在的现实性逐步转化的过程做了论述。在《资本论》第1卷中，马克思在对货币流通手段和支付手段的分析中，探讨了危机的潜在可能性问题。在《资本论》第2卷中，马克思在对资本循环、资本周转和社会资本再生产问题的分析中，揭示了资本主义经济运行中生产和消费、供给和需求、剩余价值生产和实现之间的一系列矛盾，证明了这些矛盾和经济危机的内在联系。

最后，在《资本论》第3卷中，马克思指出，随着资本有机构成的提高，在劳动剥削程度即剩余价值率不变甚至提高的情况下，平均利润率会呈现出日益下降的趋势。在揭示了资本主义经济运动中积累规律和平均利润率趋向下降规律的基础上，马克思深入阐述了资本主义经济危机的根源及其对资本主义经济运动历史趋势的影响。马克思认为，资本主义经济危机的根源就在于资本主义经济运动中物质生产能力发展和它的社会形式之间的冲突。

马克思认为，无论以什么形式出现的经济危机，都是通过对社会生产力的极大破坏，强制地使资本主义经济发展中的一些矛盾得到缓解。但是，“危机永远只是现有矛盾的暂时的暴力的解决，永远只是使已经破坏的平衡得到瞬间恢复的暴力的爆发”①。

综上所述，马克思的经济危机理论可以归纳为四个要点：第一，经济危机的可能性与必然性。货币和信用带来了经济危机的可能性，而资本主义制度下无法避免的有效需求不足使这种可能性转化为了现实。第二，经济危机的实质是生产相对过剩，生产的商品远远超过了劳动人民有支付能力的需求。第三，经济危机的根源是资本主义制度本身的基本矛盾，即生产社会化与资本主义生

① 《马克思恩格斯文集》第7卷，人民出版社2009年版，第277页。

产资料私有制之间的矛盾。资本主义基本矛盾导致了两方面的矛盾：一方面是个别企业内部生产的有组织性与整个社会生产的无政府状态之间的矛盾；另一方面是资本主义生产无限扩大趋势与劳动群众有支付能力的需求相对狭小的矛盾。这两方面的矛盾是资本主义基本矛盾的表现，是经济危机的直接原因，直接导致了经济危机的爆发。第四，资本主义经济危机是周期性爆发的，其物质基础是固定资本的大规模更新。

三、资本主义生产方式的发展趋势

马克思和恩格斯深刻地阐明了资本主义生产方式的发展趋势，论证了资本主义为社会主义和共产主义所代替的必然历史过程。在《资本论》中，马克思“从各个社会经济形态中取出一个形态（商品经济体系）加以研究，并根据大量材料（他花了不下25年的工夫来研究这些材料）对这个形态的活动规律和发展规律作了极其详尽的分析”[①]。《资本论》不限于对资本主义这一社会经济形态的考察，还考察了前资本主义的各种社会经济形态。在马克思看来，经济的社会形态的发展是一个不以人们的意志为转移的、有规律的、从低级形态向高级形态演进的自然历史过程，其深刻根源是生产关系和生产力的矛盾运动。

在《资本论》第3卷中，马克思指出：“不论生产的社会的形式如何，劳动者和生产资料始终是生产的因素。但是，二者在彼此分离的情况下只在可能性上是生产因素。凡要进行生产，它们就必须结合起来。实行这种结合的特殊方式和方法，使社会结构区分为各个不同的经济时期。”[②]

马克思将生产资料和劳动者的结合方式划分为两个层面：第一层面根据生产资料的所有制形式进行划分，分别为“公共的、集体的所有制”和“私有制”。第二层面是根据劳动者和生产资料结合的性质，对“私有制”进一步划分为两类：一类是劳动者占有生产资料，也即小私有制的生产方式；另一类是非劳动者占有生产资料，资本主义生产方式即归为此类。

在历史上，小私有制的生产方式在社会生产力的发展中曾经起过重要的进步作用。但“这种生产方式是以土地和其他生产资料的分散为前提的”[③]。随着它的发展，必然会阻碍生产规模的扩展，排斥生产过程的分工和协作以及机

---

① 《列宁专题文集 论辩证唯物主义和历史唯物主义》，人民出版社2009年版，第161-162页。
② 《马克思恩格斯文集》第6卷，人民出版社2009年版，第44页。
③ 《马克思恩格斯文集》第5卷，人民出版社2009年版，第872页。

器等先进生产力手段的使用。因此，当社会生产发展到一定阶段，这种小私有制生产方式必然成为生产力发展的桎梏，必然向它的对立方面转化。这一历史转化过程主要表现在两个方面，一方面分散的生产资料转化为社会积聚的生产资料，另一方面众多的劳动者占有生产资料的私有制形式转化为少数非劳动者占有生产资料的资本主义私有制形式。

资本主义生产方式也如此，在建立之初对社会生产力起到巨大的推动作用，但随着生产力的发展，终将成为阻碍社会生产前进的桎梏。马克思在对资本原始积累的考察中，揭示了资本主义积累的历史趋势，即资本主义社会生产力和生产关系的矛盾运动，也即资本主义生产方式的发展趋势。马克思指出，资本积累提高了生产水平，资本主义生产实现了社会化；生产资料日益集中，生产规模扩大；劳动社会化，每件产品都成为许多人共同劳动的结果；生产过程社会化，社会分工越来越细，各项生产活动联系紧密；市场规模日益扩大，国际市场形成，各资本主义国家的生产成为世界性的生产。生产的社会化要求生产资料由全社会占有，并由全社会对生产实行统一的计划管理，对产品在全社会范围内根据劳动者的利益进行分配。但建立在生产资料私有制基础上的资本主义社会，随着资本积累不可遏止的发展，私有制不断扩大，资本日益集中在少数大资本家手中，结果，资本主义经济运动中生产资料的集中和劳动社会化的矛盾日趋尖锐。当这一矛盾的尖锐达到同它们的资本主义外壳不相容的地步时，“这个外壳就要炸毁了。资本主义私有制的丧钟就要响了。剥夺者就要被剥夺了”①。

马克思和恩格斯在论证资本主义必将被社会主义和共产主义所代替的过程中，也对未来社会进行了科学预见。在《德意志意识形态》中，马克思和恩格斯通过对生产力和生产关系的辩证认识，揭示了历史过程的本质，并且在这个基础上为描绘未来发展的趋势提供了钥匙。在以后的研究中，马克思和恩格斯进一步阐明了科学社会主义产生的经济、政治和思想条件，揭示了资本主义的基本矛盾即生产社会化和生产资料的资本主义私人占有之间的矛盾，并根据对这一矛盾的分析论证了资本主义为共产主义所取代的历史必然性，科学地预言了未来共产主义社会的基本特征。

他们指出，未来共产主义社会，以共同占有生产资料为基础；在共产主义

① 《马克思恩格斯文集》第5卷，人民出版社2009年版，第874页。

社会第一阶段，实行各尽所能、按劳分配，而在高级阶段则各尽所能，按需分配；人类对生产过程进行自觉调控；人与自然和谐发展。“只是从这时起，人们才完全自觉地自己创造自己的历史；只是从这时起，由人们使之起作用的社会原因才大部分并且越来越多地达到他们所预期的结果。这是人类从必然王国进入自由王国的飞跃。”①

思考题

1. 简述马克思主义劳动价值论在马克思主义经济理论中的地位。
2. 试述剩余价值理论的创立过程。
3. 试述马克思的资本循环与周转理论的形成过程。
4. 马克思如何发展了前人的经济危机理论？

① 《马克思恩格斯文集》第9卷，人民出版社2009年版，第300页。

第四章　列宁主义对马克思主义经济学的发展

19世纪末20世纪初，资本主义经济关系发生了新的变化，自由竞争资本主义开始向垄断资本主义转变。在此背景下，资产阶级经济学为资本主义剥削制度进行辩护的理论倾向进一步加强。伯恩施坦等修正主义者背离马克思主义，鼓吹阶级调和，宣扬和平长入社会主义。列宁则依据马克思和恩格斯关于经济文化比较落后国家社会主义发展道路的理论探讨，科学地分析了帝国主义时代的新特征和俄国经济社会发展的实际，对经济文化比较落后国家如何从资本主义过渡到社会主义、如何发展社会主义经济等问题进行了探讨，并将这些理论付诸俄国的具体实践，丰富和发展了马克思主义经济学。

第一节　时代的变化与马克思主义经济学面临的挑战

一、资本主义发展的新变化

19世纪后期资本主义国家的社会生产力和经济结构发生了深刻的变化，资本主义国家的产业重心从以轻纺工业为主转向以重工业为主，重工业的发展为整个工业的快速发展奠定了坚实的技术基础，使生产社会化水平大大提高。社会生产力的迅速发展带来了资本主义经济关系的许多新变化。

第一，生产集中和资本集中引起垄断。第二次产业革命极大地推动了社会生产力的发展，形成了一批巨型企业，使生产的规模越来越大，生产的集中程度越来越高。生产的集中带来了资本的集中，大量的社会财富日益掌握在少数大资本家手中，导致了垄断的产生。随着整个社会绝大部分的生产部门都操纵在垄断组织的手中，对销售市场、投资场所及原材料产地的控制与争夺取代了自由竞争。同时，垄断又进一步加强了垄断资本相互之间的竞争，加快了大资本吞并中小资本并发展为垄断资本的步伐。

第二，股份公司成为资本主义企业的主要组织形式。随着大型企业的出现，与之相适应的企业组织形式——股份公司被广泛采用。股份公司形式推动了企业联合和兼并活动的迅速发展，加快了生产集中和资本集中的进程，企业规模越来越大，对生产和销售的垄断程度大大提高；垄断组织之间通过垄断联合控制产量和价格，经济运行的组织程度大大提高，使资本主义私有制下的生产社会化程度进一步提高。

第三，资本主义企业内部管理方式进一步改进。19 世纪末美国工程师泰罗在大公司内部提倡对生产进行科学管理，通过使工人操作合理化和标准化的方法来提高劳动效率。泰罗制的实施反映着资本主义企业组织管理制度的改进，推动了劳动生产率的提高，促进了资本主义经济的发展。同时泰罗制也削弱了工人在劳动中的自主性，进一步加强了资本对劳动的统治，强化了劳动对资本的隶属关系，加深了资本对雇佣劳动的剥削程度。

第四，建立社会福利和保障制度。随着垄断的出现和发展，无产阶级和资产阶级的矛盾日益尖锐化，垄断资产阶级为了维护自身的经济利益和政治统治，用他们从国内外攫取的巨额利润中的一部分建立社会福利制度，为劳动者提供失业、疾病、退休等方面的保障，力图以此来缓和日益尖锐的阶级矛盾。

第五，资本主义发展不平衡状况加剧。随着化工、电气等新兴部门的出现，德国、美国、日本等新兴资本主义国家开始崛起。这一时期，虽然英国、法国等老牌资本主义国家的经济发展依然占据主导地位，它们占有并控制着世界上最多的殖民地和市场，但是，新兴资本主义国家迅速发展，工业生产能力大大提高，在国际市场上的竞争力不断增强。新兴资本主义国家的迅速发展打破了资本主义世界的原有平衡，要求重新划分势力范围和瓜分世界，资本主义国家之间的矛盾日益加剧。

从 19 世纪 70 年代开始，自由竞争的资本主义开始逐渐过渡到垄断的资本主义。资本主义向全世界各个角落扩展，世界上经济发展落后的地区大多变成了发达资本主义国家的殖民地，使这些地区也卷入了世界资本主义体系。19 世纪末 20 世纪初，各主要资本主义国家进入了帝国主义阶段。在帝国主义阶段，垄断资本从国内外攫取了大量的超额利润，为资产阶级收买工人阶级上层分子奠定了经济基础。在对待无产阶级方面，垄断资产阶级实行反革命的两手策略：一方面镇压工人运动，另一方面又对工人阶级做出某些表面上的让步。

资本主义发展的新变化对马克思主义经济学提出了新的时代课题。垄断加剧还是削弱了资本主义经济的无政府主义特征？初步建立的社会福利和保障制度是否意味着工人阶级可以放弃暴力革命、通过改良主义的道路实现社会主义？马克思主义经济学的创始人对这些问题并没有提供现成的答案，回答这些问题客观上要求马克思主义经济学必须不断发展。

资本主义发展的新变化和资产阶级的策略调整，既推动了19世纪后期20世纪初期形形色色资产阶级经济思想的出现，也为修正主义的兴起提供了经济、政治和历史的基础。资产阶级庸俗经济学的进一步发展和修正主义经济学说的出现为马克思主义经济学带来了新的挑战。

二、资产阶级经济学理论的发展

随着资本主义在世界范围内的扩张，无产阶级和资产阶级之间的斗争进入了新的历史阶段。工人运动的高涨和马克思主义在世界范围内影响的扩大引起了资产阶级的恐惧。在经济理论方面，资产阶级庸俗经济学家最初企图以“缄默的抵制”来扼杀马克思主义经济学说。当历史现实证明这一点无法获得成功后，一些资产阶级经济学家开始转而公开和猛烈地攻击马克思主义经济学，否定马克思主义的经济理论，提倡改良主义，企图抵制或弱化科学社会主义的影响，并提出若干新的经济理论同马克思主义经济学相对抗，为资本主义经济现实进行辩护。

19世纪70年代初，在几个资本主义国家同时出版了论述边际效用价值论的著作，将边际分析引入经济学分析中，出现了“边际革命”。边际分析有两个主要流派：一个是注重心理分析的奥地利学派，另一个是以数学为分析工具的数理经济学派。

奥地利学派把政治经济学的研究对象看作是研究人和物之间的关系，以孤立的个体作为经济分析的出发点，其目的就是要把社会生产关系从经济学中抽象掉，而一旦抽象掉社会关系，也就否认了经济范畴和经济规律的历史性。奥地利学派的另一个特点是唯心主义的心理分析，甚至公开宣称政治经济学是实用心理学。奥地利学派的边际效用的概念，就是以个人消费为基础的一个心理范畴，经济关系变成了只是人与物之间的心理反应的关系。奥地利学派的经济理论从抽象的建立在个人心理基础上的消费出发，抹杀了生产关系和消费的阶级性，从而掩饰了资本主义剥削关系和它所固有的生产与消费之间的矛盾。结果，奥地利学派的经济理论否定了资本主义社会的阶级矛盾，否定了工人运动和社会主义革命的必然性。奥地利学派用主观评价作为价值的基础，直接攻击马克思的劳动价值论。其从主观评价出发，隔断价值和劳动之间的关系，也就消除了价值的客观性和社会性，从而为资产阶级提供了反对劳动价值论的理论工具。

数理经济学派认为政治经济学的研究对象是各经济事物的数量和它们之间的相互关系，把交换作为经济分析的出发点。数理经济学派把经济事物的关系变成一种机械的函数关系，抛弃商品价值的实质和内容，把价值说成是一个表达交换比例的形式。价值的原因、基础和本质在数理经济学派看来是毫无意义的事情。结果，商品和劳动的关系被完全取消了，资本主义的剥削也被否定了。在数理经济学派那里，一切经济范畴的历史性、社会性都消失了，他们利用数学的方式表达和解释经济现象，事实上只指向一个结论：以自由竞争为前提条件的一般均衡的实现，是社会利益最大化的条件，从而经济自由和资本主义制度是最好的制度。

边际主义的分配理论，把劳动视为同土地和资本一样的生产要素，每一种生产要素都参与了价值的创造，从而资本和劳动一样都应该获得与它们在生产中的贡献相匹配的报酬；从而资本家和工人的利益是一致的；生产力的提高、生产规模的扩大，是扩大双方经济利益的共同基础。这种用同一性抹杀各分配范畴本质差别的理论主张，掩盖了剩余价值和剥削的本质，为资本主义分配制度的自然性和合理性进行了明确的辩护。

到了 19 世纪 90 年代，马歇尔在英国传统的庸俗经济学的基础上吸收和综合了新旧各派学说，试图建立一个折中和妥协的理论体系。他的理论体系是以心理因素为基础，马歇尔认为：“经济学是一门研究在日常生活事务中过活、活动和思考的人们的学问。但它主要是研究在人的日常生活事务方面最有力、最坚定地影响人类行为的那些动机。”① 经济范畴和现象一旦成为难以捉摸的心理范畴，也就为工人和资本家的利益调和打下了基础。马歇尔把生物学中的进化论原理引入经济学，认为一切社会发展都是渐变的，进化原理是社会发展的普遍原理，因此，社会状况的改变也只能是渐进的。马歇尔用进化论否定革命的飞跃，宣扬经济自发力量是社会前进的动力，从而试图说服工人阶级，不需要进行革命，只需要耐心地等待经济自发力量改善他们的状况。

差不多在同一时期，其他类型的资产阶级经济学说，也在为资本主义经济制度辩护方面发挥了重要的作用。从 19 世纪 70 年代到第一次世界大战结束，在德国资产阶级经济学界占主导地位的新历史学派，尽管在对古典政治经济学进行的批判方面表现出进步的一面，但是，新历史学派反对马克思主义学说和

---

① ［英］马歇尔：《经济学原理》（上卷），商务印书馆 1964 年版，第 34 页。

德国工人运动，力图以资产阶级的改良主义欺骗德国工人阶级，削弱科学社会主义的影响，成了第二国际修正主义的一个思想来源。

总之，这一时期的资产阶级经济学，主要把人与物之间的自然关系而不是人与人之间的社会关系作为政治经济学的研究对象，把对孤立个人经济行为的分析作为说明社会经济现象的关键，以主观心理为分析的基础，主要运用边际分析、均衡分析以及数学方法等研究经济问题，主张自由市场经济是最好的经济制度，抹杀阶级矛盾，鼓吹劳资和谐，用“超历史”和“超阶级”的观点看待资本主义，竭力为资本主义剥削制度辩护。从对马克思主义经济学保持缄默，到主动构筑新的理论体系攻击马克思主义经济学，资产阶级经济学对工人阶级和社会主义革命运动产生了极大的负面影响，也为工人运动中出现其他非马克思主义的思潮提供了条件。

三、关于资本主义新变化的修正主义观点

19 世纪末，资本主义经济、社会、政治和文化等方面发生了剧烈变化。资本主义国家利用垄断资本从国内外剥削来的大量超额利润中的很小一部分，通过高工资等手段收买工人阶级中的上层分子，使他们逐渐蜕变为工人贵族，成为工人运动中机会主义和修正主义的基本力量。这一时期，欧美资本主义处于相对和平发展时期，无产阶级可以利用加入资产阶级议会、创办自己的报纸、建立自己的教育机关等合法斗争形式，从而在很大程度上淡化了革命意识。正是在这种历史条件下，修正主义思潮随之产生。

1895 年恩格斯去世以后，以伯恩施坦、考茨基（1854—1938 年）等为代表的修正主义思潮开始出现，并逐渐在国际工人运动中占据统治地位。他们对资本主义新变化的本质，即垄断形成和资本主义发展到帝国主义阶段，做出了非马克思主义的解释，提出了一整套修正主义的理论主张，在国际共产主义运动中引起了极大的思想混乱。

伯恩施坦是修正主义的主要代表人物。在有关社会主义问题的系列文章（1896—1898 年）中，在《社会主义的前提和社会民主党的任务》（1899 年）、《科学社会主义怎样才是可能?》（1901 年）、《社会民主党内的修正主义》（1909 年）等著作中，伯恩施坦系统地阐述了自己的修正主义主张。他对马克思主义经济学“修正”的主要内容是：

第一，否定马克思的劳动价值论和剩余价值论。伯恩施坦认为马克思的劳

动价值论只是一个主观的“纯粹的思想的幻想”“思维的公式或科学的假设”，与庞巴维克的效用价值论并无不同，认为它们都建筑在抽象思辨的基础上。在否定劳动价值论后，他进一步否定剩余价值论，认为剩余价值论是“基于假设的公式”，不借助剩余价值论同样可以依据经验说明剩余劳动的问题。他断言，剩余价值只是一种“道德的命题”，并不能从根本上说明资本主义的剥削，仅仅根据雇佣工人不能获得他的劳动的全部价值这一事实，是不能为社会主义和共产主义做出科学的论证的。列宁在揭露伯恩施坦修正主义价值论的实质时写道：“修正主义者在这方面根本没有拿出什么东西来，所以对学术思想的发展也没有留下任何痕迹。”①

第二，鼓吹资本民主化和否定工人阶级贫困化。伯恩施坦认为，随着股份公司的大量出现，就有可能使已经集中起来的资本广泛地分散化，凡是持有股票的人都成为有产者，因此，资本不是集中而是分散，有产者不是减少而是增加了。在股份公司里，大资本家已经不能进行操纵了，它使各个巨头为了积聚工业企业的目的而占有资本成为多余的事，因此，股份公司是一种非个人所有制，它实现了民主化。伯恩施坦认为，随着卡特尔等垄断组织的发展，不仅直接增加了无产者的人数，而且由于劳动生产率的大大提高，普通劳动群众的物质生活状况也在明显改善，使得社会收入分配发生了巨大的变化，因此无产阶级与资产阶级之间的鸿沟不是在加深，而是在缩小。列宁在揭露这种理论的实质时指出：“虽然资产阶级的诡辩家和机会主义的‘也是社会民主党人’都期望（或者要别人相信他们期望）股票占有的‘民主化’会造成‘资本的民主化’，会加强小生产的作用和意义等等，可是实际上它不过是加强金融寡头实力的一种手段而已。”②

第三，否认经济危机和资本主义必然灭亡。伯恩施坦认为，随着资本主义社会的发展，一方面提高了工业的适应能力，另一方面也加深了工业的分化，这使得资本主义生产制度几乎在同时完全崩溃的可能性不是更大了，而是更小了。在帝国主义时代，由于交通工具的完善和世界市场的扩大，随着资本主义信用的发展以及卡特尔、托拉斯等垄断组织的出现，提高了资本主义经济的适应性。在对这个新因素的认识上，马克思早就阐明：“信用制度加速了生产力

---

① 《列宁专题文集　论马克思主义》，人民出版社 2009 年版，第 153 页。
② 《列宁专题文集　论资本主义》，人民出版社 2009 年版，第 138 页。

的物质上的发展和世界市场的形成；使这二者作为新生产形式的物质基础发展到一定的高度，是资本主义生产方式的历史使命。同时，信用加速了这种矛盾的暴力的爆发，即危机，因而促进了旧生产方式解体的各要素。”① 伯恩施坦认为，欧洲工业国家大为增加的财富与现代信用制度的灵活性以及工业卡特尔的兴起并在一起，使地方性和局部性的扰乱对于一般经济运行的反作用力大大减少，也使得在较长时间内普遍爆发的经济危机已经根本不可能发生了。地区的和部分的经济不景气有可能难免，普遍的经济停滞是可以避免的。对此，列宁指出：“各个危机的形式、次序和情景是改变了，但是危机仍然是资本主义制度的不可避免的组成部分。”②

第四，宣扬和平地转变为社会主义。伯恩施坦认为，随着资本主义经济的发展，资本主义经济危机发生的可能性大大降低，只要在资本主义制度下进行逐步改良，就可以使资本主义和平地转变为社会主义。

考茨基在伯恩施坦修正主义出现时曾做过一些批判，1900 年以后也堕入修正主义理论中，成为那一时期国际共产主义运动中改良主义的主要代表人物。考茨基鼓吹“超帝国主义”，否认帝国主义是资本主义发展的新阶段，认为帝国主义是高度发展的工业资本主义的产物，是先进的资本主义国家实行的一种政策。考茨基认为，通过金融资本新的政策的实施，可以改变帝国主义的侵略本性，使帝国主义过渡到新的超帝国主义阶段。所谓超帝国主义，就是通过卡特尔政策在国际范围内的运用，把帝国主义国家组织起来，彼此达成协议，形成一个世界范围的国际垄断组织，用和平合作共同剥削世界来代替帝国主义之间的掠夺战争，从而能够在资本主义条件下，实现世界的持久和平。考茨基的理论实际上是在掩饰资本主义发展新阶段的深刻矛盾以及产生这种矛盾的深刻根源。列宁指出：“考茨基把帝国主义的政治同它的经济割裂开来，把政治上的垄断制和经济上的垄断制割裂开来，为他的庸俗的资产阶级改良主义，如‘废除武装’、‘超帝国主义’之类的谬论扫清道路。”③

其实，资本主义发展到垄断资本主义阶段，标志着资本主义发展到新的历史阶段，即帝国主义阶段。垄断资产阶级为了维护自己的经济利益和政治统治，对生产关系和上层建筑进行了部分改良，如建立社会福利和保障制度、允

① 《马克思恩格斯文集》第 7 卷，人民出版社 2009 年版，第 500 页。
② 《列宁专题文集 论资本主义》，人民出版社 2009 年版，第 294 页。
③ 《列宁全集》第 28 卷，人民出版社 2017 年版，第 71 页。

许工人阶级在议会制度下进行合法斗争等。这种调整在一定程度上有可能缓和资产阶级与无产阶级之间的矛盾，也会在一定程度上推动资本主义的发展。但是，这些变化并没有消除资本主义基本矛盾，也没有改变资本主义赖以存在的基础，即生产资料私有制和雇佣劳动制度。这意味着资本主义生产关系的性质不可能发生根本变化，资产阶级和无产阶级之间矛盾和对立的基础依然存在。因此，伯恩施坦、考茨基等人对马克思主义进行的修正是完全错误的，他们对资本主义发展新情况的认识也是肤浅和幼稚的。

第二节 列宁的帝国主义理论

一、19 世纪末 20 世纪初关于帝国主义问题的已有研究

针对资产阶级经济学对马克思主义经济学的挑战，特别是伯恩施坦、考茨基等机会主义者对资本主义新变化实质的错误认识，列宁运用马克思主义的立场、观点和方法对资本主义的新变化进行深入分析，创立了帝国主义理论，正确地回答了帝国主义的实质、基本特征、历史地位等问题，为无产阶级推翻资本主义、建立社会主义制度的革命实践指明了方向。在列宁研究帝国主义问题之前，19 世纪末 20 世纪初，拉法格、希法亭、卢森堡、布哈林等人就已经对帝国主义问题进行了初步的研究，他们的研究对列宁创立帝国主义理论起到了一定的参考作用。

拉法格（1842—1911 年），马克思主义理论宣传家，法国和国际工人运动活动家，法国工人党和第二国际创建人之一。拉法格对 19 世纪末 20 世纪初世界范围内的新经济现象非常关注。例如，1896 年 12 月，他在《驳对卡尔·马克思的批评》一文中指出，资本主义自由竞争必然导致垄断。在 1903 年发表的《美国托拉斯及其经济、社会和政治意义》一书中，拉法格对美国垄断资本主义进行了深入系统的分析。他在书中指出，“美国的托拉斯正在入侵欧洲，而在它们出现于德国、英国、法国和比利时之前，其名声早已传播到大西洋彼岸了。首先令人吃惊的是它们所拥有的几百万以至几十亿的资本。资本以前所未见的惊人规模大量集中，单是这一现象本身就足以说明资本主义已经演进到

特殊阶段了"①。"美国的托拉斯是一种新的历史现象，它对资本主义世界的影响是如此巨大，以致最近四十年来发生的一切经济的、政治的、科学的现象都退居第二位了"②。拉法格对托拉斯的影响进行了系统分析，指出："托拉斯不仅统治着经济领域，而且使美国人民的宗教生活、政治生活和精神生活也都屈从于它们，托拉斯在创造美国的历史。"③ 垄断资本通过控制报刊等舆论工具，操纵舆论；通过提供政治献金，控制美国的政治竞选等。垄断资本还操纵着国家的对外政策，推动政府对外实行帝国主义剥削和掠夺政策。

希法亭（1877—1941年），"奥地利马克思主义"著名经济学家，德国社会民主党和第二国际的领导人之一。希法亭在资本主义从自由竞争向垄断过渡的时期，运用马克思主义理论对资本主义发展的最新现象进行了深入系统的研究，研究成果集中体现在1910年出版的《金融资本——资本主义最新发展的研究》一书中。列宁称赞希法亭对垄断资本主义"作了一个极有价值的理论分析"④，为科学的马克思主义帝国主义理论的形成做出了贡献。希法亭对金融资本形成及其对垄断资本主义经济关系的影响进行了分析。他认为产业资本和银行资本的分离，是自由竞争资本主义的特征，到垄断资本主义阶段，产业垄断资本和银行垄断资本逐渐融合，形成了新型资本，即"金融资本"。在金融资本的统治下，资本各种局部的特殊形式消失了，联合成一个整体。金融资本表面呈现为货币资本形态，这是资本最一般最费解的一种形式，但它表现出极强的控制力，支配全部活劳动，也支配着社会全部经济生活、政治生活和文化生活。在金融资本这一资本最一般的形式中，资本主义所有制关系获得了垄断阶段的最典型形式。希法亭研究了金融资本时代资本主义国家经济政策的变化。他认为，金融资本的统治导致了主要资本主义国家对外实行高关税政策、进行资本输出和竭力争夺殖民地以扩大经济区的占有，并由此形成了帝国主义思想体系。

卢森堡（1871—1919年），国际共产主义运动著名政治活动家和理论家，德国社会民主党和第二国际左派领袖。卢森堡认为，非资本主义经济关系的存在为资本主义生产方式的发展提供了条件，使资本主义最终走向帝国主义。卢

---

① 《拉法格文选》（下卷），人民出版社1985年版，第212页。
② 《拉法格文选》（下卷），人民出版社1985年版，第213页。
③ 《拉法格文选》（下卷），人民出版社1985年版，第217页。
④ 《列宁专题文集　论资本主义》，人民出版社2009年版，第106页。

森堡在1912年出版的《帝国主义与资本积累》一书中指出，非资本主义结构的存在使资本主义的积累继续不断进行，而资本主义又在前进中不断同化这些作为资本主义本身存在的保证条件。资本主义国家通过殖民地、国际借款制度、势力范围政策和竞争等进行资本积累，表现为赤裸裸的暴力、欺诈、压迫和掠夺，通过这种方式，资本主义生产方式走上了自己的历史生命的最后阶段——帝国主义。

布哈林（1888—1938年），苏联马克思主义理论家和经济学家，曾是联共（布）和共产国际的重要领导人之一。1915年，布哈林出版《世界经济和帝国主义》一书，列宁为该书撰写的序言中指出："布哈林这本书的科学意义特别在于：他考察了世界经济中有关帝国主义的基本事实，他把帝国主义看成一个整体，看成极其发达的资本主义的一定的发展阶段。"① 布哈林在这部著作中阐述了20世纪初期伴随资本输出使世界经济形成的过程，阐述了资本主义基本矛盾在这一时期的表现——资本的国家化和民族化并行发展，在世界范围内形成资本主义国家之间为争夺原料产地、销售市场以及资本输出场所而产生的尖锐矛盾。布哈林认为，现代世界经济的特征，是结构上的高度的无政府状态，"然而，现代世界经济的结构，整个来说，虽然是无政府状态的，但其组织形式却有很大发展，主要表现在国际辛迪加、卡特尔和托拉斯的发展"②。对于这些国际垄断组织的实质，布哈林指出，国际垄断组织是经济生活国际化的过程，它们使地理上隔离的各个地区彼此联系起来，"是资本主义关系均等化的过程，也就是财产所有权集中于全世界资本家阶级手中及全世界资本家阶级同全世界无产阶级之间差别愈益扩大的过程"③。布哈林对帝国主义历史地位进行了深入分析，指出帝国主义是资本主义发展的一个特定历史阶段。

二、列宁帝国主义理论的形成过程

资本主义从自由竞争阶段过渡到垄断阶段，是资本主义发展过程中的巨大转变，由此引起了无产阶级革命和资本主义国家之间的关系变得越来越复杂。面对这种社会现实，19世纪末20世纪初，"新旧两大陆出版的经济学著作以及

---

① ［苏］布哈林：《世界经济和帝国主义》，中国社会科学出版社1983年版，列宁的序言。
② ［苏］布哈林：《世界经济和帝国主义》，中国社会科学出版社1983年版，第34页。
③ ［苏］布哈林：《世界经济和帝国主义》，中国社会科学出版社1983年版，第40页。

政治学著作，愈来愈多地用‘帝国主义’这个概念来说明我们所处时代的特征了”①。当时，出现了不少研究帝国主义的著作，但是，这些著作并没有对帝国主义的经济本质和基本特征做出完整和科学的分析与解释。

早在19世纪90年代，列宁已经注意到资本主义经济发展过程中的一些新现象，开始关注帝国主义问题。但是，这一时期，列宁主要研究的是资本主义生产的一般理论问题，帝国主义问题还不是列宁研究的重点。在这一时期的有关著作中，如《社会民主党纲领草案及其说明》(1894—1895年)、《民粹主义的经济内容及其在司徒卢威先生的书中受到的批评》(1894—1895年）和《书评　卡尔·考茨基“伯恩斯坦与社会民主党的纲领”反批评》(1899年）中，列宁谈及了一些有关帝国主义理论的内容，反映了世界资本主义发展的一系列新现象和新时代的某些特征：资本国际化过程的加速，大工业资本和大银行资本越来越具有国际的性质，出现了国际资本家同盟，不断加强的经济扩张，出现了经济扩张的新形式即资本输出，殖民掠夺的加强等。

在第一次世界大战前夕，列宁对帝国主义理论也做了一些探讨，主要包括关于生产资本集中和积聚的问题，垄断组织和危机，帝国主义列强瓜分世界的问题，帝国主义寄生性的问题及民族解放运动与时代特征的问题，等等。在《关于俄国的管理和关于俄国的改良》(1913年）等文章中，列宁揭露了资本主义的种种腐朽现象，预言帝国主义之间的掠夺必然导致战争。在《俄国的生产集中》(1912年)、《资本主义财富的增长》(1913年)、《资产阶级实业财政家和政治家》(1913年）等文章中，列宁阐述了竞争造成的资本集中和积聚是资本主义经济发展的客观规律，研究了股份公司在资本集中过程中的重要作用，阐明了垄断组织的形成对资产阶级政治的影响以及资本主义经济统治与政治统治之间的联系。

1914—1916年是列宁研究帝国主义理论的主要阶段，在这期间列宁发表了一系列涉及帝国主义问题的著作。第一次世界大战爆发后，列宁在《革命社会民主党在欧洲大战中的任务》和《战争和俄国的社会民主党》中揭露了战争的帝国主义的性质。在《第二国际的破产》(1915年）中着重批判了考茨基的“超帝国主义”理论。他在批判考茨基的同时，概括地阐明了帝国主义最重要的特征：自由竞争的资本主义已经被资本家的垄断联合所代替，全世界已经被

---

① 《列宁专题文集　论资本主义》，人民出版社2009年版，第106页。

各资本主义列强所瓜分。列宁在《社会主义与战争》(1915年)中指出:“帝国主义是资本主义发展的最高阶段。……自由贸易和竞争已经被追求垄断、抢夺投资场所和原料输出地等等的意向所代替。帝国主义的资本主义,已经由原先反封建主义斗争中的民族解放者,变为最大的民族压迫者了。”① 他在《论欧洲联邦口号》(1915年)的文章中则阐明了帝国主义时代资本主义经济政治发展不平衡的规律,并且根据这一规律得出社会主义革命可能首先在少数或一个资本主义国家获得胜利的结论。

1915年年底到1916年上半年,列宁加紧了对帝国主义理论的研究工作。他研究了各帝国主义国家的经济、政治、外交、历史、地理、工人运动、殖民地和其他社会生活方面的大量著述和资料,形成了《关于帝国主义的笔记》。在这部笔记中,列宁充分吸收了各种文献中的有用材料和接近事实的论断,批判了资产阶级辩护士和考茨基的机会主义的观点,提出要正确认识帝国主义的方法和理论。在此基础上,列宁总结了国际共产主义运动和工人运动的新经验,写作了《帝国主义是资本主义的最高阶段》等著作。

1917年,《帝国主义是资本主义的最高阶段》一书正式出版。这部著作根据《资本论》中阐述的关于资本主义的一般原理和一般方法,研究了各主要资本主义国家经济发展的情况,总结了国际工人运动的新经验,运用了最新的科学成果,对垄断资本主义进行了科学分析。在这部著作中,列宁第一次系统阐明了自由竞争资本主义向垄断资本主义的转变过程,揭示了帝国主义的本质、基本特征及其产生、发展和必然灭亡的规律,做出了帝国主义是垄断的、腐朽的、寄生的资本主义的论断,提出了帝国主义时代无产阶级社会主义革命的新理论。《帝国主义是资本主义的最高阶段》是对《资本论》的直接继续和发展,标志着马克思主义的帝国主义理论的形成。

三、列宁帝国主义理论的主要内容

列宁的帝国主义理论主要包括以下内容。

第一,帝国主义的基本经济特征。

一是生产集中和资本集中走向垄断。列宁从理论和历史方面论证了资本主义从生产集中必然发展为垄断的规律性。列宁时期,在关于帝国主义形成的基

---

① 《列宁专题文集 论资本主义》,人民出版社2009年版,第286页。

础问题上存在几种认识。资产阶级经济学家霍布森（1858—1940年）认为垄断和帝国主义的对外扩张是社会财富分配不均引起的。希法亭则从货币和信用问题着手，认为帝国主义形成的基础是巨大的信用机构——银行的出现，导致资本集中，进而引起垄断，形成资本主义发展的新阶段，他忽略了从生产领域着手研究问题。卢森堡虽然是从生产领域着手研究问题，但却把帝国主义形成的经济根源归结为剩余价值的实现问题，忽略了帝国主义阶段金融资本的统治特征。

列宁则坚持运用马克思主义经济学的科学研究方法，既坚持在生产和分配、交换、消费四个环节的统一中研究帝国主义问题，又坚持生产环节的决定作用。他运用马克思关于资本集中的原理，指出垄断的形成基础首先是生产的集中和资本的集中。列宁把垄断看作是帝国主义最本质的特征，他指出："垄断正是'资本主义发展的最新阶段'的最新成就。"①

二是金融资本和金融寡头的统治地位。在借鉴希法亭关于银行资本分析的基础上，列宁进一步研究了银行业的垄断问题。他指出，资本集中和积聚不仅在工业中进行，也在银行业中进行。起初银行仅仅是信用中介，但在垄断阶段，大银行之间形成垄断协议、组织银行托拉斯，使银行业逐渐走向垄断，银行也从普通中介变成万能的垄断者了。列宁对银行资本垄断的研究，为正确认识金融资本的概念奠定了基础。

列宁将金融资本的统治视为垄断资本主义的重要特征。他指出，金融资本是工业垄断资本和银行垄断资本混合生成的资本形态，是一种新型的、更为一般的资本形态，它既不是工业资本、商业资本，也不单纯是银行资本。它凌驾于这些特殊类型的资本之上，又存在于它们之中，统治着它们的经营活动。列宁认为，金融资本的垄断统治体现着帝国主义的本质。

三是资本输出有了特别重要的意义。列宁指出，资本输出是垄断资本主义的一个重要特征，"对自由竞争占完全统治地位的旧资本主义来说，典型的是商品输出。对垄断占统治地位的最新资本主义来说，典型的则是资本输出"②。发达国家出现的"过剩资本"之所以能够大量输出到一些落后国家，是因为这些国家已经卷入了世界资本主义的流通范围。列宁认为，资本输出加快了输入

---

① 《列宁专题文集　论资本主义》，人民出版社2009年版，第120页。

② 《列宁专题文集　论资本主义》，人民出版社2009年版，第150页。

国的资本主义进程，对于资本输出的国家来说，利益也是显而易见的，“这种利益的性质也就说明了金融资本和垄断组织的时代的特性”①。各帝国主义国家为了争夺资本输出场所，必然在世界范围内瓜分领土。

四是瓜分世界的资本家同盟已经形成。列宁指出，资本家的垄断同盟卡特尔、辛迪加、托拉斯，首先瓜分国内市场，把本国生产差不多控制在自己的手里，但资本主义的实质是与世界市场连在一起的，因此，“随着资本输出的增加，随着最大垄断同盟的国外联系、殖民地联系和‘势力范围’的极力扩大，这些垄断同盟就‘自然地’走向达成世界性的协议，形成国际卡特尔”②。

列宁批判了认为国际卡特尔给人们带来了在资本主义制度下各民族间实现和平希望的错误观点。他指出：“只要阶级存在，斗争的实质，斗争的阶级内容，是始终不会改变的。”③“资本家同盟之间在从经济上瓜分世界的基础上形成了一定的关系，而与此同时，与此相联系，各个政治同盟、各个国家之间在从领土上瓜分世界、争夺殖民地、‘争夺经济领土’的基础上也形成了一定的关系。”④

五是帝国主义大国瓜分世界完毕。列宁认为，在帝国主义时代，资本家同盟除了从经济上分割世界外，各主要资本主义国家和政治同盟还从领土上分割世界，争夺殖民地。由于各帝国主义大国已经把世界分割完毕，加上帝国主义国家经济政治发展的不平衡性和各国实力对比的变化，必然会引起对殖民地的重新瓜分，从而导致帝国主义国家之间的战争。

第二，帝国主义的含义、本质及历史地位。

列宁把帝国主义定义为资本主义的垄断阶段。帝国主义是作为一般资本主义基本特性的发展和直接继续而生长起来的。但是，只有在资本主义发展到一定的、很高的阶段，资本主义的某些基本特性开始转化成自己的对立面，从资本主义到更高级的社会经济结构的过渡时代的特点已经全面形成和暴露出来的时候，资本主义才变成了帝国主义。

在对帝国主义基本经济特征和定义进行科学阐释的基础上，列宁指出，“帝国主义是发展到垄断组织和金融资本的统治已经确立、资本输出具有突出

---

① 《列宁专题文集　论资本主义》，人民出版社 2009 年版，第 153 页。
② 《列宁专题文集　论资本主义》，人民出版社 2009 年版，第 155 页。
③ 《列宁专题文集　论资本主义》，人民出版社 2009 年版，第 162 页。
④ 《列宁专题文集　论资本主义》，人民出版社 2009 年版，第 163 页。

意义、国际托拉斯开始瓜分世界、一些最大的资本主义国家已把世界全部领土瓜分完毕这一阶段的资本主义”①。“帝国主义就其经济实质来说，是垄断资本主义。这就决定了帝国主义的历史地位，因为在自由竞争的基础上、而且正是从自由竞争中生长起来的垄断，是从资本主义社会经济结构向更高级的结构的过渡”②。

在阐明资本主义的历史地位的过程中，列宁揭示了帝国主义的寄生性和腐朽性。帝国主义条件下，垄断对技术进步的阻碍限制了社会生产力的迅速发展；食利者阶层的出现和增多使资本主义国家丧失生产能力，而仅仅靠以剥削海外国家为生；发展到帝国主义阶段的资本主义已经难以进一步发展了，帝国主义成为资本主义发展的最高阶段和向新的社会形态转变的阶段。

第三，国家垄断资本主义的性质。

列宁指出，一般垄断资本转化为国家垄断资本，是资本主义生产社会化的一个重要结果，是资本主义的内在规律，特别是由于金融资本和金融寡头的统治而引起的资本主义基本矛盾尖锐化造成的。国家垄断资本可以缓和这些矛盾，但却不能真正消除这些矛盾。他认为，国家垄断资本主义的实质是私人垄断资本与国家政权的结合，国家经济作用不断加强，以保证资本主义再生产能够顺利进行，从而保证金融寡头们获得高额垄断利润。从世界经济的角度看，国家垄断资本主义又是金融资本利用国家政权、加强自身在国际竞争中的地位以及战胜其他资本主义国家金融资本的手段。

第四，帝国主义经济政治发展不平衡规律和一国革命首先胜利。

列宁指出：“经济和政治发展的不平衡是资本主义的绝对规律。由此就应得出结论：社会主义可能首先在少数甚至在单独一个资本主义国家内获得胜利。”③ 他指出，地球上大多数国家和大多数人民，至今甚至还没有达到或者刚刚开始达到资本主义的发展阶段，只有西欧和北美各先进国家才达到实现社会主义的地步，在这种情况下，幻想各国无产阶级采取联合行动，争取社会主义的胜利，就是把社会主义束之高阁，永远也无法实现。

列宁根据帝国主义经济政治发展不平衡规律和社会主义必将在一国或几国首先获得胜利的结论，并根据对于俄国资本主义发展中各种矛盾的认识，提出

① 《列宁专题文集　论资本主义》，人民出版社 2009 年版，第 176 页。
② 《列宁专题文集　论资本主义》，人民出版社 2009 年版，第 208 页。
③ 《列宁专题文集　论社会主义》，人民出版社 2009 年版，第 4 页。

当时的俄国是帝国主义各种矛盾的焦点，因此，在较英、法、德都远为落后的俄国，有可能首先取得无产阶级社会主义革命的胜利。正是由于列宁对马克思主义理论的创新性发展，才使他创造性地提出了帝国主义经济政治不平衡发展规律以及社会主义首先在一国或几国胜利的理论，这是对马克思和恩格斯关于无产阶级革命学说的重大发展。列宁将这一理论运用于俄国社会主义革命的实践，建立了人类历史上第一个社会主义国家。

第三节 列宁的社会主义经济理论

一、对俄国经济社会发展道路的探索

从 19 世纪 90 年代到俄国十月革命的胜利，列宁是在传播和发展马克思主义、创建俄国无产阶级革命政党的过程中，在批判民粹主义、“合法马克思主义者”、第二国际修正主义者、资产阶级学者错误观点的过程中，对俄国经济社会发展道路进行艰苦探索的。列宁深入研究了俄国社会经济结构、阶级关系状况和俄国面临的国内国际情况，科学地阐明了俄国资本主义发展的问题和社会主义革命的问题，带领布尔什维克党和俄国人民取得了社会主义革命的胜利，建立了世界上第一个无产阶级专政的社会主义国家，开辟了人类历史的新纪元。

（一）对俄国资本主义发展道路的分析

1861 年农奴制改革后俄国资本主义的迅速发展，意味着旧的生产方式向新的生产方式的转变，俄国社会正在发生重大历史性变革。这种变革必然会引起社会生活各个方面的巨大变化，出现许多新的问题。在这些问题中，最重要最突出的是关于俄国资本主义发展的问题，它包括：俄国资本主义的发展有没有必然性？其发展程度如何？俄国究竟是沿着资本主义道路还是沿着非资本主义道路向前发展？这些问题涉及俄国的发展前途和各个阶级、阶层的切身利益，因此引起全社会的普遍关注。在这种背景下，列宁在《农民生活中新的经济变动》（1893 年）、《论所谓市场问题》（1893 年）、《什么是“人民之友”以及他们如何攻击社会民主党人?》（1894 年）、《民粹主义的经济内容及其在司徒卢威先生的书中受到的批评》（1894 年）、《评经济浪漫主义》（1897 年）、《再论实现论问题》（1899 年）、《俄国资本主义的发展》（1895 年年底—1899 年 1 月）

等著作中，运用马克思主义原理批判了民粹主义和“合法马克思主义者”的错误观点，全面考察了俄国资本主义在农业和工业中的形成和发展过程，研究和分析了俄国的经济与社会阶级结构，科学地论证了资产阶级民主革命的经济基础，为俄国资产阶级民主革命提供了理论基础以及制定政策的依据。

列宁从俄国经济落后的实际情况出发，全面系统地考察分析了俄国资本主义在农业和工业中的形成发展和国内市场形成过程。首先，关于俄国资本主义在农业中的形成和发展，列宁从农民经济、地主经济以及商业性农业等方面阐明了俄国农业资本主义的发展。列宁认为，俄国农民中存在着任何商品经济和资本主义经济所固有的一切矛盾，这些矛盾的总和将导致农民分化为新型的农村居民，即农村资产阶级和农村无产阶级。地主经济向资本主义的过渡虽然不可能一蹴而就，但由于农民的分化、自然经济的日益瓦解以及竞争的存在，会加速资本主义的进程。商业性农业的发展必然导致农业生产方面的一系列变化：农产品产量的增加、农业劳动生产率的提高、专业化农牧区的形成等，这是农业中资本主义发展的结果，同时又反过来促进资本主义在农业中的发展。其次，关于俄国资本主义在工业中的形成和发展，列宁认为有其特殊的产生和发展道路，即城乡农民手工业小商品生产通过本身分化而转变为资本主义生产。列宁根据马克思关于资本主义工业发展划分阶段的原理，按照历史发展的顺序，考察了俄国工业中资本主义发展的三个主要阶段，即小商品生产、工场手工业和大机器工业，认为这三种工业形式有着最直接、最密切的联系和继承性。小商品生产的基本趋势是发展资本主义，特别是形成工场手工业，而工场手工业又极其迅速地成长为机器大工业。

在上述分析的基础上，列宁对俄国资本主义农业发展道路进行了研究。列宁认为，俄国商品经济和资本主义的发展在客观上要求消灭农奴制残余，农业资本主义的发展方向只有一个，但发展的道路可能有两种：一种是改造地主经济的道路即改良道路，或称“普鲁士式”道路。按照这种道路，“农奴主—地主农场缓慢地转变为容克—资产阶级农场，大批农民变成单身无靠的农民和雇农，用暴力保持群众贫穷的生活水平，同时分化出一小撮大农，也就是资本主义必然要在农民中间造成的资产阶级大农”①。另一种是消灭地主大地产的道路即革命道路，或称“美国式”道路。按照这种道路，地主大地产被彻底消灭，

① 《列宁选集》第1卷，人民出版社1995年版，第780页。

大批小的土地所有者在自由的土地上从事自由经营，迅速走上资本主义道路。俄国在1861年废除农奴制后，这两种资本主义发展道路的斗争已经出现，在1906年沙皇大臣斯托雷平的土地改革法颁布和实施之后，两条资本主义发展道路的斗争表现得更加清楚。农民力图消灭农奴制土地占有方式，为实现较进步的“美国式”的道路而斗争，地主阶级则争取实现“普鲁士式”的资本主义发展道路。列宁认为，如果俄国农业经济沿着“普鲁士式”道路发展，农村资本主义必将长期保持半封建的特征，生产力发展缓慢，农民继续长期忍受剥削、奴役和贫困；而如果沿着“美国式”道路发展，农民就会摆脱中世纪农奴制的一切束缚，得以在自由的土地上从事自由经营，生产力迅速发展，人民大众较少地遭受苦难。因此，俄国无产阶级政党应当坚决支持农民的斗争，用革命手段彻底消灭封建农奴制大地产，保证农业资本主义沿着“美国式”道路向前发展。

（二）对俄国社会主义革命道路的探索

近代俄国的历史已经证明：改良主义的道路、革命民主主义的道路、民粹派的道路、十二月党人的道路、资产阶级民主的道路在俄国都行不通。至第一次世界大战后期，俄国前线不断失败，国内经济崩溃，社会动荡不安。这一时期，列宁在《社会民主党在民主革命中的两种策略》（1905年）、《帝国主义是资本主义的最高阶段》（1916年）、《国家与革命》（1917年）、《大难临头，出路何在?》（1917年）、《布尔什维克能保持国家政权吗?》（1917年）等著作中，对资本主义发展的新现象和帝国主义经济的特征进行了分析，揭露和批判了资产阶级和修正主义者的各种谬论，批驳了普列汉诺夫关于东方国家没有可能在马克思主义理论指导下夺得革命胜利的观点，阐述了无产阶级进行社会主义革命和建立无产阶级专政的理论，并将马克思主义理论与俄国的具体革命实践有机地结合起来，领导俄国人民取得了十月革命的胜利，从而成功地将俄国引向社会主义道路。

一是对俄国社会主义道路及革命策略的论证。第一次世界大战爆发以后，列宁即指出了这场战争是帝国主义战争，所以交战双方都是为了侵略和掠夺，都是非正义的，无产阶级决不能支持任何一方，而只能是利用战争已经爆发的这种形势，发动无产阶级社会革命，使战争变成无产阶级的革命，从而结束资本主义的统治，建立无产阶级专政，实行社会主义。为此，列宁指出了俄国革命的任务具有双重性质，它包括民主革命和社会主义革命两个阶段的不同内容。因此，他提出了俄国革命分两步走的策略思想，即实现资产阶级民主革命是俄国无产阶级的首要任务，是俄国革命的第一步，实现社会主义革命是俄国革命的第二步，民主革命完成以后，必须立即开始社会主义革命。

列宁指出，资本主义发展到帝国主义时代，整个资本主义制度已经成熟到可以进行社会主义革命了。资本主义发展的不平衡性为社会主义革命首先在几个甚至单独在一个国家获得胜利创造了条件。而俄国当时是一个军事封建帝国主义国家，是帝国主义一切矛盾的集合点，是帝国主义链条中最薄弱的环节，它孕育着即将爆发革命的一切客观条件，并且存在着用革命的方法来解决这些矛盾的现实力量。列宁在分析俄国资本主义发展特点的基础上，指出当时的俄国“不走向社会主义，不采取走向社会主义的步骤……就不能前进”①。

二是对俄国由民主革命向社会主义革命过渡的探索。二月革命爆发，临时政府刚刚宣告成立时，列宁就指出，临时政府的成立只是革命第一阶段的产物，革命必然要发展到第二阶段，即社会主义革命阶段。列宁提出，将革命从第一阶段过渡到第二阶段，不要议会共和制，而要“从下到上遍及全国的工人、雇农和农民代表苏维埃的共和国”②。在《四月提纲》（1917 年）中，列宁确定了无产阶级革命的动力，提出了向社会主义革命过渡的具体计划，提出了建立无产阶级专政的苏维埃共和国的号召。列宁说：“一切革命的根本问题是国家政权问题。”③ 任何阶级进行任何革命，其要达到的目的就是夺取国家政权。他主张通过武装起义，推翻资产阶级临时政府，迅速实现过渡，并制定了具体的武装起义计划。

在列宁的领导下，俄国于 1917 年 11 月 7 日（俄历 10 月 25 日）及时而成功地发动了彼得格勒武装起义，推翻了临时政府，取得了十月革命的伟大胜利。

二、社会主义过渡时期经济理论的形成

俄国十月革命的胜利，开辟了经济文化比较落后国家以社会主义制度取代资本主义制度的道路。像俄国这样一个在经济文化上都比西欧资本主义国家明显落后，而且遭到战争的严重破坏并处于帝国主义包围之中的国家，如何单独

① 《列宁专题文集　论资本主义》，人民出版社 2009 年版，第 234 页。
② 《列宁专题文集　论社会主义》，人民出版社 2009 年版，第 20 页。
③ 《列宁选集》第 3 卷，人民出版社 1995 年版，第 19 页。

向社会主义过渡，建立以生产资料公有制为基础的社会主义经济制度，是以列宁为首的布尔什维克党面临的一个新的重大课题。马克思和恩格斯虽然阐述过从资本主义向社会主义过渡的问题，也提出了社会主义社会的某些设想，但由于时代条件的限制，他们不可能对建设社会主义问题提出具体的计划和方案。因此，列宁在继承马克思主义关于过渡时期经济理论的基础上，全面深入地研究了苏维埃俄国的社会经济结构、阶级结构及其所处的国际国内环境，总结实践经验教训，提出了关于社会主义过渡时期的经济理论。

列宁关于社会主义过渡时期经济理论的形成经历了一个曲折的过程。早在十月革命前夕，在著名的《四月提纲》《大难临头，出路何在?》等著作中，列宁就提出由民主革命过渡到社会主义革命的一些重要经济措施。在十月革命胜利前夕，列宁再次肯定了马克思提出的关于过渡时期的理论。1918 年 3 月列宁于俄共（布）第七次代表大会上在《关于战争与和平的报告》中，从理论上阐述了在资本主义与社会主义之间必然会存在一个相当长的过渡时期的原因。1918 年 4 月，列宁发表《苏维埃政权的当前任务》，指出俄国面临着新的历史任务即“组织任务”，这实际上就是列宁当时设想的从资本主义关系过渡到社会主义关系的具体步骤。1918 年 5 月，列宁发表《论“左派”幼稚性和小资产阶级性》，阐明了从资本主义向社会主义过渡的经济特点和当时俄国社会经济结构的多元化。1918 年夏，由于外国帝国主义武装干涉和国内战争爆发，列宁提出了“一切为了前线”的号召，实行“战时共产主义”政策。他把“战时共产主义”政策看作是向社会主义“直接过渡”应采取的政策。1919 年 10 月，列宁发表了《无产阶级专政时代的经济和政治》，精辟地分析了过渡时期的经济结构、阶级结构，论证了无产阶级专政时代的经济和政治任务。列宁在领导俄国人民向社会主义过渡的艰难探索过程中，形成了一系列重要的有关过渡时期经济理论的思想。

第一，关于过渡时期的界定。列宁对过渡时期的界定源于马克思在《哥达纲领批判》中的著名论断：“在资本主义社会和共产主义社会之间，有一个从前者变为后者的革命转变时期。同这个时期相适应的也有一个政治上的过渡时期，这个时期的国家只能是无产阶级的革命专政。”① 列宁将无产阶级取得政权后的社会划分为顺次发展的三个阶段：从资本主义向共产主义的过渡；共产主

① 《马克思恩格斯文集》第 3 卷，人民出版社 2009 年版，第 445 页。

义社会的第一阶段；共产主义社会的高级阶段。讲到共产主义社会的第一阶段即社会主义社会时，列宁指出，在这里已实行生产资料公有制，个人生活消费品实行按劳分配的原则，资本家已经没有了，没有什么可以镇压了，国家正在消亡，但还需要有国家来保卫生产资料公有制。

列宁在阐述过渡时期的定义时指出："在资本主义和共产主义之间有一个过渡时期，这在理论上是毫无疑义的。这个过渡时期不能不兼有这两种社会经济结构的特点或特性。这个过渡时期不能不是衰亡着的资本主义与生长着的共产主义彼此斗争的时期，换句话说，就是已被打败但还未被消灭的资本主义和已经诞生但还非常幼弱的共产主义彼此斗争的时期。"① 列宁认为，过渡时期是一个相对独立的发展阶段，有其自身的特征。首先，过渡时期兼有资本主义和社会主义两种经济结构的特点或特征，各国过渡时期社会经济的基本成分都至少有资本主义经济、小商品经济和共产主义经济三种不同性质的经济成分。与此相对应，资产阶级、小资产阶级和无产阶级是必然会存在的三个阶级。其次，在过渡时期，从经济基础到上层建筑，一切方面都具有过渡性的特点，呈现出"从旧到新的过渡状态"。过渡时期的过渡性，从经济形式上看，表现为从多种经济成分向统一的社会主义公有制过渡；从阶级和阶级关系看，表现为从阶级社会向无阶级社会过渡；从上层建筑特别是国家职能看，表现为由政治国家向非政治国家过渡。最后，过渡时期不是一个独立的社会形态，而是介于资本主义和社会主义之间的"过渡社会形态"。

第二，关于过渡时期的必然性和长期性问题。列宁认为，社会主义经济关系不可能在资本主义社会内部产生，无产阶级革命胜利后，必须在旧社会的废墟上建立新社会，必须经历一个破坏旧的经济关系、创立新的社会生产关系的历史过程。特别是在小私有制大量存在的情况下，需要经过长期艰苦的努力，才能完成对它的改造，因此必然会有一个过渡时期。

过渡时期的长期性是由社会主义革命的特点造成的。列宁指出："资产阶级革命和社会主义革命的基本区别之一就在于：对于从封建制度中生长起来的资产阶级革命来说，还在旧制度内部，新的经济组织就逐渐形成起来，逐渐改变着封建社会的一切方面。资产阶级革命面前只有一个任务，就是扫除、屏弃、破坏旧社会的一切桎梏。任何资产阶级革命完成了这个任务，也就是完成

① 《列宁专题文集　论社会主义》，人民出版社 2009 年版，第 154 页。

它所应做的一切，即加强资本主义的发展。……社会主义革命的情况却完全不同。由于历史进程的曲折而不得不开始社会主义革命的那个国家愈落后，它由旧的资本主义关系过渡到社会主义关系就愈困难。这里除破坏任务以外，还加上了一些空前困难的新任务，即组织任务。"① 完成这一任务需要有一个较长的过程。

第三，关于过渡时期的经济结构。在《论"左派"幼稚性和小资产阶级性》中，列宁基本上奠定了社会主义过渡时期经济结构分析的基础。他认为，俄国虽然通过十月社会主义革命使土地、生产工具和银行实现了国有化，但就整个国民经济而言，小农经济仍占优势，从而具有过渡性的特征。随后，列宁列举并分析了俄国当时存在的五种经济成分：宗法式的，即在很大程度上是自然的农民经济；小商品生产（这里包括大多数出卖粮食的农民）；私人资本主义；国家资本主义；社会主义。他在考察了这五种经济成分之间的关系之后指出，在五种经济成分中，"在这里不是国家资本主义同社会主义作斗争，而是小资产阶级和私人资本主义合在一起，既同国家资本主义又同社会主义作斗争。小资产阶级抗拒任何的国家干涉、计算与监督，不论它是国家资本主义的还是国家社会主义的"②。因此，列宁认为，"国家资本主义较之我们苏维埃共和国目前的情况，将是一个进步"③，因为在"国家资本主义中没有任何使苏维埃政权感到可怕的东西"④。

第四，关于过渡时期的阶级特点和根本任务。列宁根据十月革命初期的经验，在《苏维埃政权的当前任务》和《无产阶级专政时代的经济和政治》等著作中，精辟地阐明了过渡时期的阶级和阶级斗争及其特点。列宁认为，首先，无产阶级在推翻资产阶级、夺取政权以后，阶级地位已经发生了根本的变化，上升为统治阶级。它掌握着国家政权，支配着已经公有化的生产资料，领导着动摇不定的中间分子和中间阶级，镇压剥削者的日益强烈的反抗。其次，在无产阶级专政下，剥削阶级，即地主和资本家阶级，虽已被击溃，可是还没有被消灭，也不可能一下子消灭。他们还有国际资本的援助，还部分地保留着某些生产资料和金钱，还有广泛的社会联系，在管理国家、军事和经济方面仍然具

① 《列宁选集》第3卷，人民出版社1995年版，第436页。
② 《列宁专题文集 论社会主义》，人民出版社2009年版，第119-120页。
③ 《列宁专题文集 论社会主义》，人民出版社2009年版，第118页。
④ 《列宁专题文集 论社会主义》，人民出版社2009年版，第122页。

有很大的优势，他们反抗的劲头正由于他们的失败而增长千百倍。最后，社会主义过渡时期虽然还存在阶级和阶级斗争，但这已经不是原来意义上的阶级的含义了，因此，要善于正确认识和处理这些问题。

列宁认为，过渡时期无产阶级的根本任务，就是对俄国进行社会主义改造，恢复和发展社会生产力，建立社会主义经济基础。过渡时期无产阶级政党的主要经济职能是："剥夺剥夺者"，废除资本家和地主的私有制，实现生产资料国有化，建立社会主义生产关系的物质基础；有计划地组织和管理生产，发展社会生产力，建立社会主义的经济技术基础；通过某种形式对小生产和私人资本主义加以改造和引导，使之逐步过渡到社会主义；建立和发展对外经济关系。

第五，关于向社会主义过渡的途径。马克思和恩格斯曾经强调，无产阶级夺取政权后，如何实现向社会主义的过渡，将取决于夺取政权时的情况，取决于这件事发生的时机和达到这个目的的方式。不同的国家在过渡时期将经历不同的社会和政治发展阶段。十月革命胜利后，列宁根据俄国的实际情况，对落后国家向社会主义过渡的途径进行了艰苦的探索，先后提出了"直接过渡"和"迂回过渡"两种途径。

十月革命胜利后，列宁把关于直接向社会主义过渡的思想运用于实践。1917 年 11 月至 1918 年春，苏维埃政权在镇压剥削阶级反抗的同时，通过"赤卫队进攻资本"的办法，把银行、铁路、商船、大型工矿和外贸企业等收归国有，基本上掌握了国家的经济命脉，奠定了社会主义的经济基础。1918 年夏，外国帝国主义武装干涉和国内战争爆发，为了战胜敌人，保卫新生的苏维埃政权，国家实行了带有强制性的、"直接过渡"性质的"战时共产主义"政策，即在大工业基本国有化的基础上，中小企业统归国有；实施余粮收集制；实行商业国有化，取消商品货币关系；实行工业生产和分配的高度集中的领导体制。"战时共产主义"政策对于保证战争的胜利起到了积极的作用，体现了列宁"直接过渡"的思想。

三、新经济政策的理论与实践

在 1918 年到 1920 年的俄国国内战争时期，"战时共产主义"政策对于保证战争的胜利起了积极的作用，但对于国民经济的恢复和发展却无所帮助。战争结束后，对"战时共产主义"政策的不满和现实的经济问题引发了国内严重的经济危机和政治危机。

1921年春天，俄国国民经济在遭到帝国主义战争和三年国内战争严重破坏的情况下，已陷入极为困难的境地。1921年2月28日发生的喀琅施塔得叛乱标志着经济危机已转为政治危机。基于严峻的经济和政治形势，列宁意识到，"战时共产主义"政策是由极度贫困、经济破坏和战争所迫采取的一种特殊政策，"它不是而且也不能是一项适应无产阶级经济任务的政策。它是一种临时的办法"①。根据俄国生产力十分落后，农民占人口的绝大多数，资本主义尤其是国家资本主义发展不充分，比西欧最落后的国家还要落后的实际国情，直接向社会主义过渡的思想被实践证明是不符合当时俄国实际的，"我们计划……用无产阶级国家直接下命令的办法在一个小农国家里按共产主义原则来调整国家的产品生产和分配。现实生活说明我们错了"②。列宁从分析苏维埃俄国的基本情况出发，做出了必须从"战时共产主义"政策过渡到新经济政策的战略决策，把恢复和发展国民经济、建立社会主义经济基础的任务重新提上了议事日程。

1921年3月，在莫斯科召开的俄共（布）第十次代表大会上做出的从余粮收集制过渡到粮食税的决议，是从"战时共产主义"政策过渡到新经济政策的标志。新经济政策是列宁在对俄国当时政治、经济形势进行客观分析的基础上形成的，它在列宁经济思想中占据特别重要的地位。新经济政策的主要内容有：

第一，实行粮食税。新经济政策的中心内容是以粮食税代替余粮收集制。列宁在俄共（布）第十次代表大会上作的关于以实物税代替余粮收集制的报告中指出，实物税问题，首先而且主要是一个政治问题，它的实质是工人阶级对农民的态度，这两个阶级的关系决定着俄国社会主义革命的命运，"新经济政策的实质是无产阶级同农民的联盟"③。在小农国家内实现本阶级专政的无产阶级，其正确决策是要用农民所必需的工业品去换取粮食。在社会主义经济和农民小商品经济之间（城乡之间、工农之间）建立正确的经济关系，是新经济政策最基本的出发点。

第二，实行合作制。实行新经济政策后，由于税后的剩余农产品完全归农

---

① 《列宁专题文集 论社会主义》，人民出版社2009年版，第217页。

② 《列宁专题文集 论社会主义》，人民出版社2009年版，第247页。

③ 《列宁全集》第42卷，人民出版社1986年版，第347页。

民个人支配，因此粮食税的实行必然会引起自由贸易的问题，而买卖自由、贸易自由就是资本主义的发展。列宁认为必须把资本主义的这种发展纳入合作制的轨道。列宁的合作化计划，是一个用合作社吸引农民参加社会主义建设、实现对小农的社会主义改造的计划，其主要内容是：在鼓励农民发展商品生产的基础上，首先把他们组织到消费、供销、信贷等合作社中来，随着电气化计划的实现，从而在改造小农的物质技术条件具备时，再把他们引向生产合作阶段，最后形成一个既包括生产又包括流通的合作社网。列宁合作制理论科学地反映了改造小农经济的途径、形式和方法，适合小农生产力的发展水平，广大农民容易接受和了解，合作化网络迅速从流通领域向生产领域扩展，遭到破坏的农业很快恢复和发展起来。1923 年 1 月，列宁口授了《论合作制》一文，总结了十月革命以来，特别是实行新经济政策以来发展消费合作社和农业生产合作社的经验，完整地提出了通过合作制向社会主义过渡的思想。1923 年，根据列宁《论合作制》的思想，俄共（布）第十三次代表大会通过《关于合作社的决议》，全面论述了各项合作社政策，并将其作为党和国家的指导原则。

第三，发展商品经济。列宁认为，在资本主义经济不发达的社会主义国家要过渡到社会主义社会，必须利用包括市场、商品货币关系在内的资本主义来发展和提高社会生产力。在俄国当时的经济条件下，恢复和发展经济必须以市场和商业为基础，“在农业和工业之间，除了交换，除了商业，就不可能有别的经济联系”①。国家调节的商业是社会主义大工业和小生产经济（包括小农经济、小手工业经济）相结合的有效的必不可少的途径。

在总结苏维埃社会主义经济管理经验教训的基础上，列宁提出了经济核算制和个人物质利益的原则。他指出：“为了作好向共产主义过渡的准备（通过多年的工作来准备），需要经过国家资本主义和社会主义这些过渡阶段。不能直接凭热情，而要借助于伟大革命所产生的热情，靠个人利益，靠同个人利益的结合，靠经济核算……现实生活就是这样告诉我们的。革命发展的客观进程就是这样告诉我们的。”② 1921 年 8 月 9 日人民委员会《关于贯彻新经济政策原则的指令》规定，国营大型工业要根据真正的经济核算原则进行经营；必须按经济核算原则实行等级工资制度，取消内战时期形成的平均主义的工资支付

---

① 《列宁全集》第 42 卷，人民出版社 1986 年版，第 334-335 页。
② 《列宁专题文集 论社会主义》，人民出版社 2009 年版，第 247 页。

原则，改行个人物质利益原则，对工人实行实物奖励制，以刺激劳动生产率的提高。1921年12月28日全俄苏维埃第九次代表大会关于工业问题的决议指出，经济核算制是管理整个国营工业的基础。在经济核算制的基础上逐渐形成了集中与分散相结合的专业化联合的新的经济管理体制，即按民主集中制原则，对全国经济实行“统一领导，分级管理”，建立以托拉斯为中心环节的工业经济管理体制，代替过去的“总局管理体制”。中央管理机关一般管理为数不多的大型企业，把中型企业下放地方管理，全部小型企业和部分中型企业租赁给私人或合作社经营，同时在企业内部改造了工资制。

第四，发展国家资本主义。十月革命胜利以后，为了抵制小商品生产的强大自发势力，1918年3月列宁曾经提出利用各种形式的国家资本主义迅速地组织大生产。但1918年春末发生的外国帝国主义者的武装干涉和国内战争使得列宁的计划没来得及实施，而实行了“战时共产主义”的特殊经济政策。新经济政策实施后，列宁重新提出了国家资本主义，强调国家资本主义作为联系社会主义经济与小生产经济的中介作用。由全部工业国有化转到各种形式的国家资本主义，并恢复私人小企业，利用国家资本主义把私人资本主义纳入国家资本主义轨道的办法，作为小农经济过渡到社会主义经济的中间环节，这是列宁新经济政策的一个重要思想。列宁根据国家资本主义理论，在实践中结合苏维埃俄国的实际情况，提出了国家资本主义的主要形式：租让制、租借制（出租制或租赁制）、合营股份公司、合作社制和代购代销等。

从“战时共产主义”政策转向新经济政策，是列宁在探索社会主义道路和向社会主义过渡问题上由“直接过渡”思想向“迂回过渡”思想的转变。“迂回过渡”的核心思想是，通过商品、货币关系，在无产阶级专政的国家掌握土地、矿山、大工业的条件下，在社会主义国家所有制经济和国家资本主义经济共同控制下，允许资本主义的“适度”发展，以活跃城乡、工农业、商业经济，为社会主义经济的建立奠定经济技术基础，最终建立社会主义经济。伴随着新经济政策的实施，列宁最终找到了东方落后国家向社会主义“迂回过渡”的正确途径。他指出：“新经济政策的真正实质在于：第一，无产阶级国家准许小生产者有贸易自由；第二，对于大资本的生产资料，无产阶级国家采用资本主义经济学中叫做‘国家资本主义’的一系列原则。”①

① 《列宁专题文集 论社会主义》，人民出版社2009年版，第393页。

新经济政策理论是列宁根据俄国生产力水平低下、经济落后的国情，探索建设社会主义新道路、新方法的伟大成果，是对传统社会主义经济理论的重大突破，创造性地发展了马克思主义经济学。

思考题

1. 如何认识第二次产业革命的特点及其对资本主义生产方式的影响？
2. 伯恩施坦、考茨基等人是怎样修正和背离马克思主义的？如何评价？
3. 列宁是如何创立帝国主义理论的？该理论的主要内容有哪些？如何看待该理论的当代价值？
4. 如何理解列宁关于社会主义过渡时期理论的创新性和现实意义？
5. 试述列宁新经济政策理论的主要内容及其现实意义。

第五章　马克思主义经济学在苏联和东欧国家的发展

马克思主义经济学在苏联和东欧国家的发展过程中，逐步形成了在苏东国家实践基础上的社会主义政治经济学体系。特别是苏联社会主义政治经济学，使马克思主义经济学与社会主义建设实践第一次深入结合起来，其中无论是积累的重要经验和理论探索成果，还是深刻教训和理论探索偏误，都对社会主义政治经济学的发展产生了深远影响。

第一节　社会主义政治经济学在苏联和东欧国家的形成和发展

一、苏联社会主义政治经济学的产生

社会主义制度确立以后，是否还需要社会主义政治经济学，用以指导社会主义经济建设实践的问题，在马克思主义经济理论界长期存在一些不清晰的认识。早在十月革命前，马克思主义经济理论界就存在一种关于社会主义条件下政治经济学“消亡”的观点。20世纪初，欧洲和俄国的一些经济学家，如希法亭、卢森堡、杜冈-巴拉诺夫斯基、布哈林，是当时社会主义政治经济学消亡论的主要代表。希法亭曾在《马克思对理论经济学问题的提法》中指出：理论经济学即政治经济学涉及的问题，只发生于历史上一定的社会组织中；在社会生产关系受到自觉调节的社会，即共产主义社会中，全部生产资料的支配权力已归社会所有，因而不再存在理论经济学的研究对象和任务。

布哈林在十月革命前也持类似的观点，他在《食利者政治经济学》（写于1912—1914年）一文中认为，政治经济学作为一门科学，只把商品社会（特别是商品资本主义社会）作为自己的对象，因此，在社会主义制度下，政治经济学将失去自己的意义，只保留“经济地理”——个体记述的科学和“经济政治”的标准科学。这就是著名的政治经济学“取消论”。1920年，布哈林在《过渡时期经济学》中，仍然坚持这一理论观点，提出“理论政治经济学是关于以商品生产为基础的社会经济的科学，也就是关于无组织的社会经济的科

学……其实，只要我们来研究有组织的社会经济，那末，政治经济学中的一切基本‘问题’……就都消失了”①，由于在过渡时期商品生产在很大程度上正在消失，因此，“资本主义商品社会的末日也就是政治经济学的告终”②。他认为，在真正的社会主义制度中，由于商品货币关系的消亡，社会主义社会将不再需要政治经济学。列宁对此书的评论是“是幼稚的，几乎是孩子般的幼稚”③。随着苏联社会主义经济实践的发展，特别是在新经济政策实施以后以及社会主义工业化过程中，出现了一系列亟待解决的重大经济理论问题，创立社会主义政治经济学，成为当时苏联经济社会发展的迫切要求和必然趋势。

列宁关于布哈林《过渡时期经济学》一书的批注和评论公开发表以后，苏联理论界开始承认社会主义也需要建立政治经济学，研究社会主义社会的客观经济规律。1936 年年底，联共（布）中央委员会通过了《关于改革政治经济学的讲授》的决议，第一次规定在高等学校开设广义政治经济学课程，把社会主义经济理论列为单独的一部分。

1941 年，斯大林提出要编写包括社会主义部分的政治经济学教科书。1951 年 11 月，苏联共产党（布尔什维克）中央为审定政治经济学教科书未定稿召开了经济问题讨论会。1952 年 2—9 月，斯大林根据讨论会的有关情况，写作了《苏联社会主义经济问题》一书，对苏联 30 多年社会主义建设的经验和第二次世界大战后资本主义的发展进行了理论概括，为政治经济学的研究梳理了新课题。1954 年，苏联《政治经济学教科书》正式出版。1988 年，在苏共中央的指示下，由梅德韦杰夫（1929— ）主编和阿巴尔金（1930— ）等人任副主编出版的《政治经济学教科书》，对苏联社会主义经济建设经验进一步进行了理论总结。苏联的社会主义政治经济学集中体现在这两个版本的教科书中。

1954 年版的《政治经济学教科书》，在 20 世纪 50 年代几乎成为那一时代所有社会主义国家通用的政治经济学教科书。这是苏联第一本包括独立的社会主义部分的广义政治经济学教科书。该书不但研究了前资本主义及资本主义的生产方式，而且深入研究了社会主义的经济规律，即社会主义社会的产生及其向共产主义的高级阶段继续发展的规律。该书对社会主义公有制的本质和形

---

① ［苏］布哈林：《过渡时期经济学》，东方出版社 1988 年版，第 1 页。
② ［苏］布哈林：《过渡时期经济学》，东方出版社 1988 年版，第 2 页。
③ 《列宁全集》第 60 卷，人民出版社 1990 年版，第 320 页。

式、计划经济的体制和运行方式、按劳分配的理论与实践等社会主义重大经济问题进行了较为系统的论证。

1988 年，梅德韦杰夫主编的《政治经济学教科书》，是苏联经济改革过程中最后一本教科书。教科书主要根据苏共中央 1987 年 6 月通过的经济体制改革方案中的指导思想，从理论上重新审视了过去关于社会主义政治经济学的一系列观点，是对当时苏联经济理论研究成果的总结和概括。在经济改革的背景下，该书对 20 世纪 70 年代以来经济政策的实质和意义进行了论述，特别是对合作制在社会主义经济建设中的作用做了说明，主张社会主义所有制形式应该多样化，并对合作所有制和劳动者个体所有制给予高度评价。这在苏联政治经济学教科书中还是第一次。该书还把市场问题提到了新的高度，第一次详细分析了社会主义市场的重要性及其结构和调节供求的方法。该书注意从社会主义现实出发，承认社会主义存在各种矛盾，社会主义生产关系本身也可能由于种种原因而变得僵化、发生变形，从而成为社会主义生产力发展的障碍。该书还批评了那种将计划和市场割裂开来、要么计划要么市场的观点，认为市场本身就是保证社会主义计划性的一个重要手段，市场调节包括在社会主义计划经济机制之中；承认市场和计划两者之间也存在矛盾，而社会主义理论和实践的一个重要任务，就是要找到两者的最优结合点。

二、东欧国家的社会主义政治经济学

东欧社会主义国家在经济思想上受到 1954 年版苏联《政治经济学教科书》的深刻影响，并以此为蓝本编写自己的社会主义经济理论教材和专著。20 世纪 50 年代初斯大林逝世后，苏联模式的弊端逐步显现，引起了人们的反思。东欧社会主义国家掀起了一波又一波经济体制改革的浪潮。南斯拉夫是第一个突破苏联模式的社会主义国家，其经济理论改革的突破口和新型经济体制的显著特点，就是提出社会所有制和“自治的社会主义”理论。此外，还有捷克斯洛伐克的股份所有制理论及其社会主义体制下计划和市场相结合的“锡克模式”“布鲁斯模式”，以及计划模拟市场的“兰格模式”、短缺经济学、社会主义经济增长理论，等等。在这些经济体制改革过程中，社会主义经济实践在取得重大成就的同时也出现了诸多问题和矛盾，社会主义政治经济学的研究也不断得到深化和发展。由此可见，东欧国家的社会主义政治经济学更多地把注意力放在市场机制和所有制的改革上，表现为对苏联社会主义政治经济学的继承和发展。

东欧国家的社会主义政治经济学，由于其研究者的主体是东欧籍的经济学家，因此也被称为“东欧经济学”。东欧经济学的理论主线，就是论证改革、倡导改革，认为改革是使社会主义经济运行转入新的发展轨道的必要步骤。从总体上看，东欧经济学有别于“苏联经济学”，它跳出了传统框架，在研究方法、理论体系和政策主张上独树一帜，是当时世界社会主义政治经济学的新体系。东欧经济学以论证经济改革、宣传社会主义经济体制可以有多种实现途径为主线，在方法论上，第一个特点是比较客观地描述和解释了社会主义经济关系中的种种对抗和摩擦，承认社会主义经济是一个矛盾体，而不是一个“无矛盾的乌托邦”，因此，在现实社会主义经济中，仍然可能存在通货膨胀、失业、短缺负债、增长紊乱、分配不均和官僚机构化等问题。承认矛盾不等于否定这个制度，而是试图找到根治各种弊病的方法。第二个特点是既有指导性的规范分析，又有解释性的实证分析；既有数量分析，又有制度分析，将基于思辨的推演法和基于经验的归纳法结合起来。第三个特点是能结合当代社会主义经济的实践，批判地吸取西方经济学的某些观点，西方经济学所运用的心理偏好、边际效用、市场调节等概念被引用为正面的分析手段，纳入社会主义经济学的研究范畴。东欧经济学在心理偏好、消费者主权、边际效用、市场调节等方面的阐述，是社会主义经济学发展史上一种有益的尝试。

东欧经济学内容丰富，对国有制、计划和市场、利益原则、平等和效率、经济增长和发展、宏观经济的行为等，做了多方面的有益探索。其主要理论贡献体现在以下方面：首先，对集中的计划经济体制弊端进行剖析，对传统计划经济体制进行批评，通过这种“病理分析”揭示出旧体制的症结所在和改革方向。其次，东欧学者们提出了各种不同的改革思路和设想，建立起丰富的社会主义经济模式理论，并在一些国家的社会主义经济建设实践中加以应用。最后，传统的社会主义经济理论，特别是苏联的经济理论界，对西方经济管理学的理论采取全面排斥的态度，而东欧学者则坚持借鉴西方经济管理理论中可以为社会主义建设所用的内容，有些学者还运用西方经济学的分析工具和手段对社会主义经济进行不同角度的研究，并与西方学者进行相互能够理解的对话和讨论。

东欧国家社会主义政治经济学的代表人物和代表著作主要包括：波兰的兰格（1904—1965 年）的《社会主义经济理论》（1936—1937 年）、布罗尼斯瓦夫·明兹（1913—1981 年）的《社会主义政治经济学》（1961 年）、弗·布鲁斯（1921—2007 年）的《社会主义经济运行的一般问题》（1961 年）、米哈尔·卡莱斯基（1899—1970 年）的《社会主义经济增长理论导论》（1969 年），捷克斯洛伐克的奥塔·锡克（1919—2004 年）的《经济·利益·政治》（1962 年）和《社会主义的计划和市场》（1965 年）、吉里·考斯塔（1921— ）的《社会主义的计划经济理论与实践》（1974 年），南斯拉夫的伊万·马克西莫维奇（1924— ）的《公有制的理论基础》（1975 年）、爱德华·卡德尔（1910—1979 年）的《公有制在当代社会主义实践中的矛盾》（1976 年）、勃朗科·霍尔瓦特（1928— ）的《社会主义政治经济学：一种马克思主义的社会理论》（1982 年），匈牙利的亚诺什·科尔内（1928— ）的《短缺经济学》（1980 年）等。这些著作从不同方面对社会主义政治经济学的理论体系和理论问题做出了积极探讨，为马克思主义经济学的发展提供了有益的拓展空间，但有些探索也存在偏离社会主义经济发展方向的倾向。

第二节 社会主义政治经济学主要理论问题探索

一、社会主义基本经济规律

社会主义基本经济规律，是斯大林的《苏联社会主义经济问题》一书集中阐述的主要理论问题。

首先，阐明了基本经济规律的含义。基本经济规律是对每个社会形态都发生作用的许多经济规律中起主导作用的规律，它有两个主要特点：一是每个社会形态中只有一个基本经济规律，不同社会形态中有不同的基本经济规律。二是它体现社会经济关系中最基本的因果联系，是决定社会生产发展的“一切主要方面和一切主要过程”。它包含两个主要内容：一是社会生产的目的。生产目的体现了人与人之间的生产关系，是社会生产为谁服务的问题，从而也是生产关系中最本质的问题；二是实现这一目的的手段。基本经济规律就是社会生产的目的和实现这一目的的手段两方面的统一。

其次，科学地表述了社会主义基本经济规律的内容。社会主义基本经济规律的主要特点和要求可以大致表述为：“用在高度技术基础上使社会主义生产不断增长和不断完善的办法，来保证最大限度地满足整个社会经常增长的物质和文化的需要。”① 该书强调指出，社会主义基本经济规律就是决定社会主义生产发展的一切主要方面和一切主要过程的规律，就是决定社会主义生产的本质的东西，它对其他经济规律起主导、制约和决定作用。

再次，论述了社会主义基本经济规律与资本主义基本经济规律的差别。社会主义基本经济规律不是保证最大限度的利润，而是保证最大限度地满足社会的物质和文化需要；不是带有从高涨到危机、从危机到高涨的间歇状态的生产发展，而是生产的不断增长；不是伴随着社会生产的破坏而来的技术发展中的周期性间歇状态，而是社会生产在高度技术基础上的不断完善。

最后，在提出并论证国民经济有计划按比例发展规律的基础上，论述了国民经济有计划按比例发展规律与社会主义基本经济规律之间的关系。国民经济有计划按比例发展规律是作为资本主义制度下竞争和生产无政府状态规律的对立物而存在的。在社会主义制度下，社会主义公有制消灭了资本主义的基本矛盾，把国民经济各部门和企业联结成根本利益一致的有机整体，因此，国民经济有计划按比例发展是必然的。国民经济有计划按比例发展规律与社会主义基本经济规律之间的关系表现在：社会主义基本经济规律决定国民经济有计划按比例发展规律，国民经济有计划按比例发展规律只有在它以社会主义基本经济规律为依据时才能得到充分发挥。针对苏联经济学界长期把国家经济计划等同于经济规律的看法，该书认为不能把两者混为一谈，只有研究了国民经济有计划按比例发展规律，学会熟练地运用这个规律，才能制定符合实际的国家经济计划。

关于社会主义基本经济规律的阐述是对马克思主义经济学发展的一个重大贡献。它从社会主义生产目的与实现目的手段的统一上，揭示了社会主义经济关系的实质，对促进社会主义生产的发展、提高人民群众的物质和文化生活水平，以及巩固社会主义生产关系都有着重要的推动作用。

二、社会主义经济体制与经济模式

社会主义经济体制与经济模式同一个国家的资源环境和历史人口等基本国情密切相关，需要各国在社会主义实践中不断摸索。从历史上看，苏联和东欧国家都根据自身的国情探索了有本国特点的社会主义经济体制与经济模式。

---

①《斯大林文选（1934—1952）》，人民出版社1962年版，第602页。

（一）斯大林关于两种所有制的论述

在苏联占统治地位的是生产资料公有制。斯大林在《苏联社会主义经济问题》一书中指出，苏联存在着社会主义生产的两种基本形式：一种是国家的即全民的形式，另一种是集体农庄形式。具体来说，社会主义制度下有两种公有制形式：国家所有制和合作社集体农庄所有制。与此相对应的有两种社会主义经济形式：国营经济和合作社（集体）经济。他论证了集体农庄形式的社会主义所有制性质，即在集体农庄，实现了在国家的土地上基本生产资料的公有，即拖拉机和各种主要的农业机器都归全民所有。

集体所有制与全民所有制之间的差别在于，集体农庄是合作企业，它使用自己庄员的劳动，按照劳动日把收入分配给庄员，而且集体农庄有自己年年更换的用于生产的种子。它可以完全自由地支配自己的财产，除了建筑物和集体农庄庄员的个人副业外，这些财产就是集体农庄生产的产品。这些产品通过商品流通系统进入市场。所以，在斯大林看来，如果将集体农庄生产的剩余品从商品流通中排除出去，纳入国家工业和集体农庄之间的产品交换系统，就可能把集体农庄所有制提高到全民所有制的水平。

关于社会主义两种所有制与商品生产的关系，斯大林认为，由于社会主义所有制存在全民和集体农庄两种基本形式，在两种不同所有制之间必然存在商品形式的交换，因而就一定会存在商品生产。

（二）布鲁斯对经济模式的探讨

波兰经济学家布鲁斯在 1961 年出版的《社会主义经济运行的一般问题》一书中，根据三个层次经济活动的决策方式将社会主义经济模式划分为四种。

这三个层次的经济决策是：① 根本性的宏观经济决策，它通常应当由中央一级直接做出，规定经济发展的总方向、国民收入的增长率、投资与消费在国民收入中占的比例、投资支出的部门分配以及消费基金在不同社会集团间的分配原则等。② 企业日常的经济决策，它涉及企业和部门的生产规模和结构，消耗的数量和结构，供给的来源和销售方向，较小的投资、工资的具体形式和人员构成等。③ 个人及家庭经济活动的决策，它主要是在家庭收入范围内购进消费资料的结构，以及职业和劳动岗位的选择等。

布鲁斯根据以上三个层次经济活动决策的不同情况，把社会主义经济模式划分为集权模式和分权模式，具体包括四种：

一是军事共产主义模式。在这一模式中上述三个决策层次都集中在中央一级，完全排斥市场机制，具体体现在：对工商企业实行国有化，征收全部农业余粮，禁止私人贸易；商品短缺，实行定量供应；劳动力配置具有强制性；企业由国家集中管理，完全没有自主权；因货币被取消而表现为自然经济；高度的平均主义；国家垄断对外经济关系。这种模式只存在于非常时期，例如，战争、严重的自然灾害等。苏联“战时共产主义”经济就属于这一类型。

二是集权模式。在这种模式中除第三层次所包括的种种决策外，其他一切经济决策如第一层次和第二层次经济决策活动都是由中央一级做出的。在这个意义上，中央集权模式的主要特征是：① 中央一级的决策。集权模式的所有其他要素都是从这里派生的。② 计划的严格等级制结构。在中央与企业之间，垂直的联系占优势，而企业相互间的水平联系，则只具有纯技术的、执行计划手段的性质。③ 从上到下的信息传递采取直接命令的形式，而由下往上的信息传递是以“报告”的形式为中央决策提供材料。④ 同这种组织体系相联系的是，在实行形式上经济计算和资源分配占优势。⑤ 货币在国营成分中具有消极作用。

三是分权模式，即“含有受控制的市场机制的中央计划经济”模式。同集权模式正好相反，这个模式的基本特征是决策的多层性。在分权模式上，不同级的计划都是独立制订的：中央计划以“中央计划局”的目的和标准为基础去制订，主要方面是国民收入分配和重要的投资方向；企业的计划适用于以企业的“博弈准则”为基础去制订。因此，在这种模式上，不同级的计划之间不是通过直接命令而是通过间接手段取得联系。起重要作用的是企业相互间的水平联系，然后是市场关系，同时，货币的资源分配手段占优势。布鲁斯指出，分权模式决不能削弱中央计划占优势的原则。中央计划的优势地位建立在以下各点上：① 直接的中央决策的宏观经济性质，它决定着企业活动的一般条件；② 经济政策各种工具的适当使用，即对企业决策起参数作用的价格、工资、利息率、税收等做出适当的决策。总之，从一般行动准则的观点来做出自主决策的企业，是在中央直接决策所规定的基本比例范围内，并且是在中央决策的市场数量的影响下行动的。显然，市场机制在分权模式中起重要作用。

四是市场社会主义模式。在这一模式中，三个层次的决策均分散化。不仅个人及家庭的经济活动分散地由个人决定，而且宏观经济活动和微观经济活动都分散地由企业做出决策。扩大再生产的权力以及积累与消费的比例关系等均由企业做主，企业的行为原则只是跟随市场而变化。

（三）锡克对计划和市场的思考

计划和市场模式是否可以同时协调并存，也是建立社会主义经济模式的重要内容。捷克斯洛伐克经济学家锡克在《社会主义的商品经济》（1958年）和《社会主义的计划和市场》中，比较彻底地抛弃了社会主义计划同市场机制不相容的传统观点，论证了社会主义实行计划和市场相结合的必要性与必然性，对形成社会主义新的经济模式提出了新的见解，对东欧经济改革起了重要的推动作用。

首先，社会主义经济具有计划性。社会主义经济首先是计划经济，这是锡克的一个基本理论观点。其主要原因是，生产资料公有制使社会主义劳动形成了直接的社会劳动，人们有共同利益，因而直接的社会劳动是社会主义计划化的基础。

社会主义经济的第一个特点就在于，全部经济活动是社会全体成员基本利益一致的表现，是通过全体社会的计划加以控制和管理的；第二个特点是，在社会主义社会中，可以预测出主要经济活动的基本联系，从而也就有条件使计划和随之而来的实际经济活动基本上达到协调。在社会主义社会中，国民经济发展的计划性实际上是一种客观必然性，一种规律性，在对社会主义经济活动实行有计划管理的条件下，最普遍的经济规律性尤其要受到尊重。

其次，社会主义经济离不开市场机制。锡克认为，社会主义经济不能没有市场机制，指令性计划不能代替市场，把市场自动地同资本主义联系在一起的观点是错误的。在社会主义制度下，虽然社会主义的劳动协作可以使劳动具有直接的、有计划的社会性，然而，人们还不能保证具体耗费的劳动总是同社会劳动的这种必然发展保持完全一致，还不能直接做到使每一耗费的具体劳动总是完全成为社会必需劳动。

这是因为：现代化生产发展引起了信息要求的加强。在不断变动的经济条件下，很难认识所有具体的经济联系以及受这种经济联系制约的具体劳动形式，尤其是在社会主义发展的最初阶段，单是要认识劳动的客观必要发展就遇到很大困难。① 社会生产的内部联系是十分复杂的，尤其是当我们要具体确定或决定以什么样的方式、多长时间等来生产什么样的使用价值的时候，更是如此，而一个中央机关不可能对这一切进行面面俱到的管理。② 不言而喻，各个管理机关之间的联系起初不可能完善，会在获得信息、相互联系、信息分类等方面遇到初期的困难。因此，管理指令自然会苦于材料不足，信息不准确、不能相互充实甚至相互矛盾而不准确。③ 信息的处理较为原始，组织社会主义生产必然会遇到许多困难。因此，只有通过市场，才能进行有效的信息反馈，从而使分权管理机关以至企业及时地做出生产决策。

更为重要的原因是，一定的利益矛盾作为社会主义发展阶段的某种特征仍然存在，这些矛盾成为实现社会必要劳动耗费的障碍。这些矛盾在现有生产力的发展阶段上还无法克服，而解决这一矛盾只能依靠社会主义市场关系。在传统经济体制下，由于否认了客观存在的社会必要劳动与具体耗费劳动之间的矛盾，采取直接规定生产指标的形式，并以超额完成生产指标作为奖励企业和劳动者个人的标准，其结果是，企业产品能否出售同企业的利益毫无关系，致使企业的生产与社会需求之间的矛盾日益扩大，供给不能满足需求。企业只注意完成上级交给的生产计划，只注意产品的数量，而忽视产品的质量，从而不能形成最佳生产要素的结合。这样既不利于提高企业的管理水平，又会加剧生产和消费之间的矛盾。

最后，关于计划和市场的关系。锡克认为，计划经济同利用价值规律的调节作用并不矛盾。正是这种价值规律机制迫使私人生产者尽可能多地生产，发展使用价值，并且（在同其余的生产者发生不可控制联系的情况下）在必要的比例中去进行生产。而整个的计划管理力求达到的是，以最大限度地符合价值的方式来发展使用价值：保证最佳的发展，也就是保证商品使用价值和价值的协调发展。社会有计划地控制主要比例和基本生产条件（生产能力、劳动力等），也是为了达到这个目的，因此，在长期保证主要生产比例时也要有计划地遵循价值规律。在社会主义制度下，耗费劳动的主要意义，就是要取得效用，取得使用价值。这种使用价值必须在与价值保持最大限度一致的情况下向前发展。要想尽可能多地生产出使用价值，就必须不断地尽快降低它们的价值。要想把这些使用价值按照正确的比例生产出来，就必须在生产时做到：使它们的价值成为市场价格运动的基础，同时保证所有商品长期地供求一致。在一些企业中确实存在着追求最大限度利润的趋势，而不考虑使用价值。但是，计划管理和社会主义市场关系整个体系恰恰能保证在生产效率最高和最充分地满足及刺激消费者需要的情况下，企业的利润得到最佳发展。因此，锡克主张社会主义基本经济模式应当是计划经济和市场机制的有机结合。

从总体上看，关于社会主义经济体制和经济模式选择的探讨，为如何建设社会主义提供了多种可供选择的方法。这些探讨也为苏东各国社会主义经济体制改革提供了基本的思想基础。但是，在现实中，对于这些认识如何具体化、如何在坚持社会主义方向和巩固社会主义制度的前提下进行社会主义经济建设，还缺乏深入的思考。

三、社会主义工业化思想

由于推行新经济政策取得了相当大的成绩，苏联国民经济得到迅速恢复。到 1925 年，苏联的工业产值已相当于 1913 年的 75%，粮食产量接近 1913 年水平。在国民经济恢复已基本完成的条件下，苏联面临着为社会主义奠定物质技术基础，以巩固和发展社会主义制度的任务。此时如何才能在一个落后国家里实现社会主义工业化，就成为苏联社会主义建设实践中最为迫切的问题。在这种形势下，1925 年 12 月苏联共产党召开了第十四次代表大会，提出了党的中心任务就是实现国家的社会主义工业化。1926 年 4 月召开的联共（布）中央全会又制定了工业化的具体纲领，从此，苏联开始实行社会主义的工业化的战略。

第一，必须以高速度来发展工业化。这是苏联在社会主义建设初期有关“赶、超”战略思想的核心内容。斯大林坚持认为，必须采取迅速发展工业的方针，而不能用比较缓慢的速度实现工业化。从外部因素看，“假如我们的工业和技术像德国那样发达，假如我国工业在整个国民经济中的比重像德国那样大……假如我们不是唯一的无产阶级专政的国家……那末迅速发展工业的问题就不会这样迫切了”①。工业化的速度的问题就成了无产阶级国家生死存亡的大问题。从国内因素看，当时苏联的国内经济现实是，农业、农业技术和农业文化异常落后，小商品生产以及分散而又十分落后的小农生产还占据绝对优势，迫切需要迅速发展社会主义大工业，为社会主义农业改造提供经济上和技术上的支持。斯大林认为，苏联经济快速赶超先进的资本主义国家不仅是必要的，而且也是可能的。封建经济制度为了证明自己比奴隶经济制度优越，大约费去了 200 年，也许略少一些。资本主义经济制度为了证明自己比封建经济制度优越，大约费去了 100 年，或者不到 100 年。当代技术显示了空前的进步，发展速度简直快极了。不仅如此，苏联领导生产的不是寄生虫，而是生产者个人。这就使社会主义经济制度有一切机会足以一日千里地发展经济，并在较短时期

① 《斯大林全集》第 11 卷，人民出版社 1955 年版，第 216-217 页。

内证明自己优于资本主义经济制度。

第二，社会主义工业化的中心就是重工业化。斯大林不仅为苏联经济建设制定了高速发展工业化的战略，而且确定了社会主义工业化的具体道路是优先发展重工业。1926 年，斯大林在《关于苏联经济状况和党的政策》的报告中强调："不是发展任何一种工业都算做工业化。工业化的中心，工业化的基础，就是发展重工业（燃料、金属等等），归根到底，就是发展生产资料的生产，发展本国的机器制造业。工业化的任务不仅要增加我国整个国民经济中工业的比重，而且要在这种发展中保证受资本主义国家包围的我国在经济上的独立，使我国不致变成世界资本主义的附属品。"① 1946 年 2 月 9 日，斯大林在莫斯科市斯大林选区选举前的选民大会上作演说，总结了苏维埃国家社会主义工业化的方法。他说，苏维埃的国家工业化方法，与资本主义的工业化方法根本不同，在资本主义国家，工业化通常都是从轻工业开始。由于轻工业同重工业比较起来，需要的投资少，资本周转快，获得利润也较容易，所以在那里，轻工业成了工业化的头一个对象。只有经过一个长时期，轻工业积累了利润并把这些利润集中于银行，这才轮到重工业，积累才开始逐渐转到重工业中去，促成重工业发展的条件。但这是一个需要数十年之久的长期过程，在这一时期内只得等待轻工业发展并在没有重工业的情形下勉强过活。苏联当然不能走这条道路，因为战争日益逼近，没有重工业就无法保卫国家，所以必须赶快着手发展重工业，如果这种事做迟了，那就要失败。"党记住了列宁的话：没有重工业，便无法保持国家独立；没有重工业，苏维埃制度就会灭亡。因此我国共产党也就拒绝了'通常的'工业化道路，而从发展重工业开始来实行国家工业化。②"

第三，高速度发展重工业化的办法就是向农民收取"贡税"。工业内部的积累是无法满足必要的工业发展速度的，要高速发展工业只能从农业中抽取资金。在《论工业化和粮食问题》一文中，斯大林向人们陈述了一个事实，即农民不仅向国家缴纳一般的直接税和间接税，而且他们在购买工业品时还会因为价格较高而支付更多的钱，在出售农产品时因为价格较低而得到较少的钱。苏联把这种情况看作是为了发展为全国服务的工业而向农民征收的一种额外税，是一种类似"贡税"的东西，是一种类似超额税的东西，"为了保持并加快工

① 《斯大林全集》第 8 卷，人民出版社 1954 年版，第 112–113 页。
② 《斯大林选集》(下)，人民出版社 1979 年版，第 496 页。

业发展的现有速度，保证工业满足全国的需要，继续提高农村物质生活水平，然后完全取消这种额外税，消除城乡间的‘剪刀差’，我们不得不暂时征收这种税”①。在斯大林看来，向农民收取“贡税”对加快发展工业、保证工业满足全国的需要是必要的，尽管这种税是一种令人不愉快的、讨厌的并且将来一定要取消的东西，但是，为了不削弱工业，不打击整个国民经济，暂时不能取消；至于向农民收取的“贡税”则应该通过工业合理化不断降低工业品价格，不断提高农业技术水平以降低农产品成本，不断使商业及其收购工作合理化，逐渐缩小并最后消灭“剪刀差”。

社会主义工业化思想对于推进苏联社会主义现代化具有重要的积极意义。人民民主国家的社会主义工业化是克服它们经济和技术上的落后、建成社会主义和保证人民福利增长的决定条件。但是，经济赶超思想导致了实践中重速度而轻质量，过分强调重工业，造成了轻工业与重工业的比例严重失调，农业发展很缓慢。“剪刀差”的存在也导致了工农业发展的不平衡，严重损害了农民利益。

四、社会主义农业集体化思想

1925 年年底至 1927 年，经过两年左右的努力奋斗，苏联的工业迅速发展，工业产值年增长率不断上升，国有化工业进入了改造时期，正如斯大林所说：“按发展速度来说，我国全部工业，特别是我国的社会主义工业，已经赶上和超过资本主义国家工业的发展。”② 为了巩固这一成果，保证顺利建设社会主义的条件，1927 年 12 月《联共（布）第十五次代表大会中央委员会的政治报告》指出，“党的任务：通过合作社和国家机关在供销方面扩大对农民经济的掌握，规定我们在农村建设中当前的实际的任务，即逐渐使分散的农户转上联合的大农庄的轨道，转上以集约耕作和农业机械化为基础的公共集体耕种制的轨道，因为这条发展道路是加快农业发展速度和克服农村中资本主义成分的最重要的手段”③，明确提出了实行农业集体化的方针。农业集体化是苏联通过合作社把个体的小农经济转变为社会主义集体经济的过程。

首先，实行农业集体化是社会主义工业化进一步发展的需要。在苏联社会

① 《斯大林全集》第 11 卷，人民出版社 1955 年版，第 140 页。
② 《斯大林全集》第 10 卷，人民出版社 1954 年版，第 257-258 页。
③ 《斯大林全集》第 10 卷，人民出版社 1954 年版，第 264-265 页。

主义大工业出现空前大发展的情况下，国家的任务就是巩固社会主义工业已经达到的发展速度，并且不断加快这一速度，以便创造赶上并超过先进资本主义国家所必需的有利条件。斯大林认为，农业产值增加比较缓慢，无法与国有化工业的发展保持平衡。而苏联农业落后于工业的原因就在于，“这一方面是因为我国农业技术过分落后和农村文化水平太低，另一方面特别是因为我们的分散的农业生产没有我们国有化的联合经营的大工业所具有的那种优越性”①。因此，斯大林提出农业发展的出路，不是放慢工业化的发展速度等待农业的发展，而是“把分散的小农户转变为以公共耕种制为基础的联合起来的大农庄……转变到以高度的新技术为基础的集体耕种制”②。只有这样，苏联的农业才能赶上较为发达的资本主义国家的农业，才能克服落后的农业经济对工业发展的障碍。

其次，实行农业集体化是缓解粮食收购危机、为工业建设创造安定环境的重要条件。随着苏联工业化的迅速发展、城市人口的猛增，带来了粮食和农产品的供应严重不足，特别是1927年年底又发生了粮食收购危机，严重地影响了工业化建设。斯大林指出，必须“展开集体农庄和国营农场的建设。……集体农庄和国营农场是能够采用拖拉机和机器的大农场。……比地主和富农的农场能出产更多的商品。……这对于国家的工业化是必要的”③。斯大林认为，这条集体农庄的发展道路是加快农业发展速度的最重要的手段。因此，按收购制度，集体农庄首先满足国家交售任务（低价），规定农业种植计划，集体农庄对此没有自主权，农民所有的人力、财力都被国家征用了。

联共（布）十五大通过关于实现农业集体化的决议，提出在现阶段“把个体小农经济联合并改造为大规模集体经济这一任务应该作为党在农村中的基本任务”④。

最后，实行农业集体化是巩固苏维埃制度的必要保障。当时苏维埃制度是建立在两种不同的基础上的，这两种不同的基础：一是联合的社会主义化的工业，二是以生产资料私有制为基础的个体小农经济。斯大林认为，苏维埃制度

① 《斯大林全集》第10卷，人民出版社1954年版，第261页。
② 《斯大林全集》第10卷，人民出版社1954年版，第261页。
③ 《斯大林全集》第11卷，人民出版社1955年版，第6页。
④ 《苏联共产党代表大会、代表会议和中央全会决议汇编》第3分册，人民出版社1956年版，第402页。

是不能长久地建立在这两种不同的基础上的。因为只要产生资本家和资本主义的个体农民经济在国内还占优势，资本主义复辟的危险就会存在；只要这种危险还存在，就不能真正地来谈苏联社会主义建设胜利的问题。要巩固苏维埃制度就必须把出产商品最少的个体农民经济联合为出产商品最多的集体经济。“小农经济是什么呢？是出产商品最少、赢利最小、自给自足的程度最高的消费经济，它的产品的商品率只占百分之十二到十五。[①]”与之相比，“集体农庄的产品的商品率是百分之三十到三十五，而且每一俄亩的收获量有时达到二百普特或二百普特以上”[②]。集体农庄比个体小农经济更能赢利，更为稳固，有更高的生产率，能提供更多的商品粮，所以，“要巩固苏维埃制度并使我国社会主义建设获得胜利，单是工业社会主义化是完全不够的。为此还必须从工业社会主义化进到整个农业社会主义化”[③]。至此，全盘集体化提上了日程。斯大林要求不惜人力、物力大力开展集体农庄和国营农场的建设，在农村建立“社会主义的经济据点”。

在实施农业集体化初期和全盘农业集体化过程中，斯大林对农业集体化的原则做了阐释。

第一，自愿原则。这是针对个体农户走农业集体化的态度而言的。“不用强迫手段而用示范和说服的方法把小的以至最小的农户联合为以公共的互助的集体的耕种制为基础、利用农业机器和拖拉机、采用集约耕作的科学方法的大农庄”[④]，主要在于说服农民相信集体农庄的优越性，让他们自觉自愿地加入集体农庄。

第二，分期分批原则。这是针对各地区的不同特点而言的。不同地区具有不同的经济结构，不同地区的农民具有不同的文化水平，因而集体化的速度也是不同的。要采取分期分批的原则引导不同地区的农民走农业集体化道路。

第三，灵活原则。这是针对农业集体化的方式而言的。农业集体化应灵活地采取各种合作化的方式。例如，生产方面的、供应方面的、销售方面的、信贷方面的合作化等。通过采取各种合作化的方式，使更多的农民走上普遍合作化的道路。斯大林强调，合作化是集体经济的一种形式，但不同于全盘集体

---

① 《斯大林全集》第 11 卷，人民出版社 1955 年版，第 179 页。
② 《斯大林全集》第 11 卷，人民出版社 1955 年版，第 181 页。
③ 《斯大林全集》第 11 卷，人民出版社 1955 年版，第 7 页。
④ 《斯大林全集》第 10 卷，人民出版社 1954 年版，第 261 页。

化，因为在合作化中，基本生产资料可以实行公有化，但住宅、宅旁园地、一部分牲畜、家禽不实行公有化。“只有当农民经济在新的技术基础上即通过机械化和电气化的方法加以改造的时候，只有当多数劳动农民加入合作社组织的时候，只有当多数农村满布集体形式的农业合作社的时候，全盘集体化才会到来。[①]”

农业集体化建立了农村的社会主义阵地，保证了工业和城市居民对农产品的需要，但全盘集体化运动也造成很多消极影响，如农民的生产积极性受挫、组织形式单一、农业劳动生产率低、产量多年下降等，这是造成苏联的农业直到全盘集体化以后的20多年仍然处于落后状态的重要原因。但是，不能因此而否定改造小农经济的必要性，不能因此而否定社会主义农业合作社道路的正确性。

第三节　对现代资本主义发展的研究

一、对国家垄断资本主义发展阶段的研究

20世纪50年代中期以后，苏联的主流学者认为，现代资本主义的本质是国家垄断资本主义。尽管对国家垄断资本主义的某些方面的认识还存在着种种分歧，但在以下两个方面却达成了共识。第一，列宁对国家垄断资本主义做出了科学论述，国家垄断资本主义理论是列宁帝国主义理论的组成部分。第二，国家垄断资本主义是帝国主义时代资本主义发展的新阶段。因此，垄断仍然是国家垄断资本主义的最根本特征。国家垄断资本主义不仅没有改变帝国主义的性质，而且还加剧了帝国主义的一切固有矛盾。

1955年，库兹敏诺夫在《国家垄断资本主义》一书的一开始就指出：“关于国家垄断资本主义的原理是列宁帝国主义理论的组成部分。……国家垄断资本主义是帝国主义时代的产物，它成长自垄断，是垄断发展的结果和最高阶段。”[②] 20年后，德拉基列夫在主编的《国家垄断资本主义：共性与特点》（1975年）一书中提到，苏联学者认为，尽管列宁直到1917年4月在《为捍卫

---

① 《斯大林全集》第10卷，人民出版社1954年版，第193页。

② ［苏］库兹敏诺夫：《国家垄断资本主义》，人民出版社1957年版，第1-2页。

关于目前形势的决议而发表的演讲》一文中，才第一次使用“国家垄断资本主义”这一术语，尽管国家垄断资本主义在当时尚未形成，但在这之前，他在《帝国主义是资本主义的最高阶段》以及1916年年底至1917年年初的一系列著作中，实际上已对国家垄断资本主义的本质和形式做了周详的论述。

苏联学者并不把国家垄断资本主义视为继帝国主义之后资本主义发展又一个独立的阶段，更不认为是帝国主义进入了“超帝国主义”阶段，换言之，国家垄断资本主义的形成包含在帝国主义发展的整个时期之中。在他们看来，国家垄断资本主义的形成过程经历了以下阶段。

第一阶段：20世纪初到第一次世界大战前的时间，是国家垄断资本主义开始形成的时期。第一次世界大战爆发后，在垄断资本的积极推动和国家的干预下，国民经济实际上成为服从于帝国主义战争需要的“军事国家垄断资本主义”的工具，从而加速了国家垄断资本主义的发展。

第二阶段：第一次世界大战结束后，国家垄断资本主义发展的势头一度有所减弱。但1929—1933年的经济危机激化了帝国主义的所有矛盾，政府出面对经济进行全面干预成为当时各资本主义国家摆脱危机困境的主要选择，结果是国家垄断资本主义的发展势头再度明显增强。

第三阶段：在第二次世界大战期间，战争动员使资产阶级国家经济的调节功能得到巨大发展，资产阶级国家对经济的影响和干预进一步增强。为适应战争的需要，政府对经济的参与和控制增加，国家垄断资本主义又有了迅速的发展。

第四阶段：第二次世界大战之后，所有发达资本主义国家都已完成了把垄断组织的力量和资本主义国家力量结合成统一结构的过程。国家对经济的调节和干预，已由大战和危机严重时期一种临时性的非常措施，转变为一种经常性的管理经济运行的常规机制，这是垄断资本主义发展到国家垄断资本主义这个更高阶段的标志。

苏联学者始终把第二次世界大战后社会主义与资本主义两大体系之间斗争的需要，看作是西方国家垄断资本主义迅速发展的首要因素。他们认为：“世界舞台上阶级斗争的加剧，不仅对资本主义生产力的发展，而且对它的生产关系的进化即对垄断资本主义转化为国家垄断资本主义，都有着巨大的影响。”①

① ［苏］德拉基列夫：《国家垄断资本主义：共性与特点》，上海译文出版社1982年版，第24页。

所以，在他们看来，“政治刺激力量”是推动第二次世界大战后国家垄断资本主义发展的重要因素。直到20世纪70年代中期，有些苏联学者仍然认为：“非常合乎规律的是，国家垄断资本主义的形成史，是同两次世界大战，一九二九——一九三三年的世界经济危机和五十年代中期到六十年代初期的两大世界体系力量对比的根本变化密不可分的……也就是与资本主义经受的巨大社会政治动荡相联系的。”①

此外，苏联学者对国家垄断资本主义在社会经济中所起的作用也进行了研究。他们认为，以前那种单纯从克服周期性经济危机的角度来解释国家经济职能的理论，已不能说明国家垄断资本主义阶段国家所实际发挥的经济作用。在他们看来，国家垄断资本主义是生产社会化加强的结果，就是由国家来承担全国范围内经济组织和意识形态组织的职能。然而，要对国家垄断资本主义形成进行实际分析，还需对一些因素的“总和”关系做出正确的估计，这些因素包括：生产资料国家垄断所有制经济的发展程度；国家在投资和对科学研究、生产基础设施拨款中所占的比重；包含军事采购在内的国家采购，以及用于社会开支的国家拨款总额；国家垄断调节所采取的间接措施的规模；国家规划和经济预测的发展；国家资本输出和在对外经济关系领域内国家综合措施的发展程度等。

对国家垄断资本主义发展阶段的研究，有助于社会主义国家更加深刻地认识国际经济环境，为制定正确的政策提供依据。

二、对国家在现代资本主义经济社会中作用的探讨

第二次世界大战后，科学技术飞速发展，各种新发明层出不穷，资本主义经济关系也产生了一些新的变化。其主要表现之一，是科学技术特别是通信与计算机技术的发展，使得国家干预经济的能力大大增强，与此同时，国家也有能力推动科技进步，从而使资本主义经济关系与科学技术革命呈现出一定的相互促进关系。

苏联学者也清楚地认识到，科学技术革命同国家垄断资本主义发展之间有着重要的内在联系。“在现代条件下，国家垄断过程的强大发展，是帝国主义

---

① ［苏］伊诺泽姆采夫等：《现代垄断资本主义政治经济学》（上册），上海译文出版社1978年版，第18页。

企图适应两大体系尖锐斗争局势的主要表现形式之一。同时，指出国家垄断资本主义的发展与科学技术革命的发展之间的相互依赖关系，这一点也很重要。资本主义以国家垄断为基础，促进了科学技术的进步，造成了再生产矛盾的一些新的形式，造成了社会动荡性的新根源，从而迫使资本主义动用所有新的国家垄断调节的手段，采用许多国家干预经济的新形式。①” 东欧的学者也做过类似的概括：“如果说 1929—1933 年生产过剩危机时期，第一次强烈地感觉到需要国家垄断资本主义，那么第二次世界大战后，在科学技术革命的条件下，垄断资本主义已迅速地转化为国家垄断资本主义。”②

依据苏联东欧国家学者的分析，在现代科技发展的新形势下，国家在现代资本主义社会中的经济作用主要体现在以下三个方面。

第一，国家推动科技发展和资本主义垄断的能力得到加强。第二次世界大战后，科技革命的飞跃发展改变了垄断组织在技术进步方面的职能，国家提供大量经费促进科技进步，而垄断组织的实力迅速增长，这又使它们能将技术革新成果较快地付诸实施。但是，垄断集团在各国内部和在国际上的竞争，以及帝国主义列强为了瓜分世界和争夺世界霸权而进行的斗争，激化了这一社会制度的基本矛盾，增加了其不稳定性。

第二，国家垄断的能力得到加强。德拉基列夫认为，国家刺激生产和资本积聚的方法分为直接的和间接的两类。固定资本的加速折旧冲销，是大多数帝国主义国家对垄断组织掌握的实际财产进行积累和积聚的有效手段，按照所谓总原则征收的周转税对资本的积聚发生强烈的刺激作用。这些措施刺激了垄断资本的集中和积聚，不仅符合本国垄断组织利益，而且加强了某些部门在世界市场上的地位。由于垄断组织的出现，自由竞争的原则遭到了破坏，从而引发了反对垄断组织的运动。资本主义国家相继发布了反托拉斯法，但是要在资本主义社会彻底实行反托拉斯法，那是不可能的。垄断资本积聚的过程同中小企业的利益存在着尖锐的矛盾。在法国，垄断组织为了自己的利益，以分包合同制的形式使小企业的经营受控于自己。此外，企业主联盟作为一种特殊的手段，它的重要职能就是保证垄断组织对国家政权经常施加影响。

第三，国家在农业、劳资关系和对外经济扩张等方面的作用都有所增强。

---

① ［苏］德拉基列夫：《国家垄断资本主义：共性与特点》，上海译文出版社 1982 年版，第 25 页。
② ［罗］格·普·阿波斯托尔：《当代资本主义》，陆象淦等译，生活·读书·新知三联书店 1979 年版，第 77 页。

德拉基列夫认为，在调节农业生产及其结构方面，国家限制和削减生产以防止危机，并通过土地和产品集中到大农场主手中和实现所谓垂直一体化，把加工和流通环节合并成混合企业，从而加强垄断组织的统治；在干预劳资关系方面，通过对劳动力再生产的国家调节、对就业和失业的影响以及人才培训，使工人阶级的状况适应资本主义生产的要求；在促进垄断组织对外经济扩张方面，国家通过对外贸易和对外投资的政策，在发达国家中逐渐消除相互限制，但又采取保护本国经济的调节措施，对发展中国家采取新殖民主义政策，使它们保留在资本主义体系中。

三、资本主义经济波动与经济危机理论

20 世纪 30 年代，苏联学者对资本主义政治经济学讨论的中心问题之一，就是怎样理解西方经济“大萧条”之后帝国主义和世界资本主义经济发展的新特点和新趋向，如何理解资本主义经济危机并不表现为“永久性”而是表现为周期性。在这些问题探讨中，最有影响的就是当时任苏联科学院世界经济和世界政治研究所所长、红色教授学院院长瓦尔加（1879—1964 年）的理论观点。

瓦尔加提出了“资本积累是资本主义生产周期进程的原因”的见解。他认为，资本积累在其实际形式上，即在转化为生产形态的社会资本上，就意味着资本主义消费能力的扩大，资本主义市场容量的增大。这既是复苏和繁荣的直接原因，也是产生危机的直接原因。这是因为，“当实际积累过程在繁荣阶段达到一定程度时，就发生从量到质的转变：积累的作用很快地改变。如果说，在这以前，积累是高涨的体现者，那么现在它就成了危机的直接的原因”①。在瓦尔加看来，积累产生着两种相互矛盾的过程：一方面，社会购买力扩大了，作为它的一部分的消费能力在绝对量上也同时扩大了；另一方面，积累又造成社会消费能力较之社会生产能力相对地缩小。由积累引起的消费能力的相对缩减，迟早必然使生产扩大终止下来，从而繁荣阶段必然导致实际积累过程暂时中断的危机。同时，瓦尔加还对固定资本的更新与积累之间的关系进行了分析，认为“积累是周期进程的原因，而固定资本的扩充则是积累的形式

① ［苏］瓦尔加：《现代资本主义和经济危机》，三联书店 1964 年版，第 126 页。

之一”①。

瓦尔加认为，对资本主义经济危机产生的一般原因的理解，还不足以包括1929—1933年危机具体的多样性。观察一下这场震撼资本主义世界经济的大危机，可以看到，从1928年中期到1929年中期，尽管世界工业生产还在增长，但所生产的商品已不能完全找到销路，库存激增，某些国家已经开始发生危机。从1929年中期到1933年年底，这一阶段是危机爆发时期，1932年中期达到危机的最低点，1934年才开始进入萧条阶段。瓦尔加特别强调了这场危机的特殊原因，即农业危机、世界市场变化、资本主义垄断作用以及资本主义总危机的存在，使得这场危机从时间的长度、对资本主义经济破坏的深度和广度上，都是前所未有的。

正是由于这些特殊原因的作用，瓦尔加认为应对1929年开始的资本主义经济危机的历史地位做出新的评价。他指出，这是第一次世界大战后资本主义总危机时期的第一次世界性的经济危机，经济危机由于以下种种原因发生了极大的“变形”：“由于受到作为它发生的基础的资本主义总危机的影响，由于它和农业危机交织在一起，由于价格的罕见的极度下降，这点局部地表现为早在世界大战时期保留下来的物价水平提高现象的消失，由于垄断资本及其国家为了人为地克服危机而采取的各种措施，这些措施虽然大大延缓了信用危机的爆发，但归根到底却加深并且延长了危机。②”同时，这一资本主义总危机时期的第一次世界性的经济危机，暴露了过去任何一次危机都不曾有过的“本质上崭新的因素”，即“货币贬值几乎囊括所有资本主义国家、外债几乎普遍不予偿还，资本输出差不多完全停止”③ 等。

瓦尔加对资本主义经济危机的分析，对当时苏联学术界以及其他国家一些马克思主义经济学家，都产生过重要影响。他不拘泥于马克思关于资本主义经济危机理论已有的结论，注意运用马克思主义经济学的方法，对资本主义经济发展的新情况、新问题、新特征做出新的概括，以此推动马克思主义经济学的新发展。

---

① ［苏］瓦尔加：《现代资本主义和经济危机》，三联书店1964年版，第127页。
② ［苏］瓦尔加：《现代资本主义和经济危机》，三联书店1964年版，第185-186页。
③ ［苏］瓦尔加：《现代资本主义和经济危机》，三联书店1964年版，第186页。

第四节　苏联和东欧国家的经济体制改革探索

苏联在社会主义经济建设实践中，建立了高度集中的计划经济体制。第二次世界大战结束以后，东欧社会主义国家基本上效仿苏联的模式，也建立起高度集中的计划经济体制。这种体制为东欧国家第二次世界大战后迅速实现社会主义工业化、恢复被战争破坏的国民经济、稳定社会主义制度的物质基础等发挥了重要的作用。但是，随着社会主义生产力的不断发展，这种体制越来越束缚生产力的发展，改革和完善社会主义经济体制，建立符合本国实际的经济体制，已经成为东欧各国的必然选择。为此，苏联和东欧社会主义国家进行了不懈的探索，掀起了一次又一次的改革浪潮。

一、苏联经济体制改革的兴起及其理论表现

在苏联，自斯大林去世后，对原有经济体制的改革就不断进行，斯大林时期的政策被逐步调整，各种关于经济体制改革的思想也不断涌现。

(一) 利别尔曼建议及其大讨论

1961 年苏共二十二大通过的苏共新纲领和其他文件，提出了以扩大企业权限、加强经济刺激、充分利用商品货币关系和各种经济杠杆以及加强经济核算为中心的比较完整的改革思想和方向，使苏联的经济改革及其理论指导原则较以前大大深化了一步。1962 年，苏联《真理报》全文刊登利别尔曼（1897—1981 年）的《计划、利润、奖金》，并加了带有倾向性的按语，从而挑起了围绕利别尔曼建议的一场大讨论，苏联经济改革学派也在这次大讨论、大改革中应运而生。

利别尔曼建议以及围绕这一建议进行的讨论，涉及关于社会主义计划机制和计划管理、关于社会主义经济动力和利润、关于国家和企业关系的理论与政策，其基本目的是鼓励企业接受高指标任务、关心最大的生产效果，以解决企业缺乏生产动力、隐藏生产能力的问题，达到这一目标的基本方法是加强利润的刺激作用。利别尔曼的文章对长期存在的以上级计划的完成情况为出发点评价和奖励企业的做法持否定态度，建议根据企业的技术经济条件规定计划盈利定额，以此作为评价企业工作效果的唯一可靠基础。在这种体制下，国家只给

企业下达按品种的产量任务指标，在产量品种计划经过协调和批准后，企业有权自行制订本企业的计划；企业根据统一规定的随盈利率而变化的奖金比率表，参与利润分配，从而提高企业生产经营积极性。当时的理论界有相当多的人对利别尔曼建议持否定态度，有人认为利别尔曼夸大了价值规律和利润的作用，也有人指责利别尔曼的建议将导致国民经济比例的严重破坏。支持利别尔曼建议的学者认为，经济改革的实质就是从占主要地位的行政管理方法过渡到经济管理方法，即利用价值规律和价值范畴，不再采用指令指标分解的强制方法。利别尔曼建议以及围绕这一建议进行的讨论，对苏联 20 世纪 60 年代中期进行的经济体制改革起了促进作用。1965 年，苏共中央在这次讨论的基础上通过决议，决定全面进行经济改革。

利别尔曼在《提高社会生产效果的经济方法》(1970 年）一书中，通过对 20 世纪 60 年代中期的大讨论和 1965 年的苏联经济改革进行总结，进一步系统地阐述了自己的经济理论。关于社会主义商品生产问题，他提出了“有计划的商品生产”概念，反对把计划关系看成主要的、把商品关系看成次要的观点，认为关键是如何把集中计划与商品货币关系结合起来，为了更快地达到商品货币关系消亡的共产主义社会第二阶段，现在应当尽最大努力运用商品货币关系。利别尔曼认为，这是一个辩证发展的过程，不能超越这个发展阶段。关于价值规律和利润的作用，利别尔曼指出，企业利润和盈利的作用来源于社会主义社会经济关系的实质，利润和盈利是说明企业工作效果综合指标中的重要指标，但不是社会主义生产目的。关于价值规律，他认为不应该分开来考察每个规律的实质和作用，在社会主义条件下，价值规律从来不能成为唯一的调节者。

（二）阿巴尔金的改革探讨

20 世纪 80 年代初，安德罗波夫继 1979 年勃列日涅夫推行的经济改革后，又一次酝酿着以扩大企业自主权为主要内容的新的经济改革试验。西伯利亚改革学派由此产生，他们提出了对苏联经济改革进程和目标的总体设想，其代表人物有阿巴尔金等。

在实施有计划的商品生产是否可以用利润作为激励机制的问题上，阿巴尔金认为，过去占统治地位的观点都过于简单地看待经济利益，低估利益体系中存在的客观矛盾。在社会主义条件下经济利益体系包括统一整体的社会的经济利益、劳动集体和劳动者个人的利益。阿巴尔金反对把企业工作效率的任何提高等同于国民经济效益的增长、职工个人实际收入的任何提高等同于人民生活水平的提高的观点。经济利益之间的矛盾是客观存在的，解决的方法只能是通过找到相应的途径在运动中来解决。保证全民经济利益占首要地位和起主导作用是协调经济利益的重要任务，在这里必须使经济利益同步实现和目标一致，还要使物质刺激和精神刺激目标一致。经济核算是社会主义社会所固有的协调社会、劳动集体和职工个人利益的方法。它作为使利益挂钩和培养对事业主人翁态度的有效方法，是不可替代的。

在对经营机制进行彻底改革的问题上，阿巴尔金认为，加强计划集中管理的原则同发挥企业和地方政府的主动性与自主性同样重要，关键是要有全新的方法使二者合理地结合起来，其标准只能是生产效率、节约时间以及取得有社会意义的最终成果，而不能单纯地讲多一点集中好还是少一点集中好。消费是生产的最终结果，因此衡量经营活动的质量如何，就应该根据满足社会需要的程度来评价，如改革要以消费者为导向、加强物质刺激与最终成果的联系、广泛采用长期经济定额、实行完全经济核算、扩大生产企业和联合公司及地方政府的权利和自主性等，改革应当是综合性的和彻底性的。

苏联在这一时期关于价值规律和有计划的商品生产问题的争论，对于各个社会主义国家进一步探讨计划与市场之间关系的问题，具有重要的推动作用。

二、东欧学者对社会主义经济体制改革模式的探索

社会主义制度没有固定模式，决定了社会主义国家的改革也不会有固定的模式。东欧社会主义国家在反思苏联模式的基础上，对社会主义经济体制改革模式进行了积极的探索。

1948 年，南斯拉夫与苏联的关系公开破裂后，正式抛弃苏联模式，从本国实际情况出发，提出工人自治和社会自治的社会主义自治制度的道路。20 世纪 50 年代斯大林逝世后，苏共二十大的召开和波匈事件的发生，导致东欧各国要求摆脱苏联控制，突破采用行政手段来管理经济、原则上排斥经济杠杆作用、否认市场机制作用的苏联模式。1966 年，匈牙利通过了《关于经济体制改革的决议》，其中写道，在生产资料社会主义所有制基础上，国民经济有计划的中央领导与商品关系、市场积极作用的有机联系要成为经济体制改革的主要特征。建立这种有机的联系意味着，一方面，在国民经济计划中仍旧由中央决定经济发展的主要指标和主要比例，另一方面，在社会主义经济总体制中，保证

给市场机制以广阔的活动余地。实践证明，完全采取计划管理体制，忽视市场调节作用，不利于提高经济效益和社会效益，影响国民经济的协调发展。罗马尼亚共产党中央提出要把计划管理同市场作用结合起来。保加利亚共产党中央提出把中央集中计划同企业的“响应计划”结合起来。保加利亚共产党十三大提出，现在需要在经济组织与国家机关之间建立一种新型的关系，以确保经济组织在自治的原则基础上，在再生产过程的整个环节上作为真正的经营者和生产者进行活动。自治的经济组织要能适应在价值规律和商品—货币关系的条件下进行工作，要能在国内外市场进行经济竞赛和竞争。

可见，东欧社会主义国家对社会主义经济体制改革模式的探讨，主要集中在计划与市场的关系问题上。东欧学者对计划与市场的关系主要有两种理解：一种是计划—市场模式；另一种是市场—计划模式。

（一）关于计划—市场模式

其核心思想是计划调节市场，社会主义经济中的计划性占主导地位，发挥主导性作用，市场、市场机制受计划的调节。市场和市场机制与其他经济杠杆一样，都是计划的工具，对市场和市场机制的利用，是为了加强国民经济的计划性、提高计划的有效性，更好地对国民经济进行管理，而不是用市场和市场机制对国民经济的调节作用取代中央集权计划的主导作用。赞同应用市场机制的重要依据包括：一是认为市场机制能够灵活地适应需求结构；二是市场机制能有效地配置生产要素，使企业能自觉地把消耗降低到最低限度；三是市场机制能有助于社会扩大再生产过程的平衡；四是保证中央一级的计划活动有合适的条件，使中央一级从琐碎的事务中解脱出来，集中精力进行基本的、关系国民经济发展的重大经济决策；五是能充分发挥广大群众的积极性、主动性、创造性，把个人利益与社会利益结合起来。相对于集权模式，计划—市场模式的社会主义经济体制无疑具有更多的优越性。匈牙利在处理计划与市场的关系时，实行计划调节与市场调节相结合并以计划调节为主的方针，把“集中的计划管理和市场的积极作用有机地联系起来”。他们坚持集中的计划管理，认为计划经济制度是使社会有可能最有效地使用和发挥其力量的源泉。但他们不同意传统的把下达指令性指标作为计划经济标志的理论，主张计划经济的实质是自觉地、经常地保持平衡，而指令性计划只是计划工作中的一种具体形式和方法，因此在改革中应取消指令性计划制度，实行指导性计划制度。匈牙利的学者主张充分发挥商品关系和市场的积极作用，保证市场机制有广阔的余地，主张大部分经济决策应该由企业根据市场情况自行做出。但同时又强调，社会主义市场不是一种放任自流的、自由竞争的市场，市场的运行条件和规则应由国家进行调节和管理，因而是有组织的市场。

（二）关于市场—计划模式

其核心思想是：计划、市场、市场机制本身都不是社会主义经济的目的，而是社会主义经济活动中配置生产要素的手段。在计划与市场的关系上，它们不过是一个硬币的两面，很难说谁起主导作用。市场和市场机制被认为是在社会主义经济活动中起自我调节作用的重要机制，计划主要用于协调、修正市场机制发生作用过程中产生的偏误，也就是纠正市场失灵，以确保国民经济在正确的轨道上运行。马克西莫维奇认为，自治经济的纯理论模式事实上必须包括两种经济模式的要素，即市场机制自发作用的要素和计划方法自觉作用的要素。如果对市场机制发生作用的各种因素不加以控制、指导和长期计划，就必然会导致经济比例失调，公有制就会变成集体所有制和个体私有制。解决这个问题的唯一方法就是探求计划和市场两种资源配置手段的最优结合。锡克认为，一是把计划建立在市场机制的基础上。社会主义不仅可以依靠市场机制，而且依靠它比依靠指令性计划生活得更好。二是计划不能代替市场，但能对市场进行补充。市场不能被集中的指令性计划所取代，因为任何一个中央机构都无法对包括千百万种产品和一系列复杂内在联系的、高度工业化的经济制定具体的生产计划，更不可能完全预见到未来消费的细小环节。显然，在锡克模式下，市场作为社会主义经济的主体存在并起主要的作用，而计划只是弥补市场机制作用的不足。计划和市场的结合是一种“补充和主体”的结合。南斯拉夫的经济活动就是由市场机制进行调节的。生产什么、生产多少、价格如何制定，都由企业根据市场情况加以规定，一切经济联系都通过市场进行。当然，南斯拉夫也制订社会计划，但这种计划仅仅是在企业根据市场情况制订的自治计划的基础上通过层层协商而形成的，因此整个计划制度是适应和服从市场的。

综上所述，东欧国家发端于20世纪50年代的对社会主义经济体制改革的探索，前后历经40多年，在实践上促进了各国的经济发展和社会进步，在理论上打破了苏联社会主义模式唯一正确性的神话。这对于深化对社会主义和社会主义经济的理解、探索社会主义经济发展道路、丰富社会主义经济理论是有一定意义的。但是也要看到，东欧社会主义国家的经济体制改革后来在理论和实践上越来越背离经济体制改革的设计初衷，越来越背离马克思主义，特别是戈尔巴乔夫提出"新思维"以后，东欧国家的经济体制改革走向了马克思主义的反面，最终使社会主义公有制转化为资本主义私有制，社会主义经济转化为资本主义经济。东欧国家经济体制改革的失败，使世界社会主义发展付出了惨重的代价，使马克思主义经济学的发展遭受了严重挫折，为其他社会主义国家探索社会主义经济发展道路提供了深刻的教训。东欧国家经济体制改革失败的原因是多方面的，结局是发人深省的。"东欧剧变、苏联解体，最深刻的教训是：放弃了社会主义道路，放弃了无产阶级专政，放弃了共产党的领导地位，放弃了马克思列宁主义，结果使得已经相当严重的经济、政治、社会、民族矛盾进一步激化，最终酿成了制度剧变、国家解体的历史悲剧。"①

思考题

1. 斯大林是如何阐述社会主义基本经济规律的？
2. "布鲁斯模式"的主要内容是什么？
3. 如何理解斯大林关于社会主义工业化和农业集体化的思想？
4. 国家垄断资本主义的形成经历了哪几个阶段？
5. 东欧学者关于社会主义经济体制改革模式讨论的焦点是什么？

---

① 《江泽民文选》第3卷，人民出版社2006年版，第230页。

第六章　西方国家的马克思主义经济学研究

西方国家的马克思主义经济学研究，是指西方国家的经济学学者以马克思主义经济学为主要对象进行的理论研究。这些学者中既有马克思主义者，也有其他社会主义派别的学者或左翼学者，甚至也包括一些资产阶级学者。西方国家马克思主义经济学研究的内容，包括对马克思主义经济学基本理论的研究，以及对资本主义制度及其历史命运、社会主义经济制度及其运行等重大问题的研究。这些研究，对于从更宽广的视野下了解和审视马克思主义经济学、更好地促进我国马克思主义经济学的发展是有益的。

第一节　马克思主义经济学在西方国家的传播和研究

一、西方国家马克思主义经济学传播和研究的主要阶段

马克思主义经济学在资本主义国家的传播和研究总体上是在比较困难的条件下进行的，西方主流经济学对马克思主义经济学始终是排斥的。但经过一代代学者的努力，西方国家的马克思主义经济学研究也取得了一些成果。

（一）十月革命后马克思主义经济思想在西欧的最初“复兴”

1883 年马克思去世以后，最先对马克思主义经济思想展开广泛研究的学者主要集中在西欧国家。在这里，马克思主义经济思想得到了传播和发展。

20 世纪初，英国和西欧其他国家的马克思主义学者在经济学上的建树甚微，他们的注意力大多集中在马克思政治学、历史学和社会学等领域。当时，马克思主义经济学的这种境遇，主要是由两个方面的原因造成的：一方面，19 世纪末泛起的伯恩施坦修正主义思潮，对马克思主义的思想做了一系列歪曲性的解释，从而严重地影响了马克思主义经济学的传播与发展；另一方面，经历了“边际革命”的资产阶级经济学，正在用边际理论重新规范原有的理论，阿尔弗雷德·马歇尔（1842—1924 年）的“新古典”经济学一时成为西方经济学发展的“主流”，西方学术界似乎以一种“轻蔑的缄默”来对待马克思主义经济学。

但是，不管是认为马克思主义经济学“过时”的论调，还是马克思主义经

济学遭遇的“轻蔑的缄默”的局面，很快就被打破了。俄国十月革命的胜利雄辩地证明了马克思主义经济学的科学价值和现实生命力。20 世纪 20 年代，苏联社会主义经济建设的成就从实践上生动地证明了马克思主义经济学的真理性，唤起了西方学者对马克思主义经济学的兴趣。此外，20 世纪 20 年代末席卷西方世界的“大萧条”，进一步动摇了西方资本主义国家的经济、社会和政治秩序。面对资本主义经济发展“危机”“崩溃”的趋势，许多西方学者开始注意运用马克思主义经济学理论，重新认识和分析资本主义经济制度的本质及其历史命运。当时，在西欧的马克思主义经济学研究领域，除希法亭、考茨基和鲍威尔等著名学者外，已经出现了一些年轻的颇有影响的经济学者，如亨里克·格罗斯曼（1881—1950 年）、莫里斯·多布（1900—1976 年）等。这次复兴和发展有三大特征：一是围绕马克思主义经济学基本理论展开深入研究，二是西方马克思主义流派的崛起，三是马克思主义经济学理论在日本得到了较为广泛的传播和研究。

（二）第二次世界大战后期到 20 世纪 50 年代晚期马克思主义经济学在欧美的传播

第二次世界大战后期，国际反法西斯同盟的形成为东西方经济学的“对话”提供了难得的机会。在这种学术氛围中，西方的一些马克思主义经济学研究者也在很大程度上表现出了对凯恩斯经济学的“宽容”，在理论上也或多或少地顺应了与西方经济学“沟通”的取向。第二次世界大战结束后，国际政治经济态势发生了深刻变化，特别是东西方两大阵营的形成及其在政治上、经济上、军事上、意识形态上的激烈对抗，使这一时期的马克思主义经济学在西方的传播和研究出现了以下两个方面的显著变化。

一方面，受“学院派经济学”力图“沟通”马克思理论和凯恩斯理论取向的影响，马克思主义经济学研究中出现了力图开辟马克思主义经济学与非马克思主义经济学“两派共存的时代”的主张。1942 年，美国的保罗·斯威齐（1910—2004 年）发表的《资本主义发展论》一书，是反映这一时期西方研究马克思主义经济学特点的代表作。斯威齐写作该书是为了使人们更好地理解马克思主义经济学这一“重要的社会思想整体”。斯威齐在书中对“消费不足论”的肯定和凯恩斯所倡导的有效需求理论有着某种内在的对应关系。

另一方面，马克思主义经济学也受到了来自西方“正统”经济学更为频繁的非难和攻击。特别是从 20 世纪 50 年代“冷战”开始，马克思主义经济学的研究和传播还受到了来自西方政治势力的各种阻挠。但是，即使在这种背景下，在英国，多布在对不发达政治经济学的研究、对封建社会向资本主义社会过渡的经济史和经济理论的研究以及对建立一种更为分散的社会主义经济模式理论的探讨上，都有过突出的成就。在美国，1949 年斯威齐创办了激进的社会主义理论刊物《每月评论》，为马克思主义经济学在西方的传播提供了重要的理论阵地。

（三）20 世纪 60 年代中期马克思主义经济学的再度“复兴”

20 世纪 60 年代中期，马克思主义经济学在西方得到了空前的传播和研究，出现这种情况的根本原因在于资本主义经济关系发展的现实呼唤马克思主义经济学的“复兴”。

这一时期，马克思主义经济学研究的显著特点就是拓展了理论研究的视野。20 世纪 60 年代中期以后，西方马克思主义经济学研究者对马克思主义经济学进行了深入的研究，其中关于价值转化为生产价格“转形”理论的研究，是关系马克思主义经济学中劳动价值论和剩余价值论科学地位与科学意义的重大理论问题。同时，他们还密切结合当时资本主义经济关系发展的实际，对当代帝国主义理论与实际做出了新的阐释。例如，保罗·巴兰（1910—1964 年）和斯威齐的垄断资本理论，詹姆士·奥康纳（1930—2017 年）的国家的财政危机理论等。在对当代资本主义生产方式及其经济、政治、社会发展整体研究的基础上，他们提出当代资本主义发展新阶段的一系列理论主张。例如，法国学者提出的国家垄断资本主义理论、欧内斯特·曼德尔（1923—1995 年）提出的晚期资本主义理论等。

这一时期，马克思主义经济学在西方的“复兴”还突出地表现在，开辟了马克思主义关于不发达政治经济学和马克思主义经济思想形成史这两个新的理论研究领域。

（四）20 世纪末期，尤其是世纪之交，是西方国家马克思主义经济学研究的广泛展开阶段

随着时代的变化，资本主义和社会主义这两大社会经济形态在生产方式、生产关系和思想理念等方面都进行了不同程度的调整和变革，世界经济政治格局发生极其深刻的变化，特别是东欧剧变、美国次贷危机引发的世界性经济危机对马克思主义经济学在西方的研究产生了深刻影响。这一阶段西方马克思主义经济学研究的特征是：

第一，马克思主义经济学在西方依然是区别于“正统”经济学的最有力的经济学流派之一。西方马克思主义经济学的研究虽经历了一段时间的阵痛与调整，但自20世纪90年代中期以来，逐步走出了低谷。

第二，马克思主义经济学在研究对象上发生新变化。它既注重马克思主义经济学基本理论研究，又积极研究现实问题、前沿问题和热点问题。相关历史理论、政治哲学理论、社会理论、文化批评以及女权运动、少数民族问题等都被纳入政治经济学的研究范围。有些学者大力主张“总体的”“分析的”研究方向和方法，把马克思主义理论体系中经济学、社会学、政治学等融为一体，进行综合性研究，形成独特的“社会批判理论”。

第三，市场社会主义、激进政治经济学成为西方马克思主义经济学研究的“显学”。当代国际垄断资本主义的发展、不发达问题研究、拉美左派崛起及其社会主义诉求、探寻社会主义经济体制改革的途径和模式、经济全球化的趋势及其本质、反经济全球化运动以及对新自由主义经济学和经济全球化的批判等，都成为西方马克思主义经济学研究的“热点”问题。

第四，马克思主义经济学研究出现了多元化发展取向，后帝国主义分析、分析的马克思主义经济学、生态的马克思主义经济学等蓬勃兴起。

二、西方国家马克思主义经济学研究的主要类型

从西方国家参与马克思主义经济学研究的经济学研究者类型看，大致分为两类：一类是马克思主义经济学研究者；另一类是把马克思主义经济学的一些重大主题作为研究对象，参与到马克思主义经济学研究和争论中的其他经济学研究者。后一种类型的经济学研究者，我们在研究西方马克思主义经济学的发展变化时虽经常涉及，但并不把他们界定为严格意义上的马克思主义经济学研究者。

对西方国家马克思主义经济学研究者的理论趋向做出严格的划分是困难的，但是，可以从不同学者的政治立场、学术观点和研究方法等方面，大体把他们分为三种不同的类型。

第一，“正统的”马克思主义经济学研究者。这一类型的马克思主义经济学研究者，在政治上大多参加本国的或国际的工人阶级或类似性质的组织、团体，有的甚至是这些组织、团体的领导人和主要的理论家。在理论研究和学术探讨中，他们自视能坚持马克思和恩格斯创立的唯物史观和剩余价值理论，坚

信资本主义必然灭亡和社会主义必然胜利的历史发展趋势，坚守在马克思主义经济学基本原理的前提下研究和探讨问题。但是，他们在一些最重要的理论结论及主要的研究方法上，都从属于他们所在组织、团体理论上的需要，为他们所在组织、团体的路线、方针或政策寻求理论根据。如英国的多布、比利时的曼德尔和意大利的安东尼奥·内格里等，就是这一类型中有代表性的学者。

第二，“激进的”社会主义者或“新”马克思主义经济学研究者。这一类型的学者，除了自视能够坚持运用马克思主义经济学基本原理研究当代资本主义和社会主义的经济关系外，还有三个显著的特点：一是在政治上，他们同西方国家的工人运动和无产阶级政党，只在理论研究论题上有着某种联系，在组织上毫不相关。二是在学术观点上，他们一般都认为第二国际和第三国际在理论上的推动力已耗尽，理论上的停滞只有通过新的探讨才能加以克服，这种新的探讨既包括直接回到马克思那里，也包括直接同资产阶级理论的对抗。三是在研究方法上，他们在对当代资本主义社会经济关系的研究中，既主张恢复马克思主义经济学的“传统”，更倡导马克思主义必须对世界做出重新解释，并在这一重新解释中，批判过时的旧的解释。在这一类型的学者中，最有影响的无疑是俄国的巴兰和美国的斯威齐。

第三，“教授的”“学术的”“校园的”马克思主义经济学研究者。这一类型学者的最大特点在于，他们更愿意把自己当作“纯粹”的学者、教授来看待和研究马克思主义经济学的历史、理论及其在现实中的地位与作用。他们与西方国家任何具有政治性质的组织或团体没有丝毫的联系，在学术探讨上，他们也不打算为认识当代资本主义和社会主义经济关系提供新的理论见解和思想基础。相反，他们在很多场合都以一种所谓“赞成”和“反对”的态度来对待马克思主义经济学，也就是说，他们主张“赞成”马克思主义经济学的科学成就、“反对”对马克思主义经济学非科学的理解，包括剔除他们认为的马克思主义经济学中已“过时”的成分。这些“教授的”或“学术的”马克思主义经济学家一般都相信，马克思主义经济学是人类经济思想发展史上的一座丰碑，它不仅在马克思时代，而且即使在当代，都有着不可估量的科学价值。持这种倾向的较有影响的学者及其著作有：M. C. 霍华德（1943—2009 年）和 J. E. 金（1947— ）以及他们合著的《马克思主义经济学史（1929—1990）》（两卷本），安东尼·布鲁厄（1942—2018 年）以及他的《马克思主义的帝国主义的理论：一个评论性的考察》等。

三、西方国家马克思主义经济学研究的主要特点

因为西方国家的经济、社会和文化特征，马克思主义经济学研究在西方国家呈现出明显的特点，对这些特点的认识，是科学评价和合理借鉴西方国家马克思主义经济学研究成果的基础。

第一，西方国家的马克思主义经济学研究关注对马克思主义经济学理论的"重新探讨"和"重新研究"。对马克思主义经济学的"重新研究"，突出地表现在对马克思主义经济学一些主要理论范畴和理论原理的重新解释，甚至是用新的范畴取代原有范畴。西方马克思主义经济学研究中广泛使用的"经济剩余"范畴，就是最显著的例证。在《增长的政治经济学》(1957 年）中，巴兰以"经济剩余"为中心概念，展开对垄断资本主义经济增长的性质及其趋势、不发达国家经济落后根源及其形态等问题的分析。在巴兰与斯威齐合著的《垄断资本》(1966 年）一书中，以"经济剩余"为中心概念，对垄断资本理论做了系统论述。他们指出，不再以"剩余价值"而以"经济剩余"为中心概念，完全是为了适应对垄断资本现实关系的分析。他们认为，为了分析当代垄断资本主义的新现象、新特点，有必要进行"术语的更换"。

在学习马克思主义经济学说史的过程中，对西方国家马克思主义经济学研究中"重新研究"的特征，应予以特别注意。研究马克思主义经济学时，的确有必要根据具体情况的变化，发展马克思主义经济学的基本原理，提出新的概念和分析框架，但是，这种取向应当以坚持和发展马克思主义经济学的基本原理为出发点。尤其要注意的是，根据马克思主义经济学的概念、范畴或分析方法提出一些新的观点和认识，并不能简单等同于马克思主义经济理论的发展。比如，在马克思主义经济学理论体系中，剩余价值是对应于抽象层次的"纯粹的""一般的"概念，具有普遍的指导意义。当理论分析进入较为具体的层次时，就存在把抽象的概念上升为具体的概念的问题。于是，西方左派学者根据美国垄断资本主义的实际，提出了"经济剩余"概念。他们认为马克思所指的剩余价值除了"等于利润+利息和地租的总和"外，还"表明了剩余价值也包含其他的项目，例如国家和教会的收入，商品转变为货币时的支出，非生产性工人的工资"。马克思把后者"看作是次要因素，并将其排除在他的基本理论

图式之外”，因此而提出实现“术语的更换”的问题。① 实际上，马克思将剩余价值归“利润+利息和地租的总和”，并在此基础上阐述了“其他的项目”是基于劳动价值论的科学分析。西方左派学者将所有这些“收入”并列起来，实际上否定了马克思的劳动价值论。

第二，西方国家的马克思主义经济学研究，强调对马克思主义经济学理论和其他流派的经济学理论进行“沟通”或“综合”。但是，它们往往忽视或淡化马克思主义经济学的指导地位。这是极其错误的。西方国家马克思主义经济学研究者为了改变他们所认为的马克思主义经济学的“停滞”趋向，“恢复”马克思主义经济学的“生命力”，从有利于当代马克思主义经济学发展的角度，提出了“沟通”马克思主义经济学和西方经济学的主张。在这种“沟通”中，包括把马克思、斯拉法、后凯恩斯学派、现代制度学派，以及一些新古典的理论综合起来，用于分析资本主义经济及其发展前景。比如，“理性选择的马克思主义”的经济学家，他们用分析哲学、建立数理模型、现代心理学和新古典主义经济学的概念和观点重新解释马克思主义经济学的基本理论，期望为马克思主义经济学构建一个微观基础。他们认为，如果要更好地解释阶级行动，那么马克思主义经济学需要对微观个体的动机和行为进行更为科学的解释。

在学习马克思主义经济学说史的过程中，应当深入思考在这种“沟通”或“综合”中，马克思主义经济学的“本质”能否长期地保存下来。比如，“理性选择的马克思主义”经济学研究，在一定程度上，因为对严格的新古典数理工具的使用，增强了马克思主义经济学中某些观点的说服力，扩大了马克思主义经济学的影响，但却淡化了马克思主义经济学的“内核”，使马克思主义经济学事实上降为西方经济学的一个流派。持这种观点的学者，基本不能算是马克思主义者，只是“教授的”或“学术的”马克思主义经济学研究者。

第三，西方国家的马克思主义经济学研究，强调对马克思主义经济学理论和其他流派的经济学理论进行“新的”“独立的”研究。这种“新的”“独立的”研究，既与“正统”经济学相对立，也与“官方”马克思主义经济学相对立。这里所谓的“官方”马克思主义经济学，主要是指 20 世纪 80 年代以前流行于苏联与东欧国家的政治经济学理论。比如，巴兰和斯威齐对列宁逝世以

---

① ［美］保罗·巴兰、保罗·斯威齐：《垄断资本：论美国的经济和社会秩序》，南开大学政治经济学系译，商务印书馆 1977 年版，第 15 页。

后被“官方”垄断的马克思主义经济学的发展现状深感不满，他们在《垄断资本》一书中指出：马克思主义关于资本主义经济学的理论，长期处于“停滞不前”的状态中，要恢复和发展马克思主义经济学在当代垄断资本主义理论研究中的生命力，必须回到《资本论》那里。曼德尔更多的是指责斯大林时期马克思主义经济学的发展状况，他在 1962 年出版的《马克思主义经济学理论》一书的开头就指出：20 世纪以来，特别是“斯大林主义”占统治地位以来，一些自命为马克思主义者的人，实际上仅仅满足于用《资本论》的摘要来重复马克思的教导，而这些摘要和现代社会的实际状况越来越脱节。他断言，长期以来，马克思的《资本论》并没有被成功地运用于对当代资本主义和社会主义经济关系的研究。

在学习马克思主义经济学说史的过程中，对西方国家的这种“新的”“独立的”研究也应予以注意。这种研究很容易形成多种多样的马克思主义经济学研究的派别，对于各个不同的派别，要批判地吸收其合理、科学的成分，摒弃其偏离马克思主义经济学基本原理的内容。

第四，西方国家的马克思主义经济学研究具有争论多、观点复杂的特征。比如，对马克思主义经济学中转形问题和利润率下降问题的研究，参与争论的既有像斯威齐这样的马克思主义经济学研究者，也有像萨缪尔森（1915—2009年）那样著名的西方主流经济学家，既有对转形问题历史方面的研究，也有对转形问题哲学层面的探讨，参与各种争论的专家、学者人员庞杂，观点差异很大。西方国家马克思主义经济学研究中的争论，有助于推动马克思主义经济学的发展，但同时也不可避免地会造成一些理论研究中的混乱。

第二节 对马克思主义经济学的理论探索

一、欧洲学者对马克思主义经济学的理论探索

（一）20 世纪初西欧国家的马克思主义经济学研究

在 20 世纪初欧洲的马克思主义经济学研究中，比较有代表性的学者有希法亭（1877—1941 年）、卢卡奇（1885—1971 年）、柯尔施（1886—1961 年）、葛兰西（1891—1937 年）等，他们对马克思主义经济学的探索主要体现在以下方面。

第一，希法亭对庞巴维克的反击。19 世纪末 20 世纪初，庞巴维克（1851—1914 年）在《资本与利息》（1884 年）、《卡尔·马克思体系的终结》（1896 年）等著作中对马克思的劳动价值论做了集中的批判。20 世纪初，希法亭在《驳庞巴维克对马克思的批判》一书中，对庞巴维克进行了反批判，主要包含以下方面：一是，庞巴维克认为，抽去了使用价值的交换价值是不可能存在的。对此，希法亭强调，马克思实际上所做的，只是抽掉使用价值的一定的表现形式，因为使用价值仍然是“价值的承担者”。这是不言而喻的，因为“价值”只不过是使用价值在经济学上的形式规定。二是，庞巴维克认为，在撇开商品使用价值之后，商品还有稀缺性、作为供求的对象、被占用等属性。这些属性同样可以取代劳动而成为商品交换中的“共同的东西”。而希法亭认为，每一种从使用价值，即从物的自然属性出发的价值理论，都是从物和人的个别关系出发的，而不是从人们相互之间的社会关系出发的。三是，庞巴维克“指责”马克思关于复杂劳动是倍加的简单劳动、复杂劳动可以简化为简单劳动的论述是一种“谬误”，是对价值规律本身的否定。希法亭认为，马克思的价值理论为我们提供了认识复杂劳动简化为简单劳动的社会过程据以进行的基本方式，它使价值水平成为一种在理论上可以计算的量。此外，希法亭对庞巴维克针对价值到生产价格“转形”问题进行的“指责”也做出了有力的回击。在上述基础上，希法亭对马克思价值理论的方法论进行了探析，揭示了以庞巴维克为首的经济学心理学派在方法论上的错误根源。希法亭认为，由于庞巴维克不断地从主观主义和心理学的观点提出论证，自然就认为马克思理论是有矛盾的，其实他所看到的这种矛盾是他对马克思理论做出主观主义解释的结果。

第二，卢卡奇对马克思“总体性”原则或“总体”方法的探索。在 1923 年出版的论文集《历史和阶级意识》中，匈牙利的卢卡奇认为，无产阶级科学之所以是革命的，并不仅仅因为它有与资产阶级社会相对立的革命观点，更为重要的是因为它有自己的方法，这一方法的核心就是“总体性”原则。卢卡奇“总体性”范畴的合理性主要在于：它把社会生活中孤立的事实，视为统一整体内历史过程的有机组成部分；而且只有在这个统一整体内，对个别事实的认识才能成为真实的认识。在卢卡奇看来，卢森堡及其他马克思主义经济学家所运用的方法论的科学性，就在于体现了这种“总体性”原则。他联系马克思《〈政治经济学批判〉导言》中的有关论述，对“总体性”原则在政治经济学方法论上的意义做了四个方面的说明：其一，马克思提出的“每一社会中的生产关系都形成一个统一的整体”这一名言，是对社会关系做出“历史的”理解这一方法论原则的出发点和关键所在。其二，马克思在《资本论》中所运用的方法就是：“把整个资本主义社会的问题，看成是构成它的诸阶级，即作为整体的资本家阶级和无产者阶级的问题。”① 相反，资产阶级经济学家，特别是庸俗经济学家，总是从“个别资本家”的观点出发考察资本主义经济发展的问题。其三，“总体性”原则在强调总体的至高无上性时，并不否认总体内各因素的独立性及其差别性。总体内各因素任一实质性的变化，同隶属于总体的其他因素的变化都是同步的，都只是由总体的性质规定了的变化。其四，经济学作为马克思主义科学整体的一个组成部分，它所揭示的经济范畴不可避免地具有“双重的意义”：一方面，经济范畴揭示了社会发展特定阶段中人和人之间某种确定的关系，这有利于我们认识既定的“横断面”的历史；另一方面，经济范畴是从人们之间的相互联系中产生的，而且也是在人们相互关系的变化过程中发挥作用的。因此，从社会发展的动态过程来看，经济范畴揭示的就是社会发展的整体过程，结果，“一定的经济总体的生产和再生产，必定变成一定的社会总体的生产和再生产”②。

卢卡奇对马克思主义经济学方法论的探讨，对批判当时流行的否定马克思主义经济学科学方法论的思潮，对纠正当时盛行于西方国家的马克思主义经济学研究中的折中主义和非历史、非阶级分析的错误理论倾向，起了积极的作用。

第三，柯尔施的“社会化”及“工业自治”理论。1919 年，德国的柯尔施在《什么是社会化》一文中，提出了“社会化”和“工业自治”理论。在柯尔施看来，社会主义所要求的“社会化”，就是对生产进行新的调节，以达到新的社会主义公有制经济来代替资本主义私有制经济的目的。作为“社会化”目标的“公有制经济”，则是一种把生产的社会进程看作是进行生产和消费的全体人员公共事务的经济制度。“社会化”可以分为两个阶段：第一阶段是实现生产资料的社会化和由此引起的劳动的解放。第二阶段是实现劳动的社会化。“生产资料的社会化”，实质上就是要消除生产资料的资本主义私有制，建立生产资料的社会主义公有制。他认为，实现“生产资料的社会化”原则上

---

① ［匈］卢卡奇：《历史和阶级意识》，商务印书馆 1996 年版，第 78 页。
② ［匈］卢卡奇：《历史和阶级意识》，商务印书馆 1996 年版，第 64 页。

有两条不同的道路：一条道路是夺取单个资本家掌握的生产资料，把生产资料置于公职人员的权力范围内；另一条道路是在不没收个别资本家生产资料这一前提下，从内部改变生产资料私有制的内容。柯尔施认为，后一条道路是行不通的。因为后一条道路混淆了“社会化”和“社会政策”之间的区别。此外，社会主义革命所要求的“生产资料的社会化”，决不等于生产资料的“国家化”。柯尔施认为，“国家化”只是“社会化”的一种形式，“国家化”本身容易造成官僚主义的公式化和僵化，容易窒息个人的积极性。“国家化”的这些弊端，只有在采取“工业自治”这一社会化形式时才能克服。柯尔施还认为，在“社会化”的第一阶段，只实现了生产资料的社会化，这时工人仍然根据各自生产的产品量领取劳动报酬。只有在第二阶段，物质生产资料和个人的劳动力都成为公有财产，每个人按照自己的能力对社会生产做出贡献，并按照自己的需要分享共同生产的成果。“工业自治”这一特殊的社会化形式，对促进社会化向其第二阶段的发展起着重要的推动作用。柯尔施认为，只有以“工业自治”的形式调节社会生产关系，才能真正地体现社会主义“社会化”的根本性质。

第四，葛兰西的“工厂委员会”理论。安东尼奥·葛兰西（1891—1937年）在指导无产阶级革命过程中，提出了“工厂委员会”理论。1920 年 7 月，葛兰西在给共产国际执行委员会的报告《都灵的工厂委员会运动》中，结合都灵四月工人总罢工的经验，对其工厂委员会的理论与实践做了论述。他主张建立的工厂委员会的组织形式，有利于实现工人阶级对社会生产和社会生活的民主控制，是一种由工人阶级作为历史和生产过程主体的无产阶级国家模式的理论。葛兰西认为，工厂委员会还是社会主义国家的政权组织形式。社会主义的根本问题应该是群众解放的问题，也就是使群众自身成为自治的积极因素的问题。因此，无产阶级专政应该体现在一种特别有利于发挥生产者自身积极性的自治组织中，“工厂委员会是按照生产原则建立的，它应当在工人阶级的眼中成为借助于无产阶级专政来建立的共产主义社会的范例”①。

（二）两次世界大战之间的马克思主义经济学研究

两次世界大战之间，在马克思主义经济学研究上比较有代表性的是多布对劳动价值论和经济危机理论的研究。

---

① 《葛兰西文选（1916—1935）》，人民出版社 1992 年版，第 142 页。

在20世纪30年代初，劳动价值论不仅受到形形色色的主观价值论者的攻击，同时还受到倡导经验价格、主张取消任何价值理论的新思潮的挑战。多布是20世纪西方极负盛名的马克思主义经济学研究者，他毕生从事的政治经济学理论研究最突出的论题就是劳动价值论，其对劳动价值论研究的成果，集中反映在一些论文和著作中，其中最重要的有《价值理论的必要条件》《古典经济学和马克思》《政治经济学和资本主义》。多布指出，劳动价值论无论是在政治经济学的理论逻辑上，还是在体系结构上，都占有重要的地位。任何科学理论体系的建立，都是从对一种比较模糊且未加区分的领域的事物的描述和分类开始的；只有在做了这种描述和分类的基础上，才能在以后的进一步分析中，得出适合这一科学理论体系的普遍原则。多布认为，只有能够执行这种“描述和分类”功能的价值理论，才是一种“充分的”价值理论，只有劳动价值论才是唯一“充分的”价值理论。作为“充分的”价值理论，不仅在政治经济学理论的抽象层次上是正确的，而且在不断接近于现实世界的具体层次上，在经过适当的“修正”之后，也应该是正确的。多布从政治经济学理论体系结构视角对劳动价值论的探讨，不仅对当时流行于资产阶级经济学中形形色色的价值理论做了深刻的批判，而且也给后来的马克思主义经济学研究者以极大的启迪。

关于资本主义经济危机，多布认为，对资本主义经济危机过程和性质的分析，是马克思政治经济学原理应用于资本主义经济现实最重要的成果之一。他认为马克思在这一问题上的贡献主要包括：一是与政治经济学史上其他的经济危机理论或商业循环理论不同，马克思认为资本主义经济危机是与资本主义经济制度自身的根本特征相联系的；二是对资本主义经济危机的研究，实质上就是对资本主义制度本身“动态的研究”；三是在对资本主义经济危机性质及其根源的研究中，要注重对这一社会阶级关系的研究。

（三）第二次世界大战后的马克思主义经济学研究

在第二次世界大战结束后的马克思主义经济学研究中，除了英国的米克（1917—1978年）对劳动价值论的研究，更多的学者开始把关注的重点转向对资本主义发展变化的分析。

第一，米克对劳动价值论的研究。在1956年出版的《劳动价值学说的研究》一书中，米克详尽地考察了劳动价值学说的发展史，说明马克思的劳动价值论无论在马克思时代还是在现时代，都是真正的科学。米克指出：“唯物史观是马克思以后经济研究的出发点，它在很大程度上决定了他所采取的经济研究方法。然而，要是说马克思把唯物史观看作一种不变的、既定的方案，经济事实不论怎样都要符合于它，那就大错特错了。相反的，他把唯物史观作为一种假设，要在应用于经济事实时加以检验。”① 米克从方法论的角度，正确地阐明了劳动价值论作为马克思主义政治经济学最基础、最基本理论的必然性。

第二，法国学者论国家垄断资本主义。20 世纪 60 年代中期以后，国家垄断资本主义也是西欧马克思主义经济学讨论的中心论题之一。法国马克思主义经济学研究者对国家垄断资本主义的研究主要表现在三个方面：

一是通过对资本主义生产方式发展历史的研究，揭示了国家垄断资本主义的基本特征。在法国马克思主义经济学研究者看来，国家垄断资本主义是整个资本主义生产方式历史发展的结果。他们把资本主义生产方式的发展划分为三个基本阶段：原始阶段、古典阶段和垄断阶段。法国马克思主义经济学研究者还进一步把“垄断阶段”的资本主义分为“简单垄断”和“国家垄断”两个时期。他们强调，国家垄断资本主义区别于一般垄断资本主义最显著的形式和过程就是国家对经济生活的全面干预、技术进步的加速、科学技术革命、生产国际化、通货膨胀、国内和国际的货币危机、社会各阶层的雇佣劳动化、两极分化以及阶级斗争的扩大等。

二是以马克思资本主义平均利润率下降趋势理论为指导，分析了资本积累过剩和资本贬值必然性之间的内在逻辑联系，阐明了国家垄断资本主义形成和发展的内部机制。在国家垄断资本主义阶段，为缓解私人垄断“资本过剩”的局面，国家自办的企业（如国有企业等）就以“资本贬值”的方式，对资本主义经济进行干预。

三是对国家垄断资本主义阶段国家和垄断资本之间既统一又冲突的辩证关系进行了研究。在国家垄断资本主义阶段，国家权力与垄断资本有机地联系在了一起，但它们之间仍然存在矛盾，而正是这些矛盾才使得现代资本主义成为资本主义社会的最后阶段。

第三，法因对国家垄断资本主义发展阶段的探讨。20 世纪 70 年代后期，英国马克思主义经济学研究者本·法因（1948— ），根据第二次世界大战后资本主义发展的情况，针对当时西方马克思主义研究中关于帝国主义理论存在的一些偏向，对国家垄断资本主义发展阶段的性质提出了自己的见解。法因认

---

① ［英］米克：《劳动价值学说的研究》，商务印书馆 1963 年版，第 162 页。

为，要理解当代国家垄断资本主义发展到现在的性质，应首先从理论上搞清楚两个问题：其一要把抽象层次上的“生产方式”和具体层次上的“社会形态”严格区分开来；其二要把资本主义生产方式的两种不同“转化”关系区分开来，即区分资本主义生产方式向另一种不同性质生产方式的“转化”以及资本主义生产方式内部、一个发展阶段向另一个发展阶段的“转化”。在法因看来，探讨当代资本主义发展阶段的问题，应该指的是后一种“转化”，即资本主义生产方式内部、在保持资本主义性质不变的前提下，资本主义阶段性特征的变化。在理解资本主义生产方式内部不同发展阶段的转化时，关键在于要进一步考察由资本主义生产方式内“生产力和生产关系的发展对社会关系形式所造成的后果”，其中主要是社会化形式的变化（包括生产、分配和交换经济关系上的变化）、占有和控制剩余价值方式上的转化、社会关系中政治关系和国家形式三方面的问题。

第四，曼德尔的晚期资本主义理论和长波理论。20 世纪最后 30 年，西方的一些马克思主义经济学研究者在对当代资本主义经济关系的研究中，提出了许多重要理论。德国的曼德尔的晚期资本主义理论就是其中较有影响的一种。

曼德尔认为，根据马克思主义经济学的基本原理和基本方法，可以把 18 世纪末以来资本主义生产方式的发展分为三个阶段：自由竞争的资本主义、“古典的”帝国主义和“晚期资本主义”。“晚期资本主义”，指的是第二次世界大战后帝国主义进一步发展的阶段，或者说是帝国主义的第二阶段。晚期资本主义理论是作为与当时流行的国家垄断资本主义理论、有组织的资本主义理论相对立的理论提出来的。在《晚期资本主义》和其他一些著作中，曼德尔试图以《资本论》和《帝国主义是资本主义的最高阶段》中的理论原理为基础，特别是以列宁提出的“古典的”帝国主义特征的理论为基础，阐明晚期资本主义发展的新特征。在研究当代资本主义经济关系方面，曼德尔在晚期资本主义理论中提出了一些给人以启迪的、新鲜的见解。

晚期资本主义理论同资本主义长期波动理论有着密切的联系。曼德尔认为，自 18 世纪末以来，资本主义经济发展中不仅存在每隔 7 至 10 年为一周期的经济波动，而且还存在每隔大约 50 年为一周期的长期经济波动。他的长波理论以技术革命的发展为基点，以固定资本的扩大和更新为中介，以平均利润率的变动为主要依据。曼德尔也多次强调，平均利润率尽管是资本主义长期经济波动的主要原因，但绝不是唯一的原因。曼德尔的长波理论和他对资本主义生产方式历史发展阶段的划分是相一致的。在4次长波过程中，工业革命本身的长波和第一次技术革命长波就是自由竞争的资本主义阶段，第二次技术革命长波就是“古典的”帝国主义阶段，从第三次技术革命长波开始就进入了晚期资本主义阶段。从资本主义经济长期波动的视角，考察资本主义生产方式的历史发展阶段，这是曼德尔的一项理论“创新”。这无疑为我们认识当代资本主义的性质及其发展趋势提供了新的思路，同时对马克思主义帝国主义理论在当代的发展也会产生重要的影响。

二、美国学者对马克思主义经济学的理论探索

（一）“垄断资本学派”的形成

新古典经济学在美国取得支配地位，以及美国马克思主义经济学研究历史相对短暂的特征，使美国的马克思主义经济学研究通常放在一些极具争议性的主题上，研究较多地集中在价值论、剥削问题、转形问题、利润率理论等方面。

在美国的马克思主义经济学研究中，最重要的是“垄断资本学派”。巴兰和斯威齐是美国激进的“垄断资本学派”最初思想的创立者，他们在《垄断资本》一书中详尽阐释了垄断资本理论。这一学派还包括哈里·布雷弗曼（1920—1976年）、奥康纳等学者。

第一，巴兰和斯威齐的垄断资本理论。巴兰和斯威齐认为，资本主义自由竞争的结果是垄断。他们以美国的经济发展事实为依据，以垄断资本主义条件下“经济剩余”产生和吸收的矛盾分析为轴心，论述了当代资本主义发展的特征：一是当代垄断资本主义是由大公司主导的一种市场制度，这些大公司仍然以利润最大化和资本的积累为目的。二是垄断资本在不断创造出“经济剩余”的同时，并没有为这些增加的“经济剩余”提供出路。三是生产力上的“划时代的发明”和“战争及其后果”作为两个主要的外部刺激因素，对美国垄断资本日益增长的剩余也起到了中和的作用。

第二，布雷弗曼对雇佣劳动的研究。1974年布雷弗曼的代表作《劳动与垄断资本》出版，该书成为20世纪70年代中后期美国“垄断资本学派”理论发展最有影响的著作之一。布雷弗曼对发达资本主义国家中雇佣劳动与垄断资本关系的性质及其发展历史做了详尽的论述。布雷弗曼从马克思主义政治经济学的立场出发，认为资本主义生产条件下发展起来的管理制度和工艺技术与资本

主义生产关系和阶级关系紧密相连，垄断资本主义条件下科学技术革命和管理制度的变革，绝不可能引起雇佣劳动体力上和脑力上的任何“解放”，只会形成劳动者日益严重的“异化”。

第三，奥康纳的国家的财政危机理论。奥康纳提出的这一理论，旨在阐明20世纪50年代以来发达资本主义国家，特别是美国资本主义经济增长趋势、危机的特征及其根源。国家的财政危机理论建立在两个基本前提下：一是在资本主义发展中，国家必须履行两个基本的但却常常是矛盾的职能，即积累和合法化的职能。二是和资本主义国家这两个基本职能相对应，国家的支出也必然具有“社会资本”和“社会支出”两重性。“社会资本”是指对有利可图的私人积累所必需的支出；“社会支出”是国家为维持社会和谐，完成国家“合法化”职能所必需的支出，如实行社会福利制度上的支出等。奥康纳对国家支出两重性的区分，并不是单纯地从预算项目表中直接引申出来的，而是从对社会阶级力量对比、社会政治经济因素的综合考察中引申出来的。奥康纳得出了两个“基本命题”：一是在当代发达资本主义国家，国有产业部门的发展和国家支出的增加，日益成为垄断产业部门发展和社会生产增长的基础。反之，垄断产业部门的增长又导致国家支出的进一步增加。二是在当代发达资本主义国家，“社会资本”和“社会支出”的积累是一个矛盾运动的过程，这一矛盾运动容易导致经济、社会和政治危机。

（二）激进政治经济学的兴起

激进政治经济学从广义上讲，是一种批判正统经济学的具有激进色彩的经济思潮的总称。狭义激进政治经济学专指产生于20世纪60年代西方国家和第三世界国家，自称运用马克思主义和社会主义观点批判正统经济学和资本主义制度，并代之以社会主义的经济思潮。激进政治经济学派形成于20世纪60年代末，一般以1969年“激进政治经济学联盟”的成立，作为这一学派形成的标志。

激进政治经济学派在马克思主义经济学理论的研究上出现了一些引人注目的变化。首先，他们不再通过阅读巴兰、斯威齐等人的经济学著作来理解马克思，而是直接通过对马克思《资本论》及其经济学手稿的深入研究来理解马克思。其次，他们不只重视马克思主义经济思想的研究，而且还注重探讨马克思主义经济思想的“整体”，即构成马克思主义经济学理论基础的唯物史观、政治学及唯物辩证法。最后，他们不仅注重对某些具有强烈现实意义的理论进行探讨，如资本主义劳动过程的性质、资本主义经济危机理论等，而且着力对某些较为抽象的“纯粹”理论进行探讨，如价值和生产价格“转形”问题、资本主义生产劳动和非生产劳动以及社会资本再生产模型的数理化问题等。

20世纪70年代中期以来，激进政治经济学派对资本主义现实经济关系进行了探讨。激进政治经济学派一般认为，当代资本主义经济的本质特征仍然是垄断；但是，他们又认为，列宁在20世纪初对帝国主义经济特征的概括，需要做进一步的“补充”和“修正”。因此，赋予列宁帝国主义理论以“现代的”意义，成为一些激进政治经济学派理论研究的“热点”。此外，对马克思主义关于资本主义经济危机理论的研究，是20世纪70年代中期以来激进政治经济学派迅速发展的重要特征之一。在20世纪80年代，激进政治经济学派相信，对经济危机理论的重新探讨，有助于推动工人运动、社会运动和第三世界的独立运动，有助于壮大左翼力量、提高他们开展政治与意识形态领域斗争的能力。

三、日本学者对马克思主义经济学的理论探索

（一）第二次世界大战结束之前日本学者对于马克思主义经济学的研究

从明治维新到第一次世界大战前，日本进入马克思主义经济学研究的启蒙期。1903年，片山潜（1859—1933年）出版了《我的社会主义》，剖析了资本主义社会从生产、发展直到崩溃的规律，探讨了无产阶级的社会使命。他在《社会主义》杂志上又发表了《社会主义的产业制度》《社会的劳动》《产业利益的分配》等文章，阐述了马克思主义经济学及其运用。幸德秋水（1871—1911年）出版了《社会主义神髓》一书，该书从剩余价值出发，阐述了资本主义社会崩溃的必然性，强调社会主义社会是人类社会发展的最高阶段。1911年，日本政府以莫须有的罪名，杀害了幸德秋水等12名积极从事社会主义运动和马克思主义宣传的革命者。此后的10年，马克思主义经济学在日本的传播进入了“沉寂”期。

在两次世界大战期间，日本学者对于马克思主义经济学的研究出现了三次论战。第一次是关于价值理论的论战（1922—1930年），主要是围绕《资本论》第1卷的价值理论与《资本论》第3卷的生产价格理论之间是否存在矛盾展开的。第二次是关于地租理论的论战（1928—1933年），主要针对的是马克思主义的级差地租理论。第三次是关于日本资本主义的论战（1927—1937年），

“讲座派”和“劳农派”之间围绕明治维新和日本资本主义性质展开激烈争论。

“劳农派”的重要代表人物是河上肇（1879—1946 年），他对推动马克思主义经济学研究发挥了重要的作用。《〈资本论〉入门》是河上肇的一部重要著作，它对马克思主义经济学在日本的传播至少产生了三个方面的重要影响：一是河上肇并未满足于对《资本论》理论做注释性的解说，他在许多理论问题上提出了自己的见解。这部著作对日本学者乃至中国学者学习和研究《资本论》都产生过重要影响。二是河上肇运用《资本论》理论原理对日本资本主义发展的实际做了深入剖析。三是河上肇对资产阶级经济学家攻击马克思主义经济学的种种谬论做了批判。

（二）第二次世界大战后日本学者对于马克思主义经济学的探讨

第二次世界大战后至 20 世纪 80 年代，日本马克思主义经济学的研究得到了进一步发展，形成了诸多在国际上产生了很大影响的马克思主义经济思想学派，如宇野学派和数理马克思主义学派。

宇野学派的核心人物宇野弘藏（1897—1977 年），强调把经济学研究划分为“原理论”“阶段论”和“现状分析”三个阶段，并主张只有以“原理论”为基准，以“阶段论”为媒介，才会有科学的“现状分析”。1950—1952 年出版的《经济学原理》是宇野对整个《资本论》体系进行再整理和编撰而完成的著作，共由三篇构成，即流通论、生产论和分配论。在流通论中，宇野以价值形式为主线，在抛开价值实体的前提下，对处于流通形式的商品、货币、资本的特性进行重新梳理，论证了商品向倾向、货币向资本转化的必然性。在生产论中，宇野把劳动力的商品化作为理论核心。在分配论中，宇野提出利息理论应放在与生产过程直接相关联的利润理论和地租理论之后予以阐述。

在当时的日本马克思主义经济学研究中，数理马克思主义经济学在国际上获得的声望最高，其代表人物是置盐信雄（1927—2003 年）和森岛通夫（1923—2004 年）。这个学派以对“马克思的基本定理”的研究走向世界，在 20 世纪 70 年代转型问题的争论中获得了较好的声誉，在这场争论中，数理马克思主义经济学是拥护马克思阵营的代表。

东欧剧变后，日本的马克思主义经济学研究一度走入低潮，但是 20 世纪 90 年代中期之后，日本的马克思主义经济学研究再度活跃起来。一方面，马克思主义经济学经典著作重新开始被重视；另一方面，经济全球化、环境、社会福利、贫困等现实问题日益受到马克思主义经济学者的关注与研究。

第三节　关于社会主义经济核算和运行等问题的争论

一、关于社会主义经济核算问题的争论

俄国十月社会主义革命的胜利，创立了一种根本不同于资本主义私有制经济的新型的社会经济制度。资本主义和社会主义的共同发展，以及社会主义国家在经济社会建设上取得的成就和遭遇到的问题，使得西方马克思主义经济学研究开始关注社会主义经济制度及其运行问题。

1920 年，米塞斯（1881—1973 年）发表了名为《社会主义国家中的经济核算》的论文。在这篇论文中，米塞斯提出了社会主义经济制度下不可能存在合理的经济核算的观点，认为要把市场和价格形成的功能同以生产资料私有制为基础的社会分离开来是不可能的，对社会主义经济运行来说，要么是社会主义，要么是市场经济，二者必居其一。20 世纪 30 年代中期，哈耶克（1899—1992 年）在他主编的《集体主义的经济计划》一书中，重提米塞斯的观点。与米塞斯不同的是，在哈耶克看来，社会主义经济核算，即合理的社会主义经济在理论上是可以设想的，只是在实践上不具有现实可能性。

在 1934—1937 年，一些马克思主义经济学研究者，包括一些同情社会主义制度的学者，对米塞斯和哈耶克的理论观点做了反驳。他们的中心论点是：在实行生产资料公有制和实行中央计划的社会主义经济中，完全能够进行合理的资源配置，完全能够建立一种保证资源合理配置的经济机制和经济体制。但在对这一中心论点的论证中，存在两种不同的思路。

一种是以多布为代表的思路。在对苏联社会主义计划经济研究的过程中，多布提出，不能把资本主义经济范畴，如价格、市场、竞争等运用于社会主义经济中，明确反对在社会主义经济中运用市场、价格等经济范畴。他坚持认为，以中央计划局为社会经济运行中心的计划经济，较之由市场或由消费者的“选择自由”来决定的经济，具有毋庸置疑的优越性。

另一种是以兰格（1904—1965 年）为主要代表的思路，这其中也包括美国的泰勒（1855—1932 年）和勒纳（1903—1982 年）。兰格、泰勒、勒纳等人既承认社会主义公有制和计划化的优越性，又认为由商品、价格、市场、竞争等构成的市场具有某些积极职能，所以他们主张社会主义应该把计划化与市场机

制的某些职能结合起来。这种结合的形式，就是用计划化体制来履行市场的某些职能，确保竞争市场的“均衡条件”得以实现。

泰勒认为，社会主义不存在生产资料市场和劳动力市场，但存在消费品市场和消费者的选择自由，计划者的困难并不严峻。泰勒建议计划者首先应确定产品的价格，然后通过供求机制自发试错来寻找均衡价格。勒纳利用新古典的一般均衡理论对社会主义经济计算问题进行了研究，认为即使在完全的公有制经济中，价格机制也应当在资源配置中发挥重要作用。

兰格提出了后来被称为“兰格模式”的理论。首先，兰格认为社会主义经济主要具备三个特征：一是生产资料的公共所有，即实行了生产资料的社会主义公有制；二是保持消费选择和职业选择上的自由，因而消费者偏好是生产和资源配置的指导标准；三是不存在资本商品市场和劳动以外的生产资源市场。在这里，兰格已经在一定程度上意识到，社会主义经济应该存在不同的经济运行模式。其次，兰格依据一般均衡理论，对竞争市场中的价格决定和资源配置问题做了分析。他认为，在竞争市场的条件下，参与经济资源配置的人通过一系列连续不断的“试错”过程，形成物品的均衡价格，达到一种动态性的经济均衡。在这里，兰格实际上试图从资本主义市场经济运行的特定过程中，抽象出社会经济运行中资源配置的一般过程，并把这种一般过程，作为分析非资本主义经济运行的手段。再次，兰格分析了他所界定的社会主义经济中，消费品和生产资料价格决定及其对生产资源配置的影响问题。他进一步认为，在他所界定的社会主义经济的动态过程中，中央计划局可以利用“试错法”实行生产资源的合理配置。最后，兰格认为，按照这种“模拟市场”方式实现的生产资源的合理配置，比资本主义私有制经济中的竞争市场具有更大的优越性。

在这场论战中，针对反对社会主义的各种观点，社会主义赞成方获得了更大胜利，这一点在一定程度上能从苏联计划经济在当时的成功和西方 20 世纪 30 年代大危机的现实中得到验证。泰勒、勒纳、兰格对社会主义经济运行所做的这些探讨，不仅对 20 世纪二三十年代米塞斯、哈耶克等人否定社会主义经济运行中实行经济核算现实可能性的观点做了颇为有力的批判，也为后来社会主义政治经济学理论的发展提供了一条新的思路，对社会主义经济和市场经济理论的探讨产生了积极的影响。

二、关于向社会主义过渡的理论

随着苏联和东欧等国家社会主义经济关系的建立和发展，西方的一些马克思主义经济学研究者对社会主义经济关系的基本性质问题进行了思考。

1971年，斯威齐在一次关于向社会主义过渡问题的国际讨论会上提出：尽管马克思主义者都普遍地认为，社会主义不过是资本主义通向共产主义的一个“中途站”。但是，马克思主义者在什么是社会主义目标的问题上，并没有形成普遍一致的意见。在有关社会主义目标上的意见分歧主要表现在三个方面：社会发展的最终取向，具体实施的政策及其导向，检验社会前进或倒退的标准。

在斯威齐看来，社会主义的先决条件就是政权必须从资产阶级手中转到无产阶级和农民手中，这不仅指政府机关的领导职位必须由工人阶级的代表来担任，而且国家机器——首先是它的军队——应当成为群众代表所掌握的忠实可靠的工具。除此之外，社会主义还有一系列重要的特点。但是，一些马克思主义者却把其他的特点仅仅归结为“决定性的生产资料归国家所有”和“全面的经济计划”这两个方面。斯威齐认为，只坚持这两个方面的特点并不能保证社会主义目标的顺利实现。

在《论资本主义和社会主义之间的过渡》一文中，贝特兰（1913—2006年）对斯威齐提出的问题进行了研究。首先，在贝特兰看来，“使社会主义具有不同于资本主义的特征的，不是……市场关系、货币和价格等的存在与否，而是无产阶级的统治地位、无产阶级专政的存在与否”①。其次，贝特兰认为，在社会主义经济关系中，市场关系只有采取与具体情况和场合相适应的具体措施来逐步加以消灭，不能通过“法令”或“公告”来实现市场关系的消灭。最后，贝特兰认为，市场和计划之间的矛盾将存在于从资本主义到共产主义的整个过渡时期。必须正确认识和理解市场和计划的矛盾在社会主义诸矛盾中的地位。在贝特兰看来，社会主义经济中必然存在的市场和计划之间的矛盾，是由“一个更深刻的矛盾，即过渡形式的基本矛盾所引起的表面结果，而过渡形式的基本矛盾显然是存在于生产关系和生产力这一级的”②。贝特兰多少已经意识到：脱离生产力和生产关系这一基本矛盾，把市场因素或市场和计划矛盾发展的程度当作判断社会主义性质的标准是不正确的。

随后，在《再谈过渡社会》一文中，贝特兰还专门就“计划和市场”问题

---

① ［美］保罗·斯威齐、［法］夏尔·贝特兰：《论向社会主义过渡》，商务印书馆1975年版，第24页。

② ［美］保罗·斯威齐、［法］夏尔·贝特兰：《论向社会主义过渡》，商务印书馆1975年版，第24页。

做了论述。在这一论述中，贝特兰对一个他认为是“绝对重要的”论点做了周详的说明。这一论点就是：“把‘计划’同社会主义等同起来，把‘市场’同资本主义等同起来……有助于资产阶级……在‘计划’的掩盖下进行统治，假‘计划’之名取消被剥削阶级的一切发言权，借助于‘计划’就能够进一步增多其对群众的剥削。”① 贝特兰认为，计划或经济计划实际上只是实现社会主义经济关系的“一种手段”，计划或计划工作并不是社会主义经济专有的“手段”，资本主义经济同样可以利用计划手段。

贝特兰探讨了不能把计划、计划手段等同于社会主义的问题，而没有进一步相应地探讨是否能同样把市场、市场手段等同于资本主义的问题。但在对社会主义经济中计划和市场关系问题的探讨中，贝特兰走出了极有意义的一步。

三、关于社会主义经济运行模式的探讨

社会主义经济运行模式历来是西方马克思主义经济学研究者关注的重要课题。

首先，以“冷战”结束为界，对社会主义经济运行模式的研究可分为两大阶段，分别引起两次较大的研究热潮。第一次始于20世纪五六十年代，当时，随着社会主义国家普遍采取的高度集中的计划经济体制弊端的不断暴露，西方一些马克思主义经济学研究者开始思考社会主义的前途命运，探讨社会主义条件下资源配置和经济发展的问题，并在探索中构筑了种类繁多的将“市场”和“社会主义”联结在一起的经济模式。第二次热潮出现在冷战结束后的20世纪90年代，针对东欧国家全面市场化、私有化改革带来的不良后果，西方马克思主义经济学研究者对新自由主义进行了有力反驳，对苏联和东欧社会主义经济模式进行了深入反思。他们提出并详细描述了种种与苏联模式完全不同的社会主义未来模式，其目的在于建构一种相对于现代资本主义国家具有更高效率和更为公平的经济制度模式。

其次，20世纪50年代以来，替代高度集中的计划经济体制的社会主义经济新模式不断涌现。美国学者本杰明·沃德在研究南斯拉夫经济体制的基础上，于1958年提出了“伊利里亚”经济模式。该模式最基本的特征是：生产

① ［美］保罗·斯威齐、［法］夏尔·贝特兰：《论向社会主义过渡》，商务印书馆1975年版，第54页。

资料所有权归国家、使用权归企业；市场作为经济决策和资源配置的基础，国家通过适当的方式和手段调节经济活动，影响和规范企业行为；工人自治等。美国学者杰罗斯拉夫·范尼克论证了以工人参加管理和工人自治为主要特征的“工人自治经济模式”，瑞典经济学家阿瑟·林德贝克（1930—　）提出了带有鲜明社会民主主义色彩的“自由——社会民主主义的混合经济模式”，美国经济学家阿布拉姆·伯格森提出了“竞争解决法计划经济模式”等。

最后，关于市场社会主义的问题。“市场社会主义”一词在20世纪30年代关于社会主义核算问题大争论中被提出来以后，引起了人们的广泛关注。诺夫（1915—1994年）的市场社会主义思想颇有影响。他在1983年出版的《可行的社会主义经济学》中倡导一种真正的“混合”经济，在这种经济中公共组织掌管基础设施，工人合作社负责中小规模的生产活动，私营企业和家庭企业则主要经营诸多的服务行业和零售批发业。诺夫的观点强调必须把市场、预算硬约束与某种程度的生产资料私有制联系起来。

20世纪90年代以后，西方学术界重新对市场社会主义进行了讨论。尤其是东欧剧变后，市场社会主义理论的探讨成为西方马克思主义经济学研究中的一个重要问题。西方学者从不同角度构建了各种类型的新的市场社会主义理论模式。约翰·罗默提出了“证券社会主义”模式，托马斯·韦斯科夫提出了民主自治的市场社会主义模式，戴维·施韦卡特（1942—　）提出了经济民主的市场社会主义模式，戴维·米勒提出了合作制市场社会主义模式，詹姆斯·扬克提出了实用的市场社会主义模式，弗莱德·布洛克提出了没有阶级权力的社会主义模式等。在对市场社会主义含义的理解上，西方学者大致有四个方面的论点：一是市场不应被等同于资本主义。二是中央计划作为一种经济机制有极大的缺陷。三是不存在任何可以替代市场社会主义的可行的、合乎要求的社会主义形式。这就是说，在短缺的情况下，市场是组织一种可行经济必不可少的（尽管不是完美的）机制。四是市场社会主义的一些形式在经济上是可行的，并且远比资本主义更可取。

随着东欧社会主义制度的瓦解，西方一些资产阶级右翼学者纷纷宣称社会主义已彻底失败，认为社会主义无论是在现实中还是在理想中都不复存在了。面对这些攻击，西方马克思主义经济学研究者针对苏联和东欧国家全面市场化改革带来的不良后果，得出了“自由主义不能救欧洲”“私有制挽救不了社会主义”的结论。同时，他们开始重新思考马克思主义和社会主义的理论与实践，并在认真总结苏联和东欧社会主义制度失败教训的基础上，对发达资本主义国家如何实现社会主义的问题进行了探讨，掀起了“复兴社会主义”“重构社会主义理论模式”的浪潮。

西方马克思主义经济学研究者普遍认为，东欧社会主义国家的剧变并不是公有制和社会主义计划自身所造成的，而是缺乏市场机制的作用、忽视劳动者自主性的结果。因此，他们设计的各种社会主义发展方案，主要是围绕如何实现公正和平等的经济社会、怎样促进企业提高效率、如何保持革新变化的活力等一系列问题提出的。

总体看来，西方学者关于社会主义经济运行模式探讨的侧重点各不相同，有的强调经济效率，有的偏重社会公平，有的关注市场，有的提倡更多地关注劳动者的经济自主。但这些模式大都有一个共同点，即强调市场的基础作用，主张把市场作为社会主义经济运作的主要机制，而将中央计划或政府干预当作在市场机制不能有效发挥作用时才启用的机制。这些理论模式从不同的角度入手，探讨了种种与传统社会主义和资本主义经济运行模式不同的社会主义经济运行模式，充分体现了社会主义新模式的多样性。

第四节 关于资本主义经济问题的研究

一、资本主义“崩溃”理论的探讨

由于西方国家马克思主义经济学研究者身处发达资本主义经济社会中，他们在某种程度上对现代资本主义的发展变化有着更为切身的体会和理解，对于资本主义经济体制的弊病有着更深刻的感受。

在西方马克思主义经济学研究领域，“崩溃”理论指的是由资本主义社会内在矛盾的不断深化而引致的整个社会制度灭亡的理论。在关于“崩溃”理论的早期争论中，存在以下三种主要观点：一是伯恩施坦认为，随着世界市场的扩大、股份公司的发展、卡特尔的兴起和信用制度的完善等，资本主义“灾变性的崩溃”已不可能再发生。二是考茨基在早期认为，马克思根本就没有提出过伯恩施坦所认定的那种“灾变性的崩溃”理论。引起资本主义制度“崩溃”和向社会主义转化的决定因素，取决于无产阶级阶级力量和阶级意识的增强。后来，考茨基以资本主义制度将长期处于“慢性的萧条阶段”的说法，默认了伯恩施坦对“崩溃”问题的理解。三是卢森堡认为，无论在逻辑上还是在现实中，作为资本积累源泉的剩余价值，是不可能在一个封闭的资本主义制度内部得以实现的。这就是说，剩余价值实现的出路，存在于资本主义制度之外的非资本主义经济之中。然而，随着资本积累的发展，这些与资本主义制度发生市场关系的非资本主义经济，最终也将被纳入资本主义体系之中。这种情况一旦发生，剩余价值实现上的矛盾将再度出现。这时解决矛盾的出路，只能是资本主义制度自身的“崩溃”。

关于资本主义“崩溃”理论的早期争论，存在两个共同点：一是不管是赞成还是反对“崩溃”理论，都试图从马克思的《资本论》及其他著作中寻找理论根据；二是所有的观点都认为，“崩溃”理论不同于危机理论和商业循环理论，“崩溃”意味着，资本主义制度的发展已经达到了它不能再作为一种占统治地位的生产方式而存在的地步。总之，“崩溃”理论隐含着对资本主义制度历史命运的思考。

20 世纪 20 年代中期以后，资本主义经济、政治危机频繁出现，使“崩溃”理论再度成为西方马克思主义经济学研究的热点。

格罗斯曼（1881—1950 年）的“崩溃”理论包括三个基本观点：一是“崩溃”理论在马克思主义经济学体系中占有重要的地位，它实际上是马克思关于资本主义经济危机理论的“基础和前提”。资本主义制度的“崩溃”作为一种“基本趋势”，在其发展中表现为一系列表面上独立的经济循环，即周期性的经济危机；不断出现的经济危机就是一种没有充分展开的、日渐深化的“崩溃”趋势。二是对资本主义制度“崩溃”趋势的研究，必须以对剩余价值生产和资本积累这一反映资本主义制度本质规定的研究为起点，而不能仅仅停留在对资本主义流通领域或商品交换等表面现象的研究上。三是资本主义制度在最后达到“崩溃”这一极点之前，将出现一次比一次更为严重的经济危机；经济危机就是日益深化的“崩溃”趋势的周期表现。但是，认定资本主义制度“崩溃”具有内在必然性，绝不是说这种“崩溃”会自发地发生，或者说能在消极等待中自行爆发。相反，只有工人阶级的联合斗争，才可能加速和引致资本主义制度的最后“崩溃”。在《资本主义制度的积累和崩溃的规律》（1929 年）一书中，格罗斯曼还通过对连续的资本再生产和资本积累图式的分析，详尽地论述了他的基本观点。格罗斯曼认为，资本主义最后的“崩溃”，只有在国内市场和国外市场上一系列反作用趋势不再存在时，才可能实际地发生。这些反作用趋势主要起着降低不变资本价值或增加剩余价值的作用。

尽管格罗斯曼对资本主义制度“崩溃”的论述还不够系统全面，但是对于马克思主义经济学的发展，格罗斯曼的理论仍然有着重要的影响。

二、第二次世界大战后关于资本主义历史命运的争论

20世纪50年代末，西方一些较有影响的马克思主义经济学研究者，曾就当代资本主义命运问题做过专门的讨论，这次讨论起始于日本经济学家都留重人（1912—2006年）撰写的《对资本主义的思考》（1958年）一文。

在《对资本主义的思考》一文中，都留重人提出了五个值得思考的问题，其中引起人们注意的是两个问题：“怎样才能最好地确定资本主义的不同特征，特别是这些特征在经济上同社会主义有什么区别？”“资本主义的命运如何？它怎样才能逐步地转变为社会主义？”都留重人对这两个问题做了回答。在对前一个问题的解答中，都留重人认为，在经济上区分资本主义和社会主义最为有效的方式，就是区分“剩余”所采取的不同“制度形式”。他指出，任何社会在总的生产力发展到一定阶段时，都有生产“剩余”的潜力。对这种“剩余”可以从两个方面去考察：一是从“技术上”，或者从“生产力”方面加以考察；二是从“制度方面”加以考察。前者的考察与社会经济制度无关，后者的考察则与经济组织的特定形式有着不可分割的联系。在对后一个问题的解答中，都留重人强调，在资本主义的发展中，只要改变“剩余”的“制度形式”，资本主义就能“逐步地”改变为社会主义。他认为，“剩余”是一种“流量”，而不是一种“存量”；改变“流量”的“制度形式”比改变“存量”的“制度形式”在战略上要容易得多，比直接提出改变生产资本所有制问题要好得多。

都留重人对资本主义历史命运的解答，是把从生产资料所有制看社会性质引向了从分配领域看社会性质，从理论上把资本主义历史命运问题与剩余问题联结在一起，认为生产资料是一个存量，剩余是一个流量，改变资本主义的性质，进行流量的社会化尝试比进行存量的社会化尝试要容易得多。他的这一观点在西方学术界引起了强烈反响。

针对都留重人的观点，斯威齐认为，一个通过选举获得政权并不打算实行社会主义纲领的政党，不论是采用都留重人提出的“剩余流量社会化”的方法，还是采用“较陈旧的生产资料存量社会化”的方法，都将不可避免地遇到资本家阶级的反抗；资本家阶级将迫使该党放弃社会主义纲领，或者迫使它迅

速地接受资本家阶级在经济“所有权”上的控制。他认为，在选举上获胜的社会主义政党，要和平地、合法地过渡到社会主义，首先必须对资本家的挑战有充分的准备，然后从人民那里得到实行社会主义而不是进行资本主义改革的“明确的委托”。显然，斯威齐有保留地接受了都留重人的观点。

斯威齐还对理解资本主义是否发生变化问题上的两种错误观点做了批判。一是所谓“技术创新论”。斯威齐认为，技术创新本身远非是资本主义的救星，而只能证明是资本主义挖墓人的救星。二是所谓“收入革命论”。他认为，第二次世界大战后资本主义国家在收入分配上确实发生了一定程度的变化，但是这些变化不足以影响资本主义制度的职能结构。

多布认为，在对资本主义历史命运的思考中，要反对两种错误的观点：一种是否认当代资本主义有任何变化的观点；另一种是夸大当代资本主义和20世纪初资本主义之间差别的观点。多布认为，尽管资本主义发生了一些重要的变化，但是变化并不具有本质上的重要性，没有理由认为资本主义进入了“新阶段”，更没有理由认为资本主义的矛盾已在日益减少，或者认为资本主义有可能在没有危机和斗争的情况下发展成社会主义。

三、不发达政治经济学研究

第二次世界大战后，一些殖民地、半殖民地国家获得了政治上的独立，走上了寻求经济发展的道路。如何以经济上的发展巩固政治上的独立，既成为这些发展中国家的现实课题，也成为世界范围内马克思主义研究者十分关注的理论课题，因此，不发达政治经济学应运而生。

（一）第二次世界大战后不发达政治经济学发展的基础

多布对发展中国家经济发展问题的探讨，集中体现在其著作《经济增长与不发达国家》（1960年）中。多布认为，阻碍发展中国家经济发展的因素主要有三个：第一，发展中国家的出口由于大多依赖一两种初级产品，而初级产品出口的收入弹性低、价格不稳定、发展潜力小，因而致使其对外贸易受到限制。第二，发展中国家由于人口密度高、人均耕地少，存在劳动力过剩和就业不足的问题，因而致使经济发展受到阻碍。第三，发展中国家由于农业劳动生产力低下，难以为城市发展工业提供必需的原料，致使其工业发展出现“瓶颈”。在多布看来，上述三个因素的交互作用，必然会使发展中国家处于一种恶性循环中，对发展中国家来说，要摆脱贫困，获得经济的高速增长，就必须实行工业发展的战略。

巴兰则较为系统地研究了发展中国家的经济发展问题。在《论落后问题的政治经济学》(1952 年)一文，他从三个方面对发展中国家的经济发展问题做了论述：一是资本主义对发展中国家的影响。资本主义很少给居民带来好处，在大多数工业先进国家，下等阶层是很难分享到资本主义的好处的，在落后的发展中国家更是如此。二是发展中国家是一种封建主义和资本主义两种世界的劣点兼而有之的政治经济混合体。三是发展中国家内部阻碍经济发展的因素和经济发展的出路。巴兰在对发展中国家内部的市场结构、生产要素、投资状况等分析的基础上，认为通过发展农业来实现经济增长是徒劳的，而发展工业才是实现经济增长的途径。1957 年，巴兰出版了《增长的政治经济学》一书。他以“经济剩余”范畴为分析工具，对资本主义工业化社会与不发达社会之间在经济增长中的相互联系、相互作用问题做了极有影响的论述。

(二) 20 世纪 60 年代以后不发达政治经济学的发展

20 世纪 60 年代以后，德国经济学家弗兰克（1929—2005 年)、巴西经济学家多斯桑托斯（1936—)、巴西社会学家卡多佐（1931—)、埃及经济学家阿明（1931—2018 年)、希腊经济学家伊曼纽尔（1911—2001 年)、美国社会学家沃勒斯坦（1930—2019 年）等对发展中国家的经济发展问题做了独到的分析，丰富和发展了不发达政治经济学理论。

一是对“经济发展”的理解。早期人们把经济发展等同于经济增长，很多学者认为经济发展就是实现工业化。但是，当认识到经济发展是经济增长与社会进步的统一时，很多学者对发展中国家经济发展的状态及趋势作了探讨。例如，弗兰克关于“不发达的发展”① 的理解、卡多佐关于“依附的发展”的理解及阿明关于“边缘资本主义的发展”的理解等，基本上反映了这一时期他们对经济增长与社会进步相统一的一种追求。

二是对“世界体系结构”的理解。智利经济学家奥斯瓦尔多·松克尔、阿

① 弗兰克认为，在对发展中国家社会经济发展问题做出阐释时，必须要严格区分“不发达”与“未发展”的不同含义。“未发展”应该是指发展以前的阶段；“不发达”则应指在世界资本主义体系中由于西方发达资本主义剥削和控制而被扭曲了的发展，它既不是指发展的“初始”阶段，也不是指发展的“传统”阶段。从西方发达资本主义国家来看，它们曾经经历过“未发展”阶段但绝没有经历过“不发达”阶段。

根廷经济学家普雷维什（1901—1986年）等，对世界体系结构做了“中心—外围”的分析，对发展中国家在世界体系结构中的地位和发展状况及“中心—外围”的不平等经济关系做了探讨。沃勒斯坦以世界体系的“中心—半边缘—边缘”为分析角度，把不发达国家放在了世界体系的整体中，揭示了世界体系的整体变化规律，由此对“二元结构”的分析做了重要的补充和发展。

三是对经济全球化及其影响的理解。随着经济全球化的发展，发达国家与不发达国家之间的利益关系成了一个重大问题，因此产生了一些基本理论。最早的有阿明和伊曼纽尔的不平等交换理论，指出了在世界经济发展的大背景下发达国家与不发达国家由不平等交换而产生的发展中国家利益受损的结局；后来产生了沙切斯和瓦纳提出的“在经济全球化中发展中国家利益增长”的理论，说明了经济开放是有利于发展中国家经济增长的。

四、对当代资本主义经济危机的研究

西方资本主义国家推行新自由主义经济政策后，并没有消除经济危机。20世纪80年代以后，西方资本主义国家于1979—1982年、1987年、1990—1992年、2000—2001年爆发了多次经济危机，工业生产下降，企业倒闭，工人大量失业，物价上涨。国际上马克思主义者密切关注资本主义经济危机，并进行了深入研究。2006年，罗伯特·布伦纳（1943—　）出版了《全球动荡的经济学》。他考察了资本主义几十年来经济危机的形成机制，并与美国经济学家约翰·贝拉米·福斯特（1953—　）就经济危机的原因展开了争论。

一种是过度竞争的观点。布伦纳首先批判主流经济学家的解释，他们“从分配不公角度来理解危机——在两次世界大战的消费不足和当前衰退中的利润挤压——已经使他们仅仅关注资本家和工人之间的‘垂直的’（市场和社会—政治）权力关系。所以，他们不仅低估了生产者的利益，而且低估了构成资本主义制度经济支柱的公司之间的‘水平的’竞争而引起的经济矛盾”①。他的出发点是资本主义将生产力发展到前所未有的程度，由于它是没有计划和竞争的，所以它是以破坏的方式来发展生产的。过度竞争导致了萧条，国际制造业竞争的加剧导致整个体系生产能力过剩和生产过剩，生产商不能将成本加到价

---

① ［美］罗伯特·布伦纳：《全球动荡的经济学》，郑吉伟译，中国人民大学出版社2016年版，第23页。

格上去。

另一种是过度剥削的观点。福斯特认为，布伦纳以竞争解释资本主义，这和资产阶级主流经济学并无二致，而马克思主义经济学的本质特征之一是，除了注意到竞争现象，还考察生产中的雇佣劳动剥削，并以之作为资本主义的根本性特征。这种观点认为垄断仍是当代资本主义的根本趋势，而且垄断正超越国界向全球发展，垄断并不拘于一国之内，资本倾向于超越民族、国家界限进行集中和积聚。尽管当代资本主义的矛盾不能简单地解释为根源于资本集中和积聚，但是认为对资本积累及其危机的分析可以无视垄断趋势无疑是不正确的，因为垄断已明显地改变了资本运动的规律。经济剩余无论是绝对水平还是相对水平的不断增长，都表明垄断资本主义剥削所得的总值越来越大，即存在过度剥削，这导致有效社会需求和投资出路存在减少趋势，正是这种趋势最终导致 1973 年开始的萧条长期不能摆脱。

2007 年夏，美国发生了次级抵押贷款危机，并引发了欧洲和世界其他国家的金融市场动荡。2008 年下半年，美国和欧洲国家爆发了严重的金融危机。从国际金融危机看，许多西方国家经济持续低迷、两极分化加剧、社会矛盾加深，说明资本主义固有的生产社会化和生产资料私人占有之间的矛盾依然存在，但表现形式、存在特点有所不同。国际金融危机发生后，不少西方学者也在重新研究马克思主义政治经济学、研究《资本论》，借以反思资本主义的弊端。

西方左派学者与西方主流经济学的观点在分析金融危机的原因方面明显存在差异。西方主流经济学的观点从金融市场的运作来解释欧美金融危机，因此将危机的根本原因归为银行家和投机者。西方左派学者则认为，这些将欧美金融危机归为金融家的错误只是看到表面现象，并没有看到这次危机的深层原因在于资本主义的经济制度。根据左派学者的观点，危机并不仅仅是金融的危机，而是整个资本主义制度的危机；它不是由于政府的技术错误，而是由于资本积累和阶级斗争的矛盾造成的。哈曼认为，仅仅指责银行家的贪婪和短视并不能解释他们如何轻而易举地得到他们下赌注的资金。欧美国家只有通过金融泡沫才能阻止衰退的产生，这意味着，这个制度总体上存在一个危机，它不可能通过规范金融家来解决。弗雷德·莫斯利（1946—　）认为，更根本性的问题是资本主义金融体制的本质，这种体制在根本上是投机性的。

资本主义金融化是金融危机的原因。福斯特认为资本主义金融化——经济活动的重心从生产（以及甚至从不断增长的服务部门）转向金融——是我们时代的主要问题之一。他认为自20世纪70年代资本积累过程越来越金融化，并成为经济增长的主要力量。金融化是垄断资本主义中的一个新阶段，并不表明资本主义进入已经超越垄断资本主义的新阶段，因为在生产中的积累的基本问题仍然没有改变。在资本主义越来越“金融化”的条件下，金融动荡不仅会引起经济波动，而且容易诱发整个经济爆发危机。英国学者罗宾·布莱克本（1940— ）认为西方放松管制而使金融成为资源配置过程的独立领域，资本主义就越来越“金融化”，就会利用信息和权力的不对称获得还没有实现的预期收益。在金融化的世界里，没有必要进行从商品到货币的“惊险的跳跃”。金融资本的地位非常重要，其所有的环节都是货币。资本主义的大投资者通过各种对冲安排，使自身的利益得到相对好的保护，常常也要求政府对它们进行救援。它们还有很多办法将成本转移到那些更低的经济等级的人那里，将损失降落到小的投资者、工人和消费者及第三世界经济。

利润率长期下降是金融危机的原因。英国学者哈曼详细考察了自第二次世界大战以来欧美国家公司利润率的趋势。利润率从20世纪60年代末到80年代初是下降的。西方国家的每一次由经济、社会和政治不稳定的恐慌所引起的救援行动，都阻止了利用危机从制度中清除无竞争力的资本。由于资本主义的利润率下降，资本主义处在不能逃脱不断重复出现的危机的阶段。利润率下降的主要原因是经济中的非生产性劳动不断增长，并在当代资本主义中处于重要的核心地位。

五、对当代西方资本主义的内在矛盾的研究

由于资本主义无法克服自身的矛盾，西方的马克思主义研究者认为当代资本主义的发展越来越违背绝大多数人的利益，必然出现自身无法解决的社会经济问题。

首先，资本主义必然出现两极分化，并有不断恶化的趋势。迪梅尼尔（1942— ）等人考察了20世纪70年代以来西方资本主义国家的收入分配状况，认为“新自由主义极大地改变了收入分配的整体模式”，占总人口1%的最高收入阶层的收入有了大幅上升，但另外的绝大多数人只能靠工资（薪资）生

活，而“新自由主义背景下的薪资份额却是下降的”①。

西方左派学术界在2008年国际金融危机之后对资本主义条件下两极分化的关注与关于《21世纪资本论》的讨论有一定的关系。2013年，法国学者托马斯·皮凯蒂（1971— ）出版了《21世纪资本论》，对欧美国家财富收入的丰富历史数据进行了详尽探究，认为在资本主义国家中，一个人财富的多寡不仅由劳动所得决定，更由继承的财富决定，“在21世纪初期，继承财产将起到近乎决定性的作用”②。皮凯蒂用大量的数据证明，美国等西方国家的不平等程度已经达到或超过了历史最高水平，认为不加制约的资本主义加剧了财富不平等现象，而且将继续恶化下去。皮凯蒂的分析主要是从分配领域进行的，没有过多涉及更根本的所有制问题，但使用的方法、得出的结论值得深思。尽管有的西方学者指责皮凯蒂并非一位马克思主义者，《21世纪资本论》是一本“以资本为题却没有在真正谈论资本”的书，但是《21世纪资本论》在西方的左派学术界引起了广泛讨论。迪梅尼尔等人认为，皮凯蒂关于决定财富价值的规律以及决定财富不平等增长的规律所运用的机制不能让人信服。皮凯蒂并没有直接质疑生产关系的资本主义性质。约翰·贝拉米·福斯特认为，由于皮凯蒂不懂得资本的本质乃社会关系，将资本与财富相混淆，把资本积累混同于财富积累，抛开生产而仅仅关注分配，并缺乏对垄断资本是如何造成不公正因素的关注，因此他解决问题的方案只是“乌托邦”，从而他对新古典经济学的挑战只是恶化了新古典经济学的危机。

其次，资本主义“福利国家”面临着危机。欧洲在经济全球化、技术进步和社会人口变化的压力下出现了所谓“福利国家”。英国马克思主义者高夫（1942— ）在1979年和1991年先后出版了《福利国家的政治经济学》和《人的需要理论》，采用了马克思主义政治经济学的分析方法，研究资本主义制度下福利国家的内在矛盾和福利国家的发展。高夫认为，福利国家本身就是一个矛盾的综合体。一方面，福利国家要加强社会福利，发展个人力量，对市场力量的盲目运作施加社会控制；另一方面，福利国家又要压制与控制人民，使大众服从于资本主义经济发展与获得利益的要求。高夫进一步指出，福利国家是资本主义社会矛盾发展的产物，尔后它又形成了新的、日益明显的矛盾。为

---

① ［法］热拉尔·迪梅尼尔、多米尼克·莱维：《新自由主义的危机》，魏怡译，商务印书馆2015年版，第53页。

② ［法］托马斯·皮凯蒂：《21世纪资本论》，巴曙松等译，中信出版社2014年版，第17页。

了资本的持续累积和合法性，国家有必要提供福利措施，由此引发的新危机也使资本主义国家穷于应付。因此，福利国家的危机本质上是资本主义内在矛盾的彰显。

最后，资本主义必然伴随着生态危机。1997 年，美国学者詹姆斯·奥康纳出版了《自然的理由：生态学马克思主义研究》一书，认为资本主义的内在矛盾包括两重矛盾：第一重矛盾表现为生产资料的资本主义私人占有制与社会化大生产之间的矛盾，揭示了资本对劳动所拥有的社会及政治性的权力，以及资本主义所固有的走向实现维度上的危机，即资本的生产过剩的危机的趋势。第二重矛盾表现为生产与消费之间的矛盾，揭示了“消费部分所占的份额及其价值内容，固定资本的大小及其价值内涵、‘自然性因素进入不变资本与可变资本领域所付出的代价’、作为剩余价值之扣除的地租以及所有的各种‘消极性的外在因素’”①。福斯特在 1999 年、2000 年、2002 年先后出版了《脆弱的星球》《马克思的生态学：唯物主义与自然》《生态危机与资本主义》三部著作。他认为，资本主义生态危机的根源并不是人类思维中的支配自然的观念，而应该在资本主义扩张逻辑中寻找答案。资本主义的生产不是从人们的需要出发而是把资本积累、获取利润视为社会的最高目标。这样的生产方式必然带来生态危机、环境的恶化。同时，他对西方一些经济学家企图通过环境商品化和生态技术化等摆脱生态危机的方式提出了批评。环境商品化是把环境纳入市场体系之中，赋予自然以经济价值。福斯特认为这种做法是把人类与从前的历史割裂开来，把人类和自然的关系蜕变为一套建立在市场上和迎合个体私利的公用产品，为自然贴上了价格的标签，却忽视了自然本身所蕴含的内在价值。“资本主义制度中需要激进变革的地方没有多少进展，而潜在的危机却随着时间的推移日趋加剧。这一点在当今生态领域便显得尤其明显……要想遏制世界环境危机日益恶化的趋势，在全球范围内仅仅解决生产、销售、技术和增长等基本问题是无法实现的。这类问题提出越多，就越加明确地说明资本主义在生态、经济、政治和道德方面是不可持续的，因而必须取而代之。”② 资本主义的反生态本性是以生产与消费的矛盾关系为基础的，这一矛盾更是导致生态危机的总根源。因此，美国学者乔尔·科威尔（1936—　）指出，资本主义是人类的癌

---

① ［美］詹姆斯·奥康纳：《自然的理由》，唐正东译，南京大学出版社 2004 年，第 283 页。

② ［美］福斯特：《生态危机与资本主义》，耿建新、宋兴无译，上海译文出版社 2006 年版，第 61 页。

变，是生态危机的根源，自然界和人类都是资本主义的受害者，推翻资本主义是克服生态危机的必由之路。

世界格局正处在加快演变的历史进程中，产生了大量深刻复杂的现实问题，提出了大量亟待回答的理论课题。这就需要我们加强对当代资本主义的研究，分析把握其出现的各种变化及其本质，深化对资本主义和国际政治经济关系深刻复杂变化的规律性认识。当代世界马克思主义思潮，一个很重要的特点就是他们中很多人对资本主义结构性矛盾以及生产方式矛盾、阶级矛盾、社会矛盾等进行了批判性揭示，对资本主义危机、资本主义演进过程、资本主义新形态及本质进行了深入分析。这些观点有助于我们正确认识资本主义发展趋势和命运，准确把握当代资本主义新变化、新特征，加深对当代资本主义变化趋势的理解。对国外马克思主义研究新成果，我们要密切关注和研究，有分析、有鉴别，既不能采取一概排斥的态度，也不能搞全盘照搬。

思考题

1. 西方马克思主义经济学研究的主要特点是什么？
2. 如何看待“社会主义经济核算问题”争论的意义？
3. 各种“市场社会主义”设想是如何解决公平与效率问题的？
4. 为什么国外马克思主义经济学家主张用各种社会主义“替代”资本主义？
5. 如何正确认识西方左派学者对于当代资本主义的分析？

第七章　毛泽东思想对马克思主义经济学的发展

中国共产党人把马克思主义基本原理同中国的具体实际相结合，创立了毛泽东思想，实现了马克思主义中国化的第一次历史性飞跃。毛泽东思想中蕴含着丰富的经济思想，这些思想坚持马克思主义经济学的基本原理，从中国实际出发，深入回答了新民主主义革命和社会主义革命、社会主义建设中的重大问题，初步探索了中国社会主义经济建设规律，推动了马克思主义经济学在中国的发展。

第一节　马克思主义经济学在中国的早期传播与毛泽东经济思想的形成

一、马克思主义经济学在中国的早期传播

马克思主义最初作为西方社会政治思潮中的一种，随着西学东渐和国人的留学运动开始传入中国。马克思主义经济学在中国的传播，是从 20 世纪初伴随着马克思主义的传播开始的。1903 年，赵必振翻译的日文著作《近世社会主义》在中国出版。这本书概略介绍了《共产主义宣言》(即《共产党宣言》)、《经济学之评论》(即《政治经济学批判》) 等著作，还介绍了以《资本论》为主要内容的马克思主义政治经济学。1906 年，朱执信发表了《德意志社会革命家小传》，文中节译了《共产党宣言》，并着重翻译介绍了资本的实质及利润的来源，得出了“资本基于掠夺”的结论。这是中国人自己较早地翻译介绍马克思主义经济学的著作。1917 年俄国十月革命胜利后，马克思主义在中国的传播进入了一个新的时期。1918 年，李大钊（1889—1927 年）发表了《庶民的胜利》和《布尔什维克的胜利》两篇文章，明确论证了中国只有走俄国十月革命的道路，才有光明的前途。随着人们对马克思主义认识的加深，我国对马克思主义经济学的传播和研究也日趋广泛。

在五四运动时期，一批初步确立共产主义信念的知识分子和马克思主义理论家、翻译家涌现出来。他们在传播和研究马克思主义的同时，也传播和研究马克思主义经济学著作。1919 年 5 月，李大钊在其主编的《新青年》“马克思

研究专号”上刊登了多篇宣传马克思主义的文章，并连载了他写的《我的马克思主义观》，介绍了唯物史观、科学社会主义和《资本论》的主要内容，阐述了剩余价值理论，剖析了资本剥削的实质，阐明了无产阶级是资本主义的掘墓人的思想。《我的马克思主义观》是中国人比较完整介绍马克思主义的第一部著作。与此同时，北京《晨报》副刊在李大钊主持下开辟了“马克思研究”专栏，刊登从日本翻译过来的解释唯物史观的文章，并在 1919 年 5 月 9 日至 6 月 1 日的专栏中发表了从日文转译的《劳动与资本》（即《雇佣劳动与资本》）一书。1919 年，李达在《民国日报》副刊上先后发表《什么叫社会主义》《社会主义的目的》等文章，之后他在一年多时间内又翻译了《唯物史观解说》《社会问题总览》《马克思主义经济学说》等著作。1920 年 8 月，陈望道翻译的《共产党宣言》全译本出版。1920 年 9 月，李汉俊翻译的《马格斯资本论入门》正式出版，这是国内首部将马克思《资本论》的主要内容翻译成中文版本并出版发行的单行本。1921 年 1 月，恽代英将考茨基的《爱尔福特纲领解说》一书翻译成中文，并改书名为《阶级斗争》，由新青年社作为新青年丛书第八种在上海出版。

中国共产党成立以后，马克思主义经济学在中国的传播，从先进知识分子的自发行动，开始演变为在共产党领导下有计划、有组织的政治活动。1921 年 9 月，中共中央委派李达在上海成立人民出版社，计划出版“马克思全书”“列宁全书”“康民尼斯特（共产主义）丛书”等著作。虽然由于政治环境不利和物质条件不足而没完成计划，但仍有一批著作问世。其中，经济学著作有：袁湘（袁让）译《工钱劳动与资本》（即马克思的《雇佣劳动与资本》）、李漱石（李汉俊）译《资本论入门》、李立译《劳农会之建设》（即列宁的《苏维埃政权的当前任务》）等。当时，有一批无产阶级革命家还通过演说、讲课等形式来宣传马克思主义经济学。例如，1922 年 2 月，李大钊在北京大学马克思学说研究会举办的演讲会上，做了主题为“马克思的经济学说”的演讲。1923 年 1 月，他又在北京大学经济学会上做了主题为“社会主义下的经济组织”的演讲。李达在中国共产党第二次全国代表大会以后，应毛泽东的邀请任湖南自修大学校长，讲授剩余价值学说等课程。

作为马克思主义的重要组成部分，马克思主义经济学在中国的早期传播，为毛泽东经济思想的形成奠定了理论基础。1936 年，毛泽东回忆说：“我第二次到北京期间，读了许多关于俄国所发生的事情的文章。我热切地搜寻当时所能找到的极少数共产主义文献的中文本。有三本书特别深刻地铭记在我的心中，使我树立起对马克思主义的信仰。我接受马克思主义、认为它是对历史的正确解释，以后，就一直没有动摇过。这三本书是：陈望道译的《共产党宣言》，……考茨基著的《阶级斗争》，以及柯卡普著的《社会主义史》，到了一九二〇年夏天，我已经在理论上和在某种程度的行动上，成为一个马克思主义者，而且从此我也自认为是一个马克思主义者了。"①

二、关于中国社会性质问题的争论

鸦片战争以后，中国社会发生了复杂而深刻的变化。在这种背景下，如何科学认识近代中国社会的性质，正确分析近代中国社会各阶级的状况，准确判断各阶级对待革命的态度，成为中国共产党人在确定革命方向和道路时必须回答的问题。在传播、学习、研究马克思主义的过程中，中国共产党人运用马克思主义基本原理和科学方法，对这个问题进行了认真思考。在思考这个问题的过程中，中国共产党党内及当时的理论界出现了一些不同认识甚至分歧，这导致了20世纪二三十年代关于中国社会性质问题的大争论。以毛泽东为主要代表的中国共产党人正确运用马克思主义基本原理，科学分析中国国情，做出了中国是半殖民地半封建社会的判断，为推动中国革命向前发展指明了正确的方向。这次争论的成果，为毛泽东经济思想的形成提供了丰富营养。

1927年大革命失败后，一些人对中国革命的前途感到悲观和困惑，表现在对中国国情的认识上也出现了错误。他们认为中国社会自大革命失败后，出现了阶级关系的变动，大资产阶级取得了政权，中国已是资本主义占优势的社会。一批马克思主义者，利用《新思潮》《中国经济》《读书杂志》和《中国农村》等刊物，与这种错误观点展开了激烈的争论。毛泽东在1928年完成的《中国的红色政权为什么能够存在?》一文中指出，1927年后，中国社会性质并没有发生变化，中国"依然是城市买办阶级和乡村豪绅阶级的统治"②，依然是"帝国主义间接统治的经济落后的半殖民地的中国"③。1928年，中国共产党第六次全国代表大会总结了中国革命的经验与教训，指出中国革命的性质仍然是半殖民地半封建社会的反帝反封建的民主主义革命。1930年4月，《新思

① 《毛泽东一九三六年同斯诺的谈话》，人民出版社1979年版，第39页。
② 《毛泽东选集》第1卷，人民出版社1991年版，第47页。
③ 《毛泽东选集》第1卷，人民出版社1991年版，第49页。

潮》杂志在“中国经济研究专号”上登载了一组文章，着重从帝国主义和中国经济的关系、民族资本在中国经济中的地位、农村土地关系等方面，分析了中国经济的性质，认为封建的半封建的经济在中国社会经济中占支配的地位，中国是半殖民地半封建社会。

当关于中国社会性质的争论全面展开的时候，论战又从现实转到历史，引起了大规模的对中国社会史问题的辩论。支持中国共产党第六次全国代表大会论断的观点认为，鸦片战争以前的中国已有了资本主义生产方式的萌芽，但仍属于封建社会；帝国主义侵入中国，使封建自然经济逐渐解体，同时也使中国资本主义生产关系不能顺利发展，使中国成为一个特殊的社会经济形态，即帝国主义侵略下的半殖民地半封建社会。随后，一场关于中国农村社会性质的论战持续并深入。论战主要在《中国经济》杂志和中国共产党实际领导创办的《中国农村》杂志之间展开，争论的重点问题是农村经济研究的是生产力还是生产关系、中国农村的社会性质是资本主义还是半封建主义，问题的核心是资本与土地问题。“中国经济派”认为，农村经济研究的对象是生产力，也即技术；中国农村已经资本主义化；农村经济问题不再以土地为中心，而是以资本为中心。根据这种观点，以解决农民的土地问题为中心的土地革命是不必要的。“中国农村派”主张，农村经济研究的对象首先是农村的生产关系，农村生产关系的中心是农民的土地问题，是土地所有制下人与人之间的社会关系。中国农村的土地关系显示的是半封建关系，占支配的势力是帝国主义，所以，中国农村劳动者受到的是帝国主义和半封建势力的双重压迫。“中国农村派”发表的观点实际上有力地宣传了中国共产党的土地革命、发展中国农村经济的路线。

这次论战对推动马克思主义的传播和马克思主义经济学的研究，以及历史学、社会学等的发展都产生了深远的影响，也进一步促进了中国共产党人对中国社会性质的思考。1938 年 5 月，在《论持久战》一文中，毛泽东直接汲取了有关中国社会性质论战的成果，用“半殖民地半封建的中国”① 这样的提法来概括中国社会的特点。1939 年，毛泽东的《中国革命和中国共产党》一文系统回答了近代中国社会性质问题，他指出：“中国现时的社会，是一个殖民地、半殖民地、半封建性质的社会。只有认清中国社会的性质，才能认清中国革命

---

① 《毛泽东选集》第 2 卷，人民出版社 1991 年版，第 447 页。

的对象、中国革命的任务、中国革命的动力、中国革命的性质、中国革命的前途和转变。所以，认清中国社会的性质，就是说，认清中国的国情，乃是认清一切革命问题的基本的根据。"① 通过对近代中国社会性质的论战，进一步传播了马克思主义基本理论，促进了对中国实际问题的研究，对于中国共产党人把马克思主义基本原理和中国实际相结合，分析认识中国革命面临的基本问题，制定新民主主义革命纲领和政策策略，形成新民主主义经济理论都具有重要意义。

三、毛泽东经济思想的形成

马克思主义经济学在中国的早期传播和关于中国社会性质问题的争论，为毛泽东经济思想的形成做了一定的思想理论准备。这些构成了毛泽东经济思想的具体理论形态，即新民主主义经济理论、新民主主义向社会主义过渡的经济理论和社会主义经济建设理论。它们是在中国共产党领导中国人民进行革命和建设的过程中，在解决实际面临的各种经济课题中形成和发展的。

在新民主主义革命时期，如何把解决经济问题同最终取得中国革命胜利有机地结合起来，使解决经济问题服务于革命目标，是毛泽东经济思想需要解决的重要问题。面对这样的问题，以毛泽东为主要代表的中国共产党人，运用马克思主义基本原理分析中国社会各阶级的经济地位及其对革命的态度，并结合20多年的革命根据地建设实践，形成了新民主主义经济理论。在这期间，毛泽东发表了《中国社会各阶级的分析》(1925年)、《中国的红色政权为什么能够存在?》、《中国革命和中国共产党》、《新民主主义论》、《抗日时期的经济问题和财政问题》(1942年)、《组织起来》(1943年)、《论联合政府》、《目前形势和我们的任务》、《在中国共产党第七届中央委员会第二次全体会议上的报告》(1949年)、《论人民民主专政》(1949年）等著作。这些著作中包含的新民主主义经济思想研究并论证了中国社会经济的性质及其特点，阐明了新民主主义革命的经济纲领，提出了发展革命根据地和解放区经济的相关思想，构成了新民主主义经济理论的主要内容。新民主主义经济理论比较系统地回答了革命斗争和经济建设的关系，丰富和发展了马克思主义经济学的有关内容，为最终推动新民主主义革命取得胜利发挥了重要作用。

---

① 《毛泽东选集》第2卷，人民出版社1991年版，第633页。

中华人民共和国成立后，如何实现从新民主主义经济到社会主义经济的转变，成为毛泽东经济思想需要回答的最重要的问题。以毛泽东为主要代表的中国共产党人在马克思主义经济学基本原理的指导下，创造性地提出了向社会主义过渡的一系列思想，形成了新民主主义向社会主义过渡的经济理论。这一理论的主要内容集中体现在以下论著中：《关于国家资本主义》(1953年)、《改造资本主义工商业的必经之路》(1953年)、《关于农业互助合作的两次谈话》(1953年)、《关于农业合作化问题》(1955年)、《〈中国农村的社会主义高潮〉的序言》(1955年)、《〈中国农村的社会主义高潮〉的按语》(1955年)、《加快手工业的社会主义改造》(1956年)等。新民主主义向社会主义过渡的经济理论成功指导了中国新民主主义经济向社会主义经济的转变，迅速恢复了遭到战争严重破坏的国民经济，完成了对生产资料私有制的社会主义改造，初步建立起社会主义经济体系，为后来的社会主义经济建设打下了坚实的基础。

1956年社会主义改造基本完成后，中国共产党领导全国人民转入大规模的社会主义经济建设。但是，对于如何进行社会主义经济建设，在马克思主义经济学里没有现成的答案，在世界上其他社会主义国家的经济建设中也缺乏适合中国情况的成功经验。此外，社会主义改造基本完成后，中国的社会性质虽然发生了根本变化，但是经济、文化落后的状况并没有得到完全改善，封建残余在一定程度上仍然存在。这样的现实状况决定了在中国进行社会主义经济建设的特殊性。因此，中国的社会主义经济建设只能在马克思主义经济学基本原理的指导下，在借鉴其他社会主义国家经济建设经验的基础上，一步步地探索前进。社会主义经济建设理论正是在这个探索的过程中逐渐形成的。这一理论的主要内容，不仅体现在毛泽东的《论十大关系》(1956年)、《关于正确处理人民内部矛盾的问题》(1956年)等著作中，也体现在社会主义经济建设时期中国共产党制定的经济纲领和具体经济政策中。

在社会主义经济建设时期，毛泽东等中国共产党人进行的曲折和艰辛探索，目的在于走出一条适合中国自己的社会主义发展道路。关于社会主义社会矛盾的分析、关于社会主义经济管理体制改革的思考、关于中国社会主义现代化的探索，以及对社会主义商品生产与价值规律的认识等，推动了当时中国的社会主义经济建设，丰富了马克思主义经济学的内容。尽管在探索过程中，这一时期出现过严重的挫折和失败，但其实践探索及理论成果，为社会主义经济建设积累了宝贵经验，为改革开放后开辟一条适合中国国情的中国特色社会主义经济发展道路、形成中国特色社会主义经济理论，奠定了重要的实践基础和理论基础。

第二节　新民主主义经济理论

一、关于近代中国社会经济形态和经济结构的分析

马克思和恩格斯揭示了资本主义生产方式的产生和发展，以及人类社会历史发展的普遍规律，但他们没有对中国社会历史及其性质进行过全面具体的研究。列宁曾非常关注中国社会的变化和中国革命的发生，斯大林和共产国际也对中国革命做出过许多分析，但他们都没有对中国社会及其革命的性质得出明确结论。以毛泽东为主要代表的中国共产党人运用马克思列宁主义基本原理，通过深入分析中国经济社会状况，最终科学认识了中国社会的性质。

1840年以后，由于帝国主义的入侵，打破了中国自给自足的自然经济，中国传统的封建社会经济形态和经济结构虽然被破坏，但封建剥削制度的根基依然存在，中国社会还具备一定程度的封建性质。中国封建经济制度和政治制度的重要特点是：自给自足的自然经济占主要地位；封建统治阶级（地主、贵族、皇帝）拥有最大部分土地，而农民很少有土地，或者完全没有土地，农民把收获物的大部分交给地主阶级；地主阶级依靠农民地租生活；国家强迫农民缴纳贡税，并强迫农民从事无偿的劳役，去养活一大群的国家官吏和主要目的是镇压农民的军队；保护这种封建剥削制度的中央集权制国家，又在某种程度上保留着封建割据的状态。随着农民运动的蓬勃兴起和资产阶级民主革命的迅猛发展，以及无产阶级革命运动的高涨，封建社会经济基础和经济结构遭到了沉重打击。“封建时代的自给自足的自然经济基础是被破坏了；但是，封建剥削制度的根基——地主阶级对农民的剥削，不但依旧保持着，而且同买办资本和高利贷资本的剥削结合在一起，在中国的社会经济生活中，占着显然的优势”①。

中国封建社会商品经济的发展，已经孕育了资本主义的萌芽，帝国主义的入侵加速了封建社会自给自足的自然经济的解体，客观上促进了中国资本主义

---

① 《毛泽东选集》第2卷，人民出版社1991年版，第630页。

的发展。但是，帝国主义列强的入侵绝不是为了给中华民族带来文明和发展，把封建的中国变成资本主义的中国，而是要把中国变成它们的殖民地和半殖民地。对此，毛泽东精辟地指出："由于外国资本主义的刺激和封建经济结构的某些破坏，还在十九世纪的下半期，还在六十年前，就开始有一部分商人、地主和官僚投资于新式工业。到了同世纪末年和二十世纪初年，到了四十年前，中国民族资本主义便开始了初步的发展。到了二十年前，即第一次帝国主义世界大战的时期，由于欧美帝国主义国家忙于战争，暂时放松了对于中国的压迫，中国的民族工业，主要是纺织业和面粉业，又得到了进一步的发展。"① 但是，这只是中国发生变化的一个方面，"还有和这个变化同时存在而阻碍这个变化的另一个方面，这就是帝国主义勾结中国封建势力压迫中国资本主义的发展"②。帝国主义列强与中国的统治阶级相互勾结，并且培育出一批为其服务的买办阶级，他们共同压迫并阻碍了中国民族资本主义的发展。因此，帝国主义和中国封建主义相结合，把中国变为半殖民地、殖民地的过程中，中国的"民族资本主义有了某些发展，并在中国政治的、文化的生活中起了颇大的作用；但是，它没有成为中国社会经济的主要形式，它的力量是很软弱的，它的大部分是对于外国帝国主义和国内封建主义都有或多或少的联系的"③。

对近代中国社会经济形态和经济结构的科学分析，为分析中国革命的对象、动力，科学地确定中国革命的性质，即由无产阶级及其政党领导的新民主主义革命，奠定了坚实的理论基础。中国革命的对象不是一般的资本主义和资本主义的私有财产，而是帝国主义和封建主义。所以，中国革命的性质，不是无产阶级社会主义的，而是资产阶级民主主义的。中国的资产阶级是受帝国主义压迫的，并曾在革命斗争中起过主要的领导作用。但是，中国的带买办性的大资产阶级本身就是革命的对象，而中国的民族资产阶级具有的两面性，又使其不再能担当革命的领导了。因此，近代中国的资产阶级民主主义的革命，已不是旧式的一般的资产阶级民主主义的革命，而是新式的特殊的资产阶级民主主义的革命，即新民主主义革命。

关于1840年后的旧中国是半殖民地半封建社会的科学结论说明，鸦片战争后，由于帝国主义的入侵，由于封建统治的腐败，中国社会的性质发生了两个

① 《毛泽东选集》第2卷，人民出版社1991年版，第627页。
② 《毛泽东选集》第2卷，人民出版社1991年版，第627-628页。
③ 《毛泽东选集》第2卷，人民出版社1991年版，第630页。

根本性的变化：独立的中国逐步沦为半殖民地的中国，封建的中国逐步沦为半封建的中国，这是近代中国最基本的国情。这一结论对制定符合实际的新民主主义的经济纲领具有十分重要的意义，丰富了马克思主义经济社会形态理论。

二、新民主主义革命的经济纲领

新民主主义革命的经济纲领，是中国共产党在新民主主义革命时期关于经济问题基本主张的具体体现。它随着新民主主义革命的不断发展变化而得以逐步形成和完善。

1940 年发表的《新民主主义论》比较完整地提出了新民主主义的基本经济纲领。抗日战争即将获得全面胜利的 1945 年 4 月发表的《论联合政府》进一步把新民主主义的政治、经济和文化与党的基本纲领联系起来，并重点从中国共产党人对私人资本主义的态度方面对新民主主义的经济纲领加以阐述。新民主主义共和国的经济成分，必须是由国家经营、私人经营和合作经营三种形式组成的。在民主主义的国家制度下，除了国家自己的经济、劳动人民的个体经济和合作社经济之外，一定要让私人资本主义在不能操纵国民生计范围内得到发展的便利，才能有益于社会的向前发展。“有些人怀疑中国共产党人不赞成发展个性，不赞成发展私人资本主义，不赞成保护私有财产，其实是不对的。民族压迫和封建压迫残酷地束缚着中国人民的个性发展，束缚着私人资本主义的发展和破坏着广大人民的财产。我们主张的新民主主义制度的任务，则正是解除这些束缚和停止这种破坏，保障广大人民能够自由发展其在共同生活中的个性，能够自由发展那些不是‘操纵国民生计’而是有益于国民生计的私人资本主义经济，保障一切正当的私有财产。”① 1947 年 12 月，在解放战争转入反攻阶段、中国人民的革命将要迎接新的胜利之时，中共中央在陕北米脂县杨家沟召开了重要会议，毛泽东做了《目前形势和我们的任务》的报告，提出了新民主主义革命时期的三大经济纲领：“没收封建阶级的土地归农民所有，没收蒋介石、宋子文、孔祥熙、陈立夫为首的垄断资本归新民主主义的国家所有，保护民族工商业。这就是新民主主义革命的三大经济纲领。”②

这一时期提出的新民主主义三大经济纲领，是在新的历史条件下，关于新

① 《毛泽东选集》第 3 卷，人民出版社 1991 年版，第 1058 页。

② 《毛泽东选集》第 4 卷，人民出版社 1991 年版，第 1253 页。

民主主义经济纲领最完备的阐述。实现这个纲领，将彻底改变中国半殖民地半封建的经济制度。三大经济纲领与这一时期所采取的军事战略、政治策略一起，成为指导中国共产党和全国人民完成新民主主义革命和建立新中国的行动纲领。

三、根据地和解放区经济建设的思想

有关根据地和解放区经济建设的思想主要体现在一系列具体的经济建设方针、政策和实践中，是新民主主义经济思想不可缺少的重要组成部分。

（一）关于根据地经济建设的重要性以及经济建设和革命战争辩证关系的思想

在革命力量处于敌人的重重包围之中、革命战争成为党的中心任务的情况下，根据地要不要进行经济建设，要不要发展经济以支持革命战争和改善人民的生活，在当时存在不同意见。一种意见认为，在革命战争环境中，不应该进行经济建设；还有意见认为，在根据地，经济建设已经是一切任务的中心。从1932年下半年开始，中央苏区发生了严重的经济困难。在这种背景下，毛泽东做了《粉碎敌人五次“围剿”与苏维埃经济建设任务》的报告，《必须注意经济工作》就是其中的一部分。该文批评了各种错误观点，论述了革命战争与经济建设的辩证关系，指出：“革命战争的激烈发展，要求我们动员群众，立即开展经济战线上的运动，进行各项必要和可能的经济建设事业。”① 在革命战争中，进行必要的、可能的经济建设，是非常重要的。但是，在这一时期，把经济建设当成中心任务，也是错误的。经济建设不只是经济问题，也是个政治问题。在革命战争时代，这种经济建设必须服务于革命战争，支援革命战争。因为“只有在国内战争完结之后，才说得上也才应该说以经济建设为一切任务的中心”②。

上述思想消除了不同时期对经济建设和革命战争之间关系的一些错误认识，为解决革命战争时期的经济困难奠定了思想基础。

（二）关于根据地经济建设的中心任务和经济计划必要性的思想

1934年1月，毛泽东在《我们的经济政策》一文中提出，根据地应该“进

---

① 《毛泽东选集》第1卷，人民出版社1991年版，第119页。
② 《毛泽东选集》第1卷，人民出版社1991年版，第123页。

行一切可能的和必须的经济方面的建设，集中经济力量供给战争，同时极力改良民众的生活，巩固工农在经济方面的联合，保证无产阶级对于农民的领导，争取国营经济对私人经济的领导，造成将来发展到社会主义的前提”①。革命根据地的经济建设，是为了保证革命战争的物质需要和改善人民生活，为了达到这一目的，根据地经济建设的中心是“发展农业生产，发展工业生产，发展对外贸易和发展合作社。……在目前的条件之下，农业生产是我们经济建设工作的第一位”②。

文章还强调了根据地经济建设中有限度的计划的重要性。根据地主要有小农经济和手工劳动，又存在其他多种经济成分，因此，严密的经济发展计划是不可能的。但是，根据地已经存在国营经济和合作社经济，适当的经济计划是必要的，也是可能的。“在小农经济的基础上面，对于某些重要农产做出相当的生产计划，动员农民为着这样的计划而努力，这是容许的，而且是必须的。我们在这一方面，应该有进一步的注意和努力”③。毛泽东依据根据地经济成分的构成，指出：“工业的进行需要有适当的计划。在散漫的手工业基础上，全部的精密计划当然不可能。但是关于某些主要的事业，首先是国家经营和合作社经营的事业，相当精密的生产计划，却是完全必需的。”④

上述思想立足于根据地的经济现实，充分把握了根据地经济成分的复杂性和根据地农业经济的支配地位，在此基础上提出了经济工作的中心，并有针对性地提出计划管理的范围，实现了马克思主义经济学基本原理和根据地实际的有机结合。

（三）关于根据地和解放区经济工作和财政工作方针的思想

在井冈山时期，毛泽东就认识到“有足够给养的经济力”⑤是革命根据地存在和发展的重要条件，当时就已开始进行一些必要和可能的经济建设。在土地革命时期，毛泽东指出：“从发展国民经济来增加我们财政的收入，是我们财政政策的基本方针。”⑥关于财政的支出，应该根据节省的方针，“节省每一

① 《毛泽东选集》第1卷，人民出版社1991年版，第130页。
② 《毛泽东选集》第1卷，人民出版社1991年版，第130-131页。
③ 《毛泽东选集》第1卷，人民出版社1991年版，第131页。
④ 《毛泽东选集》第1卷，人民出版社1991年版，第132-133页。
⑤ 《毛泽东选集》第1卷，人民出版社1991年版，第57页。
⑥ 《毛泽东选集》第1卷，人民出版社1991年版，第134页。

个铜板为着战争和革命事业，为着我们的经济建设，是我们会计制度的原则”①。“贪污和浪费是极大的犯罪”②。

在抗日战争的战略相持阶段，面对根据地大为缩小、财政经济极为困难的局面，为了克服经济上和财政上的困难，毛泽东着重批判了离开发展经济而单纯在财政收支问题上打主意的错误思想。1942 年 12 月，他在陕甘宁边区高级干部会议上所作《经济问题与财政问题》的报告中提出：“为了革命，为了抗战，我们向人民要东西是完全合理的。我们的同志做了这一方面的工作算是做了他们应做的革命工作，这是很好的。但这只是做了一个方面的工作，而且还不是第一个方面的工作。我们的第一个方面的工作并不是向人民要东西，而是给人民以东西。”③ 同时提出，“发展经济，保障供给，是我们的经济工作和财政工作的总方针”④。围绕着总方针，中共中央又制定了“集中领导，分散经营，军民兼顾，公私兼顾，生产和节约并重等项原则”⑤。还向根据地军民发出了“自己动手，克服困难”的伟大号召，领导根据地军民开展了一场大生产运动，为取得抗日战争的胜利提供了物质保障。

《目前形势和我们的任务》提出了新民主主义国民经济的指导方针：“必须紧紧地追随着发展生产、繁荣经济、公私兼顾、劳资两利这个总目标。”⑥ 在这个总目标中，“发展生产、繁荣经济”是目的，“公私兼顾、劳资两利”是两项基本政策。1949 年 9 月 29 日，《中国人民政治协商会议共同纲领》采纳了中国共产党的主张，规定“经济建设的根本方针，是以公私兼顾、劳资两利、城乡互助、内外交流的政策，达到发展生产、繁荣经济之目的”⑦。新民主主义时期制定的这种经济方针，有利于发挥各方面的经济优势，促进新民主主义经济快速发展。

在根据地和解放区经济建设中，以毛泽东为主要代表的中国共产党人制定了发展经济、保障供给的总方针以及一系列政策措施，正确领导和组织了根据地和解放区的财政经济工作，克服了当时财政经济的困难，为抗日战争和解放

---

① 《毛泽东选集》第 1 卷，人民出版社 1991 年版，第 134 页。
② 《毛泽东选集》第 1 卷，人民出版社 1991 年版，第 134 页。
③ 《毛泽东文集》第 2 卷，人民出版社 1993 年版，第 467 页。
④ 《毛泽东选集》第 3 卷，人民出版社 1991 年版，第 891 页。
⑤ 《毛泽东选集》第 4 卷，人民出版社 1991 年版，第 1176 页。
⑥ 《毛泽东选集》第 4 卷，人民出版社 1991 年版，第 1256 页。
⑦ 中共中央文献研究室：《建国以来重要文献选编》第 1 册，中央文献出版社 1992 年版，第 7 页。

战争的胜利奠定了物质基础，保证了武装夺取政权道路的成功。

（四）关于根据地金融工作的思想

为了适应财政经济发展和对敌经济斗争的需要，使根据地经济得到恢复和发展，根据地的金融工作主要围绕两个重要方面展开：一方面是摧毁旧的金融体系，废除一切封建性的债务关系；另一方面是创办人民的金融机构，发行纸币，铸造银圆，建立新的信贷体系。

在井冈山根据地，由于地主携款逃跑，加上敌人的经济封锁，根据地内银圆极度缺乏，商品不能正常交换，给人民群众的经济生活和红军给养造成了很大困难。为了解决现金匮乏的问题，建立根据地的金融体系，井冈山根据地建立了自己的造币厂，用打土豪缴获的银子铸造银圆。

1932 年 2 月 1 日，中华苏维埃共和国国家银行在江西瑞金市叶坪谢氏民房成立，第一任行长为毛泽民，其业务包括货币发行、存款贷款、代理国库和发行公债等。这是中国共产党领导下的革命政权建立的第一个国家银行。国家银行自成立之日起，就承担起建立苏区财政金融制度、保障革命战争供给、巩固红色政权等重任。为了更好地发挥银行的作用，1934 年 1 月，苏区政府强调，应该发行适当数目的纸币，“国家银行发行纸币，基本上应该根据国民经济发展的需要，单纯财政的需要只能放在次要的地位”①。除了充分发挥银行的作用，苏区政府还十分重视发挥信用合作社的作用。信用合作社是群众集股组织起来的一种金融机构，成为苏维埃银行有力的助手。1929 年 9 月，第一家信用合作社在闽西苏区创办，之后在赣西南苏区逐渐发展起来。相比国家银行，信用合作社具有规模和活动范围均较小等特点，弥补了国家银行的不足，在推进苏区经济建设、保障人民生产生活等方面发挥了重要作用。此外，苏区政府还在江西寻乌县等地区设立了贫民借贷所。

（五）关于根据地、解放区的经济成分和新民主主义经济形态的思想

井冈山根据地建立不久，毛泽东等人就认识到根据地的经济性质是由多种经济成分决定的，着手研究对待私营经济的问题。早在 1927 年 11 月，毛泽东就提出了对个体和私营商店要加以保护的观点。随着根据地的发展，根据地经济也具有了一定的规模，这为毛泽东依据已有的经验，对涉及根据地经济成分的零散政策进行更为深入的思考提供了条件。

---

① 《毛泽东选集》第 1 卷，人民出版社 1991 年版，第 134 页。

毛泽东在《我们的经济政策》一文中指出："现在我们的国民经济，是由国营事业、合作社事业和私人事业这三方面组成的。……对于私人经济，只要不出于政府法律范围之外，不但不加阻止，而且加以提倡和奖励。因为目前私人经济的发展，是国家的利益和人民的利益所需要的。私人经济，不待说，现时是占着绝对的优势，并且在相当长的期间内也必然还是优势。"① 对于合作社经济和国营经济的领导地位，毛泽东强调，"合作社经济和国营经济配合起来，经过长期的发展，将成为经济方面的巨大力量，将对私人经济逐渐占优势并取得领导的地位。所以，尽可能地发展国营经济和大规模地发展合作社经济，应该是与奖励私人经济发展，同时并进的"②。"争取国营经济对私人经济的领导，造成将来发展到社会主义的前提。"③ 为了推动合作社经济和国营经济的发展，苏区政府还提出了依靠群众购买建设公债的办法筹集资金，解决苏区经济建设的资金问题。这些思想，为后来新民主主义经济坚持国营经济为主导、保护利用资本主义民族工商业的思想奠定了初步的基础。

在抗日战争期间，上述思想得到了进一步发展。毛泽东在《中国革命和中国共产党》一文中提出，这个阶段的中国革命胜利后，经济成分会有资本主义经济、社会主义性质的国营经济和合作经济。"在革命胜利之后，因为肃清了资本主义发展道路上的障碍物，资本主义经济在中国社会中会有一个相当程度的发展，是可以想象得到的，也是不足为怪的。资本主义会有一个相当程度的发展，这是经济落后的中国在民主革命胜利之后不可避免的结果。但这只是中国革命的一方面的结果，不是它的全部结果。中国革命的全部结果是：一方面有资本主义因素的发展，又一方面有社会主义因素的发展。这种社会主义因素是什么呢？……是民主共和国的国营经济和劳动人民的合作经济。"④

《新民主主义论》对国营经济进行了更详细的说明："大银行、大工业、大商业归这个共和国的国家所有。……无产阶级领导下的……国营经济是社会主义的性质，是整个国民经济的领导力量。"⑤ 1941 年《〈农村调查〉的序言和跋》强调，"国营经济和合作社经济是应该发展的，但在目前的农村根据地内，

① 《毛泽东选集》第 1 卷，人民出版社 1991 年版，第 133 页。
② 《毛泽东选集》第 1 卷，人民出版社 1991 年版，第 133–134 页。
③ 《毛泽东选集》第 1 卷，人民出版社 1991 年版，第 130 页。
④ 《毛泽东选集》第 2 卷，人民出版社 1991 年版，第 650 页。
⑤ 《毛泽东选集》第 2 卷，人民出版社 1991 年版，第 678 页。

主要的经济成分，还不是国营的，而是私营的，而是让自由资本主义经济得着发展的机会”①，新民主主义共和国之所以“并不没收其他资本主义的私有财产，并不禁止‘不能操纵国民生计’的资本主义生产的发展，这是因为中国经济还十分落后的缘故”②。

《论联合政府》更加明确了中国共产党关于抗战胜利后建立新民主主义国家的主张，其经济形态是由国营经济、私人经济和合作社经济三者组成，以国营经济为领导、私营经济为主体，多种形式并存。《目前形势和我们的任务》指出：“新中国的经济构成是：（1）国营经济，这是领导的成分；（2）由个体逐步地向着集体方向发展的农业经济；（3）独立小工商业者的经济和小的、中等的私人资本经济。这些，就是新民主主义的全部国民经济。”③ 从这个时候开始，国营经济是“领导的成分”的思想被明确下来。

1949 年，中共七届二中全会指出：“国营经济是社会主义性质的，合作社经济是半社会主义性质的，加上私人资本主义，加上个体经济，加上国家和私人合作的国家资本主义经济，这些就是人民共和国的几种主要的经济成分，这些就构成新民主主义的经济形态。”④ 这一经济形态的思想被写入《中国人民政治协商会议共同纲领》：“调剂国营经济、合作社经济、农民和手工业者的个体经济、私人资本主义经济和国家资本主义经济，使各种社会经济成分在国营经济领导之下，分工合作，各得其所，以促进整个社会经济的发展。”⑤

根据地和解放区时期，探索和认识新民主主义经济形态，是团结各方力量、取得革命胜利和促进经济发展的基础。对国营经济领导地位和私人经济对经济发展贡献的认识，以及对它们采取的具体政策，都是基于革命形势和根据地、解放区经济建设的实际需要而制定的。这些思想，为后来新民主主义向社会主义过渡时期制定具体的改造资本主义的政策提供了初步的经验。

---

① 《毛泽东选集》第 3 卷，人民出版社 1991 年版，第 793 页。
② 《毛泽东选集》第 2 卷，人民出版社 1991 年版，第 678 页。
③ 《毛泽东选集》第 4 卷，人民出版社 1991 年版，第 1255-1256 页。
④ 《毛泽东选集》第 4 卷，人民出版社 1991 年版，第 1433 页。
⑤ 中共中央文献研究室：《建国以来重要文献选编》第 1 册，中央文献出版社 1992 年版，第 7 页。

第三节　新民主主义向社会主义过渡的经济理论

一、关于过渡时期经济特征的认识

在从新民主主义经济向社会主义经济过渡时期，为了探索出一条符合中国实际的过渡道路，以毛泽东为主要代表的中国共产党人科学分析了过渡时期的社会经济特征，在此基础上形成了反映当时中国社会发展根本趋势和中国社会主义发展内在要求的过渡时期总路线，为成功实现新民主主义经济向社会主义经济的转变奠定了理论基础。

过渡时期经济的突出特点是经济成分复杂，存在五种经济成分，即社会主义性质的国营经济、半社会主义性质的合作社经济、农民和手工业者的个体经济、私人资本主义经济和国家资本主义经济。其中，半社会主义性质的合作社经济是个体经济向社会主义集体经济过渡的形式，国家资本主义经济是私人资本主义经济向社会主义国营经济过渡的形式。所以，主要的经济成分也可以归为三种，即社会主义经济、个体经济和资本主义经济。

社会主义经济是无产阶级领导下的国家所有的国营经济，主要来源于没收官僚资本。中国的近代工业在国民经济中只占有10%的比重，具有极为集中的特点。“最大的和最主要的资本是集中在帝国主义者及其走狗中国官僚资产阶级的手里。没收这些资本归无产阶级领导的人民共和国所有，就使人民共和国掌握了国家的经济命脉，使国营经济成为整个国民经济的领导成分。这一部分经济，是社会主义性质的经济，不是资本主义性质的经济。”① 在新民主主义社会中，社会主义性质的国营经济掌握着国家的主要经济命脉，居于领导地位。

在过渡时期，资本主义经济在国民经济中占有很重要的地位，对这种经济成分国家应该采取恰当的政策。一方面，要承认资本主义经济存在的合理性。“由于中国经济现在还处在落后状态，在革命胜利以后一个相当长的时期内，还需要尽可能地利用城乡私人资本主义的积极性，以利于国民经济的向前发

---

① 《毛泽东选集》第4卷，人民出版社1991年版，第1431页。

展。”① 另一方面，对资本主义经济要在活动范围、税收政策、市场价格、劳动条件等方面，采取恰如其分的有伸缩性的限制政策。但是，这种限制不能太大太死，“必须容许它们在人民共和国的经济政策和经济计划的轨道内有存在和发展的余地”②。

个体农业、手工业经济具有分散性的特点，使它们走向合作经济十分必要。在过渡时期，中国经济中占 90%的是分散的、个体的农业经济和手工业经济。对于这一部分经济，必须通过组织建立生产的、消费的、信用的合作社，建立各级政府的合作社领导机关，谨慎、逐步、积极地引导它们向着现代化和集体化的方向发展。因为“单有国营经济而没有合作社经济，我们就不可能领导劳动人民的个体经济逐步地走向集体化，就不可能由新民主主义社会发展到将来的社会主义社会，就不可能巩固无产阶级在国家政权中的领导权”③。

国家在过渡时期具有十分重要的作用，只有借助国家政权的力量，才能建立完整的工业体系，完成从农业国向工业国的转变。“从中国境内肃清了帝国主义、封建主义、官僚资本主义和国民党的统治（这是帝国主义、封建主义和官僚资本主义三者的集中表现），还没有解决建立独立的完整的工业体系问题，只有待经济上获得了广大的发展，由落后的农业国变成了先进的工业国，才算最后地解决了这个问题。”④ “工人阶级领导的人民共和国的国家政权，在人民民主革命胜利以后，不是可以削弱，而是必须强化。对内的节制资本和对外的统制贸易，是这个国家在经济斗争中的两个基本政策。”⑤

二、过渡时期总路线的提出

毛泽东在分析过渡时期经济特征的基础上，提出了中国共产党在过渡时期的总路线。中国必须走社会主义道路，新民主主义社会最终要过渡到社会主义社会，这一点对于中国共产党人来说始终是明确的，但是对于何时过渡、怎样过渡，毛泽东和党的其他领导人的认识经历了一个从先搞工业化建设、再一举过渡，到建设和改造同时并举、从彻底完成民主革命起即逐步过渡的发展变化

① 《毛泽东选集》第 4 卷，人民出版社 1991 年版，第 1431 页。
② 《毛泽东选集》第 4 卷，人民出版社 1991 年版，第 1432 页。
③ 《毛泽东选集》第 4 卷，人民出版社 1991 年版，第 1432 页。
④ 《毛泽东选集》第 4 卷，人民出版社 1991 年版，第 1433 页。
⑤ 《毛泽东选集》第 4 卷，人民出版社 1991 年版，第 1433 页。

过程。

在中华人民共和国成立之前和成立后最初一段时间，毛泽东等领导人曾经设想新民主主义经济应该有一个比较长的发展时期。1949 年，中国共产党七届二中全会明确提出了“两个转变”同时并举的思想，即使中国“逐步地由农业国转变为工业国，由新民主主义国家转变为社会主义国家”。同时提出，在新民主主义革命取得全国胜利以后，大约还需要经过 10 年、15 年或 20 年再向社会主义过渡的设想。到 1951 年前后，中国共产党内大体形成了先用三个五年计划搞工业化建设，再向社会主义过渡的共识。在过渡的时间上，认为需要一个相当长的新民主主义建设阶段，一般估计为 15 年到 20 年时间；在转变条件上，认为只有实现了国家工业化，才能实现私营工业国有化和农业集体化；在过渡的步骤和方式上，认为当工业发展了、国营经济壮大了的时候，就可以进一步实现资本主义工商业的国有化和个体农业的集体化。

1949 年至 1952 年，中国共产党领导人民首先集中力量恢复国民经济，继续完成民主革命遗留的任务，到 1952 年我国的国民经济得到恢复，政治、经济及社会的面貌发生了巨大变化。这时毛泽东等领导人对原来的设想有了新的认识，认为我国正面临新的发展形势，在农村和城市开始逐步进行社会主义改造已经成为必要，开始向社会主义过渡的时机已经到来，并有实现的可能，于是重新思考社会主义过渡的时间和步骤问题。1952 年 9 月 24 日的中共中央书记处会议，第一次正式涉及过渡时期总路线问题，并提出要用 10 年到 15 年的时间基本上完成向社会主义的过渡，而不是 10 年或者以后才开始过渡。这是酝酿提出过渡时期总路线的开始。

1953 年 6 月，中共中央政治局会议正式提出了过渡时期的总路线和总任务。同年 12 月，毛泽东对过渡时期的总路线和总任务做了完整全面的阐述：“从中华人民共和国成立，到社会主义改造基本完成，这是一个过渡时期。党在这个过渡时期的总路线和总任务，是要在一个相当长的时期内，逐步实现国家的社会主义工业化，并逐步实现国家对农业、对手工业和对资本主义工商业的社会主义改造。”① 总路线把“一化三改”作为核心内容：一是逐步实现社会主义工业化，这是总路线的主体；二是逐步实现对农业、对手工业和对资本主义工商业的社会主义改造，这是总路线的两翼。1954 年召开的中国共产党七

① 《毛泽东文集》第 6 卷，人民出版社 1999 年版，第 316 页。

届四中全会，正式批准了过渡时期的总路线。

过渡时期总路线的提出，充分考虑了现实可能性。在当时的中国，社会主义的国营经济在国家经济生活中实际上已居于相对强大的地位，明显地表现出相对于其他经济成分的优越性。在广大农村，土地改革完成后，为了发展生产、抵御自然灾害，农民也有走互助合作道路的要求。国家在调整工商业的过程中，出现了加工订货、经销代销、统购包销、公私合营等一系列从低级到高级的国家资本主义形式，既有效利用和限制了资本主义工商业，也很自然地加深了它们同社会主义国营经济之间的联系，为对它们进行社会主义改造创造了条件。苏联社会主义的发展和资本主义国家的不景气，也为提出和实行过渡时期总路线提供了有利的国际环境。在这条总路线的指引下，中国共产党领导全国人民在建设工业化国家的同时，逐步完成了对农业、手工业和资本主义工商业的社会主义改造，进而在中国建立了社会主义经济制度。

过渡时期总路线将社会主义工业化和社会主义改造同时并举，体现了解放生产力与发展生产力、变革生产关系与发展生产力的有机统一，是中国共产党人对马克思主义经济学的丰富和发展。

三、过渡时期经济理论和实践的创新

（一）自愿互利、逐步推进和先合作化后机械化的思想

中国对农业进行社会主义改造的具体办法，是实行农业合作化，建立集体所有制的农业经济，从而进一步解放农业生产力。通过互助合作的办法改造个体农业，是由农民的特点决定的。农民虽然是私有者，但又是劳动者，因此，对农民绝对不能剥夺，只能引导他们走互助合作的道路。

借鉴苏联和东欧国家农业合作化的经验与教训，中国提出了自愿互利、逐步推进的方式。毛泽东设想了互助组、初级社、高级社三个步骤的合作化进程："第一步，在农村中，按照自愿和互利的原则，号召农民组织仅仅带有某些社会主义萌芽的、几户为一起或者十几户为一起的农业生产互助组。然后，第二步，在这些互助组的基础上，仍然按照自愿和互利的原则，号召农民组织以土地入股和统一经营为特点的小型的带有半社会主义性质的农业生产合作社。然后，第三步，才在这些小型的半社会主义的合作社的基础上，按照同样的自愿和互利的原则，号召农民进一步地联合起来，组织大型的完全社会主义

性质的农业生产合作社。"① 提出这些渐进步骤的目的，是使农民从自己的经验中逐步提高社会主义觉悟，逐渐改变原有的生活方式。农业合作化运动基本按照上述三个步骤展开，但实际进程大大加快，由原来设想的十几年、二十几年缩短为几年时间。

在推进农业合作化的过程中，中国又提出了先合作化后机械化的思想，认为社会主义工业化不能离开农业合作化而孤立进行。中国的商品粮食和工业原料的生产水平很低，国家对它们的需要却逐年增大，这是一个尖锐的矛盾，不发展农业合作化这个矛盾就不能得到解决。毛泽东指出："社会主义工业化的一个最重要的部门——重工业，……只有在农业已经形成了合作化的大规模经营的基础上才有使用的可能，或者才能大量地使用。我们现在不但正在进行关于社会制度方面的由私有制到公有制的革命，而且正在进行技术方面的由手工业生产到大规模现代化机器生产的革命，而这两种革命是结合在一起的。"② 在当时的条件下，完成国家工业化和农业技术改造所需要的大量资金，有相当大的部分只能来自农业积累。而提高农业生产力水平、增加农业积累的办法，就是走先合作化后机械化的道路。毛泽东强调："在农业方面，在我国的条件下（在资本主义国家内是使农业资本主义化），则必须先有合作化，然后才能使用大机器。由此可见，我们对于工业和农业、社会主义的工业化和社会主义的农业改造这样两件事，决不可以分割起来和互相孤立起来去看，决不可以只强调一方面，减弱另一方面。"③ 先合作化后机械化成为中国农业社会主义改造的重要特点。

（二）"和平赎买"式的资本主义工商业社会主义改造

对于如何改造资本主义工商业，马克思主义创始人的一般原则是"剥夺剥夺者"。列宁在领导俄国革命时，曾提出通过国家资本主义进行赎买的思想，但未能付诸实践。在世界社会主义历史上，中国共产党第一次成功实现了对资产阶级的"和平赎买"，完成了对资本主义工商业的社会主义改造。

中国之所以能够采取赎买的方式成功实现对资本主义工商业的和平改造，是建立在对中国民族资产阶级正确认识的基础上的。"在资产阶级民主革命时期，它有革命性的一面，又有妥协性的一面。在社会主义革命时期，它有剥削

① 《毛泽东文集》第 6 卷，人民出版社 1999 年版，第 434-435 页。
② 《毛泽东文集》第 6 卷，人民出版社 1999 年版，第 432 页。
③ 《毛泽东文集》第 6 卷，人民出版社 1999 年版，第 432 页。

工人阶级取得利润的一面，又有拥护宪法、愿意接受社会主义改造的一面。”①正因为民族资产阶级有两面性，因而“在我国的具体条件下，这两个阶级的对抗性的矛盾如果处理得当，可以转变为非对抗性的矛盾，可以用和平的方法解决这个矛盾”②。在这种科学判断的基础上，中国提出了对民族资本主义工商业实行利用、限制、改造相结合的政策。

毛泽东等领导人从中国的实际出发，认为中国可以也必须通过国家资本主义形式对资本主义工商业进行改造，使其逐步过渡到社会主义。国家资本主义经济是在人民政府管理之下的，用各种形式和国营社会主义经济联系着的，并受工人监督的资本主义经济。它已经不是普通的资本主义经济，而是一种特殊的资本主义经济，即新式的国家资本主义经济。它主要不是为了资本家的利润而存在，而是为了满足人民和国家的需要而存在。“这种新式国家资本主义经济是带着很大的社会主义性质的，是对工人和国家有利的”③，毛泽东把国家资本主义称为“改造资本主义工商业……的必经之路”④。

中国还提出了实行国家资本主义改造的具体形式。初级形式的国家资本主义是国家对私营工商业实行委托加工、计划订货、统购包销、经销代销等；高级形式的国家资本主义是公私合营，包括个别企业的公私合营和全行业的公私合营。

在对资本主义工商业的改造中，中国共产党创造性地开辟了一条适合中国特点的对民族资本主义工商业进行社会主义改造的道路，丰富和发展了马克思主义关于改造资本主义私有制的思想。

（三）两种统一战线、两种联盟的思想

在社会主义改造中，中国共产党提出了两种统一战线、两种联盟的思想，强调工人阶级只有建立与农民的联盟、与民族资产阶级的联盟，才能有效地推进社会主义改造。毛泽东指出：“我们现在有两个联盟：一个是同农民的联盟，另一个是同民族资产阶级的联盟。”⑤ “这两个联盟，同农民的联盟是主要的，基本的，第一位的；同资产阶级的联盟是暂时的，第二位的。这两个联盟，在

---

① 《毛泽东文集》第 7 卷，人民出版社 1999 年版，第 206 页。
② 《毛泽东文集》第 7 卷，人民出版社 1999 年版，第 206 页。
③ 《毛泽东文集》第 6 卷，人民出版社 1999 年版，第 282 页。
④ 《毛泽东文集》第 6 卷，人民出版社 1999 年版，第 291 页。
⑤ 中共中央文献研究室：《建国以来重要文献选编》第 7 册，中央文献出版社 1993 年版，第 308 页。

我们这样经济落后的国家，现在都是必要的。”①

工人阶级和农民曾在民主革命中建立过巩固的联盟，到了过渡时期，工人阶级和农民要在新基础上继续巩固联盟。土地改革完成以后，农民状况发生了改变。如果不能增加农民收入，推进共同富裕，变穷的和变富的农民都可能不再相信共产党。因此，“要巩固工农联盟，我们就得领导农民走社会主义道路，使农民群众共同富裕起来，穷的要富裕，所有农民都要富裕，并且富裕的程度要大大地超过现在的富裕农民”②。毛泽东指出：“农业合作化使我们在无产阶级社会主义的基础上，而不是在资产阶级民主主义的基础上，巩固了同农民的联盟。这就会使资产阶级最后地孤立起来，便于最后地消灭资本主义。”③

在过渡时期，还要建立工人阶级和资产阶级的联盟，这也是一个十分重要的联盟。“我们现在搞一个同资产阶级的联盟，暂时不没收资本主义企业，对它采取利用、限制、改造的方针，也就是为了搞到更多的工业品去满足农民的需要，以便改变农民对于粮食甚至一些别的工业原料的惜售行为。这是利用同资产阶级的联盟，来克服农民的惜售。同时，我们依靠同农民的联盟，取得粮食和工业原料去制资产阶级。资本家没有原料，国家有原料。他们要原料，就得把工业品拿出来卖给国家，就得搞国家资本主义。”④

两种统一战线、两种联盟的思想，为制定向社会主义经济制度过渡、进行社会主义改造的具体政策奠定了思想基础。

第四节　社会主义经济建设理论

一、对社会主义社会矛盾的分析

1956年，中国基本完成生产资料私有制的社会主义改造，走上了社会主义

① 中共中央文献研究室：《建国以来重要文献选编》第7册，中央文献出版社1993年版，第309页。

② 中共中央文献研究室：《建国以来重要文献选编》第7册，中央文献出版社1993年版，第308页。

③ 中共中央文献研究室：《建国以来重要文献选编》第7册，中央文献出版社1993年版，第310页。

④ 中共中央文献研究室：《建国以来重要文献选编》第7册，中央文献出版社1993年版，第309页。

的建设道路。当时，国际国内形势也发生了新的变化。国际共产主义内部在许多重大问题的认识上出现了分歧，国内不少人对刚刚建立的社会主义制度也存在不适应的情况。在这种情况下，如何正确认识和处理社会主义社会中的矛盾成了国家政治和经济生活中的一个重大问题。

在马克思主义发展史上，马克思和恩格斯没有经历过社会主义实践，没有更多地涉及社会主义社会的矛盾问题。1920 年，列宁在评论布哈林的《过渡时期经济学》一书时指出："对抗和矛盾完全不是一回事。在社会主义下，对抗将会消失，矛盾仍将存在。"① 斯大林在 20 世纪 30 年代，曾使用过"内部矛盾"（指工农之间的矛盾），和"外部矛盾"（指苏联和资本主义国家之间的矛盾）对苏联社会存在的矛盾做出了分析，但是，在 1936 年苏联宣布进入社会主义社会以后，他却认为苏联社会主义社会的生产力和生产关系"完全适应"。斯大林及苏联理论界都认为社会主义社会没有矛盾，因为社会主义消灭了剥削阶级就消灭了阶级对抗，全体人民团结一致是社会主义社会的基本特征。"社会主义社会无矛盾论"的观点，不但影响了苏联理论界，也极大地影响了中国理论界。斯大林逝世后，苏联理论界展开对这个问题的讨论，批评了"社会主义社会无矛盾论"，许多人开始承认在社会主义条件下矛盾仍然存在。但这种认识是不系统的，讨论也未深入进行下去。这方面理论准备不足的结果是，不但造成了苏联当时政治、经济等具体制度的僵化，而且，在此后社会主义社会的各种矛盾比较充分地暴露出来时，不能正确认识和处理这些矛盾，致使矛盾激化。在当时的中国，由于不少人受"社会主义社会无矛盾论"的影响，只看到社会主义改造基本完成后全国人民在中国共产党的领导下正团结一致地建设社会主义，看不到或不承认社会主义社会中还有矛盾和斗争。

1957 年，毛泽东发表了《关于正确处理人民内部矛盾的问题》一文，对社会主义社会矛盾进行了分析，不仅认为社会主义社会存在矛盾，而且指出正是这些矛盾推动中国社会向前发展。文章把《矛盾论》（1937 年）中的观点全面运用于分析社会主义社会的问题，强调社会主义社会各方面都存在矛盾，矛盾是社会主义社会发展的动力，并系统分析了社会主义社会矛盾的性质、特点和解决方式。这些思想，为在逐步探索中解决社会主义经济问题提供了指导。

（一）社会主义社会基本矛盾的理论

针对许多人不承认社会主义社会还有矛盾，以致矛盾出现时处于被动地位

---

① 《列宁全集》第 60 卷，人民出版社 1990 年版，第 281-282 页。

甚至造成严重错误的情况，毛泽东把社会主义社会的基本矛盾作为一个全面性的问题提了出来。毛泽东指出，“在社会主义社会中，基本的矛盾仍然是生产关系和生产力之间的矛盾，上层建筑和经济基础之间的矛盾”①。他在 1959 年读苏联《政治经济学教科书》的谈话中，不仅重新肯定了社会主义社会的基本矛盾，而且指出社会主义社会的基本矛盾仍然是社会运动发展的动力，正是这些矛盾推动社会主义社会向前发展，从而纠正了斯大林否定社会主义社会存在矛盾的形而上学的观点。

毛泽东还分析了社会主义社会基本矛盾的性质、特点和解决办法，揭示了社会主义社会发展的一般规律。社会主义社会的基本矛盾是在生产关系和生产力的发展相适应、上层建筑和经济基础相适应的条件下的矛盾，是在人民根本利益一致基础上的矛盾，因此，它不是对抗性的矛盾，而是非对抗性的矛盾，与旧社会“具有根本不同的性质和情况”。社会主义社会基本矛盾运动具有“又相适应又相矛盾”的特点，其中，相适应是基本方面，相矛盾是非基本方面，正是社会主义社会所具有的又相适应又相矛盾的特点，推动着社会向前发展。由于社会主义社会的矛盾不是对抗性的矛盾，更由于我国现在的社会制度比旧时代的社会制度要优胜得多，因此，社会主义社会的基本矛盾“可以经过社会主义制度本身，不断地得到解决”②。

（二）社会主义社会两类不同性质矛盾的理论

在社会主义改造任务完成以后，人民内部矛盾日益凸显出来，毛泽东提出了正确处理人民内部矛盾的重要思想。毛泽东指出，社会主义社会存在敌我之间的矛盾和人民内部的矛盾，这是性质完全不同的两类矛盾。人民内部矛盾，不仅包括工人阶级内部的矛盾，农民阶级内部的矛盾，知识分子内部的矛盾，工农两个阶级之间的矛盾，工人、农民同知识分子之间的矛盾，工人阶级和其他劳动人民同民族资产阶级之间的矛盾，民族资产阶级内部的矛盾，而且包括政府与人民群众之间的矛盾，民主同集中的矛盾，领导同被领导之间的矛盾，国家机关某些工作人员官僚主义作风同群众之间的矛盾，以及比较正确地反映客观规律的一些人同比较不正确地反映客观规律的一些人之间的矛盾。在社会主义根本政治制度和经济制度建立以后，敌我矛盾已不是主要矛盾，大量的是

① 《毛泽东文集》第 7 卷，人民出版社 1999 年版，第 214 页。

② 《毛泽东文集》第 7 卷，人民出版社 1999 年版，第 213-214 页。

人民内部矛盾，因此，为了调动一切积极因素，团结一切可以团结的力量，把全党的注意力转到社会主义建设上来，必须把正确处理人民内部矛盾问题作为国家政治生活的主题。

毛泽东提出要严格区分和正确处理两类不同性质的矛盾。要分清人民和敌人的界限，这就是划分两类矛盾的界限。敌我矛盾，是人民同反抗社会主义革命和敌视破坏社会主义建设的社会势力和社会集团的矛盾，是根本利益对立基础上的矛盾，因而是对抗性的矛盾。人民内部矛盾，是在人民利益根本一致基础上的矛盾，是非对抗性的矛盾，而工人阶级和民族资产阶级的矛盾则具有特殊性。在此基础上，毛泽东告诫人们要注意两类不同性质矛盾的转化问题。他指出，两类不同性质的矛盾的存在是客观的，但不是固定不变的，在一定条件下是可以互相转化的。一般情况下，人民内部矛盾是非对抗性的矛盾，但如果处理不当，也可能发生对抗。反之，有些本来是对抗性的矛盾，如果处理得当，可以转化为非对抗性的矛盾。因此，必须处理好两类不同性质的矛盾，特别是要正确处理好人民内部矛盾。这对于发展社会主义事业具有极为重要的意义。

毛泽东论述了正确处理两类社会矛盾的基本方法和具体方针。他指出，敌我之间和人民内部这两类矛盾的性质不同，解决的方法也不同。在人民民主专政制度下，解决敌我矛盾和人民内部矛盾分别采用专政方法和民主方法。所谓专政方法，就是运用人民民主专政的国家机器，对于国家内部那些反抗社会主义改造、破坏社会主义建设的敌对分子和严重犯罪分子依法治罪，剥夺他们的政治权利，强迫他们从事劳动，并在劳动中尽量使他们改造成为新人；所谓民主方法，就是讨论的方法、批评的方法、说服教育的方法。毛泽东不仅提出用民主的方法解决人民内部矛盾是一个总方针，而且还针对人民内部矛盾在具体实践中的不同情况提出了一系列具体方针、原则：对于政治思想领域的人民内部矛盾，实行“团结—批评—团结”的方针，坚持说服教育、讨论的方法；对科学文化领域里的矛盾，实行“百花齐放、百家争鸣”的方针；对于共产党和民主党派的矛盾，实行在坚持社会主义道路和共产党领导的前提下“长期共存、互相监督”的方针；对于民族之间的矛盾，实行民族平等、团结互助的方针；等等。

（三）社会主义社会主要矛盾的理论

在分析社会主义社会基本矛盾和两种矛盾的基础上，毛泽东提出了社会主义社会主要矛盾的理论。党的八大正确分析了社会主义改造完成后我国社会主要矛盾的变化，明确指出，社会主义制度在我国已经基本上建立起来了，“我们国内的主要矛盾，已经是人民对于建立先进的工业国的要求同落后的农业国的现实之间的矛盾，已经是人民对于经济文化迅速发展的需要同当前经济文化不能满足人民需要的状况之间的矛盾”①。因此，“革命时期的大规模的急风暴雨式的群众阶级斗争基本结束”②，我们的根本任务就是“发展我们的经济，发展我们的文化”从而提高了全党对经济建设重要性的认识，推动了党的工作重心的转移。

毛泽东对社会主义社会矛盾的分析及其理论成果，以及党的八大关于社会主义社会主要矛盾的提出，提高了全党对经济建设重要性的认识，推动了党的工作重心的转移。遗憾的是，毛泽东后来由于对国内阶级斗争估计得过于严重，并错误地将阶级斗争视为主要矛盾，使党的工作重心并没有始终如一地转移到社会主义经济建设上来。

二、对社会主义经济管理体制改革的初步探索

中华人民共和国成立后，我国逐步形成了高度集中的计划经济体制。这种体制对中国社会主义工业化初步基础的建立发挥了重要作用。但是，随着实践的发展，其中存在的一些弊端也逐步显现出来。早在第一个五年计划期间，毛泽东等领导人就已经开始注意到我国经济管理体制中存在的一些问题。1956 年党的八大提出进行“经济管理体制改革”，并积极探索中国经济管理体制的方向和途径。

（一）关于正确处理国家、集体和劳动者三者利益关系的思想

中华人民共和国成立后建立的经济管理体制中，平均主义的分配方式普遍存在。为了解决好这个问题，毛泽东等领导人提出要正确处理国家、集体和劳动者三者利益关系。《论十大关系》指出：“国家和工厂、合作社的关系，工厂、合作社和生产者个人的关系，这两种关系都要处理好。为此，就不能只顾一头，必须兼顾国家、集体和个人三个方面，也就是我们过去常说的‘军民兼

---

① 中共中央文献研究室：《建国以来重要文献选编》第 9 册，中央文献出版社 1994 年版，第 341 页。

② 《毛泽东文集》第 7 卷，人民出版社 1999 年版，第 216 页。

顾'、'公私兼顾'。"①

在生产者个人方面，工人的劳动生产率提高了，他们的劳动条件和集体福利就应当逐步提高，工资应随着国民经济的发展而适当调整、增加。对于农民，多征购了粮食就损害了他们的利益。针对苏联在这个问题上犯下的严重错误，毛泽东告诫全党："苏联的办法把农民挖得很苦。他们采取所谓义务交售制等项办法，把农民生产的东西拿走太多，给的代价又极低。他们这样来积累资金，使农民的生产积极性受到极大的损害。"② "我们必须更多地注意处理好国家同农民的关系"③，"在合作社的收入中，国家拿多少，合作社拿多少，农民拿多少，以及怎样拿法，都要规定得适当"④。

（二）关于正确处理中央和地方的关系、增强企业活力的思想

以毛泽东为主要代表的中国共产党人强调，社会变革成功和先进与否的基本标准是生产力标准。这种认识成为探索改革计划经济体制的出发点。早在1945年，毛泽东就指出："中国一切政党的政策及其实践在中国人民中所表现的作用的好坏、大小，归根到底，看它对于中国人民的生产力的发展是否有帮助及其帮助之大小，看它是束缚生产力的，还是解放生产力的。"⑤ 1956年在最高国务会议第六次会议上，他又强调说，"社会主义革命的目的是为了解放生产力"⑥，"要在几十年内，努力改变我国在经济上和科学文化上的落后状况，迅速达到世界上的先进水平"⑦。

关于中央和地方的关系，既要扩大地方权限，又要反对分散主义的思想。为了建设一个强大的社会主义国家，必须有中央的强有力的统一领导，必须有全国的统一计划和统一纪律，同时，又必须适合当地的特殊情况，充分发挥地方的积极性。从实际情况看，我国根据苏联模式建立的经济管理体制，存在中央管得太多、卡得太死的弊端，不利于调动地方的积极性。"应当在巩固中央统一领导的前提下，扩大一点地方的权力，给地方更多的独立性，让地方办更多的事情。这对我们建设强大的社会主义国家比较有利。我们的国家这样大，

---

① 《毛泽东文集》第7卷，人民出版社1999年版，第28页。
② 《毛泽东文集》第7卷，人民出版社1999年版，第29-30页。
③ 《毛泽东文集》第7卷，人民出版社1999年版，第30页。
④ 《毛泽东文集》第7卷，人民出版社1999年版，第30页。
⑤ 《毛泽东选集》第3卷，人民出版社1991年版，第1079页。
⑥ 《毛泽东文集》第7卷，人民出版社1999年版，第1页。
⑦ 《毛泽东文集》第7卷，人民出版社1999年版，第2页。

人口这样多，情况这样复杂，有中央和地方两个积极性，比只有一个积极性好得多。我们不能像苏联那样，把什么都集中到中央，把地方卡得死死的，一点机动权也没有。"①

针对中央统得太多、地方和企业权力太小的问题，毛泽东多次主张给地方和企业一点自主权。1956 年 4 月，毛泽东指出："有没有这种自治权，对促进生产的发展，还是阻碍生产的发展，关系很大。"② 毛泽东批评几十只手插到地方、使地方不好办的状况，提出："中央的部门可以分成两类。有一类，它们的领导可以一直管到企业，它们设在地方的管理机构和企业由地方进行监督；有一类，它们的任务是提出指导方针，制定工作规划，事情要靠地方办，要由地方去处理。"③

毛泽东等领导人还对改革社会主义企业管理制度，增强企业活力和扩大职工积极性进行了积极思考。1960 年 3 月，中共中央在批转鞍山市委《关于工业战线上的技术革新和技术革命运动开展情况的报告》的批示中，提出以苏联为借鉴，对我国的社会主义企业管理工作做科学总结，强调要实行民主管理，实行干部参加劳动、工人参加管理，改革不合理的规章制度，实行工人群众、领导干部和技术员三结合，即"两参一改三结合"的制度。1961 年制定的"工业七十条"，正式确认这个管理制度，并建立党委领导下的职工代表大会制度，使之成为扩大企业民主，吸引广大职工参加管理、监督行政，克服官僚主义的良好形式。毛泽东把"两参一改三结合"的管理制度称为"鞍钢宪法"。

在社会主义建设时期，以毛泽东为主要代表的中国共产党人立足中国实际，对社会主义经济改革问题进行了有益的思考和探索，对于如何协调社会主义经济建设中各方面利益关系的考察、国家与地方集权与分权关系的思考等，为社会主义经济建设的迅速发展指明了努力的方向。当然，由于受到"左"倾思想的干扰等原因，这些有益的探索在后来的实践中并没有得到很好地坚持，但是这些探索的精神实质，对我国后来的改革开放，以及建立社会主义市场经济体制具有重要的启发意义。正是在这种意义上，邓小平后来指出："现在我们还是把毛泽东同志已经提出、但是没有做的事情做起来，把他反对错了的改正过来，把他没有做好的事情做好。今后相当长的时期，还是做这件事。当

① 《毛泽东文集》第 7 卷，人民出版社 1999 年版，第 31 页。
② 《毛泽东文集》第 8 卷，人民出版社 1999 年版，第 138 页。
③ 《毛泽东文集》第 7 卷，人民出版社 1999 年版，第 32 页。

然，我们也有发展，而且还要继续发展。”①

三、对社会主义现代化的探索

实现现代化是近代以来中国人民梦寐以求的夙愿。近代以来，中国逐渐沦为半殖民地半封建社会。在这个过程中，中国人不断寻求中国富强的道路。孙中山在领导资产阶级民主革命时，曾提出过建设工业化中国的宏伟蓝图，但未能付诸实践。以毛泽东为主要代表的中国共产党人，始终把建设社会主义现代化强国作为我国的奋斗目标，并领导全国人民为此付出了艰辛努力。

自革命战争年代起，中国共产党人就把建立一个政治民主、经济繁荣、文化发达的新中国作为中国革命的任务。在《新民主主义论》中，毛泽东指出：“不但要把一个政治上受压迫、经济上受剥削的中国，变为一个政治上自由和经济上繁荣的中国，而且要把一个被旧文化统治因而愚昧落后的中国，变为一个被新文化统治因而文明先进的中国。”② 他理解的新中国，“不但有新政治、新经济，而且有新文化”③。事实上这已经初步提出了中国的现代化纲领。

由于我国是一个工业基础极为薄弱、工业部门残缺不全、工业分布极不平衡的农业大国，因此，要从落后的农业国变为现代化的强国，必须首先实现社会主义工业化，必须建立一个完整的工业体系。正是因为这个原因，中华人民共和国成立后的很长一段时间，我国在社会主义现代化建设中把工业化作为重点。

把中国建设成为一个强大的工业化国家，一直是中国共产党人的追求。1944 年 5 月，毛泽东指出，“要中国的民族独立有巩固的保障，就必需工业化。我们共产党是要努力于中国的工业化的”④。“没有工业，便没有巩固的国防，便没有人民的福利，便没有国家的富强。”⑤ 1949 年 3 月，党的七届二中全会明确提出，把我国稳步地由农业国转变为工业国，把我国建设成一个伟大的社会主义国家。

中华人民共和国成立以后，过渡时期总路线把工业化和社会主义改造作为

① 《邓小平文选》第 2 卷，人民出版社 1994 年版，第 300 页。
② 《毛泽东选集》第 2 卷，人民出版社 1991 年版，第 663 页。
③ 《毛泽东选集》第 2 卷，人民出版社 1991 年版，第 663 页。
④ 《毛泽东文集》第 3 卷，人民出版社 1996 年版，第 146 页。
⑤ 《毛泽东选集》第 3 卷，人民出版社 1991 年版，第 1080 页。

两个目标，设想在三个五年计划期内实现。毛泽东提出：“准备在几个五年计划之内，将我们现在这样一个经济上文化上落后的国家，建设成为一个工业化的具有高度现代文化程度的伟大的国家。”①

随着中国经济建设的不断推进，工业化的提法逐渐转变为现代化的提法。1959年年底至1960年年初，毛泽东在读苏联《政治经济学教科书》的谈话中指出：“建设社会主义，原来要求是工业现代化，农业现代化，科学文化现代化，现在要加上国防现代化。”② 为了实现这一目标，毛泽东主张调动一切积极因素，他说：“调动一切积极因素，团结一切可能团结的人，并且尽可能地将消极因素转变为积极因素，为建设社会主义社会这个伟大的事业服务。”③

1964年12月，根据毛泽东的建议，周恩来在三届全国人大一次会议的政府工作报告中提出了中国现代化战略。按照这个战略规划，中国20世纪的经济社会发展分为两大阶段：第一阶段从1965年到1980年，目标是建立独立的、比较完整的工业体系和国民经济体系；第二阶段从1980年到20世纪末，目标是实现农业、工业、国防和科学技术现代化，使国民经济走在世界前列。

之后，由于“文化大革命”等的影响，我国现代化战略构想未能得到有效实施。虽然遭遇到各种挫折，但是毛泽东并没有改变他对现代化的追求。在1975年的四届全国人大一次会议上，周恩来根据毛泽东的建议，再一次重申，在20世纪内实现四个现代化。

实践证明，关于社会主义现代化的战略构想，是中国共产党人对中国社会主义建设道路艰辛探索的重要成果，是反映新中国国情和客观需要的正确构想，是对马克思主义经济学的丰富和发展。在这一战略构想的指导下，中国探索建立了独立的比较完整的工业体系和国民经济体系，为改革开放后中国经济的腾飞奠定了坚实的基础。

四、对社会主义商品生产与价值规律的认识

如何正确认识和处理社会主义制度下的商品生产与价值规律，是马克思主义经济学发展史上一个十分重要的问题，又是关系社会主义经济建设成败和快慢的核心问题。以毛泽东为主要代表的中国共产党人对此进行了有益的探索。

① 《毛泽东文集》第6卷，人民出版社1999年版，第350页。
② 《毛泽东文集》第8卷，人民出版社1999年版，第116页。
③ 《毛泽东文集》第7卷，人民出版社1999年版，第228页。

毛泽东等领导人一直关注苏联关于社会主义经济理论的讨论，特别重视斯大林的《苏联社会主义经济问题》和苏联20世纪50年代编写的《政治经济学教科书》。毛泽东在1958年下半年特别发出《关于读书的建议》，要求中国共产党的各级领导同志认真研读斯大林的《苏联社会主义经济问题》一书。毛泽东自己在读书过程中，也发表了一系列谈话，论述了社会主义发展阶段，提出了社会主义也要利用价值规律、社会主义与商品生产相结合等理论。

在关于读苏联社会主义《政治经济学教科书》的谈话中，毛泽东从发达和不发达方面探讨了社会主义的发展阶段问题。他说："社会主义这个阶段，又可能分为两个阶段，第一个阶段是不发达的社会主义，第二个阶段是比较发达的社会主义。后一阶段可能比前一阶段需要更长的时间。经过后一阶段，到了物质产品、精神财富都极为丰富和人们的共产主义觉悟极大提高的时候，就可以进入共产主义社会了。"①

针对一些学者主张废除商品、货币的观点，毛泽东等领导人一再肯定商品、货币、价值规律在社会主义时期的积极意义。他们强调指出，在社会主义时期废除商品经济是违背经济规律的，不能抛弃一切还有积极意义的诸如商品、价值法则等经济范畴，而必须用它们来为社会主义服务。中国是商品生产很不发达的国家，商品生产不应被消灭，而是要大大发展。为了团结几亿农民，必须发展商品交换；废除商业和对农产品实行调拨，就是剥夺农民。毛泽东指出，必须区别资本主义和社会主义两种不同性质的商品，不应害怕商品生产，不能认为它一定会导致资本主义。我国现在的情况是，已经把生产资料的资本主义所有制变成了全民所有制，已经把资本家从商品生产和商品流通中排挤出去，现在商品生产和商品流通领域占统治地位的是国家和人民公社，这同资本主义的商品生产和商品流通是有本质差别的。

毛泽东等领导人还论述了价值规律在社会主义社会中的作用，对价值规律的作用给予很高评价。毛泽东指出："这个法则是一个伟大的学校，只有利用它，才有可能教会我们的几千万干部和几万万人民，才有可能建设我们的社会主义和共产主义。否则一切都不可能。"② 价值规律还与经济核算具有紧密联系。价值规律之所以能起生产调节者的作用或者说合理配置资源的作用，主要

---

① 《毛泽东文集》第8卷，人民出版社1999年版，第116页。

② 《毛泽东文集》第8卷，人民出版社1999年版，第34页。

是因为它本身包含着商品关系中的一种利益关系。只要承认商品关系中特殊利益关系的存在，那么价值规律就必然要作为生产调节者而发生作用，也正因为价值规律起着调节生产的作用，实现着商品生产者的经济利益要求，所以生产者才必须严格进行经济核算，降低成本，将价值规律作为经济核算工具来加以利用。

以毛泽东为主要代表的中国共产党人主张在一定程度上发展商品生产和利用价值规律的思想，是从中国社会主义经济实践的一些教训中得出的，尽管后来未能完全坚持和实践这种认识，也尚未深刻认识到发展商品生产、利用价值规律对发展社会生产力的巨大推动作用，但这些初步探索在马克思主义经济学发展史上仍然具有重要而独特的价值。

五、统筹兼顾、注意综合平衡的理论

如何处理社会主义建设中带有全局性的重大关系，毛泽东以苏联的经验教训为鉴戒，不仅提出要创造新的理论、写出新的著作，把马克思列宁主义基本原理同中国实际进行“第二次结合”，而且写出了《论十大关系》《关于正确处理人民内部矛盾的问题》等新的著作，提出在处理社会主义建设中带有全局性的重大关系必须采取“统筹兼顾”的方针、注意综合平衡。

（一）统筹兼顾的战略方针

如何解决和处理社会主义建设中出现的“矛盾”和问题？毛泽东提出，要学会运用“弹钢琴”的方法，特别是要学会运用“兼顾”和“统筹”的原则和方法。他在《论十大关系》和《关于正确处理人民内部矛盾的问题》等重要著作中，系统阐述了要用“兼顾”和“统筹”的原则和方法来解决和处理。

在社会主义建设中必须兼顾国家、集体和个人的利益。毛泽东在《论十大关系》中指出：“国家和工厂、合作社的关系，工厂、合作社和生产者个人的关系，这两种关系都要处理好。为此，就不能只顾一头，必须兼顾国家、集体和个人三个方面，也就是我们过去常说的‘军民兼顾’、‘公私兼顾’。鉴于苏联和我们自己的经验，今后务必更好地解决这个问题。”① 前车之覆，后车之鉴，在经济利益分配问题上，毛泽东提出：“国家和工厂，国家和工人，工厂

① 《毛泽东文集》第7卷，人民出版社1999年版，第28页。

和工人，国家和合作社，国家和农民，合作社和农民，都必须兼顾，不能只顾一头。”[①]《论十大关系》讲话之后，毛泽东进一步指出，“统筹兼顾，各得其所”，“这是我们历来的方针，在延安的时候，就采取了这个方针。这是一个什么方针呢？就是调动一切积极力量，为了建设社会主义。这是一个战略方针”[②]。“统筹兼顾”是与“各得其所”联系在一起的，是实现调动一切积极力量的重要方针。

在《关于正确处理人民内部矛盾的问题》中，毛泽东对“统筹兼顾、适当安排”做了专题阐释，认为“这里所说的统筹兼顾，是指对于六亿人口的统筹兼顾。我们作计划、办事、想问题，都要从我国有六亿人口这一点出发，千万不要忘记这一点”[③]。“统筹兼顾”作为社会主义经济建设的方法和原则，是心系全国人民、情怀广大群众，是党和政府“作计划、办事、想问题”的基本立场，深刻蕴含了中国共产党治国理政的根本理念和方法。

毛泽东在《论十大关系》中提出的“要把国内外一切积极因素调动起来，为社会主义事业服务”[④]的“基本方针”，在《关于正确处理人民内部矛盾的问题》中以“统筹兼顾”的方法和原则得以落实和实现。在社会主义建设中坚持“统筹兼顾”的方法和原则，就是要实行工业与农业并举，以农业为基础，工业为主导；要实行中央与地方并举，充分发挥两个积极性；要处理好沿海工业和内地工业的关系，促进共同发展；要处理好国家、集体和个人的关系，使各方各得其所；要处理好汉族和少数民族的关系，巩固民族团结；要处理好党和非党的关系，坚持“长期共存、互相监督”；要正确处理自力更生与发展对外交流的关系，坚持自力更生为主、争取外援为辅；等等。从对全体人民统筹兼顾出发，就当时当地的实际可能条件同各方面的人协商，做出各种适当的安排，包括经济建设在内的许多事情，“可以由社会团体想办法，可以由群众直接想办法，他们是能够想出很多好的办法来的”，这在根本上也“包括在统筹兼顾、适当安排的方针之内”[⑤]。

可见，统筹兼顾，调动一切积极力量建设社会主义，这是一个“战略方

---

① 《毛泽东文集》第 7 卷，人民出版社 1999 年版，第 30–31 页。

② 《毛泽东年谱》第 3 卷，中央文献出版社 2013 年版，第 69 页。

③ 《毛泽东文集》第 7 卷，人民出版社 1999 年版，第 227–228 页。

④ 《毛泽东文集》第 7 卷，人民出版社 1999 年版，第 23 页。

⑤ 《毛泽东文集》第 7 卷，人民出版社 1999 年版，第 228 页。

针”，不但是经济建设的战略方针，而且是全面建设社会主义的战略方针。

（二）注意综合平衡的原则

毛泽东还提出了国民经济注意综合平衡的原则。比如，在《论十大关系》中，毛泽东在分析沿海工业和内地工业关系时指出：“为了平衡工业发展的布局，内地工业必须大力发展。”[①]《论十大关系》还从工业布局、经济建设与国防建设关系的角度论述了中国的工业化问题：“我国全部轻工业和重工业，都有约百分之七十在沿海，只有百分之三十在内地。这是历史上形成的一种不合理的状况。沿海的工业基地必须充分利用，但是，为了平衡工业发展的布局，内地工业必须大力发展。”[②] 在二者的关系上，要利用和发展沿海的工业老底子，以便用更多的力量来发展和支持内地工业。毛泽东肯定国防的重要性，同时指出：“只有经济建设发展得更快了，国防建设才能够有更大的进步。”[③] 发展国防建设的“可靠的办法就是把军政费用降到一个适当的比例，增加经济建设费用”[④]。加强国防建设，首先一定要加强经济建设。

1958 年“大跃进”受到挫折后，面对严峻的经济形势，毛泽东开始对过去的工作进行反思。1959 年庐山会议期间，毛泽东在总结“大跃进”的经验教训时指出，“大跃进”的主要缺点就是对各部门的综合平衡重视不够。

1961 年 1 月，毛泽东在党的八届九中全会上正式提出了“调整、巩固、充实、提高”的经济工作方针，由此推动国民经济转入调整轨道，这对于搞好调整国民经济的工作，起到了重要的指导作用。经过 1961 年到 1962 年的调整工作，经济开始出现转机，走出谷底。

在国民经济调整期间及其前后，毛泽东在进一步总结“大跃进”的经验教训时，对搞好综合平衡，处理好农、轻、重以及生活、生产、建设等关系，提出了一些有价值的观点。关于综合平衡的问题，毛泽东强调指出，“大跃进”的主要缺点是没有搞综合平衡。整个经济工作中，平衡是个根本问题，有了综合平衡，才有群众路线。整个国民经济的比例关系是建立在如下三个平衡基础上的综合平衡：一是农业内部的农、林、牧、副、渔之间的平衡；二是工业内部的平衡；三是工业和农业之间的平衡。

---

① 《毛泽东文集》第 7 卷，人民出版社 1999 年版，第 25–26 页。
② 《毛泽东文集》第 7 卷，人民出版社 1999 年版，第 25 页。
③ 《毛泽东文集》第 7 卷，人民出版社 1999 年版，第 27 页。
④ 《毛泽东文集》第 7 卷，人民出版社 1999 年版，第 27 页。

针对苏联教科书没提平衡和不平衡的矛盾、不讲按比例和不按比例的矛盾，毛泽东指出，要经常保持比例，就是由于经常出现不平衡。因为不成比例了，才提出按比例的任务。平衡了又不平衡，按比例了又不按比例，这种矛盾是经常的、永远存在的，教科书不讲这个观点。他批评道："教科书没有接触到社会主义生产发展的波浪式前进。说社会主义经济的发展一点波浪也没有，这是不可能设想的。任何事物的发展都不是直线的，而是螺旋式地上升，也就是波浪式发展。"① 正确认识平衡和不平衡、按比例和不按比例的矛盾，对于认识客观经济规律具有重要意义。毛泽东认为，有不平衡，有比例失调，才能促使我们更好地认识规律；认识比例关系，必须有一个过程。他还批评当时计划工作中的两种错误：在计划工作中，什么账都不算，一切听其自然，或者四平八稳，要求丝毫漏洞都没有，这两种做法都是不对的，其结果都要破坏比例。

总之，统筹兼顾、注意综合平衡，是毛泽东探索中国社会主义建设道路中的重要思想方法、认识方法和工作方法。统筹兼顾、注意综合平衡是动态的、开放的，需要我们不断结合新的实际运用好统筹兼顾和综合平衡的方法和原则。

六、以农业为基础、工业为主导、农轻重协调发展的理论

新中国成立后，毛泽东在探索中国工业化道路的过程中，一直十分关注如何处理工农业的关系问题。他总结苏联和我国自身进行工业化建设的经验教训，就如何发展工业化，特别是如何处理工农业关系进行了不懈的探索和思考，提出了"发展工业与发展农业同时并举""以农业为基础，以工业为主导"及农轻重协调发展等重要思想。

（一）"发展工业与发展农业同时并举"的思想

在处理工业和农业的关系上，毛泽东根据马克思关于社会生产两大物质生产部门要保持平衡发展的原则，同时，基于当时的中国是一个农业大国、农村人口占全国人口的80%以上的状况，提出"发展工业必须和发展农业同时并举，工业才有原料和市场，才有可能为建立强大的重工业积累较多的资金"②。"一五"计划明确规定：在优先发展重工业的条件下，力求使各个经济部门特

① 《毛泽东文集》第8卷，人民出版社1999年版，第120页。
② 《毛泽东文集》第7卷，人民出版社1999年版，第241页。

别是工业-农业、轻工业-重工业之间的发展保持适当比例，避免彼此脱节。由于坚决贯彻工农业并举的方针，“一五”时期工农业关系大体协调。

后来，鉴于以大办钢铁为中心的“大跃进”的错误致使农业和轻工业生产受到严重影响、工农业比例严重失调的情况，毛泽东总结说，搞十大关系时，就提出两条腿走路，可是没有很好地执行。在纠正经济建设中“左”的错误的过程中，毛泽东还认真总结了苏联经济建设中正反两方面的经验，认为“斯大林的缺点是过分强调了重工业的优先增长，结果在计划中把农业忽略了”①，所以“我们把这个规律具体化为：在优先发展重工业的条件下，工农业同时并举”②。他还提出，实现社会主义工业化道路要调动一切积极因素，搞好一系列的同时并举，其中，以工农业同时并举最为重要。所谓工农业同时并举，既不否认重工业优先增长，也不否认工业发展快于农业，也不是平均使用力量。毛泽东关于工农业同时并举的论述，不仅阐明了工农业发展之间的关系，而且论述了中国工业化道路的优点和特点。

（二）“以农业为基础，以工业为主导”的思想

1962 年 9 月，毛泽东在党的八届十中全会上的讲话中，对“发展工业与发展农业同时并举”的思想做了新的概括，提出“以农业为基础，以工业为主导”的思想，并把它提到发展国民经济总方针的高度。

其一，必须“以农业为基础”。早在 1957 年 1 月，在中央省市自治区党委书记会议上，毛泽东就特别提醒全党，“要注意，不抓粮食很危险。不抓粮食，总有一天要天下大乱”③。他还系统地阐述了农业在国民经济中的基础作用。一是农业关系到 5 亿农村人口的吃饭、吃肉、吃油以及其他日用的非商品性农产品问题。农业搞好了，5 亿农民就稳定了。二是农业关系到城市和工矿区人口的吃饭问题。商品性的农产品发展了，才能供应工业人口的需要，才能发展工业。三是农业是轻工业原料的主要来源，农业是轻工业的重要市场。四是农村是重工业的重要市场。五是农产品是出口的主要物资，农产品变成外汇，可以进口各种工业设备。六是农业是积累的重要来源，可以为发展工业提供更多的资金。

其二，必须“以工业为主导”。1959 年，毛泽东在听取山东省委领导干部

---

① 《毛泽东文集》第 8 卷，人民出版社 1999 年版，第 121 页。
② 《毛泽东文集》第 8 卷，人民出版社 1999 年版，第 119、121 页。
③ 《毛泽东文集》第 7 卷，人民出版社 1999 年版，第 199 页。

的汇报时首次提出“以农业为基础，工业为主导”。至此，农业在我国经济发展中的地位被明确定位为“基础”，工业则是“主导”。所谓“以工业为主导”，就是要优先发展生产资料的生产，其主导作用表现在为国民经济各部门提供技术装备，以社会化大生产和先进的经济形式逐步改造整个国民经济。

“以农业为基础，以工业为主导”的发展国民经济的总方针，创造性地解决了社会主义建设中实现工业和农业之间正确结合和协调发展的道路问题，丰富和发展了马克思主义政治经济学的基本原理。

（三）农轻重协调发展的思想

新中国成立初期，我国由于借鉴苏联工业化经验取得了一定的成效。但是，后来的实践表明，我国照抄照搬以重工业为中心的苏联工业化模式，片面强调重工业和基础设施的建设，造成了农业、轻工业和重工业的比例失调，促使毛泽东和党的其他领导人开始思考如何走符合中国国情的工业化道路，尤其是如何协调农轻重的关系。1956 年 4 月和 5 月，毛泽东先后在中央政治局扩大会议和最高国务会议上做了《论十大关系》的报告。《论十大关系》初步总结了我国社会主义建设的经验，从十个方面论述了我国社会主义建设需要重点把握的重大关系，是以毛泽东为主要代表的中国共产党人开始探索适合中国情况的社会主义建设道路的标志，为党的八大的召开做了理论准备。这十大关系，涉及生产力和生产关系、经济基础和上层建筑各方面，其中论述的第一大关系便是重工业、轻工业和农业的关系。毛泽东指出，以工业为主导，把重工业作为我国经济建设的重点，以逐步建立独立的比较完整的基础工业体系和国防工业体系，这是维护国家独立、统一和安全，实现国家富强所必需的，是毫无疑义、必须肯定的。但同时必须充分注意发展农业和轻工业。苏联在发展重工业时片面强调重工业，结果使苏联粮食产量长期达不到革命前的最高水平，苏联市场上粮食供应不足、货币不稳定。要真正想发展重工业，就要同时“注重农业、轻工业，使粮食和轻工业原料更多些，积累更多些，投到重工业方面的资金将来也会更多些”①。鉴于苏联的经验教训，毛泽东提出“要适当地调整重工业和农业、轻工业的投资比例，更多地发展农业、轻工业”②，用“多发展一些农业、轻工业”来发展重工业的著名观点。

① 《毛泽东文集》第 7 卷，人民出版社 1999 年版，第 25 页。
② 《毛泽东文集》第 7 卷，人民出版社 1999 年版，第 24 页。

1957 年 2 月，毛泽东进一步把协调农轻重的关系提高到与苏联工业化道路有所不同的中国工业化道路的高度来认识。他说："工业化道路的问题，主要是指重工业、轻工业和农业的发展关系问题。我国的经济建设是以重工业为中心，这一点必须肯定。但是同时必须充分注意发展农业和轻工业。"① 在这里，有两个关系非常重要：一是没有农业就没有轻工业，二是重工业要以农业为重要市场。农业发展了，会使轻工业得到更多的发展。农业和轻工业发展了，重工业有了市场，有了资金，也会更快地发展。因此，中国的工业化道路就是以重工业为中心，以农、轻、重工业相互支持、平衡发展的道路，符合中国人口多、工业基础薄弱的实际。这一理论有力地指导了中国工业化建设实践。以"一五"时期确定的 156 项工业建设工程在 1955 年至 1962 年建成投产为标志，中国逐渐建立起社会主义工业化的初步基础。

2015 年 11 月，习近平在主持以"马克思主义政治经济学基本原理和方法论"为主题的中共中央政治局第二十八次集体学习时指出，以毛泽东为主要代表的中国共产党人，"在探索社会主义建设道路过程中对发展我国经济提出了独创性的观点，如提出社会主义社会的基本矛盾理论，提出统筹兼顾、注意综合平衡，以农业为基础、工业为主导、农轻重协调发展等重要观点。这些都是我们党对马克思主义政治经济学的创造性发展"。正是在毛泽东经济思想的正确领导下，在不长的时间里，即在 20 世纪 70 年代中期，我国就建立起独立的比较完整的工业体系和国民经济体系，取得了社会主义建设的基础性成就，并为我们探索建设中国特色社会主义的道路积累了经验和提供了条件。

思考题

1. 请分析毛泽东经济思想产生的社会历史背景。
2. 新民主主义革命的经济纲领是什么？
3. 过渡时期的总路线是怎样提出来的？
4. 毛泽东经济思想对过渡时期经济理论有哪些创新？
5. 毛泽东是如何分析社会主义社会的各种矛盾的？
6. 毛泽东对社会主义经济理论进行了哪些探索？

---

① 《毛泽东文集》第 7 卷，人民出版社 1999 年版，第 240-241 页。

第八章　中国特色社会主义政治经济学的形成与发展

1978年，党的十一届三中全会做出了把党和国家工作中心转移到经济建设上来、实行改革开放的历史性决策，开启了社会主义现代化建设新的伟大征程。在把马克思主义政治经济学基本原理同改革开放新实践结合起来的进程中，中国共产党人“写出了一个政治经济学的初稿”[①]，提出了一系列创新性的重大理论观点，奠定了中国特色社会主义政治经济学的理论基础，丰富和发展了马克思主义经济学。

第一节　新时期马克思主义政治经济学在中国的发展

一、邓小平理论与中国特色社会主义经济理论的形成

中国特色社会主义经济理论是中国特色社会主义经济建设实践的经验总结和理论升华，是中国共产党在深入分析国际国内形势，科学判断中国社会的主要矛盾和基本国情，不断解决经济发展中出现的各种理论和实际问题的过程中逐步形成的。

邓小平理论是党的十一届三中全会以来，以邓小平为主要代表的中国共产党人，以马克思列宁主义、毛泽东思想为指导，在总结我国和其他国家社会主义建设经验教训，深入分析国际国内形势变化，清醒认识中国基本国情的基础上形成的。邓小平理论阐明了在中国建设社会主义、巩固和发展社会主义的基本问题，其中蕴含的经济思想为中国特色社会主义经济理论提供了基本框架和主要内容。

党的十一届三中全会是当代中国社会发展的转折点，也是邓小平经济思想形成的重要关节点。全会召开前夕，在对如何解决国民经济缺乏活力、社会总供给与总需求矛盾突出等问题的思考中，邓小平提出了关于坚持按劳分配原则、按照经济规律管理经济、科学技术是生产力等理论和观点，并提出：正确

---

① 《邓小平文选》第3卷，人民出版社，1993年版，第83页。

的政治领导的成果，归根到底要表现在社会生产力的发展上，人民物质文化生活的改善上。邓小平的这些思想在党的十一届三中全会的公报中得到了体现，全会在做出把党和国家的工作重心转移到经济建设上来的决策的同时，提出了调整国民经济比例关系、改革过分集中的经济管理体制、重视价值规律的作用等思想，并着重阐释了农业发展问题，开启了中国特色社会主义经济建设的探索征程。

党的十一届三中全会后，经济体制改革率先在农村展开。在改变原有体制生产"大呼隆"、分配"大锅饭"弊端的进程中，以家庭联产承包经营为基础、统分结合的双层经营体制逐步确立起来。与此同时，在城市进行了以扩大企业自主权为主要内容的国有企业改革试点，设立了深圳、珠海、汕头、厦门四个经济特区。在这些新事物成长过程中曾经出现过广泛争论，批评反对意见纷至沓来。在争论中，邓小平始终对新生事物采取支持态度，提出"利用外资是一个很大的政策，我认为应该坚持。……扩大企业自主权，这一条无论如何要坚持，这有利于发展生产"① 等观点。实践也有力证明了这些新生事物的积极作用，从 1978 年到 1982 年，国民经济重大比例关系趋于协调，经济快速发展，人民生活得到明显改善。

在理论和实践都取得较大突破的基础上，1982 年 9 月，党的十二大明确提出"建设有中国特色的社会主义"的命题，强调把马克思主义的普遍真理同我国的具体实际结合起来，走自己的道路，建设有中国特色的社会主义，这就是我们总结长期历史经验得出的基本结论。党的十二大还对今后 20 年中国社会主义经济建设的战略目标、战略重点、战略步骤等做了论述，中国特色社会主义经济理论初步形成。

党的十二大以后，农村、城市等各领域改革继续深入展开，全面改革经济体制的条件日趋成熟。为了使改革更加卓有成效地进行，使社会主义优越性进一步得到发挥，1984 年 10 月，党的十二届三中全会通过了《中共中央关于经济体制改革的决定》(以下简称《决定》)。《决定》提出了社会主义经济是公有制基础上的有计划的商品经济的论断，突破了把计划经济同商品经济对立起来的传统观念，为全面进行经济体制改革提供了新的理论指导。《决定》根据马克思主义基本原理同中国实际相结合的原则，确认中国社会主义经济是公有

---

① 《邓小平文选》第 2 卷，人民出版社 1994 年版，第 198-200 页。

制基础上的有计划的商品经济。商品经济的充分发展，是社会经济发展不可逾越的阶段，是实现我国经济现代化的必要条件；只有充分发展商品经济，才能把经济真正搞活，促使各个企业提高效率，灵活经营，灵敏地适应复杂多变的社会需要，而这是单纯依靠行政手段和指令性计划所不能做到的。《决定》总结了中华人民共和国成立以来特别是党的十一届三中全会以来经济体制改革的经验，系统地阐明了建立充满生机和活力的社会主义经济体制所需要解决的主要问题，明确了改革的基本目标和各项要求，为打破计划经济体制创造了条件，是指导中国经济体制改革的纲领性文件。伴随着改革从农村走向城市和整个经济领域，对中国特色社会主义经济发展诸多问题的认识也逐渐清晰：改革是中国第二次革命的思想；社会主义的首要任务是发展生产力的思想；鼓励一部分地区、一部分人先富裕起来，最终达到共同富裕的思想；由内向型经济向外向型转变的思想；等等。这些思想丰富了中国特色社会主义经济学。

随着改革开放的不断推进，对中国国情的认识也更为清晰。1987 年 10 月，党的十三大第一次比较系统地阐述了社会主义初级阶段理论，概括了社会主义初级阶段的基本特征，揭示了社会主义初级阶段的主要矛盾，阐明了党在社会主义初级阶段的基本路线和奋斗目标，提出了“三步走”的经济社会发展战略。这是中国特色社会主义经济理论形成与发展过程中的又一次重大突破，为改革的全面展开奠定了坚实的理论基础。党的十三大以后，围绕长期以来困扰人们的计划与市场的关系等问题，社会各界进行了广泛而深入的探讨。邓小平也对社会主义能否实行市场经济的问题、社会主义本质问题、科学技术是第一生产力问题、判断改革得失成败的标准问题等做出一系列重要论述。这些论述消除了人们在思想上的一些模糊认识，有力地推动了改革前进的步伐。

1992 年春，面对国内政治风波和国际上苏联解体、东欧剧变的严峻考验，邓小平视察南方并发表重要讲话，从中国实际出发，提出了一系列重要论断。比如，站在历史的高度，提出“革命是解放生产力，改革也是解放生产力”，应该把解放生产力和发展生产力两个讲全；针对姓“资”姓“社”问题，提出“三个有利于”标准，即判断改革和各方面工作是非得失的根本标准是，是否有利于发展社会主义社会的生产力，是否有利于增强社会主义国家的综合国力，是否有利于提高人民的生活水平；重申了深化改革的必要性和重要性，强调“改革开放胆子要大一些，敢于试验”①，鼓励看准了的就要大胆地试、大胆地闯；提倡在计划与市场问题上要解放思想，提出社会主义可以搞市场经济，为党的十四大提出“建立社会主义市场经济体制”的改革目标定了基调；对社会主义本质问题做出了总结性的理论概括，指出社会主义的本质是，解放生产力，发展生产力，消灭剥削，消除两极分化，最终达到共同富裕；强调必须注重大胆吸收和借鉴国外先进经验，要坚定不移地对外开放；等等。邓小平南方谈话中关于经济学的重要论述，深刻地回答了长期困扰和束缚人们思想的一系列重大的经济理论与实践问题，推动改革开放和社会主义现代化建设进入新阶段。同年 10 月，党的十四大根据邓小平南方谈话的精神，对“邓小平建设有中国特色社会主义理论”的主要内容进行了系统概括，第一次比较系统地回答了在中国这样一个经济文化比较落后的国家如何建设社会主义、如何巩固和发展社会主义的一系列基本问题，用新的思想、观点继承和发展了马克思主义。其中关于社会主义经济体制改革的目标是建立社会主义市场经济体制的论断，是对马克思主义社会主义经济理论的创造性发展。至此，经过党的十一届三中全会以来的不断探索，中国特色社会主义经济理论体系的基本框架和主要内容基本形成，中国从此进入以建立社会主义市场经济体制为目标的新阶段。

1997 年 9 月，党的十五大正式提出“邓小平理论”这一科学概念，并把邓小平理论同马克思列宁主义、毛泽东思想一起确定为党的指导思想。

二、“三个代表”重要思想与中国特色社会主义经济理论的发展

党的十三届四中全会以来，以江泽民为主要代表的中国共产党人，在国内外政治风波、经济风险、自然灾害等严峻考验面前，在 20 世纪末 21 世纪初中国快速发展和世界格局继续深刻变化的形势下，以马克思列宁主义、毛泽东思想、邓小平理论为指导，全面总结和科学概括治党、治国、治军经验，形成了“三个代表”重要思想。“三个代表”重要思想进一步回答了什么是社会主义、怎样建设社会主义的问题，创造性地回答了建设什么样的党、怎样建设党的问题，其中蕴含的经济思想，发展了中国特色社会主义经济理论。

20 世纪 80 年代末 90 年代初，国际上发生了东欧剧变和苏联解体，社会主义事业遭遇重大挫折，中国国内出现了严重的政治风波，改革和发展进入了关

---

① 《邓小平文选》第 3 卷，人民出版社 1993 年版，第 372 页。

键阶段。以江泽民为主要代表的中国共产党人紧紧抓住机遇，从容应对挑战，深化改革、加快发展，开创了中国特色社会主义事业的新局面。党的十四大确定了建立社会主义市场经济体制的改革目标，党的十四届三中全会通过的《中共中央关于建立社会主义市场经济体制若干问题的决定》，系统阐述了社会主义市场经济的基本框架，使社会主义市场经济体制的蓝图更加清晰，为生产力的进一步发展铺平了道路。

按照建立社会主义市场经济体制的目标模式，财政、税收、金融、外贸、外汇、计划、投资、价格、流通、住房和社会保障等领域的改革全面展开，市场在资源配置中的基础性作用明显增强，宏观调控体系的框架初步建立。从1992年到1996年，经济发展取得显著成绩，但与此同时也出现了国民经济整体素质和效益不高、经济结构不合理等比较突出的矛盾。在理论层面上，伴随着市场经济发展和国有中小型企业改革而出现的有关所有制问题、收入分配问题的争论也日趋白热化。

党的十五大对这些争论做出了回答。在所有制问题上，党的十五大提出，公有制经济不仅包括国有经济和集体经济，还包括混合所有制经济中的国有成分和集体成分。公有制的主体地位主要体现在公有资产在社会总资产中占优势，国有经济控制国民经济命脉，对经济发展起主导作用；公有制实现形式可以而且应当多样化，股份制资本主义可以用，社会主义也可以用；非公有制经济是社会主义市场经济的重要组成部分。党的十五大把以公有制为主体、多种所有制经济共同发展，确定为我国社会主义初级阶段的一项基本经济制度。在收入分配问题上，党的十五大确立了坚持按劳分配为主体、多种分配方式并存的制度，提出把按劳分配和按生产要素分配结合起来，坚持效率优先、兼顾公平。同时，党的十五大还对国有企业改革、健全宏观调控体系等问题进行了阐释。

党的十五大关于社会主义市场经济的论述，尤其是在所有制理论上的认识，为经济体制改革的进一步发展指明了方向。沿着这一思路，党的十五届四中全会对如何推进国有企业改革和发展问题做出了新的论述。全会提出了国有企业改革和发展的主要目标、方针政策和主要措施，强调要从战略上调整国有经济布局，积极探索公有制的多种有效实现形式，大力发展股份制和混合所有制经济等。这些思想的提出不仅对国有经济的发展壮大产生了巨大的推动作用，也有力地促进了我国经济体制改革的深入。

在社会主义市场经济、国有企业改革领域不断进行理论创新的同时，在经济建设的实践中，还形成了新的“三步走”战略、科教兴国战略、可持续发展战略、人才强国战略、西部大开发战略、走新型工业化道路、文明发展道路、引进来和走出去相结合、正确处理现代化建设中的重大关系等思想，这些理论成果进一步丰富了中国特色社会主义经济理论。

2002 年 11 月，党的十六大对“三个代表”重要思想进行了系统概括和高度评价，把“三个代表”重要思想同马克思列宁主义、毛泽东思想、邓小平理论一道，确立为党的指导思想。

三、科学发展观与中国特色社会主义经济理论的发展

进入新世纪新阶段，我国发展呈现出一系列新的阶段性特征。这些阶段性特征，表现在经济、政治、文化、社会等各个方面，既有继续发展的条件和优势，又有制约发展的矛盾和问题。党的十六大以来，以胡锦涛为主要代表的中国共产党人，以马克思列宁主义、毛泽东思想、邓小平理论、“三个代表”重要思想为指导，认真总结我国发展实践，借鉴国外发展经验，适应新的发展要求，形成了以人为本、全面协调可持续发展的科学发展观。科学发展观回答了新形势下实现什么样的发展、怎样发展等重大问题，其中蕴含的经济思想，发展了中国特色社会主义经济理论。

经过 20 多年的改革发展，至 21 世纪初，社会主义市场经济体制初步建立，人民生活总体上达到小康水平，中国经济体制改革进入深化和完善的新时期。在客观分析中国经济发展现状的基础上，党的十六大提出：“本世纪头二十年经济建设和改革的主要任务是，完善社会主义市场经济体制，推动经济结构战略性调整，基本实现工业化，大力推进信息化。”① 依据党的十六大的精神，各领域的改革深化逐步展开，形成了一系列新的理论观点。

2003 年 10 月，党的十六届三中全会讨论研究了完善社会主义市场经济体制问题。全会通过的《中共中央关于完善社会主义市场经济体制若干问题的决定》全面规划了完善社会主义市场经济的目标、任务、指导思想和原则，并论述了如何进一步巩固和发展公有制经济，鼓励、支持和引导非公有制经济发展，完善国有资产管理体制，深化国有企业改革，继续改善宏观调控，加快转

---

① 《江泽民文选》第 3 卷，人民出版社 2006 年版，第 544 页。

变政府职能等问题。全会还完整系统地提出了科学发展观，强调要按照“五个统筹”来推进改革与发展。

针对国有企业改革和非公有制经济发展中存在的问题，所有制结构的深化和完善也逐步展开。在充分意识到国有资产管理体制改革才是国有企业改革核心问题的基础上，2003 年 3 月成立了国务院国有资产监督管理委员会，并建立起一套相关制度，指导和推进国有企业改革。然而，由于各种因素的影响，国有企业改革中出现了国有资产流失现象，并由此引发了关于国有企业改革的全国性大争论。同时，鼓励支持和引导非公有制经济的思想也进一步具体化。2005 年 2 月通过的《国务院关于鼓励支持和引导个体私营等非公有制经济发展的若干意见》（简称“非公经济 36 条”），明确提出了要贯彻平等准入、公平待遇原则，允许非公有资本进入垄断行业和领域，允许非公有资本进入公用事业和基础设施领域等措施，为非公有制经济发展创造了良好环境。

城乡失衡、收入差距拉大、经济社会发展不协调等，是整个社会普遍关注的焦点。2005 年 10 月，党的十六届五中全会提出了要按照“生产发展、生活宽裕、乡风文明、村容整洁、管理民主”的要求建设社会主义新农村，提出了要更加注重公平，使全体人民共享改革发展成果的主张。2006 年 10 月，党的十六届六中全会通过的《中共中央关于构建社会主义和谐社会若干重大问题的决定》，提出了构建社会主义和谐社会的指导思想、目标任务和原则，以推动经济社会协调发展。

2007 年 10 月，党的十七大对科学发展观的时代背景、科学内涵、精神实质和根本要求做出了进一步的科学概括和深刻阐述，提出实现全面建设小康社会奋斗目标的新要求。这不仅为如何实现全面协调可持续的发展指明了方向，而且为中国特色社会主义经济理论增添了新的内容。

2012 年 11 月，党的十八大对科学发展观进行了精辟阐述和高度评价，把科学发展观同马克思列宁主义、毛泽东思想、邓小平理论、“三个代表”重要思想一道，确立为党的指导思想。

第二节　中国特色社会主义经济体制改革理论

一、对经济体制改革重要性的认识

选择什么样的经济体制，是建设社会主义不可回避的一个重要理论和实践问题。马克思和恩格斯曾在分析和研究资本主义社会基本矛盾和弊端的基础上，对未来社会经济制度及其运行做出了预测，提出一旦社会占有了生产资料，商品生产就将被消除，社会将对全部生产进行有计划的调节，从而结束社会生产的无政府状态和经济的周期性动荡这样一些资本主义社会难以逃脱的劫难。这些论断有其科学性、合理性，但同时也应看到，最初建立社会主义制度的国家，包括苏联和第二次世界大战后走上社会主义道路的其他国家，都是在经济文化比较落后的条件下建设社会主义的，经济发展水平、商品经济和市场化水平都很低。历史经验表明，商品经济、市场经济是任何社会经济发展不可逾越的阶段，在商品经济和市场经济比较落后的国家建设社会主义，同样需要有一个大力发展商品经济和市场经济的阶段，而且这是一个相当长的历史阶段。这就需要把马克思和恩格斯所阐明的社会生产的计划性和市场经济的优势结合起来。这个认识是中国共产党人在后来的实践中逐步清晰起来的。

新中国成立后，在立足国情、借鉴苏联社会主义建设经验的基础上，我国逐步建立起高度集中的计划经济体制。在新中国成立初期生产力发展水平较低、经济结构较为简单的情况下，这一经济体制在实现国民经济协调发展、较为迅速地建立社会主义物质基础等方面起到了积极作用。但是，随着经济建设的不断推进，这一体制的弊端也逐渐体现出来。面对这种状况，毛泽东提出要冲破苏联经验的束缚，研究社会主义的经济体制问题。从 20 世纪 50 年代到党的十一届三中全会前，中国对既有的经济体制进行了多次调整和改革，但由于种种原因，这些改革并没有突破高度集中的计划经济体制。

在改革开放不断深化的实践中，中国共产党关于经济体制改革的认识也逐步深入。1978 年 9 月，邓小平提出："我们国家的体制，包括机构体制等，基本上是从苏联来的，人浮于事，机构重叠，官僚主义发展。……有好多体制问题要重新考虑。总的说来，我们的体制不适应现代化，上层建筑不适应新的要求。"[①] 针对农村经济发展问题，邓小平提出，要鼓励哪怕是一个生产大队、一个生产队都要很好地思考，根据自己的条件思考怎样提高单位面积产量，提高总产量等。在企业管理问题上，他指出："企业管理，过去是苏联那一套，没有跳出那个圈子。那时候，苏联企业管理水平比资本主义国家落后得多，后来我们学了那个东西，有了那个东西比没有好。但现在连那个落后的东西也丢掉

① 《邓小平年谱（1975—1997）》，中央文献出版社 2004 年版，第 376 页。

了，一片混乱。"① 在此基础上，邓小平从社会主义本质的高度阐述了改革的必要性，他强调："社会主义制度优越性的根本表现，就是能够允许社会生产力以旧社会所没有的速度迅速发展，使人民不断增长的物质文化生活需要能够得到满足。……生产力发展的速度比资本主义慢，那就没有优越性，这是最大的政治，这是社会主义和资本主义谁战胜谁的问题。……所以，我们一定要根据现在的有利条件加速发展生产力，使人民的物质生活好一些，使人民的文化生活、精神面貌好一些。"②

邓小平关于经济体制改革必要性的论述，为党的十一届三中全会有关经济体制改革思想的提出奠定了思想基础。全会做出了实行改革开放的重要抉择，提出实现四个现代化，要求大幅度地提高生产力，因而也就必然要求多方面地改变同生产力发展不适应的生产关系和上层建筑，改变一切不适应的管理方式、活动方式和思想方式，因而是一场广泛、深刻的革命。同时，全会对中国计划经济体制的"严重缺点"做出了深刻分析，并提出了要把给地方和企业更多的自主权、重视价值规律的作用等作为经济体制改革的内容和努力方向。党的十一届三中全会虽然没有形成一个完整、具体的改革方案，但清晰地指出了经济体制改革是关系国民经济发展全局的大事，是关系四个现代化能否实现的根本问题，从而为经济体制改革的科学探索和大胆实践开辟了正确的道路。

党的十一届三中全会后，经济体制改革首先在农村，进而在城市逐步展开，并取得了显著成效和重要经验。为了使经济体制改革更加卓有成效地进行，党的十二届三中全会对经济体制改革的方向、性质、任务等一系列重大问题做了更为系统的阐述。在经济体制改革重要性的认识上，党的十二届三中全会指出，社会主义制度优越性之所以没有得到应有发挥的一个重要原因，就是在经济体制上形成了一种同社会生产力发展要求不相适应的僵化的模式，使本来应该生机盎然的社会主义经济在很大程度上失去了活力，因此必须从根本上改变这种束缚生产力发展的经济体制。同时，正在世界范围兴起的新技术革命，要求我们的经济体制具有吸收当代最新科技成就、推动科技进步、创造新的生产力的更加强大的能力。

在党的十二届三中全会精神指导下，以城市为重点的整个经济体制改革全

① 《邓小平思想年谱（1975—1997）》，中央文献出版社 1998 年版，第 78 页。
② 《邓小平思想年谱（1975—1997）》，中央文献出版社 1998 年版，第 79-80 页。

面展开，对经济体制改革重要性的认识也随着经济体制改革的发展而不断丰富。1985 年 3 月，邓小平发表了《改革是中国的第二次革命》的讲话，提出："现在我们正在做的改革这件事是够大胆的。但是，如果我们不这样做，前进就困难了。改革是中国的第二次革命。这是一件很重要的必须做的事，尽管是有风险的事。"① 此后，他又反复强调，这件事必须坚决干下去，这个路子必须走，要发展生产力，经济体制改革是必由之路。党的十三大也明确提出改革是振兴中国的唯一出路，并要求全党进一步提高和统一认识，更加坚定地把改革推向前进。

20 世纪 80 年代末 90 年代初，针对经济发展中出现的物价高涨等问题，国内出现了两种不同的声音。一种观点认为这些现象的出现，是因为改革不彻底引起的，解决这些问题还需要靠深化改革。另一种观点则认为这些问题都是搞商品经济带来的，危险来自经济领域，因而要回到计划经济，以稳定为主。无休止的争论，直接影响了我国经济发展的速度。对此，邓小平旗帜鲜明地主张继续在经济体制改革上迈开步伐，提出坚持改革开放是决定中国命运的一招，"不坚持社会主义，不改革开放，不发展经济，不改善人民生活，只能是死路一条"②。邓小平的这些观点得到了广泛支持和拥护，并为社会主义市场经济改革目标的确立奠定了基础。

理论认识的深入极大地推动了经济的发展。但与此同时，也出现了局部地区金融秩序混乱、固定资产投资居高不下等许多突出的矛盾，经济发展再度陷入"两难选择"局面：改革将带来一些不稳定的因素，产生风险，但不改革就不能从根本上消除经济中的各种不良现象，维护社会稳定的难度会更大。对此，1993 年 11 月党的十四届三中全会做出的《关于建立社会主义市场经济体制若干问题的决定》给出了明确的回答，解决这些矛盾的唯一出路，就是加快建立社会主义市场经济体制，只有抓住有利时机，深化改革，扩大开放，加快发展，才能巩固安定团结的政治局面。

党的十四届三中全会后，我国的经济体制改革向纵深发展，逐步确立起了公有制为主体、多种所有制经济共同发展的基本经济制度，基本形成了全方位、宽领域、多层次的对外开放格局，初步建立了社会主义市场经济体制，国

① 《邓小平文选》第 3 卷，人民出版社 1993 年版，第 113 页。
② 《邓小平文选》第 3 卷，人民出版社 1993 年版，第 370 页。

家经济实力大幅度提高，人民生活得到了明显改善。但同时，经济结构不合理、就业矛盾突出、资源环境压力加大、经济整体竞争力不强等深层次问题开始暴露出来。为适应经济全球化和科技进步加快的国际环境，适应全面建设小康社会的新形势，党的十六届三中全会讨论了关于完善社会主义市场经济体制的若干问题，阐释了深化经济体制改革的重要性和紧迫性，提出必须加快推进改革，进一步解放和发展生产力，为经济发展和社会全面进步注入强大动力。

党的十七大再次突出了改革开放的重要地位和作用，强调改革开放是决定当代中国命运的关键抉择，是发展中国特色社会主义、实现中华民族伟大复兴的必由之路；只有社会主义才能救中国，只有改革开放才能发展中国、发展社会主义、发展马克思主义，停顿和倒退是没有出路的。2008 年在纪念改革开放 30 周年的会议上，更为明确地提出，中国未来的发展也必须靠改革开放。这些思想的提出，为深化经济体制改革奠定了坚实基础。

二、对计划与市场关系的探讨和改革目标的确立

经济体制改革是一场深刻的革命，涉及诸多环节和方面，其中一个关键问题就是建立什么样的经济体制，如何正确认识和处理计划与市场的关系。改革开放之前，社会主义和商品经济的关系、价值规律与计划经济的关系等就是争论的焦点。尽管在争论中也曾提出商品经济既可以为私有制和无政府状态经济服务，也可以为公有制和计划经济服务等观点，但从总体来看，限制市场、不承认商品经济的观点占据着主导地位。党的十一届三中全会实现了党和国家工作重心的转移，计划与市场问题再次成为关注的焦点。

在计划与市场关系的讨论中，有一种观点认为，由于社会主义已经建立了生产资料公有制，又保留着商品货币关系，因而有计划发展规律和价值规律都对企业产品的生产和流通起着调节作用，它们“既不是相互排斥，也不是由外在的原因所产生的一种形式上的凑合，而是由社会主义经济的本质所决定的一种内在的有机的结合”①。因此，我国经济体制改革的原则和方向应当是，在坚持生产资料公有制占优势的条件下，按照发展商品经济的要求，自觉运用价值规律，把单一的计划调节改为在计划指导下，充分发挥市场调节的作用。

---

① 中国社会科学院经济研究所资料室：《社会主义经济中计划与市场的关系》(上册)，中国社会科学出版社 1980 年版，第 59 页。

这一时期，关于计划与市场的关系问题，陈云也提出了自己的看法：“整个社会主义时期必须有两种经济：（1）计划经济部分（有计划按比例的部分）；（2）市场调节部分（即不做计划，只根据市场供求的变化进行生产，即带有盲目性调节的部分）。第一部分是基本的主要的；第二部分是从属的次要的，但又是必需的。……在今后经济的调整和体制的改革中，实际上计划与市场这两种经济的比例的调整将占很大的比重。不一定计划经济部分愈增加，市场经济部分所占绝对数额就愈缩小，可能是都相应地增加。”① 邓小平对陈云的提法表示赞同，他提出：“说市场经济只存在于资本主义社会，只有资本主义的市场经济，这肯定是不正确的。……我们是计划经济为主，也结合市场经济，但这是社会主义的市场经济。……社会主义也可以搞市场经济。”② 基于这样的一些认识，党的十一届六中全会通过的《关于建国以来党的若干历史问题的决议》，首次提出了“计划经济为主、市场调节为辅”的方针，强调必须在公有制基础上实行计划经济、同时发挥市场调节的作用，从而突破了长期以来排除市场调节的“大一统”的计划经济观念的束缚。

党的十二届三中全会首次提出“在公有制基础上有计划的商品经济”的新论断，强调商品经济的充分发展是社会经济发展的不可逾越的阶段，认为“实行计划经济同运用价值规律、发展商品经济，不是互相排斥的，而是统一的，……实行计划经济不等于指令性计划为主，指令性计划和指导性计划都是计划经济的具体形式；……指导性计划主要依靠运用经济杠杆的作用来实现，指令性计划则是必须执行的，但也必须运用价值规律”③。全会关于社会主义商品经济的论述，把商品经济看成是社会主义的内在属性，否定了把指令性计划当成社会主义公有制经济根本特征的传统观念，为更加科学地理解市场调节在社会主义经济中的作用奠定了基础。

社会主义有计划商品经济理论的提出，在理论上解决了社会主义和商品经济的关系，但随着市场调节范围的进一步扩大，计划与市场之间的矛盾也逐步显露出来。对此，党的十三大进一步明确了对计划与市场关系的新认识，强调在社会主义有计划商品经济的体制中，计划和市场的作用范围都是覆盖全社会的新的经济运行机制，计划调节和市场调节都是形式和手段，计划和市场都是

---

① 《陈云文选》第3卷，人民出版社1995年版，第245-247页。
② 《邓小平文选》第2卷，人民出版社1994年版，第236页。
③ 中共中央文献研究室：《十二大以来重要文献选编》（中），人民出版社1986年版，第569页。

覆盖全社会的，不能把计划调节和指令性计划等同起来，利用市场调节决不等于搞资本主义。从一般的承认社会主义经济也是一种商品经济到承认市场关系覆盖全社会，市场已经获得了与计划同样的地位。

针对深化改革过程中出现的发展市场经济是“姓资”还是“姓社”的争论，邓小平指出：“我们必须从理论上搞懂，资本主义与社会主义的区分不在于是计划还是市场这样的问题。社会主义也有市场经济，资本主义也有计划控制。资本主义就没有控制，就那么自由？最惠国待遇也是控制嘛！不要以为搞点市场经济就是资本主义道路，没有那么回事。计划和市场都得要。不搞市场，连世界上的信息都不知道，是自甘落后。”① 他强调：“计划多一点还是市场多一点，不是社会主义与资本主义的本质区别。计划经济不等于社会主义，资本主义也有计划；市场经济不等于资本主义，社会主义也有市场。计划和市场都是经济手段。”② 邓小平关于计划与市场都是经济手段的论断，解除了人们在这个问题上“姓资”和“姓社”的疑虑，打开了人们思想禁锢的闸门，为社会主义市场经济体制改革目标的确立奠定了思想基础。

随着人们对计划与市场关系问题认识的深化，建立社会主义市场经济体制的改革目标越来越清晰起来。党的十四大明确把建立社会主义市场经济体制作为经济体制改革的目标，强调：“使市场在社会主义国家宏观调控下对资源配置起基础性作用，使经济活动遵循价值规律的要求，适应供求关系的变化；通过价格杠杆和竞争机制的功能，把资源配置到效益较好的环节中去，并给企业以压力和动力，实现优胜劣汰；运用市场对各种经济信号反应比较灵敏的优点，促进生产和需求的及时协调。”③

社会主义市场经济体制改革目标的确立，标志着中国共产党对社会主义经济体制改革的认识达到了一个新的高度。社会主义市场经济体制是社会主义基本制度与市场经济的有机结合，体现了社会主义制度的优势和市场调节的长处，赋予市场经济新的内涵。对此，江泽民强调指出：“我们搞的是社会主义市场经济，‘社会主义’这几个字是不能没有的，这并非多余，并非‘画蛇添足’，而恰恰相反，这是‘画龙点睛’。所谓‘点睛’，就是点明我们市场经济的性质。……我们的市场经济是在社会主义制度下搞的，这是不同点，而我们

---

① 《邓小平文选》第 3 卷，人民出版社 1993 年版，第 364 页。
② 《邓小平文选》第 3 卷，人民出版社 1993 年版，第 373 页。
③ 《江泽民文选》第 1 卷，人民出版社 2006 年版，第 226-227 页。

的创造性和特色也就体现在这里。”①

在社会主义条件下发展市场经济，是中国共产党人的伟大创造，是中国特色社会主义对人类文明发展的重大贡献。

三、对政府与市场关系的探讨和宏观调控体系的形成与完善

（一）对政府与市场关系的探讨

处理好政府和市场关系是经济体制改革的主线。然而，对于中国这样一个世界上最大的发展中的社会主义大国来说，如何处理好政府和市场关系，是一个新的课题。我们不可能从马克思主义经典著作中找到现成的答案，也不可能从其他国家找到可直接借鉴的经验，只能在中国特色社会主义的实践中进行探索。党的十一届三中全会以后，我们党在深刻总结我国社会主义建设和世界经济发展的经验教训基础上，不断探索政府与市场结合的新形式；对政府和市场关系认识的不断深化，是中国特色社会主义政治经济学鲜明的理论特色。

在 2013 年党的十八届三中全会上，习近平提道：“经济体制改革仍然是全面深化改革的重点，经济体制改革的核心问题仍然是处理好政府和市场的关系问题。”自 2013 年开始，中央经济工作会议对这一核心问题从政治经济学上做出阐释、从经济改革发展上做出具体部署，体现了中国特色社会主义政治经济学与中国社会主义市场经济体制改革实践的紧密结合，是 21 世纪中国化马克思主义发展的重要思想特征。

在 2013 年的中央经济工作会议上，习近平提出政府作用中宏观调控“黄金平衡点”问题，提出着力推进与市场机制作用相关的经济领域和环节改革问题。他提出：“要把握好经济社会发展预期目标和宏观政策的黄金平衡点，不断完善调控方式和手段。要紧紧围绕使市场在资源配置中起决定性作用深化经济体制改革，着力在重要领域和关键环节取得实质进展。”“黄金平衡点”是对更有效地发挥政府在宏观调控中作用的科学论述，抓住重要经济领域和环节的改革不仅是全面深化改革的要求，也是市场在资源配置中起决定性作用所必需的经济条件和体制保证。

在 2014 年的中央经济工作会议上，习近平对经济新常态中总供给和总需求关系问题做出分析，提出更有效地发挥市场机制作用的新观点。他提道：“从

① 《江泽民论有中国特色社会主义（专题摘编）》，中央文献出版社 2002 年版，第 69 页。

资源配置模式和宏观调控方式看，全面刺激政策的边际效果明显递减，既要全面化解产能过剩，也要通过发挥市场机制作用探索未来产业发展方向，必须全面把握总供求关系新变化，科学进行宏观调控。”

在2015年的中央经济工作会议上，习近平提出：“坚持社会主义市场经济改革方向，使市场在资源配置中起决定性作用，是深化经济体制改革的主线。”坚持社会主义市场经济改革方向是中国特色社会主义政治经济学的重要原则。会上，习近平在阐释供给侧结构性改革主要思路时还提出了政府和市场作用有机结合问题。一方面在供给侧结构性改革中“进行资源配置，要更加注重使市场在资源配置中起决定性作用”；另一方面更好地发挥政府作用中“宏观政策要稳，就是要为结构性改革营造稳定的宏观经济环境”，“产业政策要准，就是要准确定位结构性改革方向”。

在2016年的中央经济工作会议上，习近平再次提出，“要坚持基本经济制度，坚持社会主义市场经济改革方向”的重要问题。坚持社会主义市场经济改革方向，是贯穿于党的十八大以来五次中央经济工作会议事关治国理政的重要议题。

社会主义市场经济是社会主义条件下市场对资源配置起决定性作用的经济体制，是以社会主义基本经济制度为根基的经济关系。在坚持社会主义市场经济改革方向问题上，习近平提出两个要讲“辩证法、两点论”的问题：一是在社会主义经济制度与市场经济体制结合问题上，要“坚持辩证法、两点论，继续在社会主义基本制度与市场经济的结合上下功夫，把两方面优势都发挥好”；二是在市场在资源配置上起决定性作用和更好地发挥政府作用关系问题上，同样“要讲辩证法、两点论，把‘看不见的手’和‘看得见的手’都用好。政府和市场的作用不是对立的，而是相辅相成的；也不是简单地让市场作用多一些、政府作用少一些的问题，而是统筹把握，优势互补，有机结合，协同发力”。这两个要讲“辩证法、两点论”的问题，是中国特色社会主义政治经济学的重大课题。

科学把握和正确处理政府与市场的关系，对于建立、完善社会主义市场经济体制具有十分重要的指导意义。

第一，“使市场在国家宏观调控下对资源配置起基础性作用”的提出。在现代市场经济体系中，政府和市场是相互关联的两个重要组成部分，政府是经济管理和调控主体，市场是配置各类经济资源的基础环节和其他要素交换活动的基本场所。政府和市场的关系，决定着市场经济体制的基本走向和运行质量。发展社会主义市场经济，既要发挥市场作用，也要发挥政府作用，但市场作用和政府作用的职能是不同的。如果政府管理和调控的范围、力度超过了维持市场机制正常运行的合理需要，或干预的方向不对路，其结果就会抑制市场机制的正常运作。发展社会主义市场经济，关键是寻求政府行为和市场功能的最佳结合点，使政府行为在调节经济、弥补市场功能失灵的同时，避免和克服自身的缺位、越位、错位。要特别警惕权力崇拜、利用公共权力谋取私利。要弄清政府权力的边界，在与市场的关系上，不能取代市场。我们需要的是有限的和有效的政府。强化政府作用，是为市场的有效运行建立一个好的制度环境和提供市场所无法提供的公共产品，以便提升市场，而不是用政府的强制力量去驾驭市场、压抑市场和取代市场。

1992 年，党的十四大明确了建立社会主义市场经济体制的改革目标，首次提出“社会主义市场经济体制，就是要使市场在社会主义国家宏观调控下对资源配置起基础性作用”①，“使市场在社会主义国家宏观调控下对资源配置起基础性作用”，意味着要发展和健全市场体系，要使供求关系和价格机制发挥更大的作用，要建立有效配置生产要素的激励机制，要鼓励优胜劣汰、保护竞争。至此，我们党对市场经济的认识达到了一个新高度：市场经济不仅仅是市场竞争机制、供求机制和价格机制，更是一种资源配置机制。这一重大理论突破，反映了我们党对市场作用认识的不断深化，为我国探索对政府与市场关系新的科学定位指明了方向。此后，我们党一直根据实践拓展和认识深化来寻找对政府和市场关系新的科学定位。

1993 年，党的十四届三中全会进一步明确“使市场在国家宏观调控下对资源配置起基础性作用”，提出要培育和建立市场主体、市场体系、宏观调控体系和法制体系，改革进入了快速、有序推进的新阶段。国有企业通过建立现代企业制度，与集体企业、私营企业、外资企业一样，成为自主经营、自负盈亏的市场竞争主体。统一、开放、竞争、有序的市场体系开始形成。计划、财税、金融之间相互制衡、相互配合的宏观调控体系，在抑制通胀、扩大内需的实践中逐步完善。与市场经济有关的法律体系迅速建立，对规范市场主体和政府行为、维护市场秩序，发挥着重要作用。

---

① 《十四大以来重要文献选编》(上)，中央文献出版社 1996 年版，第 19 页。

1997 年，党的十五大提出要形成比较完善的社会主义市场经济体制的目标，进而提出“坚持和完善社会主义市场经济体制，使市场在国家宏观调控下对资源配置起基础性作用”，并要求“充分发挥市场机制作用，健全宏观调控体系”①。在坚持和完善社会主义市场经济体制中，既要“充分发挥”市场作用，又要“健全”政府宏观调控体系，对政府与市场关系认识的深化是显然的。

党的十四大和党的十六大，基本上继续沿用了“发挥市场在资源配置中的基础性作用”这一提法，指出“在更大程度上发挥市场在资源配置中的基础性作用，健全统一、开放、竞争、有序的现代市场体系”②，并对政府的职能进行了新的界定。

第二，经济体制改革的核心问题是政府与市场的关系问题。党的十六大明确要求：“完善政府的经济调节、市场监管、社会管理和公共服务的职能，减少和规范行政审批。”③ 党的十六届三中全会进一步提出，要更大程度地发挥市场在资源配置中的基础性作用，要转变政府经济管理职能，“切实把政府经济管理职能转到主要为市场主体服务和创造良好发展环境上来”④。

2007 年党的十七大深化了对政府与市场关系的认识，提出要“从制度上更好发挥市场在资源配置中的基础性作用，形成有利于科学发展的宏观调控体系”⑤。从“更大程度上发挥”到“从制度上更好发挥”，标志着市场资源配置已经进入制度化阶段，就是要通过制度的硬约束来确保市场在资源配置中基础性作用的发挥。在社会主义市场经济体制的框架基本形成之后，2008 年党的十七届三中全会又做出关于完善社会主义市场经济体制的决定，对如何进一步处理好政府与市场的关系提出了新要求。在应对全球金融危机中，政府与企业密切配合，使社会主义市场经济体制经受了新考验，积累了正确处理政府与市场关系的新经验。

2012 年，党的十八大报告首次提出“经济体制改革的核心问题是处理好政府和市场的关系，必须更加尊重市场规律，更好发挥政府作用”，既要“更大

---

① 《十五大以来重要文献选编》(上)，人民出版社 2000 年版，第 18 页、第 25 页。
② 《十六大以来重要文献选编》(上)，中央文献出版社 2005 年版，第 20-21 页。
③ 《十六大以来重要文献选编》(上)，中央文献出版社 2005 年版，第 20-21 页。
④ 《十六大以来重要文献选编》(上)，中央文献出版社 2005 年版，第 471 页。
⑤ 《十七大以来重要文献选编》(上)，中央文献出版社 2009 年版，第 17 页。

程度更广范围发挥市场在资源配置中的基础性作用”，又要“更好发挥政府作用”①，实现了我们党对市场经济规律性认识的又一次升华。“更大程度更广范围发挥市场在资源配置中的基础性作用”与“更好发挥政府作用”的有机结合，是保持经济发展活力、维护宏观经济稳定、促进国民经济持续健康发展的根本保障。这既是对过去30多年经济体制改革经验的总结，也为今后经济体制改革指明了方向和重点。

从党的十六大到党的十八大，政府与市场之间的界限和分工逐渐明晰化、确定化，两者处于合作和互补的阶段。既强调市场的调节作用，又注重政府调控的导向作用；既反映现代市场经济的一般特点，又体现了社会主义制度的独特优势，成为中国特色社会主义经济理论的重要内容，丰富和发展了马克思主义政治经济学。

（二）社会主义市场经济中的宏观调控体系

马克思主义经济学认为，经济管理是社会化大生产的客观要求，生产社会化程度越高，分工越细，经济管理就越重要，就如“一个单独的提琴手是自己指挥自己，一个乐队就需要一个乐队指挥”②。社会主义市场经济中的宏观调控，是在经济体制改革实践中，随着对经济管理方式认识的深化，逐步形成并不断完善的。

一是宏观调控体系的初步探索。新中国成立之初，由于缺乏管理社会化生产的经验，经济管理体制主要是照搬苏联的一套做法，其突出特征是通过指令性计划、以行政手段为主要方法管理经济，中央直接控制着企业的人、财、物和供、产、销大权。这一体制有其优势，但也由于统得过多、管得过死，限制了地方和企业的积极性、主动性。为了克服这些弊端，国家曾围绕集权还是分权问题进行了几次调整，但由于只限于中央和地方权限的划分，既没有解决好政企分开问题，也没有把市场机制放在应有的位置，微观不活、中观不通、宏观失衡等问题依然得不到很好解决。

针对权力过于集中的问题，党的十一届三中全会提出，应该让地方和工农业企业在国家统一计划的指导下有更多的经营管理自主权；大力精简各级经济行政机构；坚决实行按经济规律办事，重视价值规律的作用；解决党政企不

---

①《十八大以来重要文献选编》(上)，中央文献出版社2014年版，第15-16页。

②《马克思恩格斯文集》第5卷，人民出版社2009年版，第384页。

分、以党代政、以政代企的现象。1979 年 4 月，中共中央正式提出“调整、改革、整顿、提高”的八字方针，对经济运行进行宏观调控。由于经济体制改革处于刚刚起步阶段，对宏观调控的认识、所采取的手段和方式，仍然带有浓厚的计划经济体制色彩，调控措施大都是直接调控，采取的手段以行政手段为主。

党的十二届三中全会强调，各级政府部门原则上不再直接经营管理企业，至于少数由国家赋予直接经营管理企业责任的政府经济部门，也必须按照简政放权的精神，正确处理同所属企业的关系，以增强企业和基层自主经营的活力。全会进一步指出，宏观调节手段“要善于在及时掌握经济动态的基础上综合运用价格、税收、信贷等经济杠杆，……学会掌握经济杠杆，并且把领导经济工作的重点放到这一方面来，应该成为各级经济部门特别是综合经济部门的重要任务”①。这一时期，关于社会主义经济是有计划商品经济理论的提出，突破了把计划经济同商品经济对立起来的传统观念，为探讨计划调节与市场调节、指令性计划与指导性计划等问题提供了新的平台。

在“社会主义有计划的商品经济体制应该是计划与市场内在统一的体制”“国家调控市场，市场引导企业”等观点的基础上，党的十三大首次提出“逐步健全以间接管理为主的宏观经济调节体系”②，强调“宏观调节与搞活企业、搞活市场三者是统一的，缺一不可。离开了宏观调节，市场会乱，企业也会乱。但是，采用原有的直接管理方式，对生产要素实行调拨分配，企业没有自主权，市场难以形成，有计划商品经济的体制也无法建立和发展。因此，必须从有利于保持社会总供给与总需求基本平衡、促进科学技术进步和优化产业结构出发，加快宏观经济管理方式的改革”③。“间接管理为主的宏观经济调节体系”的提出及其贯彻实施，为更好地发挥计划调节和市场调节双重功能，增强宏观调控的统一性和灵活性奠定了基础。党的十一届三中全会后，我国实施“间接管理为主的宏观经济调节体系”，克服了短缺经济条件下投资消费双膨胀导致的经济过热和严重通货膨胀、有效需求不足导致的经济下滑和通货紧缩趋势等重大困难，使经济发展一直保持着良好的态势。

二是宏观调控体系的形成与完善。随着十四大明确把建立社会主义市场经

① 《十二大以来重要文献选编》(中)，人民出版社 1986 年版，第 572 页。
② 《十三大以来重要文献选编》(上)，人民出版社 1991 年版，第 30 页。
③ 《十三大以来重要文献选编》(上)，人民出版社 1991 年版，第 30 页。

济体制作为经济体制改革的目标，社会主义市场经济宏观调控体系逐步形成。1993年3月，党的十四届二中全会提出了“建立起适应社会主义市场经济发展要求的新的宏观调控体系”① 的任务。同年11月，党的十四届三中全会在不断总结宏观调控实践经验的基础上，详细论述了新型宏观调控体系的建立问题：在宏观调控的主要任务上，除了要保持经济总量的基本平衡外，还要促进经济结构的优化，引导国民经济持续、快速、健康发展，推动社会全面进步；在宏观调控的手段上，要综合运用经济手段和法律手段，辅之以必要的行政手段，对症施策。党的十五大在宣布我国“宏观调控体系的框架初步建立”② 的同时，提出要“充分发挥市场机制作用，健全宏观调控体系”③，并强调“宏观调控的主要任务，是保持经济总量平衡，抑制通货膨胀，促进重大经济结构优化，实现经济稳定增长”④。对宏观调控的目标、功能、手段和方式以及宏观调控的主体等问题认识的逐步清晰，标志着中国特色宏观调控体系的初步形成。

在此基础上，党的十六大把促进经济增长、增加就业、稳定物价、保持国际收支平衡作为宏观调控的主要目标，首次提出要“根据形势需要实施相应的宏观经济政策。完善国家计划和财政政策、货币政策等相互配合的宏观调控体系，发挥经济杠杆的调节作用”⑤。实践证明，在发展社会主义市场经济的过程中，市场机制与宏观调控是相辅相成的，二者都是社会主义市场经济体制的有机组成部分。因此，要提高驾驭社会主义市场经济的能力，就要在宏观调控的基础上充分发挥市场配置资源的基础性作用，同时要根据不断变化的经济运行情况加强和改善宏观调控。

在实践层面上，这一时期的宏观调控基本实现了预期的目标。但是，作为世界上最大的发展中国家和新兴市场经济国家，中国面临着体制、结构和总量、市场风险等交织在一起的许多问题。因此，宏观调控的任务更为复杂、艰巨，传统宏观经济理论和发达国家的实践经验已不能提供直接解决方案，需要探索符合中国国情的宏观调控理论和方法。为此，党的十七大强调：“要深化对社会主义市场经济规律的认识，从制度上更好发挥市场在资源配置中的基础

① 《十四大以来重要文献选编》(上)，人民出版社1996年版，第123页。
② 《江泽民文选》第2卷，人民出版社2006年版，第6页。
③ 《江泽民文选》第2卷，人民出版社2006年版，第23页。
④ 《江泽民文选》第2卷，人民出版社2006年版，第23页。
⑤ 《江泽民文选》第3卷，人民出版社2006年版，第550页。

性作用，形成有利于科学发展的宏观调控体系。”① “完善国家规划体系。发挥国家发展规划、计划、产业政策在宏观调控中的导向作用，综合运用财政、货币政策，提高宏观调控水平。”② 这些认识丰富了社会主义市场经济条件下宏观调控的内容，对完善宏观调控体系提出了更高要求。不断完善的宏观调控体系，有效解决了社会主义市场经济运行中的一系列重要问题，特别是在应对2008 年国际金融危机冲击中发挥了重要作用，推动了国民经济持续快速健康发展。

党的十八大进一步指出，要“健全现代市场体系，加强宏观调控目标和政策手段机制化建设”。这一提法与自党的十四大提出建立社会主义市场经济体制以来党的重要文献对宏观调控的表述始终围绕市场与政府的边界是一致的。比如，党的十四届三中全会将“转变政府职能，建立健全宏观经济调控体系”并列陈述；又如，党的十六大进一步指出要“健全现代市场体系，加强和完善宏观调控”，明确指向市场与政府之间的关系。因而，党的十八大的表述继续沿用这样的逻辑关系。可见，加强宏观调控目标和政策手段机制化建设的前提是清晰界定社会主义市场经济体系下政府与市场的边界。以市场为取向的经济体制改革的实践表明，在发展现代市场体系的同时，不断健全宏观调控体系、加强和改善宏观调控，成功地应对了亚洲金融危机和国际金融危机等严重冲击，成功地处理了重大疫情和严重自然灾害等重大突发事件，促进了经济持续健康发展和人民生活水平大幅提升，有力地推动社会主义现代化建设不断向前迈进。

总之，社会主义市场经济条件下的宏观调控，既把计划与市场两种手段的长处有机结合起来，又注重处理好短期目标和长期发展两方面要求；既强调市场的资源配置作用，又重视政府调控的导向作用；既体现社会主义制度的独特优势，又反映现代市场经济的一般特点。这一内容作为中国特色社会主义经济理论的重要组成部分，丰富和发展了马克思主义经济学关于社会化大生产条件下宏观经济管理的思想。

---

① 《十七大以来重要文献选编》(上)，中央文献出版社 2009 年版，第 17 页。
② 《十七大以来重要文献选编》(上)，中央文献出版社 2009 年版，第 21 页。

第三节 社会主义初级阶段的基本经济制度

一、公有制经济的理论探索

马克思主义经济学从唯物史观出发，认为生产资料所有制是一个社会经济制度的基础，决定着一个社会的基本性质和发展方向。在马克思和恩格斯看来，生产资料私有制是一切剥削制度的经济根源。因此，他们始终把所有制问题即消灭私有制代之以公有制作为无产阶级解放运动的基本问题。在他们的设想中，未来社会将是“一个集体的、以生产资料公有为基础的社会”①，它“在实行全部生产资料公有制（先是国家的）基础上组织生产”②。

改革开放以来，中国共产党坚持以马克思主义为指导，立足中国基本国情，从公有制经济和非公有制经济两个方面对所有制理论进行了探索，并逐步确立公有制为主体、多种所有制经济共同发展的社会主义初级阶段基本经济制度。这一基本经济制度揭示了社会主义初级阶段生产关系的本质特征，丰富和发展了马克思主义的所有制理论。

关于公有制经济的理论探索，中国经历了一个认识逐步深化的过程。新中国成立后，通过社会主义改造，中国几千年来以生产资料私有制为基础的阶级剥削制度基本被消灭，以生产资料公有制为基础的社会主义经济制度得到确立。它为发展社会生产力开辟了广阔道路，对于中国初步建立起一个比较独立、完整的工业体系和国民经济体系，以及全面发展各项事业，发挥了重要作用。但是，由于教条式地理解了马克思恩格斯关于消灭私有制的理论，忽略了中国比较落后的生产力水平，致使中国社会主义建设中长期存在着对公有制的片面认识，过分追求“纯而又纯”的单一公有制，结果脱离了实际，阻碍了经济社会发展。党的十一届三中全会以后开始的经济体制改革，打破了单一公有制的格局，在实践中深化了对社会主义初级阶段公有制的认识。

（一）对公有制经济主体地位的认识

在对公有制经济的理论探索过程中，中国共产党人始终强调，必须毫不动

---

① 《马克思恩格斯文集》第3卷，人民出版社2009年版，第433页。
② 《马克思恩格斯文集》第10卷，人民出版社2009年版，第588页。

摇地坚持公有制经济的主体地位。邓小平指出："社会主义的经济是以公有制为基础的，生产是为了最大限度地满足人民的物质、文化需要，而不是为了剥削。"① "允许个体经济发展，还允许中外合资经营和外资独营的企业发展，但是始终以社会主义公有制为主体。"② 党的十五大对"公有制经济"和"公有制主体地位"进行了明确界定，指出公有制经济不仅包括国有经济、集体经济，还包括混合所有制经济中的国有成分和集体成分；公有制的主体地位主要体现在，公有资产在社会总资产中占优势，国有经济控制国民经济命脉，对经济发展起主导作用。公有资产占优势，既要有量的优势，更要注重质的提高。党的十六大提出发展壮大国有经济，国有经济控制国民经济命脉，对于发挥社会主义制度的优越性，增强我国的经济实力、国防实力和民族凝聚力，具有关键性作用；强调集体经济是公有制经济的重要组成部分，对实现共同富裕具有重要作用。

宪法作为国家的根本大法，也从法律上对社会主义公有制经济的主体地位进行了确认。我国现行《宪法》第六条规定："中华人民共和国的社会主义经济制度的基础是生产资料的社会主义公有制，即全民所有制和劳动群众集体所有制。"第七条规定："国有经济，即社会主义全民所有制经济，是国民经济中的主导力量。"

坚持生产资料公有制的主体地位，是由中国社会主义制度的根本性质所决定的，是经济体制改革的基本前提。

（二）农村集体经济改革

改革开放以后，对公有制经济的理论探索首先从农村开始，通过总结群众经验，逐步确立了以家庭联产承包经营为基础、统分结合的双层经营体制，极大地解放了农村生产力。

1980 年 9 月，中共中央召开各省市自治区党委第一书记座谈会，专门讨论农业生产责任制问题。会后印发的文件主要有两点突破：一是认为包产到户依存于社会主义经济而不会脱离社会主义轨道；二是主张除深山孤门独户、特别困难地区外，一般地区已经实行包产到户的，如果群众不要求改变，允许继续实行。1982 年，《全国农村工作会议纪要》肯定了包产到户的社会主义性质，强调我国

---

① 《邓小平文选》第 2 卷，人民出版社 1994 年版，第 167 页。
② 《邓小平文选》第 3 卷，人民出版社 1993 年版，第 110 页。

农业必须坚持社会主义集体化的道路，土地等基本生产资料公有制是长期坚持不变的，集体经济要建立生产责任制也是长期不变的。1983 年，中共中央印发的《当前农村政策的若干问题》从理论上阐明了联产承包责任制“是马克思主义农业合作化理论在我国实践中的新发展”，“是我国农民的伟大创造”。1984 年以后，农村生产责任制得到不断稳定和完善，土地承包期也逐步延长到 30 年。农村改革的基本经验就是按照生产关系一定要适应生产力发展规律办事，把土地的所有权和经营权分离，把劳动者付出的劳动同个人的物质利益紧密结合起来，调动了农民的生产积极性。

（三）国有企业改革

在农村集体所有制经济改革的同时，城市中的改革也开始起步。党的十一届三中全会提出，旧经济体制的严重缺点是权力过于集中，应当让地方和工农业企业在国家统一计划的指导下有更多的经营管理自主权，可以充分发挥中央部门、地方、企业和劳动者个人四个方面的主动性、积极性、创造性。按照这一改革思路，先后在国有企业推进了扩大企业经营自主权、利润递增包干和承包责任制的试点。

党的十二届三中全会对国有企业改革做出了新的部署，国有企业改革成为整个经济体制改革的中心环节。这次全会提出，社会主义企业是相对独立的经济实体，是自主经营、自负盈亏的社会主义商品生产者和经营者，是具有自我改造和自我发展的能力，并且有一定权利和义务的法人。国家对企业的管理逐步由直接控制为主转为间接控制为主，要实行政企分开，所有权同经营权分开。党的十三大强调公有制本身有多种形式，除了全民所有制、集体所有制以外，还应发展全民所有制和集体所有制联合建立的公有制企业，以及各地区、部门、企业互相参股等形式的公有制企业。国家控股和部门、地区、企业间参股以及个人入股的股份制形式是社会主义企业财产的一种组织方式。一些小型全民所有制企业的产权可以有偿转让给集体或个人。党的十四大把转换国有企业特别是大中型企业的经营机制作为建立社会主义市场经济体制的中心环节，强调要把企业推向市场，通过市场的平等竞争调整国有经济的布局和结构，发挥国有企业的主导作用。通过这些改革，调整了国家与企业的责权利关系，明确了企业的利益主体地位，调动了企业和职工的生产经营积极性，增强了企业活力，为企业进入市场奠定了初步基础。

党的十四届三中全会明确要求，国有企业要建立适应市场经济要求的“产权清晰、权责明确、政企分开、管理科学”的现代企业制度。党的十五大进一步把国有企业改革同改组、改造、加强管理结合起来，提出要着眼于搞好整个国有经济，抓好大的、放活小的，对国有企业实施战略性改组；要实行鼓励兼并、规范破产、下岗分流、减员增效和再就业工程，形成企业优胜劣汰的竞争机制。党的十五大还充分肯定了混合所有制经济、公有制实现形式的多样化，提出公有制实现形式可以而且应当多样化，一切反映社会化生产规律的经营形式和组织形式都可以大胆利用；股份制是公有还是私有，关键看股权掌握在谁手里。1999 年 9 月，党的十五届四中全会进一步阐明了国有企业改革的主要方向、主要目标和基本方针，在这次会议精神的指导下，国有大中型企业着力进行规范的公司制和股份制改革，健全法人治理结构，推动国有企业上市。党的十六大明确要求，要进一步探索公有制特别是国有制的多种有效实现形式，除极少数必须由国家独资经营的企业外，积极推行股份制，发展混合所有制经济；实行投资主体多元化，重要的企业由国家控股。

对公有制经济的理论探索，有力地推动了国有企业的发展。通过采取改组、联营、兼并、租赁、承包经营和股份合作制、出售等形式，放开搞活了国有中小型企业。通过在国有大中型企业推进建立现代企业制度试点，探索公有制前提下国有企业的资本组织形式和经营方式，创造性地运用股份制和公司治理结构，提高了国有企业和国有资本的运营效率。通过债转股、技改贴息、政策性关闭破产等政策措施，减轻了国有企业的负担，推动了技术进步和产业升级，促进了优胜劣汰，实现了国有企业的整体扭亏为盈，为国有企业继续快速健康发展打下了良好基础。

（四）国有经济的战略性布局和结构调整

党的十四届三中全会要求公有经济特别是国有经济要积极参与市场竞争，在市场竞争中优化布局和结构。随着产权的流动和重组，财产混合所有的经济单位越来越多，形成新的财产所有结构，因此，要调整国有经济的布局和结构，确保公有制经济的主体地位。党的十五大强调：就全国来说，公有制应在国民经济中占主体地位，有的地方、有的产业可以有所差别；要着眼于搞好整个国民经济，抓好大的，放活小的，对国有企业实施战略性改组，提高国有资产整体质量。党的十五届四中全会提出要从战略上调整国有经济布局和改组国有企业的任务，并确定有进有退、有所为有所不为和抓大放小的方针。国有经济战略性布局和结构调整，在不同的行业有进有退，属于资源优化重组。退和进的界限，就是不能影响公有制的主体地位和国有经济的主导作用。党的十六大、党的十六届三中全会和党的十七大继续强调调整国有经济的布局和结构。2011年《中华人民共和国国民经济和社会发展第十二个五年规划纲要》（简称"十二五"规划纲要）强调，推进国有经济战略性调整，健全国有资本有进有退、合理流动机制，促进国有资本向关系国家安全和国民经济命脉的重要行业和关键领域集中。上述一系列理论探索，突破了公有资产必须在数量上占优势的单纯"数量论"，强调"公有资产占优势，要有量的优势，更要注重质的提高"。这些理论探索为优化国有经济布局和结构，提高国有经济的整体素质和质量，增强国有经济的活力和竞争力，更好地发挥国有经济的主导作用，提供了理论支撑。

（五）国有资产管理体制改革

党的十六大提出，要深化国有资产管理体制改革，"国家要制定法律法规，建立中央政府和地方政府分别代表国家履行出资人职责，享有所有者权益，权利、义务和责任相统一，管资产和管人、管事相结合的国有资产管理体制"①。党的十七大要求加快建立国有资本经营预算制度，完善各类国有资产管理体制和制度。"十二五"规划纲要进一步强调，要坚持政府公共管理职能和国有资产出资人职能分开，完善经营性国有资产管理和国有企业监管体制机制。党的十八大强调："要毫不动摇巩固和发展公有制经济，推行公有制多种实现形式，深化国有企业改革，完善各类国有资产管理体制，推动国有资本更多投向关系国家安全和国民经济命脉的重要行业和关键领域，不断增强国有经济活力、控制力、影响力。"

通过不断探索公有制经济理论，改革的视线逐步从微观层面的企业转移到宏观层面的国有资产，致力于国有资产的保值、增值，注重整个国有资产的运营效率。

二、非公有制经济的理论探索

改革开放以来，中国共产党人根据社会主义初级阶段的经济发展状况，对如何发挥非公有制经济在经济发展中的作用，进行了不懈的理论和实践探索。

（一）非公有制经济是社会主义经济的必要补充

党的十一届三中全会，基于对当时中国国情的深刻认识，提出"社员自留

---

① 《十六大以来重要文献选编》（上），中央文献出版社2005年版，第19-20页。

地、家庭副业和集市贸易是社会主义经济的必要补充部分”①。在这个认识基础上，党的十一届六中全会进一步阐明了公有制经济与个体经济的关系，提出“一定范围的劳动者个体经济是公有制经济的必要补充”②。1981 年 10 月发布的《中共中央、国务院关于广开门路，搞活经济，解决城镇就业问题的若干决定》指出，在社会主义公有制经济占优势的根本前提下，实行多种经济形式和多种经营方式长期并存，是中国共产党的一项战略决策，绝不是一种权宜之计。党的十二大进而提出：“在农村和城市，都要鼓励劳动者个体经济在国家规定的范围内和工商行政管理下适当发展，作为公有制经济的必要的、有益的补充。”③ 1982 年 12 月，国家把个体经济是公有制经济的补充，以宪法的形式确立下来，并强调国家保护个体经济的合法的权利和利益。

随着非公有制经济的作用日益凸显，党的十二届三中全会对非公有制经济与公有制经济的关系、非公有制经济在社会主义经济中的地位和作用，以及非公有制经济的存在形式，进行了更明确的阐述，指出：“我国现在的个体经济是和社会主义公有制相联系的，不同于和资本主义私有制相联系的个体经济，它对于发展社会生产、方便人民生活、扩大劳动就业具有不可代替的作用，是社会主义经济必要的有益的补充，是从属于社会主义经济的。”④ “利用外资，吸引外商来我国举办合资经营企业、合作经营企业和独资企业，也是对我国社会主义经济必要的有益的补充。”⑤ “坚持多种经济形式和经营方式的共同发展，是我们长期的方针，是社会主义前进的需要，绝不是退回到建国初期那种社会主义公有制尚未在城乡占绝对优势的新民主主义经济，决不会动摇而只会有利于巩固和发展我国的社会主义经济制度。”⑥

党的十三大明确使用了“私营经济”的概念，提出“在公有制为主体的前提下继续发展多种所有制经济”⑦ 的思想；强调“私营经济一定程度的发展，有利于促进生产，活跃市场，扩大就业，更好地满足人民多方面的生活需求，

---

① 《十一届三中全会以来重要文献选读》(上)，人民出版社 1987 年版，第 8 页。
② 《十一届三中全会以来重要文献选读》(上)，人民出版社 1987 年版，第 347 页。
③ 《十一届三中全会以来重要文献选读》(上)，人民出版社 1987 年版，第 483 页。
④ 《十一届三中全会以来重要文献选读》(下)，人民出版社 1987 年版，第 788 页。
⑤ 《十一届三中全会以来重要文献选读》(下)，人民出版社 1987 年版，第 789 页。
⑥ 《十一届三中全会以来重要文献选读》(下)，人民出版社 1987 年版，第 788 页。
⑦ 《十三大以来重要文献选编》(上)，人民出版社 1991 年版，第 31 页。

是公有制经济必要的和有益的补充”①，“中外合资企业、合作经营企业和外商独资企业，也是我国社会主义经济必要的和有益的补充”②；并强调，应当保护国外投资者的合法权益。针对当时对非公有制经济发展存在的担心，党的十三大报告指出：“目前全民所有制以外的其他经济成分，不是发展得太多了，而是还很不够。”③

1988年宪法修正案第十一条增加规定：“国家允许私营经济在法律规定的范围内存在和发展。私营经济是社会主义公有制经济的补充。国家保护私营经济的合法权利和利益，对私营经济实行引导、监督和管理。”④

至此，个体经济、私营经济和外资经济，作为社会主义公有制经济必要的有益的补充的地位被确立下来，其合法性得到承认。

（二）非公有制经济是社会主义市场经济的重要组成部分

20世纪80年代末90年代初，针对一些人对发展非公有制经济可能会影响社会主义性质的担心，邓小平在南方谈话中指出：“改革开放迈不开步子，不敢闯，说来说去就是怕资本主义的东西多了，走了资本主义道路。要害是姓‘资’还是姓‘社’的问题。……公有制是主体……多搞点‘三资’企业，不要怕。……‘三资’企业受到我国整个政治、经济条件的制约，是社会主义经济的有益补充，归根到底是有利于社会主义的。”⑤ 在此基础上，党的十四大对所有制结构的调整和完善做出了重大决策，提出了公有制经济与非公有制经济长期共同发展的思路。党的十四大指出，在所有制结构上，以公有制包括全民所有制和集体所有制为主体，个体经济、私营经济、外资经济为补充，多种经济成分长期共同发展，不同经济成分还可以自愿实行多种形式的联合经营；加快我国经济发展，必须进一步解放思想；有强大的公有制经济，发展非公有制经济不会损害社会主义，只会有利于社会主义的发展。

党的十四届三中全会首次明确提出“鼓励”非公有制经济发展的思想。全会指出：坚持以公有制为主体、多种经济成分共同发展的方针；在积极促进国有经济和集体经济发展的同时，鼓励个体、私营、外资经济发展；国家要为各

① 《十三大以来重要文献选编》(上)，人民出版社1991年版，第32页。
② 《十三大以来重要文献选编》(上)，人民出版社1991年版，第32页。
③ 《十三大以来重要文献选编》(上)，人民出版社1991年版，第31页。
④ 《十三大以来重要文献选编》(上)，人民出版社1991年版，第216页。
⑤ 《邓小平文选》第3卷，人民出版社1993年版，第372-373页。

种所有制经济平等参与市场竞争创造条件，对各类所有制企业一视同仁。

随着对非公有制经济认识的深化，党的十五大从社会主义初级阶段基本经济制度的高度肯定了非公有制经济的地位和作用，明确提出："非公有制经济是我国社会主义市场经济的重要组成部分。对个体、私营等非公有制经济要继续鼓励、引导，使之健康发展。"① 同时还强调，"一切符合'三个有利于'的所有制形式都可以而且应该用来为社会主义服务。……要健全财产法律制度，依法保护各类企业的合法权益和公平竞争，并对它们进行监督管理"②。上述思想，是中国共产党对改革开放以来非公有制经济在我国经济发展中重要作用的科学总结。党的十五大关于非公有制经济的论述，对非公有制经济的理论定位更加准确，指导方针更加清晰，进一步提升了非公有制经济的地位，实现了对非公有制经济认识上的飞跃。

（三）非公有制经济同公有制经济平等竞争、相互促进

随着社会主义市场经济体制的建立和完善，非公有制经济作为社会主义市场经济的重要组成部分，在充分调动社会各方面积极性、加快生产力发展等方面的作用不断加强。为了更好地发挥这种作用，党的十六大在提出"必须毫不动摇地鼓励、支持和引导非公有制经济发展"的同时，指出"坚持公有制为主体，促进非公有制经济发展，统一于社会主义现代化建设的进程中，不能把这两者对立起来"③。这次会议还提出：要放宽民间资本市场的准入领域，在投融资、税收、土地使用和对外贸易等方面采取措施，实现公平竞争；加快建立健全现代产权制度，完善保护私人财产的法律制度，从而为非公有制经济的发展创造良好的政策和法制环境。

为了推动非公有制经济快速健康发展和实现各种经济形式公平竞争，共同推动社会主义现代化建设，党的十六届三中全会进一步提出：清理和修订限制非公有制经济发展的法律法规和政策，消除体制性障碍；放宽市场准入，允许非公有资本进入法律法规未禁入的基础设施、公用事业及其他行业和领域；非公有制企业的投融资、税收、土地使用和对外贸易等方面，与其他企业享受同等待遇；支持非公有制中小企业的发展，鼓励有条件的企业做大做强；改进对非公有制企业的服务和监督；非公有制企业要依法经营，照章纳税，保障职工

---

① 《江泽民文选》第 2 卷，人民出版社 2006 年版，第 20 页。

② 《江泽民文选》第 2 卷，人民出版社 2006 年版，第 19-21 页。

③ 《江泽民文选》第 3 卷，人民出版社 2006 年版，第 548 页。

合法权益；等等。

2005 年 2 月，国务院正式发布了新中国成立以来关于发展非公有制经济的文件，即《国务院关于鼓励支持和引导个体私营等非公有制经济发展的若干意见》，详尽阐释了鼓励、支持和引导非公有制经济发展的重要政策。党的十七大再次强调，“坚持和完善公有制为主体、多种所有制经济共同发展的基本经济制度，毫不动摇地巩固和发展公有制经济，毫不动摇地鼓励、支持、引导非公有制经济发展”，为中国所有制结构的进一步完善指明了方向。

“十二五”规划纲要在总结非公有制经济发展经验的基础上，单列一节对支持和引导非公有制经济发展进行了详细阐述，指出：要消除制约非公有制经济发展的制度性障碍，全面落实促进非公有制经济发展的政策措施；鼓励和引导民间资本进入法律法规未明文禁止准入的行业和领域，市场准入标准和优惠扶持政策要公开透明，不得对民间资本单独设置附加条件；鼓励和引导非公有制企业通过参股、控股、并购等多种形式，参与国有企业改制重组；完善鼓励非公有制经济发展的法律制度，优化外部环境，加强对非公有制企业的服务、指导和规范管理；改善对民间投资的金融服务，切实保护民间投资的合法权益。

党的十八大进一步强调，“毫不动摇地巩固和发展公有制经济”，“毫不动摇地鼓励、支持、引导非公有制经济发展，保证各种所有制经济依法平等使用生产要素、公平参与市场竞争、同等受到法律保护”。

三、坚持和完善社会主义初级阶段的基本经济制度

党的十一届三中全会以后，关于中国社会应该建立怎样的所有制结构、确立什么样的基本经济制度，中国共产党经历了一个逐步探索的过程。在此过程中，中国确立了社会主义初级阶段的基本经济制度，并在实践中不断完善。

所有制结构改革首先从打破单一公有制开始，强调允许和承认其他所有制经济的存在。从党的十一届三中全会的“社员自留地、家庭副业和集市贸易是社会主义经济的必要补充部分”，到党的十二大的劳动者个体经济是“公有制经济的必要的、有益的补充”，非公有制经济逐步得到肯定，单一公有制结构被打破。经过 20 世纪 80 年代的实践发展，对公有制经济、非公有制经济地位和作用的认识不断深化，所有制结构逐步优化，促进了生产力的发展。为此，

党的十四大明确提出，多种经济成分长期共同发展，不是权宜之计，而是一项长期的方针。党的十五大进一步深刻总结了所有制结构改革的经验，第一次明确提出："公有制为主体、多种所有制经济共同发展，是我国社会主义初级阶段的一项基本经济制度。"① 这标志着中国共产党对社会主义初级阶段基本经济制度的认识提升到一个新的高度，所有制结构改革实现了历史性突破。

坚持和完善社会主义初级阶段的基本经济制度，就要正确把握公有制经济与非公有制经济的关系，既要反对搞私有化，又要反对搞单一公有制。党的十六大强调，根据解放和发展生产力的要求，必须毫不动摇地巩固和发展公有制经济，必须毫不动摇地鼓励、支持和引导非公有制经济的发展；强调坚持公有制为主体，促进非公有制经济发展，统一于社会主义现代化建设的进程中，不能把两者对立起来。党的十七大在重申两个"毫不动摇"的基础上，进一步强调了"坚持平等保护物权，形成各种所有制经济平等竞争、相互促进新格局"的思想。党的十八大强调，要完善以公有制为主体、多种所有制经济共同发展的基本经济制度。

公有制为主体、多种所有制经济共同发展的基本经济制度，适应了中国社会主义初级阶段生产力发展的客观要求，揭示了社会主义初级阶段生产关系的本质特征，丰富和发展了马克思主义所有制理论，极大地解放和发展了生产力。

在推进所有制结构改革过程中，中国共产党人清醒地认识到，判断一种所有制结构是否合理，是否具有优越性，必须从具体国情出发。社会主义初级阶段基本经济制度的建立，并不意味着所有制结构改革的结束，还需要在深入认识国情的基础上，继续优化所有制结构，使之更好地适应生产力发展要求。

第四节　社会主义初级阶段的分配制度

一、按劳分配的理论探索

马克思主义经济学认为，分配方式是由生产方式决定的，有什么样的生产

① 《江泽民文选》第 2 卷，人民出版社 2006 年版，第 19 页。

方式，就有什么样的分配方式。社会主义初级阶段的基本经济制度，决定了收入分配领域必然实行以按劳分配为主体、多种分配方式并存的分配制度。这一分配制度，是在继承和发展马克思主义分配思想的基础上，立足中国所有制改革和社会主义市场经济发展变化的现实，对按劳分配和多种分配方式不断进行理论探索而逐步形成和完善起来的。

关于按劳分配，马克思于1875年在《哥达纲领批判》中对其内涵做了明确界定："每一个生产者，在作了各项扣除以后，从社会领回的，正好是他给予社会的。他给予社会的，就是他个人的劳动量。"① 恩格斯在《反杜林论》(1876—1878年)中，通过对原始社会直到资本主义社会分配关系嬗变的概要考察，透彻地揭示了不合理的和不公平的社会分配形式对社会经济关系衰亡所起的推动作用。

社会主义制度建立以后，中国确立了"各尽所能、按劳分配"的社会主义分配制度，适应了计划经济体制的需要，对中国短期内迅速恢复国民经济，在经济建设上取得一系列成就，发挥了重要作用。但是在实践中，按劳分配并没有得到很好贯彻，代之以日益严重的平均主义分配，广大劳动者的积极性、主动性和创造性被压抑，造成生产效率的低下。针对这一状况，1977年至1978年期间，我国理论界围绕按劳分配进行了广泛的讨论，提出了按劳分配不仅不是生产力发展的障碍，而且是最终消灭一切形式的资本主义和资产阶级的重要条件，是促进社会主义阶段生产力发展的重要力量等观点，按劳分配的作用得到了重新肯定。

关于按劳分配的理论认识在党的十一届三中全会上得到了充分体现，全会纠正了当时社会普遍存在的追求平均主义的错误认识，重新肯定了社会主义的分配原则是按劳分配。邓小平也在全会的讲话中指出："一定要坚持按劳分配的社会主义原则"②，"要允许一部分地区、一部分企业、一部分工人农民，由于辛勤努力成绩大而收入先多一些，生活先好起来"③。党的十一届三中全会后，农村家庭联产承包责任制的推行，使按劳分配原则在农业生产中得到了有效贯彻。以扩大企业自主权为主要内容的国有企业改革，也在一定程度上克服了企业吃国家的"大锅饭"、企业内部吃"大锅饭"的局面，极大地调动了广

① 《马克思恩格斯文集》第3卷，人民出版社2009年版，第434页。

② 《邓小平文选》第2卷，人民出版社1994年版，第101页。

③ 《邓小平文选》第2卷，人民出版社1994年版，第152页。

大职工的生产积极性。

按劳分配的恢复给经济发展注入了活力，但也带来了会不会导致两极分化的疑虑。对此，党的十二届三中全会给予了明确的回应。全会深刻剖析了平均主义的思想根源及其危害，指出平均主义“是贯彻执行按劳分配原则的一个严重障碍”①，认为只有允许一部分地区、一部分企业和一部分人依靠勤奋劳动先富起来，才能对大多数人产生强烈的吸引和鼓舞作用，并带动越来越多的人一浪接一浪地走向共同富裕。全会还对深化收入分配制度改革做出了许多具体规定，强调要充分体现多劳多得、少劳少得的原则；提出要“建立多种形式的经济责任制，认真贯彻按劳分配原则”②，通过多种形式的经济责任制，做到“责、权、利相结合，国家、集体、个人利益相统一，职工劳动所得同劳动成果相联系”③。此后，以承包为主的多种形式经营责任制在全国范围的众多企业中得到广泛推广和运用。

党的十三大提出的社会主义初级阶段理论，把社会主义分配制度的探索推进到一个新的阶段。党的十三大第一次提出，“社会主义初级阶段的分配方式不可能是单一的。我们必须坚持的原则是，以按劳分配为主体、其他分配方式为补充”④。基于对社会主义初级阶段所有制结构的认识，党的十四届三中全会更加明确强调，“个人收入分配要坚持以按劳分配为主体、多种分配方式并存的制度”⑤。按劳分配的主体地位，体现在按劳分配不仅是全社会分配领域中主体的分配原则，而且是公有制经济内部主体的分配原则。

坚持以按劳分配为主体，对于坚持社会主义公有制，确保中国特色社会主义经济的性质，具有十分重要的意义。因此，在中国特色社会主义建设实践中，尽管有关分配制度的改革不断推进，但以按劳分配为主体始终作为社会主义初级阶段最重要的分配原则得到坚持和贯彻。

二、多种分配方式的理论探索

20 世纪 80 年代，改革开放的起步也推动了个体经济、私营经济等非公有

① 《十二大以来重要文献选编》(中)，人民出版社 1986 年版，第 578 页。
② 《十二大以来重要文献选编》(中)，人民出版社 1986 年版，第 576 页。
③ 《十二大以来重要文献选编》(中)，人民出版社 1986 年版，第 576 页。
④ 《十三大以来重要文献选编》(上)，人民出版社 1991 年版，第 32 页。
⑤ 《十四大以来重要文献选编》(上)，人民出版社 1996 年版，第 534 页。

制经济的发展，分配领域不可避免地出现了按能力、按经营成果、按占有生产资料状况进行分配的现象。对于这些现象，有观点认为它违背了社会主义原则，可能导致两极分化和资本主义。也有观点认为我国现实的生产力状况决定了不可能实行单一的按劳分配，只有使人尽其能，各展所长，才能促进生产的发展。对于这一理论上的分歧，党的十三大做出了明确回答，提出："以公有制为主体发展多种所有制经济，以至允许私营经济的存在和发展，都是由社会主义初级阶段生产力的实际状况所决定的。……改革中所采取的一些措施，例如发展生产资料市场、金融市场、技术市场和劳务市场，发行债券、股票，都是伴随社会化大生产和商品经济的发展必然出现的，并不是资本主义所特有的。社会主义可以而且应当利用它们为自己服务，并在实践中限制其消极作用。"① 社会主义初级阶段多种所有制经济的并存、社会主义经济是有计划商品经济，决定了社会主义初级阶段必然存在多种分配方式。党的十三大报告还列举了按劳分配和个体劳动所得以外的一些非劳动收入形式，并且提出这些收入只要是合法的，就应当允许。这些观点的提出适应了社会主义初级阶段的基本国情，在多种分配方式理论的探索中迈出了重要的一步。

1992 年，社会主义市场经济体制改革目标的确立，标志着中国进入了探索适应社会主义市场经济发展的分配制度改革新阶段。市场经济的通行原则是等价交换。各种生产要素一旦进入市场，等价交换原则就要起作用；它们一旦被使用，其所有者就要求获得报酬。如果没有收入和回报，生产要素的所有者是不会把生产要素投入到经济活动中去的。党的十四届三中全会提出"允许属于个人的资本等生产要素参与收益分配"② 的方针，国家依法保护法人和居民的一切合法收入和财产，鼓励城乡居民储蓄和投资，允许属于个人的资本等生产要素参与收益分配。在此基础上，党的十五大进一步提出，"允许和鼓励资本、技术等生产要素参与收益分配"③，第一次把其他分配方式概括为"按生产要素分配"。党的十六大提出，"确立劳动、资本、技术和管理等生产要素按贡献参与分配的原则"④。自此，多种分配方式的理论探索经历了由强调资本要素，到增加技术要素，再到增加劳动和管理要素的过程。

---

① 《十三大以来重要文献选编》（上），人民出版社 1991 年版，第 25-26 页。
② 《十四大以来重要文献选编》（上），人民出版社 1996 年版，第 535 页。
③ 《十五大以来重要文献选编》（上），人民出版社 2000 年版，第 24 页。
④ 《十六大以来重要文献选编》（上），中央文献出版社 2005 年版，第 21 页。

党的十七大明确提出，要“健全劳动、资本、技术、管理等生产要素按贡献参与分配的制度”①，为实现多种分配方式提供了制度依据；同时提出，要“创造条件让更多群众拥有财产性收入”②，为扩大中等收入群体、缩小收入分配差距提供了理论指导。党的十八大进一步强调，要“完善劳动、资本、技术、管理等要素按贡献参与分配的初次分配机制”，并重申要“多渠道增加居民财产性收入”③。

三、坚持和完善社会主义初级阶段的分配制度

党的十一届三中全会以来，中国共产党人在深化分配制度改革中，提出了一系列关于调整、规范和理顺国家、企业和个人之间的分配关系的思想。

（一）社会主义初级阶段分配制度的形成和完善

党的十三大首次提出：“社会主义初级阶段的分配方式不可能是单一的。我们必须坚持的原则是，以按劳分配为主体，其他分配方式为补充。”④ 这是中国共产党第一次明确提出以其他分配方式作为按劳分配原则的补充，为社会主义初级阶段分配制度的形成奠定了思想基础。1990 年 12 月，党的十三届七中全会进一步指出，“实行以按劳分配为主体、其他分配方式为补充的分配制度”⑤，确立了与社会主义初级阶段国情相适应的收入分配制度。党的十四届三中全会提出：“个人收入分配要坚持以按劳分配为主体、多种分配方式并存的制度。”⑥ 显然，无论是“补充”，还是“并存”，都打破了传统的单一的按劳分配原则，从制度层面承认了资本等生产要素参与收益分配的合法性，从而调动了各种生产要素的积极性，促进了生产力的发展。自此以后，以按劳分配为主体、多种分配方式并存的分配制度，作为社会主义初级阶段的分配制度被确定下来，并在实践中从按劳分配方式、多种分配方式的具体实现形式上不断完善。

实践证明，这一分配制度适应了社会主义初级阶段的生产力发展状况，有利于让一切劳动、知识、技术、管理和资本的活力竞相迸发，有利于让一切创

---

① 《十七大以来重要文献选编》（上），中央文献出版社 2009 年版，第 30 页。
② 《十七大以来重要文献选编》（上），中央文献出版社 2009 年版，第 30 页。
③ 《十八大以来重要文献选编》（上），中央文献出版社 2014 年版，第 28 页。
④ 《十三大以来重要文献选编》（上），人民出版社 1991 年版，第 32 页。
⑤ 《十三大以来重要文献选编》（中），人民出版社 1991 年版，第 1378 页。
⑥ 《十四大以来重要文献选编》（上），人民出版社 1996 年版，第 534 页。

造社会财富的源泉充分涌流，有利于维护广大群众的切身利益和调动他们的积极性与创造性。

（二）效率与公平关系

完善社会主义初级阶段的分配制度，核心是处理好分配领域的效率与公平问题。对效率与公平关系认识的不断深化，推动着社会主义初级阶段的分配制度不断趋于完善。

社会主义初级阶段的分配制度是在强调效率、否定平均主义的进程中逐步形成的。让一部分人先富起来，允许收入分配上有合理差距的改革措施，调动了劳动群众的积极性，促进了经济效率的提高。但在注重效率的同时，也没有抛弃公平。“社会主义的目的就是要全国人民共同富裕，不是两极分化。如果我们的政策导致两极分化，我们就失败了；如果产生了什么新的资产阶级，那我们就真是走了邪路了。……一个公有制占主体，一个共同富裕，这是我们所必须坚持的社会主义的根本原则。”① 这些观点在党的十三大确立的社会主义初级阶段分配制度中得到了体现，党的十三大报告指出，社会主义初级阶段的分配政策，既要有利于善于经营的企业和诚实劳动的个人先富起来，合理拉开收入差距，又要防止贫富悬殊，坚持共同富裕的方向，在促进效率提高的前提下体现社会公平。

党的十四大以来，为充分调动人们的积极性，加快生产力发展，相继提出了“兼顾效率与公平”“效率优先、兼顾公平”的原则。效率优先原则有利于优化资源配置，在一定历史阶段促进了经济的快速发展，但同时也产生了收入分配差距不断扩大的趋势，深化分配制度改革成为亟待解决的问题。对此，党的十六大报告对公平与效率关系做了新的界定，提出坚持效率优先、兼顾公平，既要提倡奉献精神，又要落实分配政策，既要反对平均主义，又要防止收入悬殊；初次分配注重效率，发挥市场的作用，鼓励一部分人通过诚实劳动、合法经营先富起来；再次分配注重公平，加强政府对收入分配的调节职能，调节差距过大的收入。

科学发展观为认识和处理效率与公平关系提供了新的指导。科学发展观的第一要义是发展，但这种发展不是为发展而发展，而是要坚持以人为本的发展，是追求共同富裕的发展。在科学发展观的指导下，党的十六届四中全会强

① 《邓小平文选》第 3 卷，人民出版社 1993 年版，第 110-111 页。

调要注重社会公平，合理调整国民收入分配格局，切实采取有力措施解决地区之间和部分社会成员收入差距过大的问题，逐步实现全体人民共同富裕。党的十六届六中全会提出，在经济发展的基础上，更加注重社会公平。党的十七大明确提出，合理的收入分配制度是社会公平的重要体现，初次分配和再分配都要处理好效率和公平的关系，再分配更加注重公平，这就把公平问题提到了更加突出的位置。党的十八大进一步提出，必须深化收入分配制度改革，努力实现居民收入增长和经济发展同步、劳动报酬增长和劳动生产率提高同步，提高居民收入在国民收入分配中的比重，提高劳动报酬在初次分配中的比重；初次分配和再分配都要兼顾效率和公平，再分配更加注重公平。

从否定平均主义，强调效率，到兼顾效率与公平和效率优先、兼顾公平，再到初次分配和再分配都要处理好效率和公平的关系，再分配更加注重公平，这些思想的演进，反映了中国共产党人解决利益分配和收入差距问题上的与时俱进，勾勒出社会主义初级阶段分配制度不断深入和完善的进程。

第五节　中国特色社会主义发展思想

改革开放以来，我们党高度重视发展问题，将发展作为解决中国一切问题的关键。邓小平提出了“发展才是硬道理”的著名论断，从社会主义本质要求的高度强调发展的重要性。江泽民强调，发展是党执政兴国的第一要务。在这些重要思想的指导下，我们牢牢扭住经济建设这个中心，不断解放和发展生产力，我国改革开放和现代化建设快速发展，进一步夯实了我国社会主义制度的物质基础。基于此，胡锦涛提出了坚持以人为本的科学发展观。

一、“发展才是硬道理”的思想

中国共产党执政，首要的任务就是带领全国人民推动经济社会发展。以什么样的高度、以什么样的态度来对待发展问题，是确立发展思想的首要问题。在领导中国人民进行社会主义现代化建设的过程中，邓小平通过对“什么是社会主义、怎样建设社会主义”这一问题的认真思考和对当今时代主题的科学判断，以一个战略家的眼光，明确提出“发展才是硬道理”的科学论断，把发展问题提到了一个前所未有的高度，由此开启了党对中国特色社会主义发展思想的演进与创新。

“发展才是硬道理”是党的十一届三中全会以来以邓小平同志为主要代表的中国共产党人对发展思想的核心论述。这一论述是在科学把握时代主题的基础上形成和发展起来的。把发展问题纳入当代世界发展格局和时代主题的分析当中，是邓小平发展思想的重要特点之一。早在改革开放之初，邓小平就以宽广的眼界、深刻的洞察力和巨大的理论勇气，认识到当今世界时代主题的改变；随着时代主题的改变，中国的方针政策也要相应地发生变化。1984 年 5 月，邓小平明确提出了“世界两大问题”，把发展问题纳入当代世界的发展格局当中来思考，指出：“现在世界上问题很多，有两个比较突出。一是和平问题。……二是南北问题。这个问题在目前十分突出。发达国家越来越富，相对的是发展中国家越来越穷。南北问题不解决，就会对世界经济的发展带来障碍。……发达国家应该清楚地看到，第三世界国家经济不发展，发达国家的经济也不可能得到较大的发展。”① 1985 年 3 月，邓小平明确提出和平和发展是当今世界的两大问题的论断，进一步把发展问题看作是核心问题：“现在世界上真正大的问题，带全球性的战略问题，一个是和平问题，一个是经济问题或者说发展问题。”② 在邓小平上述思想的基础上，1987 年党的十三大正式提出和平与发展是当今世界的两大主题这一科学论断。

“发展才是硬道理”是对国内外社会主义建设经验的科学总结。一是源于对苏联模式的反思。1985 年 8 月 28 日，邓小平在会见津巴布韦总统穆加贝时指出：“社会主义究竟是个什么样子，苏联搞了很多年，也并没有完全搞清楚。可能列宁的思路比较好，搞了个新经济政策，但是后来苏联的模式僵化了。”③ 二是源于对我国社会主义建设经验的总结，特别是对“文化大革命”十年深刻教训的总结。邓小平指出：“根据我们自己的经验，讲社会主义，首先就要使生产力发展，这是主要的。只有这样，才能表明社会主义的优越性。社会主义经济政策对不对，归根到底要看生产力是否发展，人民收入是否增加；这是压倒一切的标准。空讲社会主义不行，人民不相信。”④ 显然，邓小平已经从发挥社会主义制度优越性的高度来看待发展问题，即必须通过发展来证明社会主义

① 《邓小平文选》第 3 卷，人民出版社 1993 年版，第 56 页。
② 《邓小平文选》第 3 卷，人民出版社 1993 年版，第 105 页。
③ 《邓小平文选》第 2 卷，人民出版社 1994 年版，第 139 页。
④ 《邓小平文选》第 2 卷，人民出版社 1994 年版，第 314 页。

的优越性，显示社会主义的制度优势。

“发展才是硬道理”彰显了邓小平看待发展问题的全人类高度。1988 年 5 月 24 日，在会见美国大通·曼哈顿银行国际咨询委员会代表团时，邓小平指出，“要从全人类的高度来研究发展问题”①，发展已经被看作是解决人类文明进步的关键问题。正是站在全人类的高度看待发展，把中国的发展纳入人类发展的大思路中来思考，从对全人类贡献的角度来看待中国发展，邓小平明确指出：“中国把自己的发展看作是对人类贡献的问题，是保证世界和平的问题。”②

“发展才是硬道理”体现了邓小平是从解决当代中国重大问题的高度来看待发展问题的。新中国成立后，在党的领导下，我国在社会主义建设上取得了一系列辉煌成就。但是，由于种种原因，我们在前进的道路上也出现了曲折，中国所面临的问题还很多，特别是贫穷落后问题已经成为制约中国进一步发展的关键。如何解决这些现实问题成为邓小平思考的焦点，邓小平多次指出，中国首要的问题就是要摆脱贫穷，为此必须要找出一条比较快的发展道路，这成为解决当代中国一切问题的关键。1992 年春，邓小平在南方谈话中强调指出，“中国解决所有问题的关键是要靠自己的发展”③，只有发展，才能提高生产力，才能摆脱贫穷，才能实现国强民富；而离开了发展，一切都无从谈起，只能是死路一条，对此，邓小平毫不含糊地告诉人们，能否实现四个现代化，决定着我们国家的命运、民族的命运，“不坚持社会主义，不改革开放，不发展经济，不改善人民生活，只能是死路一条”④。由此，邓小平把发展问题提高到国家、民族、人民、时代要求的高度，明确提出，社会主义现代化建设是我们当前最大的政治，它代表着人民的最大的、最根本的利益。

“发展才是硬道理”，从政治上解决了“中国为什么需要发展”这个长期困扰我们的根本性问题。特别是，中国共产党果断地把党和国家的工作重点转到社会主义现代化建设上来，做出实行改革开放的重大决策，提出并牢固确立了“一个中心，两个基本点”的基本路线。当然，强调“以经济建设为中心”并非忽视全面发展问题，“社会主义本质，是解放生产力，发展生产

---

① 《邓小平年谱（1975—1997）》(下)，中央文献出版社 2004 年版，第 1233 页。
② 《邓小平年谱（1975—1997）》(下)，中央文献出版社 2004 年版，第 1240 页。
③ 《邓小平文选》第 3 卷，人民出版社 1993 年版，第 265 页。
④ 《邓小平文选》第 3 卷，人民出版社 1993 年版，第 370 页。

力，消灭剥削，消除两极分化，最终达到共同富裕”①，就体现了全面发展的思想。

总之，党的十一届三中全会以来，邓小平明确提出要坚持走中国特色社会主义发展道路，以“发展才是硬道理”为核心的发展理念，反映了中国共产党人对中国发展问题的认识和深化，是对马克思主义发展理论的继承和发展。

二、“发展是党执政兴国的第一要务”的思想

20 世纪 90 年代末，我国改革进入攻坚阶段。随着社会主义经济的快速发展，社会转型的加速，社会主义发展的深层次矛盾开始暴露。居民之间、城乡之间、东中西地区之间的差距不断扩大，城镇失业问题、农村贫困问题严重，资源、环境破坏等现实问题引发了社会关注。同时，我国社会经济发展也进入关键时期。一方面，如何摆脱通货膨胀和通货紧缩交替的困境，推动经济实现持续健康发展，是时代赋予的发展问题。另一方面，全面建设小康社会的任务也对社会发展提出新的要求。在实现人民总体达到小康水平后，我国还面临全面建设小康社会的任务。以江泽民同志为主要代表的中国共产党人根据国内外形势的发展变化，根据我国经济社会发展的新要求，明确提出“发展是党执政兴国的第一要务”，发展决定人心向背，要坚持用发展的办法解决前进中的问题。

“发展是党执政兴国的第一要务”，是对社会主义建设历史经验的重要总结，是对世界发展潮流和国际格局的科学把握，更是对新时期社会主义建设的现实回应，不仅丰富了邓小平“发展才是硬道理”的思想，而且阐明了发展是经济社会的协调发展和全面进步。党的十三届四中全会以来，以江泽民为核心的党的第三代中央领导集体深化对发展的认识，摒弃了“发展就是经济增长”的片面认识，进一步拓展了发展的内涵，即发展不仅仅是经济指标的快速增长，同时也蕴含政治文明和精神文明的进步。中国特色社会主义的经济、政治、文化是有机统一、不可分割的整体，“经济、政治、文化协调发展，两个文明都搞好，才是有中国特色社会主义。”② 在党的十四大上，江泽民提出了“以经济建设为中心，推动社会全面进步”③ 的思想。党的十四届五中全会强

---

① 《邓小平文选》第 3 卷，人民出版社 1993 年版，第 373 页。

② 《十五大以来重要文献选编》（上），人民出版社 2000 年版，第 688 页。

③ 《江泽民文选》第 1 卷，人民出版社 2006 年版，第 219 页。

调："必须把社会全面发展放在重要的战略地位"。在党的十四届六中全会上，江泽民第一次明确提出"社会主义社会是全面发展、全面进步的社会"①。在2001年"七一"讲话中，江泽民再次强调，"我们要在发展社会主义社会物质文明和精神文明的基础上，不断推进人的全面发展。"② 这个论断表明了建设中国特色社会主义要着眼于促进人的全面发展，阐明了建设中国特色社会主义与人的全面发展的相互依赖、相互促进的关系，是江泽民对邓小平关于中国特色社会主义是两个文明协调发展和共同进步思想以及人的全面发展思想的继承和发展，在我们党的历史上尚属首次。党的十六大报告提出："不断促进社会主义物质文明、政治文明和精神文明的协调发展，推进中国民族的伟大复兴。"③ 这一系列的相关论述充分表明了中国共产党对发展问题认识上的巨大飞跃。

"发展是党执政兴国的第一要务"，不仅阐明了党在世纪之交的历史使命，而且突显了发展在当代中国的地位。能否代表生产力的发展要求，是衡量一个政党先进与否的根本标准。党的十一届三中全会以来，我国坚持以经济建设为中心，坚持四项基本原则，坚持改革开放，变革了社会主义生产关系中不适应生产力发展的部分，极大地推动了社会生产力的发展。党的十三届四中全会以来，江泽民把"始终代表中国先进生产力的发展要求"作为中国共产党执政兴国的基础条件和根本要求。社会主义的根本任务是发展生产力，而发展关系着中国共产党执政地位的巩固。2001年"七一"讲话中，江泽民指出："我们党要始终代表中国先进生产力的发展要求，就是党的理论、路线、纲领、方针、政策和各项工作，必须努力符合生产力发展的规律，体现不断推动社会生产力的解放和发展的要求，尤其要体现推动先进生产力发展的要求，通过发展生产力不断提高人民群众的生活水平。"④ "发展是党执政兴国的第一要务"，不仅是保持共产党人的先进性和时代精神的根本体现和根本要求，而且是社会主义现代化建设的本质所在。江泽民明确指出："敏锐地把握我国社会生产力的发展趋势和要求，坚持以经济建设为中心，通过制定和实施正确的路线方针政策，采取切实的工作步骤，不断促进先进生产力的发展，这是我们党始终站在时代前列，保持先进性的根本体现和根本要求。""我们为实现现代化而奋斗，

---

① 《江泽民文选》第3卷，人民出版社2006年版，第276页。
② 《江泽民文选》第3卷，人民出版社2006年版，第294页。
③ 《十六大以来重要文献选编》(上)，中央文献出版社2005年版，第43页。
④ 《江泽民文选》第3卷，人民出版社2006年版，第272-273页。

最根本的就是要通过改革和发展，使我国形成发达的生产力。全党同志无论在什么岗位上，都要对自己所从事的工作经常加以检查和总结，看看是不是符合先进生产力的发展要求，符合的就毫不动摇地坚持，不符合的就实事求是地纠正。这样，才能充分体现共产党人的先进性和时代精神。”①

“发展是党执政兴国的第一要务”的科学论断，深化了中国共产党的执政理念。江泽民在党的十六大强调：“党要承担起推动中国社会进步的历史责任，必须始终紧紧抓住发展这个执政兴国的第一要务，把坚持党的先进性和发挥社会主义制度的优越性，落实到发展先进生产力、发展先进文化、实现最广大人民的根本利益上来，推动社会全面进步，促进人的全面发展。”② “三个代表”重要思想要求我们党要代表先进生产力的发展要求、用发展的办法解决前进中的问题，发展要有新思路；要坚持走新型工业化道路、实施科教兴国和可持续发展战略；要推进经济结构战略性调整和经济增长方式转变，实现速度和质量、结构、效益相统一，经济发展和人口、资源、环境相协调。可见，江泽民把发展看成是坚持党的先进性、发挥社会主义制度的优越性、落实“三个代表”重要思想的根本所在，从而把发展问题同党的性质、党的执政理念联系起来。

总之，“发展是党执政兴国的第一要务”的科学论断表明，江泽民已经明确把发展与执政党建设联系起来，已经把发展作为社会主义现代化建设本质所在，已经把发展作为贯彻落实“三个代表”重要思想的根本所在，从而发展了邓小平“发展才是硬道理”的思想。

三、以人为本、全面协调可持续发展的思想

党的十六大以后，以胡锦涛同志为主要代表的中国共产党人在领导全面建设小康社会的伟大实践中，逐渐形成了科学发展观。进入新世纪，我国跨入全面建设小康社会的新阶段，发展站在了一个新的历史起点上。一方面，我国经济社会实现了历史性的跨越，总体上达到小康水平；另一方面，我国发展不平衡的矛盾日益尖锐，社会利益关系日益多样化，城乡之间、区域之间、经济社会发展之间的不协调状况凸显。2003 年春非典疫情的突发促使党中央对经济社会发

---

① 《江泽民文选》第 3 卷，人民出版社 2006 年版，第 273-274 页。
② 《江泽民文选》第 3 卷，人民出版社 2006 年版，第 538-539 页。

展问题进一步思考。2003年4月，胡锦涛在广东考察时，针对发展中存在的问题，尤其是疫情中暴露的薄弱环节和突出问题，强调要坚持“全面的发展观”。同年7月，胡锦涛在全国防治非典工作会议上的讲话中首次使用了“全面发展、协调发展、可持续发展的发展观”的表述，并着重从理论上厘清了发展与增长的关系：“我们讲发展是党执政兴国的第一要务，这里的发展绝不只是指经济增长，而是要坚持以经济建设为中心，在经济发展的基础上实现社会全面发展。”① 这可以说是科学发展观的破题之论，新的发展理念呼之欲出。对全面发展的认识，是一个自然的过程，是随着实践发展，一个一个逐渐深化的。我们党对发展问题的认识飞跃就是在这样的背景下产生的。这一飞跃的标志，就是同年8月底胡锦涛在江西考察期间提出的“科学发展观”这一概念。

为了保持我国经济社会发展的良好态势，解决发展中的深层次矛盾和问题，党的十六届三中全会通过的《中共中央关于完善社会主义市场经济体制若干问题的决定》（以下简称《决定》）第一次完整地提出了科学发展观，要求“坚持以人为本，树立全面、协调、可持续的发展观，促进经济社会和人的全面发展”②。党的十六届三中全会通过的《决定》将“以人为本”与“发展”统一起来，体现了党的性质和宗旨，彰显了党治党为公、执政为民的执政理念；“以人为本”和“五个统筹”的同时提出，极大地充实和提升了党的发展理念，标志着科学发展观的初步形成。2004年3月，胡锦涛在中央人口资源环境工作座谈会上的讲话中，第一次系统阐述了科学发展观的基本内容，并对科学发展观的核心概念，如“以人为本”“全面发展”“协调发展”和“可持续发展”等分别进行了科学的界定和阐发，使之更具有完备的理论形态。之后，党中央在理论和实践层面上不断对科学发展观的丰富和发展，使科学发展观逐渐成为一个完整而又开放的理论体系。2007年10月，党的十七大报告精辟阐发了科学发展观的科学内涵和精神实质，即科学发展观“第一要义是发展，核心是以人为本，基本要求是全面协调可持续，根本方法是统筹兼顾”③。2010年10月，党的十七届五中全会明确提出，在当代中国，坚持发展是硬道理的本质要求就是坚持科学发展。2012年11月，党的十八大报告把科学发展观同马克思列宁主义、毛泽东思想、邓小平理论、“三个代表”重要思想一道作为我

① 《胡锦涛文选》第2卷，人民出版社2016年版，第67页。
② 《十六大以来重要文献选编》（上），中央文献出版社2005年版，第465页。
③ 《十七大以来重要文献选编》（上），中央文献出版社2009年版，第12页。

们党必须长期坚持的指导思想，并再次明确了科学发展观的内涵。所谓科学发展观，第一要义是发展，核心立场是以人为本，基本要求是全面协调可持续，根本方法是统筹兼顾。这是对科学发展观的集中概括。

发展是第一要义。这是在坚持辩证唯物主义和历史唯物主义、深刻总结我国改革开放历史经验、全面把握我国发展阶段性特征、充分借鉴当代世界发展理论和实践的基础上，做出的科学判断。科学发展观是涵盖经济、政治、文化、社会和生态文明的综合全面发展，但是，就具体语境而言，“发展是第一要义”中的发展，主要是指经济的发展，实质是生产力的发展。胡锦涛指出：“发展是解决中国一切问题的‘总钥匙’，发展对于全面建设小康社会、加快推进社会主义现代化，对于开创中国特色社会主义事业新局面、实现中华民族伟大复兴，具有决定性意义。”① 在当代中国，坚持发展是硬道理的本质要求就是坚持科学发展。党的十八大报告强调，全党必须更加自觉地把推动经济社会发展作为深入贯彻落实科学发展观的第一要义，牢牢扭住经济建设这个中心，着力把握发展规律、创新发展理念、破解发展难题。

必须坚持以人为本的核心立场。以人为本，主张人是发展的根本目的，一切为了人，一切服务于人，回答了“为谁发展”的问题；主张人是发展的主体，是先进生产力的创造者，回答了“靠谁发展”的问题。以人为本的核心立场，实际上解决了发展过程中“目中无人”“见物不见人”的错误倾向和后果。坚持以人为本，就是要以实现人的全面发展为目标，从人民群众的根本利益出发谋发展、促发展，不断满足人民群众日益增长的物质文化需要，切实保障人民群众的经济、政治和文化权益，让发展的成果惠及全体人民。坚持以人为本，是唯物史观在发展问题上的必然体现。唯物史观认为，人民群众是历史的创造者，是推动社会进步的决定性力量。推动科学发展，必须紧紧依靠人民群众，做到谋划发展思路向人民群众问计，查找发展中的问题听人民群众意见，改进发展措施向人民群众请教，落实发展任务靠人民群众努力，衡量发展成效由人民群众评判。

必须坚持全面协调可持续。全面协调可持续之所以成为科学发展观的基本要求，是因为：一方面，经过长期发展，我们积累了较雄厚的物质技术条件，可以在推进全面协调可持续发展上有更大作为；另一方面，城乡区域发展不平

---

① 《胡锦涛文选》第 3 卷，人民出版社 2016 年版，第 95 页。

衡、经济社会发展不协调、经济发展与人口资源环境不适应等问题更加突出地摆在了我们面前，我们只有更加自觉地推进全面协调可持续发展，才能更好地化解我国发展的各种制约因素，更好地推动我国发展进程，确保实现我国发展的战略目标。坚持全面发展，就是要以经济建设为中心，全面推进经济建设、政治建设、文化建设、社会建设和生态文明建设，实现经济发展和社会全面进步。虽然科学发展观强调全面发展，但它不仅不排斥以经济建设为中心，反而是以坚持以经济建设为中心为根本前提的，正如胡锦涛指出的，只有坚持以经济建设为中心，不断增强综合国力，才能为抓好发展这个党执政兴国的第一要务、为全面协调发展打下坚实的物质基础；只有坚持以经济建设为中心，不断增强综合国力，才能更好地解决前进道路上的矛盾和问题。坚持协调发展，就是要统筹城乡发展、统筹区域发展、统筹经济社会发展、统筹人与自然和谐发展、统筹国内发展和对外开放，推进生产力和生产关系、经济基础和上层建筑相协调，推进经济建设、政治建设、文化建设、社会建设和生态文明建设的各个环节、各个方面相协调。坚持可持续发展，就是要促进人与自然的和谐，实现经济发展和人口、资源、环境相协调，坚持走生产发展、生活富裕、生态良好的文明发展道路，保证一代接一代地永续发展。

必须坚持统筹兼顾。统筹兼顾，是中国共产党在长期革命、建设和改革实践中总结形成的一条重要经验。党的十六大以后，面对新形势和新任务，以胡锦涛为主要代表的中国共产党人坚持把统筹兼顾作为科学发展观的根本方法。2007 年 6 月，胡锦涛在中央党校省部级领导干部进修班的讲话中，明确把“统筹兼顾”确立为科学发展观的根本方法。同年 10 月，党的十七大报告发展和完善了统筹兼顾的内容，在“五个统筹”的基础上，进一步指出要“统筹中央和地方关系，统筹个人利益和集体利益、局部利益和整体利益、当前利益和长远利益，充分调动各方面积极性。统筹国内国际两个大局，树立世界眼光，加强战略思维，善于从国际形势发展变化中把握发展机遇、应对风险挑战，营造良好国际环境”①。党的十八大再次重申了统筹兼顾的根本方法，指出：“必须更加自觉地把统筹兼顾作为深入贯彻落实科学发展观的根本方法，坚持一切从实际出发，正确认识和妥善处理中国特色社会主义事业中的重大关系”②。统筹

① 《十七大以来重要文献选编》(上)，中央文献出版社 2009 年版，第 13 页。
② 《十八大以来重要文献选编》(上)，中央文献出版社 2014 年版，第 7 页。

兼顾作为科学发展观的根本方法，深化拓展了统筹兼顾的内涵、对象和范围，体现了党对社会主义建设规律认识的深化，为深入贯彻落实科学发展观提供了有效途径。

科学发展观，是党的十六大以后以胡锦涛同志为主要代表的中国共产党人立足社会主义初级阶段基本国情，总结我国发展实践，借鉴国外发展经验，适应新的发展要求提出来的。科学发展观对新形势下实现什么样的发展、怎样发展等重大问题作出了新的科学回答，在我国发展目的、发展战略、发展布局、发展阶段、发展动力、发展要求等重大问题上提出了一系列新思想、新观点、新论断，形成了涵盖社会主义经济建设、政治建设、文化建设、社会建设以及生态文明建设和党的建设各个领域、各个方面的完整的思想理论和方针政策，构成了一个完备而又开放的理论体系，其蕴含的经济发展思想继承、丰富和发展了马克思主义政治经济学，把中国特色社会主义政治经济学推上了新高度。

总之，改革开放以来中国特色社会主义发展思想的演进经历了从以邓小平为主要代表的中国共产党人对发展才是硬道理的深刻论述，到以江泽民为主要代表的中国共产党人关于发展是执政兴国的第一要务的阐述，再到以胡锦涛为主要代表的中国共产党人提出的科学发展的过程，不难看出，中国共产党对发展思想的认识既一脉相承，又有重大创新。

第六节 中国特色社会主义对外开放理论

一、对外开放基本国策的提出

中国共产党依据马克思主义基本原理，从世界经济政治发展的全局高度，深刻把握世界发展的新变化，从中国社会主义建设的经验教训出发，把中国的发展同世界的发展、同时代主题变换的现实紧密联系起来，就对外开放问题做出了一系列精辟论述，逐步形成了一套完整的对外开放理论。

新中国成立前后，毛泽东就曾多次表示“欢迎外国资本的投资”，1946 年 5 月，中共中央在《关于解放区外交方针的指示》中提出：“在两利的原则下，我们政府及商业机关应和外国商人以至外国政府直接订立一些经济契约，吸收外资来开发山东的富源，建立工厂，发展交通，进行海外贸易与提高农业和手工业。在订立这种契约时，只要避免不致因此而受垄断、受控制及受外间政治上的攻击，不与国民党法律抵触，而又对我有利，即应放手订立，允许外国人来经商开矿及建立工厂，或与中国人合作来经营工矿。”① 1949 年 3 月，毛泽东在党的七届二中全会上进一步指出，我国不应封闭，“同外国人做生意，那是没有问题的，有生意就得做”，“我们必须尽可能地首先同社会主义国家和人民民主国家做生意，同时也要同资本主义国家做生意”②。新中国成立伊始，鉴于当时国际上存在两大阵营尖锐对立的格局，特别是以美国为首的西方国家对新中国采取敌视和封锁的政策，毛泽东宣布实行“一边倒”的方针，即“我们在国际上是属于以苏联为首的反帝国主义战线一方面的”③。“一边倒”绝不意味着中国关闭同西方的往来，恰恰相反，毛泽东十分注意把原则性与灵活性巧妙地结合起来，以高超的斗争艺术，多渠道、多层次地发展和扩大对外关系。毛泽东在 1956 年作的《论十大关系》的讲话中指出：“我们的方针是一切民族、一切国家的长处都要学，政治、经济、科学、技术、文学、艺术的一切真正好的东西都要学。”④ 1957 年 2 月，毛泽东在《关于正确处理人民内部矛盾的问题》的重要讲话中指出：“一切国家的好经验我们都要学，不管是社会主义国家的，还是资本主义国家的，这一点是肯定的。”⑤ 不过，20 世纪 50 年代，因受制于美国主导的西方长期封锁，我国依靠从苏联和东欧国家成套引进的技术装备建成了“156 项”重点工程，奠定了我国工业化的初步基础。20 世纪 60 年代以后，由于中苏关系的恶化，我国将贸易和引进技术的对象转向资本主义国家，先后从日、英等 10 个资本主义国家引进了石油、化工、冶金、电子和精密仪器等技术和装备。20 世纪 70 年代，国际和国内环境的变化为我国实行对外开放提供了前所未有的历史机遇。1971 年 4 月，美国总统尼克松宣布解除已存在 20 年的对华贸易禁运，放宽对中国的货币和航运管制；10 月，第 26 届联合国大会宣布正式恢复中国一切合法权利、中国重新成为安全理事会常任理事国。1972 年 2 月、9 月，美国总统尼克松、日本首相田中角荣先后访华，为中国引入西方国家先进技术、实现与世界市场和世界经济的接轨提供了重要机遇。1973 年以后，中国先后同日本、联邦德国、美国等十几个资本主义国家

---

① 《建党以来重要文献选编（1921~1949）》第 23 册，中央文献出版社 2011 年版，第 244 页。
② 《毛泽东选集》第 4 卷，人民出版社 1991 年版，第 1435 页。
③ 《毛泽东选集》第 4 卷，人民出版社 1991 年版，第 1475 页。
④ 《毛泽东文集》第 7 卷，人民出版社 1999 年版，第 41 页。
⑤ 《毛泽东文集》第 7 卷，人民出版社 1999 年版，第 242 页。

厂商签订了一批引进技术和进口成套设备的合同，到 1977 年止，成交金额 39.6 亿美元，包括 13 套化肥、4 套化纤、2 套石油化工、武钢 1.7 米轧机等重大项目。

新中国成立后，以毛泽东为主要代表的中国共产党人，不仅有明确的对外开放思想，而且有许多关于如何对外开放的重要论述，奠定了我国对外开放的思想基础。但是，由于这一时期我国对外开放受到美国主导的西方长期封锁和中苏关系恶化的影响，使我国这一时期在政治经济和科技文化发展上处于相对封闭的状态。

党的十一届三中全会以后，面对复杂多变的国际形势和中国的现实，以邓小平为主要代表的中国共产党人提出，对外开放是进行社会主义现代化建设的一项长期政策。邓小平强调："现在的世界是开放的世界"①，"任何国家要发达起来，闭关自守都不可能"②。社会主义要赢得对资本主义的比较优势必须对外开放，吸收和借鉴当今世界各国，包括资本主义发达国家的一切先进成果。

1979 年 5 月，邓小平进一步指出："所谓开放，是指大量吸收外国资金和技术来加速我国的四个现代化建设。可以明确地说，这个调整方针是为了更加稳妥和更快地实现四个现代化，更好地执行我们四个现代化的方针和政策。"③ 1984 年 6 月，邓小平深刻阐明了对外开放应包括两个方面的含义：一是对外全方位的开放，是面向全世界，而不是对世界的某一方面的开放；二是对内全方位的开放，不仅沿海城市要实行对外开放，而且内地也要逐步实行对外开放，国家与国家之间相互往来是开放，同一国家的地区与地区之间、部门与部门之间也要实行开放。邓小平还指出，发展对外关系，要超越意识形态和社会经济制度的差异和矛盾，吸收一切国家、一切民族的一切文明成果为我所用，才能真正有利于社会主义经济建设。

党的十二届三中全会指出，我们把对外开放作为长期的基本国策，作为加快社会主义现代化建设的战略措施，"我们一定要充分利用国内和国外两种资源，开拓国内和国外两个市场，学会组织国内建设和发展对外经济关系两套本领"④。对外开放不是权宜之计，"这不是短期的政策，是个长期的政策，最少

---

① 《邓小平文选》第 3 卷，人民出版社 1993 年版，第 64 页。
② 《邓小平文选》第 3 卷，人民出版社 1993 年版，第 90 页。
③ 《邓小平年谱（1975—1997）》，中央文献出版社 2004 年版，第 514 页。
④ 《十二大以来重要文献选编》（中），人民出版社 1986 年版，第 581 页。

五十年到七十年不会变”。在实现了小康之后，“更不会改变了。即使是变，也只能变得更加开放”①。

在提出对外开放基本国策过程中，邓小平十分强调要在对外开放中坚持独立自主。他指出：“中国的事情要按照中国的情况来办，要依靠中国人自己的力量来办。独立自主，自力更生，无论过去、现在和将来，都是我们的立足点。”②“我们要利用外国的资金和技术，也要大力发展对外贸易，但是必然要以自力更生为主。”③ 独立自主的思想，始终贯穿中国对外开放的全过程。

二、加入世界贸易组织和对外开放思想的发展

中国的对外开放没有现成的经验可供借鉴，只能根据中国的实际，在实践中进行探索，边干边总结经验。邓小平对外开放思想中的这一指导思想，充分体现在我国对外开放的具体方式上。邓小平根据中国幅员辽阔、地区发展不平衡，并且长期处于封闭、半封闭状态的实际，主张采取由南到北、由东到西、由沿海到内地逐步推进的方式。邓小平提出，首先在沿海几个具有相对优势的中等城市，建立经济特区，并以此作为对外开放的“窗口”进行试验。在获得经验后，再在沿海 14 个城市进一步开放，形成中国沿海强劲的经济增长带，通过沿海城市的带动和辐射作用，进而开放沿海、沿边、沿江和建立上海浦东开发区。

以江泽民为主要代表的中国共产党人，在继承邓小平对外开放思想基础上，坚持对外开放的基本国策，在对外开放的实践中，提出了进一步扩大对外开放的基本战略、方法、步骤和重点任务，积极推进全方位、多层次、宽领域的对外开放，丰富和发展了马克思主义经济学的对外开放理论。

从局部开放到全面开放，是以对国际经济形势变化和我国对外开放取得的实际成果的科学分析为基础的。20 世纪 90 年代，经济全球化深入发展，世界各国的经济联系日益加深。科学技术迅猛发展，对各行各业的影响不断加大，经济活动的规模扩大、速度加快。在这种背景下，1990 年，江泽民指出：“我们要继续在自力更生的基础上坚持对外开放，积极发展与世界各国、各地区的

---

① 《邓小平文选》第 3 卷，人民出版社 1993 年版，第 79 页。
② 《邓小平文选》第 3 卷，人民出版社 1993 年版，第 3 页。
③ 《邓小平文选》第 2 卷，人民出版社 1994 年版，第 257 页。

经济技术合作和交流。"① 党的十四大把进一步扩大对外开放作为20世纪90年代十大任务的第二大任务，提出为了更多更好地利用国外资金、资源、技术和管理经验，要扩大对外开放的地域，形成多层次、多渠道、全方位开放的格局；拓宽利用外资的领域，采取更加灵活的方式完善投资环境，为外商投资经营提供更方便的条件和更充分的法律保障；积极开拓国际市场，发展外向型经济。党的十四届三中全会明确提出，发展开放型经济，使国内经济与国际经济实现互接互补。开放型经济是构成社会主义市场经济体制的基本框架之一，必须深化对外经济体制改革，进一步扩大对外开放。党的十五大强调："对外开放是一项长期的基本国策。面对经济、科技全球化趋势，我们要以更加积极的姿态走向世界，完善全方位、多层次、宽领域的对外开放格局，发展开放型经济，增强国际竞争力，促进经济结构优化和国民经济素质提高。"② 1999年年底，江泽民对经济全球化问题做了进一步全面、深刻、具体的分析，对世界经济发展的趋势做出了科学判断。他认为："世界经济的发展变化，有三个动向值得我们高度关注。一是世界范围内正在进行经济结构调整。……二是科技进步突飞猛进。……三是跨国公司的影响力日益增大。"③ 这些论述为在经济全球化背景下创新对外开放理论，推进全面对外开放格局的形成指明了方向。

2001年12月，中国正式加入世界贸易组织，标志着对外开放进入了一个崭新的阶段。加入世界贸易组织既是中国经济前所未有的机遇，同时也意味着中国将面临经济全球化条件下新的挑战。加入世界贸易组织后，中国由原来有限范围和领域内的开放，转变为全方位的开放；由以试点为特征的政策性开放，转变为在法律框架下可预见的开放；由单方面为主的自我开放，转变为我国与世界贸易组织成员之间的相互开放。江泽民指出，加入世界贸易组织"是我国改革开放进程中具有历史意义的一件大事，也是进一步推进全方位、多层次、宽领域对外开放的重要契机"④。为了积极应对中国加入世界贸易组织带来的新情况，江泽民强调要"进一步深化改革、扩大开放，以更加积极的姿态走向世界，适应经济全球化趋势发展的新形势，继续推进全方位、多层次、宽领

① 《十三大以来重要文献选编》(中)，人民出版社1991年版，第1311页。
② 《江泽民文选》第2卷，人民出版社2006年版，第26-27页。
③ 《江泽民文选》第2卷，人民出版社2006年版，第424页。
④ 《江泽民论有中国特色社会主义（专题摘编）》，中央文献出版社2002年版，第194-195页。

域的对外开放，为我国经济发展提供新的强大动力”[①]。在具体的开放领域方面，江泽民提出要“逐步扩大金融、保险、商贸、旅游、中介服务及其他服务业的对外开放，同时要研究对外开放后出现的新情况，解决新问题，使之健康有序地发展”[②]。党的十六大进一步强调，要“适应经济全球化和加入世贸组织的新形势，在更大范围、更广领域和更高层次上参与国际经济技术合作和竞争，充分利用国际国内两个市场，优化资源配置，拓宽发展空间，以开放促改革促发展”[③]。在积极参与经济全球化的过程中，中国始终高度重视维护国家经济安全。党的十六大指出：“在扩大对外开放中，要十分注意维护国家经济安全。”[④] 为此，中国采取了一系列措施防范和化解经济全球化带来的风险挑战，切实维护国家经济安全。

三、互利共赢开放战略和对外开放理论的进一步丰富

随着全面对外开放格局的形成，中国开放领域进一步扩大。中国与世界的关系正在发生广泛而深刻的变化，并逐渐成为世界经济体系中最重要的发展中国家。国际环境发展变化对中国经济发展的作用和影响不断增大，中国选择的发展模式和发展道路开始对世界经济产生重大影响。与世界经济关系的紧密联系，既给中国经济发展带来了有利的条件，也带来了不利影响。在这种背景下，怎样以更加积极的姿态走向世界，在激烈的国际竞争中掌握主动权，推动中国经济又快又好发展，成为十分紧迫的时代课题。

以胡锦涛为主要代表的中国共产党人站在新的历史起点上，深入而系统地阐述了新时期的对外开放思想，丰富和发展了对外开放理论。党的十六大闭幕后不久，胡锦涛指出：“不仅需要十分关注国内经济的发展情况，也需要十分关注世界经济的形势。”党的十六届三中全会明确提出了“五个统筹”的要求，“统筹国内发展和对外开放”是其中的一个重要方面。在 2003 年 11 月召开的中央经济工作会议上，围绕如何促进内外资源合理配置、内外市场互为补充，胡锦涛提出，坚持利用国际有利条件和充分发挥我国优势相结合，坚持扩大引进技术和全面增强自主创新能力相结合，坚持利用外资和大力促进国内产业结

① 《江泽民文选》第 3 卷，人民出版社 2006 年版，第 456 页。
② 《江泽民论有中国特色社会主义（专题摘编）》，中央文献出版社 2002 年版，第 205 页。
③ 《江泽民文选》第 3 卷，人民出版社 2006 年版，第 551 页。
④ 《江泽民文选》第 3 卷，人民出版社 2006 年版，第 552 页。

构优化升级相结合，坚持实施“走出去”战略和缓解国内短缺资源约束相结合，增强我国经济的整体竞争力，开创对外开放的新局面。2005 年 5 月，胡锦涛指出，要从树立和落实科学发展观的战略高度，立足国情，扬长避短，趋利避害，坚持用全球战略眼光观察和谋划国内发展和对外开放，努力实现我国经济社会又快又好的发展。这些思想为统筹国内发展和对外开放确定了努力的方向，使统筹国内发展和对外开放的要求更加明晰。

面对经济全球化中的种种不公平现象，中国在积极参与经济全球化的同时，提出了“互利共赢的开放战略”，强调中国的对外经贸活动既要符合中国的利益，又要符合合作对象的利益，为促进世界经济共同发展、共同繁荣做出贡献。2004 年 4 月，胡锦涛在博鳌亚洲论坛年会开幕式演讲中指出，中国真诚希望同亚洲各国发展全面、紧密的合作伙伴关系，提出要“经济上互利共赢”。党的十六届五中全会正式提出“实施互利共赢的开放战略”。胡锦涛指出：“在国内市场和国际市场联系日益紧密的情况下，我们必须树立全球战略意识，实施互利共赢的开放战略，着力转变对外贸易增长方式，全面提高对外开放水平，扬长避短，趋利避害，在更大范围、更广领域、更高层次上参与国际经济技术合作和竞争，使对外开放更好地促进国内改革发展。”① 2005 年 11 月，在韩国釜山亚太经合组织工商领导人峰会上，胡锦涛进一步指出：“中国的发展引起了国际社会广泛关注。在世界以新的眼光观察中国的同时，中国也在思考一个重要问题。这就是：如何通过自身的发展，继续为促进地区和世界的共同繁荣做出贡献。”胡锦涛强调，要全面认识中国发展对国际社会影响不断上升的大趋势，综合考虑维护中国发展利益和促进各国共同发展的要求，完善有关方针政策和体制机制，努力实现互利共赢。实施互利共赢的开放战略，切实承担起相应的国际责任，使中国的发展为世界发展创造更多的机会，为全球其他国家带来更多的福利，也为中国发展赢得一个良好的国际环境。这些论断表明，中国的对外开放已经不再是单纯促进中国经济发展的问题，而是一个与世界紧密联系在一起的更大范围的整体性问题。互利共赢开放战略，清晰表达了中国与他国在合作和发展中的原则和要求，清楚表达了中国迎接经济全球化挑战的积极姿态。

党的十七大在对开放型经济发展提出新要求的基础上，首次提出了“开放

---

① 《十六大以来重要文献选编》(中)，中央文献出版社 2006 年版，第 1097 页。

型经济体系”的理论范畴，进一步深化了对外开放理论。党的十七大强调，要“拓展对外开放广度和深度，提高开放型经济水平。坚持对外开放的基本国策，把‘引进来’和‘走出去’更好结合起来，扩大开放领域，优化开放结构，提高开放质量，完善内外联动、互利共赢、安全高效的开放型经济体系，形成经济全球化条件下参与国际经济合作和竞争新优势。深化沿海开放，加快内地开放，提升沿边开放，实现对内对外开放相互促进”①。党的十七大用“内外联动”“互利共赢”“安全高效”三个关键词对中国的开放型经济体系进行了界定，高度概括了中国开放型经济体系的本质特征，充分体现了完善开放型经济体系的主要内容和发展趋势，为今后一个时期提高开放型经济水平指明了方向。

党的十八大报告在全面总结30多年对外开放实践的基础上，适应经济全球化的新形势，着眼于实现全面建成小康社会的目标，强调指出，必须实行更加积极主动的开放战略，完善互利共赢、多元平衡、安全高效的开放型经济体系，推动开放朝着优化结构、拓展深度、提高效益方向转变；并进一步强调，要创新开放模式，坚持出口和进口并重，形成以技术、品牌、质量、服务为核心的出口竞争新优势，提高利用外资综合优势和总体效益，加快走出去步伐，统筹双边、多边、区域次区域开放合作，加快实施自由贸易区战略，为扩大开放、全面提高开放型经济发展水平指明了方向，对于在更大范围、更广领域、更高水平上推进开放，更好地以开放促发展、促改革、促创新，进而实现全面建成小康社会奋斗目标，具有重要指导意义。

从改革开放之初发展外向型经济到发展开放型经济，再到开放型经济体系内容的丰富和完善，从发展开放型经济到全面提高开放型经济水平，反映了中国共产党对外开放思想的不断深化，体现了中国特色社会主义对外开放理论的发展历程。

思考题

1. 试述中国特色社会主义经济体制改革理论的发展历程。
2. 简述中国特色社会主义经济理论的形成与发展。

---

① 《十七大以来重要文献选编》(上)，中央文献出版社2009年版，第21页。

3. 简述社会主义市场经济中宏观调控理论的发展历程。
4. 简述社会主义初级阶段基本经济制度理论的发展过程。
5. 试述社会主义初级阶段分配制度的形成过程。
6. 试述中国特色社会主义发展思想的演进与创新。
7. 试述我国对外开放理论的形成和完善。

第九章　中国特色社会主义政治经济学的最新发展

党的十八大以来，中国特色社会主义进入新时代，世界形势发生深刻变化。紧密结合新的时代条件和实践要求，以习近平为主要代表的中国共产党人创造性地提出了“中国特色社会主义政治经济学”的重大命题，提炼和总结我国经济发展实践的规律性成果，形成了以新发展理念为主要内容的习近平新时代中国特色社会主义经济思想，开拓了当代中国马克思主义政治经济学的新境界，为马克思主义政治经济学创新发展贡献了中国智慧。

第一节　习近平新时代中国特色社会主义经济思想

一、中国特色社会主义进入新时代

中国特色社会主义进入了新时代，这是我国发展新的历史方位。这一重大政治论断，赋予党的历史使命、理论遵循、目标任务以新的时代内涵，为我们深刻把握当代中国发展的新阶段新特征，科学制定党的路线方针政策提供了时代坐标和科学依据，具有重大现实意义和深远历史意义。

中国特色社会主义进入新时代，意味着近代以来久经磨难的中华民族迎来了从站起来、富起来到强起来的伟大飞跃，迎来了实现中华民族伟大复兴的光明前景；意味着科学社会主义在21世纪的中国焕发出强大生机活力，在世界上高高举起了中国特色社会主义伟大旗帜；意味着中国特色社会主义道路、理论、制度、文化不断发展，拓展了发展中国家走向现代化的途径，给世界上那些既希望加快发展又希望保持自身独立性的国家和民族提供了全新选择，为解决人类问题贡献了中国智慧和中国方案。中国特色社会主义进入新时代，在中华人民共和国发展史上、中华民族发展史上、世界社会主义发展史上和人类发展史上具有重大意义。习近平新时代中国特色社会主义思想以全新视野深化对共产党执政规律、社会主义建设规律、人类社会发展规律的认识，为发展马克思主义做出了原创性贡献。

中国特色社会主义进入新时代，我国社会主要矛盾已经转化为人民日益增长的美好生活需要和不平衡不充分的发展之间的矛盾。经过改革开放40多年努力，我国稳定解决了十几亿人的温饱问题，总体上实现了小康，不久将全面建成小康社会，人民美好生活需要日益广泛，不仅对物质文化生活提出了更高要求，而且在民主、法治、公平、正义、安全、环境等方面的要求日益增长。同时，我国社会生产力水平显著提高，社会生产能力在很多方面进入世界前列，更加突出的问题是发展不平衡和不充分，这已经成为满足人民美好生活需要的主要制约因素。与此同时，中国社会主要矛盾的变化，没有改变中国共产党对中国社会主义所处历史阶段的判断，中国仍处于并将长期处于社会主义初级阶段的基本国情没有变，中国是世界最大发展中国家的国际地位没有变。

中国特色社会主义进入了新时代，我国经济发展也进入了新时代，基本特征就是我国经济已由高速增长阶段转向高质量发展阶段。推动高质量发展，是保持经济持续健康发展的必然要求，是适应我国社会主要矛盾变化和全面建成小康社会、全面建设社会主义现代化国家的必然要求，是遵循经济规律发展的必然要求。当前，我们正处于“两个一百年”奋斗目标的历史交汇期，党的十九大综合分析国际国内形势和我国发展条件，既对决胜全面建成小康社会提出明确要求，又将实现第二个百年奋斗目标分为两个阶段安排。“从2020年到2035年，在全面建成小康社会基础上，再奋斗15年，基本实现社会主义现代化；在基本实现现代化的基础上再奋斗15年，到本世纪中叶把我国建成富强民主文明和谐美丽的社会主义现代化强国。”这是新时代中国特色社会主义发展的战略安排，不仅使实现“两个一百年”奋斗目标的路线图、时间表更加清晰，而且意味着原定的我国基本实现现代化的目标将提前15年完成，第二个百年奋斗目标则充实提升为全面建成社会主义现代化强国。

世界正处于大发展大变革大调整时期，我国发展仍处于重要战略机遇期和历史机遇期。当代中国已不再是国际秩序的被动接受者，而是积极的参与者、建设者、引领者。中国日益走近世界舞台中央，世界对中国的关注从未像今天这样广泛、深切、聚焦，中国对世界的影响也从未像今天这样全面、深刻、长远。同时也要看到，前景十分光明，挑战也十分严峻，我国正处在从大国走向强国的关键时期，外部环境更加复杂。在新时代，中国与世界的关系发生深刻变化，我国同国际社会的互联互动空前紧密，成为促进世界和平与发展的强大力量，必须统筹国内国际两个大局，坚持和平发展道路，推动构建人类命运共同体。

二、习近平新时代中国特色社会主义经济思想的提出

党的十八大以来，面对世界经济复苏乏力、局部冲突和动荡频发、全球性问题加剧的外部环境，面对我国经济发展的一系列深刻变化，以习近平为主要代表的中国共产党人围绕如何推进中国特色社会主义经济建设进行了新的探索，为习近平新时代中国特色社会主义经济思想的提出奠定了基础。

中国共产党历来重视对马克思主义政治经济学的学习研究和运用。党的十八大以来，习近平多次强调要学好用好政治经济学，要立足我国国情和我国发展实践，发展当代中国马克思主义政治经济学。

2014 年 7 月 8 日在经济形势专家座谈会上，习近平提出，各级党委和政府都要学好用好政治经济学。2015 年 11 月 23 日主持中共中央政治局第二十八次集体学习时，习近平强调，要立足我国国情和我国经济发展实践，揭示新特点新规律，提炼和总结我国经济发展实践的规律性成果，把实践经验上升为系统化的经济学说，不断开拓当代中国马克思主义政治经济学新境界。在 2015 年 12 月召开的中央经济工作会议上，习近平明确提出“中国特色社会主义政治经济学”这一重大命题，强调中国经济学的发展要坚持中国特色社会主义政治经济学的重大原则。在 2016 年 5 月召开的哲学社会科学工作座谈会上，习近平提出的构建中国特色哲学社会科学的总体目标中，包含了建构中国特色社会主义政治经济学的具体要求。在 2016 年 7 月召开的经济形势专家座谈会上，习近平指出：“中国特色社会主义政治经济学只能在实践中丰富和发展，又要经受实践的检验，进而指导实践。要加强研究和探索，加强对规律性认识的总结，不断完善中国特色社会主义政治经济学理论体系，推进充分体现中国特色、中国风格、中国气派的经济学科建设。”①

在坚持马克思主义政治经济学基本原理的基础上，紧密结合中国特色社会主义经济建设实践的推进，以习近平为主要代表的中国共产党人提出了一系列新的重大战略思想和理论观点。

2013 年 5 月，在以大力推进生态文明建设为主题的中共中央政治局第六次集体学习会上，习近平提出了“保护生态环境就是保护生产力、改善生态环境

---

① 《习近平主持召开经济形势专家座谈会》，《人民日报》2016 年 7 月 9 日。

就是发展生产力”的重要论断。2013 年 12 月 3 日，在以历史唯物主义基本原理和方法论为主题的中共中央政治局第十一次集体学习会上，习近平在论及社会基本矛盾分析法和物质生产是社会生活的基础的观点时，又对解放和发展生产力的问题做了深刻阐释。

2013 年 11 月，党的十八届三中全会审议通过了《中共中央关于全面深化改革若干重大问题的决定》，明确了全面深化改革的五大体制改革要点，强调经济体制改革是全面深化改革的重点，核心问题是处理好政府和市场的关系。习近平就全会决定所涉及的政府和市场关系、坚持和完善基本经济制度等问题做出了说明，并且强调指出，“要有强烈的问题意识，以重大问题为导向，抓住关键问题进一步研究思考，着力推进解决我国发展面临的一系列突出矛盾和问题”①。

在分析国内外经济发展形势、准确把握我国基本国情基础上，习近平又做出了我国经济发展进入新常态的重大判断，提出了供给侧结构性改革的理论。2015 年 10 月，党的十八届五中全会鲜明提出了创新、协调、绿色、开放、共享的发展理念，指明了“十三五”乃至更长时期我国的发展思路、发展方向和发展着力点，赋予了“实现什么样的发展、怎样发展”问题以更为深刻的中国特色社会主义新内涵。

实践是理论的源泉，科学理论引领着伟大实践。2017 年 10 月，习近平在党的十九大报告中指出，党的十八大以来的五年，我们坚持稳中求进工作总基调，迎难而上，开拓进取，取得了改革开放和社会主义现代化建设的历史性成就。

经济建设取得重大成就。我国经济保持中高速增长，在世界主要国家中名列前茅。根据世界银行测算，2013—2016 年，中国对世界经济的贡献率平均为 31. 6%，超过美国、欧元区和日本贡献率的总和。2016 年，中国对世界经济增长的贡献率达到 34. 7%，拉动世界经济增长 0. 8 个百分点，是世界经济增长的第一引擎。

人民生活不断改善。其主要表现为：脱贫攻坚战取得决定性进展，2012 年农村贫困人口约为 9 899 万，2017 年降至 3 046 万，年均减少 23. 57%；就业状况持续改善，2012 年全国就业人员 7. 670 亿万，2017 年增加至 7. 764 亿万，增

---

① 《十八大以来重要文献选编》(上)，中央文献出版社 2014 年版，第 513 页。

加940万；城乡居民可支配收入持续增加，2013年全国人均可支配收入为18 311元，2017年增加至25 974元，年均增长率为8.74%。2017年全国居民恩格尔系数29.3%。社会养老保险覆盖9亿多人，基本医疗保险覆盖13.5亿人。人均预期寿命达到76.7岁。

经济结构出现重大变革。2017年，消费贡献率由54.9%提高到58.8%，服务业比重从45.3%上升到51.6%，成为经济增长主动力。高技术制造业年均增长11.7%。粮食生产能力达到1.2万亿斤。城镇化率从52.6%提高到58.5%，8 000多万农业转移人口成为城镇居民。

创新驱动发展成果丰硕。2017年全社会研发投入年均增长11%，规模跃居世界第二位。科技进步贡献率由52.2%提高到57.5%。载人航天、深海探测、量子通信、大飞机等重大创新成果不断涌现。高铁网络、电子商务、移动支付、共享经济等引领世界潮流。

改革开放迈出重大步伐。改革全面发力、多点突破、纵深推进，重要领域和关键环节改革取得突破性进展。简政放权、放管结合、优化服务等改革推动政府职能发生深刻转变，市场活力和社会创造力明显增强。“一带一路”建设成效显著，对外贸易和利用外资结构优化、规模稳居世界前列。

除此之外，在其他领域也取得了重大成就和深刻性变革：全面加强党的领导发生深刻变革，全面依法治国发生深刻变革，党对意识形态工作的领导发生深刻变革，生态文明建设发生深刻变革，国防和军队现代化发生深刻变革，中国特色大国外交发生深刻变革，全面从严治党发生深刻变革。正如习近平所指出的：“5年来的成就是全方位的、开创性的，5年来的变革是深层次的、根本性的。”

2017年12月18日至20日，中央经济工作会议在北京举行。会议指出，党的十八大以来，我们坚持观大势、谋全局、干实事，成功驾驭了我国经济发展大局，在实践中形成了以新发展理念为主要内容的习近平新时代中国特色社会主义经济思想。习近平新时代中国特色社会主义经济思想，是党的十八大以来我国经济发展实践的理论结晶，是中国特色社会主义政治经济学的最新成果，是党和国家十分宝贵的精神财富，必须长期坚持、不断丰富发展。

三、习近平新时代中国特色社会主义经济思想的科学内涵

习近平新时代中国特色社会主义经济思想，提炼和总结了新时代我国经济

发展实践的规律性成果，揭示了新时代的新特点。创新、协调、绿色、开放、共享的新发展理念，是习近平新时代中国特色社会主义经济思想的主要内容。“七个坚持”是习近平新时代中国特色社会主义经济思想的主要内涵，即：坚持加强党对经济工作的集中统一领导，完善党中央领导经济工作的体制机制，保证我国经济沿着正确方向发展；坚持以人民为中心的发展思想，贯穿到统筹推进“五位一体”总体布局和协调推进“四个全面”战略布局之中；坚持适应把握引领经济发展新常态，立足大局，把握规律；坚持使市场在资源配置中起决定性作用，更好发挥政府作用，坚决扫除经济发展的体制机制障碍；坚持适应我国经济发展主要矛盾变化完善宏观调控，相机抉择，开准药方，把推进供给侧结构性改革作为经济工作的主线；坚持问题导向部署经济发展新战略，对我国经济社会发展变革产生深远影响；坚持正确工作策略和方法，稳中求进，保持战略定力、坚持底线思维，一步一个脚印向前迈进。

新发展理念是管全局、管根本、管长远的导向，是习近平新时代中国特色社会主义经济思想的重大理论创新。创新是引领发展的第一动力，协调是持续健康发展的内在要求，绿色是永续发展的必要条件和人民对美好生活追求的重要体现，开放是国家繁荣发展的必由之路，共享是中国特色社会主义的本质要求。

坚持加强党对经济工作的集中统一领导。坚持加强党对经济工作的集中统一领导是总领性、根本性的要求，是我国经济沿着正确方向发展的根本保证。

中国特色社会主义最本质的特征是中国共产党领导，中国特色社会主义制度的最大优势是中国共产党领导。党是总揽全局、协调各方的，经济工作是中心工作，党的领导当然要在中心工作中得到充分体现，抓住了中心工作这个牛鼻子，其他工作就可以更好地展开。加强党对经济工作的领导，有利于集思广益、凝聚共识，有利于调动各方、形成合力。2015 年 10 月，习近平在《以新的发展理念引领发展，夺取全面建成小康社会决胜阶段的伟大胜利》报告中指出，能不能驾驭好世界第二大经济体，能不能保持经济社会持续健康发展，从根本上讲取决于党在经济社会发展中的领导核心作用发挥得好不好。

加强党对经济工作的领导，要求加强领导干部能力建设，提高领导经济工作的水平。2014 年 12 月，习近平在中央经济工作会议上指出，加强党对经济工作的集中统一领导，提高党领导经济工作的法治化水平。2015 年 12 月，习近平在《围绕贯彻党的十八届五中全会精神做好当前经济工作》报告中提出，加强领导干部能力建设，提高领导经济工作科学化水平。2016 年 12 月，习近平在中央经济工作会议上指出，要坚持好干部标准，把干事创业、勇于改革、敢于担当、作风扎实的干部提拔使用起来，形成能者上、庸者下、劣者汰的用人导向和从政环境。2017 年 2 月，习近平在中央财经领导小组第十五次会议上指出，做好经济工作是我们党治国理政的重大任务，要坚持宏观和微观、国内和国外、战略和战术紧密结合，坚持问题导向，及时研究重大战略问题，及早部署关系全局、事关长远的问题，对经济社会发展进行指导，把谋划大事和制定具体政策紧密结合起来，加强责任分工，一锤一锤钉钉子，直到产生实际效果。

在风云变幻的世界经济大潮中，能不能驾驭好我国经济这艘大船，是对我们党的重大考验。面对极其复杂的国内外经济形势，加强学习马克思主义政治经济学基本原理和方法论，尤其是深入学习领会习近平新时代中国特色社会主义经济思想，有利于我们掌握科学的经济分析方法，认识经济运行过程，把握社会经济发展规律，提高驾驭社会主义市场经济的能力。

坚持以人民为中心的发展思想。坚持以人民为中心的发展思想体现了社会主义经济发展的根本目的，表明了马克思主义政治经济学的根本立场和价值取向。

人民是历史的创造者，是决定党和国家前途命运的根本力量。必须坚持人民主体地位，坚持立党为公、执政为民，践行全心全意为人民服务的根本宗旨，把党的群众路线贯彻到治国理政全部活动中，把人民对美好生活的向往作为奋斗目标，依靠人民创造历史伟业。

以人民为中心的发展思想，是以习近平同志为核心的党中央在继承中国共产党人民观的基础上，在治国理政的长期实践与思考中逐步形成和完善的。2013 年 8 月，习近平在全国宣传思想工作会议上就提出“要树立以人民为中心的工作导向”①。2014 年 10 月，他在文艺工作座谈会上强调“坚持以人民为中心的创作导向”②。2015 年，党的十八届五中全会提出着力践行以人民为中心的发展思想。在党的十九大报告中，习近平多次提到“以人民为中心”。“坚持以人民为中心”，最鲜明地体现了习近平新时代中国特色社会主义思想的人民

---

① 《习近平谈治国理政》，外文出版社 2014 年版，第 154 页。
② 《习近平谈治国理政》第 2 卷，外文出版社 2017 年版，第 314 页。

立场这一根本政治立场。

坚持以人民为中心的发展思想，表明了马克思主义政治经济学的根本立场和价值取向。以人民为中心的发展思想体现了对共产党执政规律、社会主义建设规律、人类社会发展规律的深刻认识和自觉运用。唯物史观认为，人民群众是历史的真正主人，是社会物质、精神财富的创造者和社会变革的决定力量。坚持以人民为中心的发展思想体现了社会主义经济发展的根本目的，表明了马克思主义政治经济学的根本立场和价值取向。

坚持以人民为中心的发展思想体现在新发展理念中。新发展理念既将人民作为发展的出发点和落脚点，又将发展作为契合出发点和落脚点的第一要务。通过创新发展，把人才作为支撑发展的第一资源，激发亿万群众的创造活力，提高发展的质量和效益，以更好更多的发展成果造福人民。通过协调发展，解决区域发展不平衡、城乡发展不协调、产业结构不合理等问题，筑牢人民群众根本利益一致性的基础。通过绿色发展，为人民群众创造良好生产生活环境。通过开放发展，用好国际国内两个市场、两种资源，为人民群众生活水平提高夯实基础。通过共享发展，使全体人民在共建共享发展中有更多获得感，使全体人民朝着共同富裕方向稳步前进。

坚持适应把握引领经济发展新常态。新常态是一个客观状态，是我国经济发展到一定阶段必然会出现的一种状态，适应新常态、把握新常态、引领新常态是我国经济发展的大逻辑。在新常态下，我国经济发展的环境、条件、任务、要求等都发生了新的变化，增长速度要从高速转向中高速，发展方式要从规模速度型转向质量效率型，经济结构调整要从增量扩能为主转向调整存量、做优增量并举，发展动力要从主要依靠资源和低成本劳动力等要素投入转向创新驱动。经济发展进入新常态，没有改变我国仍处于大有作为的重要战略机遇期的判断，没有改变我国经济发展总体向好的基本面。适应和引领新常态，关键是要保持战略定力，应势而谋，变中求新、新中求进、进中突破，推动我国经济实现高质量发展。

坚持使市场在资源配置中起决定性作用，更好发挥政府作用。市场决定资源配置是市场经济的一般规律，市场经济本质上就是市场决定资源配置的经济。健全社会主义市场经济体制必须遵循这条规律，着力解决市场体系不完善、政府干预过多和监管不到位问题。市场在资源配置中起决定性作用，并不是起全部作用，不是说政府就无所作为，而是必须坚持有所为、有所不为。更好发挥政府作用，也不是要更多发挥政府作用，而是要在保证市场发挥决定性作用的前提下，管好那些市场管不了或管不好的事情。我国实行的是社会主义市场经济体制，仍然要坚持发挥社会主义制度的优越性，发挥党和政府的积极作用。使市场在资源配置中起决定性作用、更好发挥政府作用，二者是有机统一的，不是相互否定的，不能把二者割裂开来、对立起来。

坚持适应我国经济发展主要矛盾变化完善宏观调控。坚持适应我国经济发展主要矛盾变化完善宏观调控，指明了新的时代条件下宏观经济管理的基本思路。供给侧管理和需求侧管理是调控宏观经济的两个基本手段。需求侧管理，重在解决总量性问题；供给侧管理，重在解决结构性问题。纵观世界经济发展史，经济政策是以供给侧为重点还是以需求侧为重点，要依据一国宏观经济形势做出抉择。进入新时代，我国经济发展面临的问题，供给和需求两侧都有，但矛盾的主要方面在供给侧，根源是重大结构性失衡。解决这些结构性问题，必须从供给侧发力，找准在世界供给市场上的定位；必须把改善供给侧结构作为主攻方向，实现由低水平供需平衡向高水平供需平衡跃升。说到底，供给侧结构性改革的根本，就是要使我国供给能力更好地满足广大人民日益增长的美好生活需要。供给侧结构性改革，既强调供给又关注需求。放弃需求侧谈供给侧或放弃供给侧谈需求侧都是片面的，二者不是非此即彼、一去一存的替代关系，而是要相互配合、协调推进。

坚持问题导向部署经济发展新战略。坚持问题导向是马克思主义的鲜明特点。问题是时代的声音，每个时代总有属于它自己的问题，只有树立强烈的问题意识，才能实事求是地对待问题，才能找到引领时代进步的路标。坚持问题导向，既要敢于正视问题、善于发现问题，又要科学分析问题、深入研究问题，还要敢于触及矛盾、长于解决问题。我们党领导人民干革命、搞建设、抓改革，从来都是为了解决中国的现实问题。当前，面对纷繁复杂的国内外形势，学会在国际国内相互联系中发现问题，才能形成既符合世界发展潮流又符合我国发展阶段性特征的发展战略。对事关战略全局、事关长远发展、事关人民福祉的紧要问题，要科学统筹、优先解决，确保取得实效。对一些带有共性、规律性的问题，要注意总结和反思，以利于更好前进。

坚持正确工作策略和方法。习近平新时代中国特色社会主义经济思想，蕴含着丰富的马克思主义思想方法和工作方法。稳中求进工作总基调是治国理政的重要原则，也是做好经济工作的方法论。“稳”和“进”相互促进，经济社会才会平稳，才能为调整经济结构和深化改革开放创造稳定宏观环境；调整经济结构和深化改革开放取得实质性进展，才能为经济社会平稳运行创造良好预期。贯彻好稳中求进，离不开战略定力。当今时代风云变幻，机遇和挑战并存，最需要的是战略定力。始终保持强大战略定力，在战略上判断准确、谋划科学、赢得主动，党和人民事业就会立于不败之地。缺乏足够战略定力，就容易出现心理上患得患失、行动上犹豫不决、决策上摇摆不定，错失发展机遇。坚持底线思维，是做好领导工作的一个重要战略策略，也是一个很紧要的领导艺术。只有凡事从最坏处准备，努力争取最好的结果，才能有备无患、遇事不慌，牢牢把握主动权。

新发展理念和“七个坚持”以一系列具有原创性的新思想、新观点、新论断，系统回答了新时代中国特色社会主义经济发展的根本要求、根本目的、工作主线、发展理念、工作方法等一系列重大问题，是马克思主义政治经济学中国化的最新成果，是当代中国的马克思主义政治经济学。

第二节 新时代坚持和发展中国特色社会主义经济制度

一、毫不动摇巩固和发展公有制经济，毫不动摇鼓励、支持、引导非公有制经济发展

改革开放以来，我国所有制结构逐步调整，公有制经济和非公有制经济在发展经济、促进就业等方面的比重不断变化，增强了经济社会发展活力。在这种情况下，如何更好体现和坚持公有制主体地位，进一步探索基本经济制度有效实现形式，是摆在我们面前的一个重大课题。

党的十五大根据实践发展的要求，把公有制为主体、多种所有制经济共同发展，作为社会主义初级阶段的一项基本经济制度。不仅保证了社会主义市场经济体制的建立和运转，而且推动了国民经济持续快速健康地发展。2002 年，党的十六大第一次提出“两个毫不动摇”，即：“必须毫不动摇地巩固和发展公有制经济”“必须毫不动摇地鼓励、支持和引导非公有制经济发展”。[①] 2007 年，党的十七大提出“坚持平等保护物权，形成各种所有制经济平等竞争、相

---

① 《十六大以来重要文献选编》(上)，中央文献出版社 2004 年版，第 19 页。

互促进新格局”，“要深化垄断行业改革，引入竞争机制，加强政府监管和社会监督”。[①] 2012 年 11 月，党的十八大报告在强调坚持两个“毫不动摇”的基础上提出了“三个平等”，保证各种所有制经济依法平等使用生产要素、公平参与市场竞争、同等受到法律保护。

党的十八届三中全会通过的《中共中央关于全面深化改革若干重大问题的决定》中指出，公有制为主体、多种所有制经济共同发展的基本经济制度，是中国特色社会主义制度的重要支柱，也是社会主义市场经济体制的根基。公有制经济和非公有制经济都是社会主义市场经济的重要组成部分，都是我国经济社会发展的重要基础。上述“决定”还提出了积极发展混合所有制经济，认为“国有资本、集体资本、非公有资本等交叉持股、相互融合的混合所有制经济，是基本经济制度的重要实现形式”[②]。党的十八届三中全会把混合所有制经济提升到我国基本经济制度重要实现形式的高度，进一步明确了混合所有制经济的发展方向和路径。

党的十九大提出：“必须坚持和完善我国社会主义基本经济制度和分配制度，毫不动摇巩固和发展公有制经济，毫不动摇鼓励、支持、引导非公有制经济发展，使市场在资源配置中起决定性作用，更好发挥政府作用。”[③] 中国共产党在坚持基本经济制度上的观点是明确的、一贯的，而且是不断深化的，从来没有动摇。

公有制主体地位不能动摇，国有经济主导作用不能动摇，这是保证我国各族人民共享发展成果的制度性保证，也是巩固党的执政地位、坚持我国社会主义制度的重要保证。要毫不动摇巩固和发展公有制经济，推行公有制多种实现形式，深化国有企业改革，完善各类国有资产管理体制，推动国有资本更多投向关系国家安全和国民经济命脉的重要行业和关键领域，不断增强国有经济活力、控制力、影响力。

完善国有资产管理体制，以管资本为主加强国有资产监管，改革国有资本授权经营体制，组建若干国有资本运营公司，支持有条件的国有企业改组为国有资本投资公司。

---

① 《十七大以来重要文献选编》（上），中央文献出版社 2009 年版，第 20 页。

② 《十八大以来重要文献选编》（上），中央文献出版社 2014 年版，第 515 页。

③ 习近平：《决胜全面建成小康社会　夺取新时代中国特色社会主义伟大胜利》，人民出版社 2017 年版，第 21 页。

完善国有资本经营预算制度，提高国有资本收益上缴公共财政比例，2020年提到30%，更多用于保障和改善民生。准确界定不同国有企业功能。国有资本加大对公益性企业的投入，在提供公共服务方面做出更大贡献。推进国有企业改革有利于国有资本保值增值，有利于提高国有经济竞争力，有利于放大国有资本功能。

长期以来，我国非公有制经济快速发展，在稳定增长、促进创新、增加就业、改善民生等方面发挥了重要作用。非公有制经济是稳定经济的重要基础，是国家税收的重要来源，是技术创新的重要主体，是金融发展的重要依托，是经济持续健康发展的重要力量。我们要坚持权利平等、机会平等、规则平等，废除对非公有制经济各种形式的不合理规定，消除各种隐性壁垒，制定非公有制企业进入特许经营领域具体办法。党的十八届五中全会强调要“鼓励民营企业依法进入更多领域，引入非国有资本参与国有企业改革，更好激发非公有制经济活力和创造力”①。

我国非公有制经济，是改革开放以来在中国共产党的方针政策指引下发展起来的，是在中国共产党领导下开辟出来的一条道路。2013年7月，习近平在武汉市主持召开部分省市负责人座谈会时指出：“要坚持和完善基本经济制度，增强公有制经济特别是国有经济发展活力，鼓励、支持、引导非公有制经济发展，完善财税体系，发展更高水平的开放型经济体系，不断增强经济发展微观基础的活力。”②

2015年11月，习近平在主持中共中央政治局第二十八次集体学习时指出，“坚持和完善社会主义基本经济制度”，就“要毫不动摇巩固和发展公有制经济，毫不动摇鼓励、支持、引导非公有制经济发展，推动各种所有制取长补短、相互促进、共同发展。同时，我们也要十分明确，我国基本经济制度是中国特色社会主义制度的重要支柱，也是社会主义市场经济体制的根基，公有制主体地位不能动摇，国有经济主导作用不能动摇。这是保证我国各族人民共享发展成果的制度性保证，也是巩固党的执政地位、坚持我国社会主义制度的重要保证”③。2016年3月，习近平指出：“实行公有制为主体、多种所有制经济

---

① 《十七大以来重要文献选编》(中)，中央文献出版社2016年版，第798页。

② 《坚定不移全面深化改革开放 脚踏实地推动经济社会发展》，《人民日报》2013年7月24日。

③ 《十八大以来重要文献选编》(下)，中央文献出版社2018年版，第5页。

共同发展的基本经济制度，是中国共产党确立的一项大政方针。”“非公有制经济在我国经济社会发展中的地位和作用没有变，我们毫不动摇鼓励、支持、引导非公有制经济发展的方针政策没有变，我们致力于为非公有制经济发展营造良好环境和提供更多机会的方针政策没有变。”①

党的十八大以来，习近平多次重申坚持社会主义基本经济制度，坚持“两个毫不动摇”。党的十八届三中全会提出，公有制经济和非公有制经济都是社会主义市场经济的重要组成部分，都是我国经济社会发展的重要基础；公有制经济财产权不可侵犯，非公有制经济财产权同样不可侵犯；国家保护各种所有制经济产权和合法利益，坚持权利平等、机会平等、规则平等，废除对非公有制经济各种形式的不合理规定，消除各种隐性壁垒，激发非公有制经济活力和创造力。党的十八届四中全会提出要“健全以公平为核心原则的产权保护制度，加强对各种所有制经济组织和自然人财产权的保护，清理有违公平的法律法规条款”②。党的十八届五中全会强调要“鼓励民营企业依法进入更多领域，引入非国有资本参与国有企业改革，更好激发非公有制经济活力和创造力”③。党的十九大把“两个毫不动摇”写入新时代坚持和发展中国特色社会主义的基本方略，作为党和国家一项大政方针进一步确定下来。

2019 年 10 月 31，党的十九届四中全会审议通过的《中共中央关于坚持和完善中国特色社会主义制度，推进国家治理体系和治理能力现代化若干重大问题的决定》（以下简称《决定》）指出，公有制为主体、多种所有制经济共同发展，按劳分配为主体、多种分配方式并存，社会主义市场经济体制等社会主义基本经济制度，既体现了社会主义制度优越性，又同我国社会主义初级阶段社会生产力发展水平相适应，是党和人民的伟大创造。必须坚持社会主义基本经济制度，充分发挥市场在资源配置中的决定性作用，更好发挥政府作用，全面贯彻新发展理念，坚持以供给侧结构性改革为主线，加快建设现代化经济体系。这是我们党对社会主义基本经济制度的最新表述，具有了更加丰富的内容。

《决定》指出，毫不动摇巩固和发展公有制经济，毫不动摇鼓励、支持、引导非公有制经济发展。探索公有制多种实现形式，推进国有经济布局优化和

---

① 《十八大以来重要文献选编》（下），中央文献出版社 2018 年版，第 245-246 页。

② 《十八大以来重要文献选编》（中），中央文献出版社 2016 年版，第 162 页。

③ 《十八大以来重要文献选编》（中），中央文献出版社 2016 年版，第 798 页。

结构调整，发展混合所有制经济，增强国有经济竞争力、创新力、控制力、影响力、抗风险能力，做强做优做大国有资本。深化农村集体产权制度改革，发展农村集体经济，完善农村基本经营制度。

二、坚持按劳分配为主体、多种分配方式并存

改革开放以来，我国收入分配制度改革逐步推进，破除了传统计划经济体制下平均主义的分配方式，在坚持按劳分配为主体的基础上，允许和鼓励资本、技术、管理等要素按贡献参与分配，不断加大收入分配调节力度。中国作为发展中国家，曾经是世界上绝对贫困人口最多的国家。改革之初，邓小平明确提出了“先富论”，从而为摆脱贫困，实现温饱，进而实现小康找到了一条务实之路。后来邓小平也多次谈到，共同富裕是中国发展的最终方向，也是中国特色社会主义的本质。进入 21 世纪，中共中央明确提出到 2020 年实现“全面建设惠及十几亿人口的更高水平的小康社会”，开启了共同富裕之路。

经过长期的探索与实践，按劳分配为主体、多种分配方式并存的分配制度基本确立，以税收、社会保障、转移支付为主要手段的再分配调节框架初步形成，有力地推动了社会主义市场经济体制的建立，极大地促进了国民经济快速发展，城乡居民人均实际收入平均每 10 年翻一番，家庭财产稳定增加，人民生活水平显著提高。同时，也要看到收入分配领域仍存在一些亟待解决的突出问题，主要是城乡区域发展差距和居民收入分配差距依然较大，收入分配秩序不规范，隐性收入、非法收入问题比较突出，部分群众生活比较困难，宏观收入分配格局有待优化。

因此，深化收入分配制度改革，优化收入分配结构，构建扩大消费需求的长效机制，是加快转变经济发展方式的迫切需要；深化收入分配制度改革，切实解决一些领域分配不公问题，防止收入分配差距过大，规范收入分配秩序，是维护社会公平正义与和谐稳定的根本举措；深化收入分配制度改革，处理好劳动与资本、城市与农村、政府与市场等重大关系，推动相关领域改革向纵深发展，是完善社会主义市场经济体制的重要内容；深化收入分配制度改革，使发展成果更多更公平惠及全体人民，为逐步实现共同富裕奠定物质基础和制度基础，是体现社会主义本质的必然要求。在社会主义初级阶段，实行按劳分配和按生产要素分配结合的分配制度，有利于优化资源配置，促进经济发展，有利于最广泛最充分地调动一切积极因素，让劳动、知识、技术、管理和资本的

活力竞相迸发，让一切创造财富的源泉充分涌流，以造福人民，造福社会。

党的十七大指出，合理的收入分配制度是社会公平的重要体现，并提出初次分配和再分配都要处理好效率和公平的关系，再分配更加注重公平。党的十八大指出，完善按劳分配为主体、多种分配方式并存的分配制度，千方百计增加居民收入。实现发展成果由人民共享，必须深化收入分配制度改革，努力实现居民收入增长和经济发展同步、劳动报酬增长和劳动生产率提高同步，提高居民收入在国民收入分配中的比重，提高劳动报酬在初次分配中的比重。初次分配和再分配都要兼顾效率和公平，再分配更加注重公平。

2012年年底，习近平在河北调研时指出，“没有农村的小康，特别是没有贫困地区的小康，就没有全面建成小康社会”①。2013年至2015年，他在海南、云南、陕西等地调研时多次论及“小康不小康，关键看老乡”“全面实现小康，一个民族都不能少”，为全面建成小康社会奋斗目标定下了重在“全面”的基调。

坚持按劳分配为主体、多种分配方式并存，坚持初次分配和再分配调节并重，继续完善劳动、资本、技术、管理等要素按贡献参与分配的初次分配机制，加快健全以税收、社会保障、转移支付为主要手段的再分配调节机制，以增加城乡居民收入、缩小收入分配差距、规范收入分配秩序为重点，努力实现居民收入增长和经济发展同步，劳动报酬增长和劳动生产率提高同步，逐步形成合理有序的收入分配格局，促进经济持续健康发展和社会和谐稳定。

党的十九大提出，必须始终把人民利益摆在至高无上的地位，让改革发展成果更多更公平惠及全体人民，朝着实现全体人民共同富裕不断迈进。坚持按劳分配原则，完善按要素分配的体制机制，促进收入分配更合理、更有序。鼓励勤劳守法致富，扩大中等收入群体，增加低收入者收入，调节过高收入，取缔非法收入。坚持在经济增长的同时实现居民收入同步增长，在劳动生产率提高的同时实现劳动报酬同步提高。拓宽居民劳动收入和财产性收入渠道。履行好政府再分配调节职能，加快推进基本公共服务均等化，缩小收入分配差距。

党的十九届四中全会进一步指出：坚持多劳多得，着重保护劳动所得，增加劳动者特别是一线劳动者劳动报酬，提高劳动报酬在初次分配中的比重。健全劳动、资本、土地、知识、技术、管理、数据等生产要素由市场评价贡献、

---

① 《习近平谈治国理政》，外文出版社2014年版，第189页。

按贡献决定报酬的机制。健全以税收、社会保障、转移支付等为主要手段的再分配调节机制，强化税收调节，完善直接税制度并逐步提高其比重。完善相关制度和政策，合理调节城乡、区域、不同群体间分配关系。重视发挥第三次分配作用，发展慈善等社会公益事业。鼓励勤劳致富，保护合法收入，增加低收入者收入，扩大中等收入群体，调节过高收入，清理规范隐性收入，取缔非法收入。

三、加快完善社会主义市场经济体制

改革开放是党在新的时代条件下带领人民进行的新的伟大革命，是决定中国命运的关键一招，也是实现“两个一百年”奋斗目标和中华民族伟大复兴的关键一招。改革开放是当代中国最鲜明的特色，也是中国共产党最鲜明的旗帜。习近平指出：“中国改革经过 30 多年，已进入深水区，可以说，容易的、皆大欢喜的改革已经完成了，好吃的肉都吃掉了，剩下的都是难啃的硬骨头。”① 矛盾越大，问题越多，越要攻坚克难、勇往直前。必须一鼓作气、坚定不移，敢于啃硬骨头，敢于涉险滩，敢于向积存多年的顽瘴痼疾开刀，坚决打好全面深化改革这场攻坚战。党的十八届三中全会做出了全面深化改革的决定，提出：全面深化改革的总目标是完善和发展中国特色社会主义制度，推进国家治理体系和治理能力现代化。

坚持以经济建设为中心不动摇，就必须坚持以经济体制改革为重点不动摇。在全面深化改革中，要坚持以经济体制改革为主轴，努力在重要领域和关键环节改革上取得新突破。建立社会主义市场经济体制的改革目标，是我们党在建设中国特色社会主义进程中的重大理论和实践创新，解决了世界上其他社会主义国家长期没有解决的一个重大问题。

建立什么样的经济体制，是建设中国特色社会主义的一个重大问题。改革开放后的一个很长时期内，我国经济体制改革的核心问题是如何正确认识和处理计划与市场的关系，先后提出“以计划经济为主，市场调节为辅”“社会主义经济是有计划的商品经济，建立计划和市场内在统一的体制”。1992 年，党的十四大提出了我国经济体制改革的目标是建立社会主义市场经济体制，提出要使市场在国家宏观调控下对资源配置起基础性作用。这一重大理论突破，对

---

① 《习近平谈治国理政》，外文出版社 2014 年版，第 101 页。

我国改革开放和经济社会发展发挥了极为重要的作用。这也说明，理论创新对实践创新具有重大先导作用，全面深化改革必须以理论创新为先导。

经过 20 多年实践，我国社会主义市场经济体制已经初步建立，但仍存在不少问题，主要是市场秩序不规范，以不正当手段谋取经济利益的现象广泛存在；生产要素市场发展滞后，要素闲置和大量有效需求得不到满足并存；市场规则不统一，部门保护主义和地方保护主义大量存在；市场竞争不充分，阻碍优胜劣汰和结构调整；等等。这些问题不解决好，完善的社会主义市场经济体制难以形成。

党的十四大以来的 20 多年间，对政府和市场关系，我们一直在根据实践拓展和认识深化寻找新的科学定位。党的十五大提出“使市场在国家宏观调控下对资源配置起基础性作用”，党的十六大提出“在更大程度上发挥市场在资源配置中的基础性作用”，党的十七大提出“从制度上更好发挥市场在资源配置中的基础性作用”，党的十八大提出“更大程度更广范围发挥市场在资源配置中的基础性作用”。可以看出，我们对政府和市场关系的认识也在不断深化。党的十八届三中全会，把市场在资源配置中的“基础性作用”修改为“决定性作用”，进一步指出，经济体制改革是全面深化改革的重点，核心问题是处理好政府和市场的关系，使市场在资源配置中起决定性作用和更好发挥政府作用；提出使市场在资源配置中起决定性作用，是我们党对中国特色社会主义建设规律认识的一个新突破，是马克思主义中国化的一个新成果，标志着社会主义市场经济发展进入了一个新阶段。

2012 年，党的十八大后召开的第一次中央经济工作会议强调，“要坚持社会主义市场经济的改革方向不动摇”。在 2016 年中央经济工作会议上，习近平再次强调，“要坚持基本经济制度，坚持社会主义市场经济改革方向”。坚持社会主义市场经济改革方向，是贯穿于党的十八大以来历次中央经济工作会议的事关治国理政的重要议题。

社会主义市场经济是在社会主义条件下发挥市场配置资源决定性作用和更好发挥政府作用的经济，是以社会主义基本经济制度为根基的经济。习近平从治国理政的高度，提出两个要讲“辩证法、两点论”的问题：一个是在社会主义与市场经济结合问题上，要“坚持辩证法、两点论，继续在社会主义基本制度与市场经济的结合上下功夫，把两方面优势都发挥好”；另一个是在市场在资源配置中起决定性作用和更好发挥政府作用上，要“把两方面的优势都发挥好，既要‘有效的市场’，也要‘有为的政府’，努力在实践中破解这道经济学上的世界性难题”。[①] 这两个要讲“辩证法、两点论”的问题，是治国理政也是中国特色社会主义政治经济学的重大课题。

2013 年的中央经济工作会议提出：“要把握好经济社会发展预期目标和宏观政策的黄金平衡点，不断完善调控方式和手段。要紧紧围绕使市场在资源配置中起决定性作用深化经济体制改革，着力在重要领域和关键环节取得实质进展。”[②] 在 2015 年中央经济工作会议上，习近平在阐释供给侧结构性改革的主要思路时指出，“进行资源配置，要更加注重使市场在资源配置中起决定性作用”，“宏观政策要稳，就是要为结构性改革营造稳定的宏观经济环境”。[③] 政府和市场关系这一核心问题，拓展了中国特色社会主义政治经济学研究的视野，丰富了治国理政新理念、新思想、新战略的内涵。

经济发展就是要提高资源尤其是稀缺资源的配置效率，以尽可能少的资源投入生产尽可能多的产品、获得尽可能大的效益。理论和实践都证明，市场配置资源是最有效率的形式。市场经济本质上就是市场决定资源配置的经济。健全社会主义市场经济体制必须遵循这条规律，着力解决市场体系不完善、政府干预过多和监管不到位问题。做出“使市场在资源配置中起决定性作用”的定位，有利于在全党全社会树立关于政府和市场关系的正确观念，有利于转变经济发展方式，有利于转变政府职能，有利于抑制消极腐败现象。

发展社会主义市场经济，既要发挥市场作用，又要发挥政府作用，但市场作用和政府作用的职能是不同的。更好发挥政府作用，更加注重科学的宏观调控，有效的政府治理，是发挥社会主义市场经济体制优势的内在要求。政府的职责和作用主要是保持宏观经济稳定，加强和优化公共服务，保障公平竞争，加强市场监管，维护市场秩序，推动可持续发展，促进共同富裕，弥补市场失灵。切实发挥市场在资源配置中的决定性作用，但不能盲目绝对讲市场起决定性作用，而是既要使市场在配置资源中起决定性作用，又要更好发挥政府作用。

经济体制改革必须以完善产权制度和要素市场化配置为重点，实现产权有效激励、要素自由流动、价格反应灵活、竞争公平有序、企业优胜劣汰。产权

① 《十八大以来重要文献选编》(下)，中央文献出版社 2018 年版，第 6 页。
② 《中央经济工作会议在北京举行》，《人民日报》2013 年 12 月 16 日。
③ 《中央经济工作会议在北京举行》，《人民日报》2015 年 12 月 22 日。

制度是社会主义市场经济的基石，保护产权是坚持社会主义基本经济制度的必然要求。有恒产者有恒心，经济主体财产权的有效保障和实现是经济社会持续健康发展的基础。①

国有企业是中国特色社会主义的重要物质基础和政治基础，关系公有制主体地位的巩固，关系我们党的执政地位和执政能力，关系我们社会主义制度。从物质基础看，新中国成立以来，国有企业发展取得巨大成就。国有资产规模实力稳步提升，国有资本布局结构逐步完善，国有经济的活力、控制力、影响力、国际竞争力、抗风险能力不断增强。从政治上看，国有企业是我们党执政兴国的重要支柱和依靠力量，工人阶级是我国的领导阶级，是我们党执政最坚实最可靠的阶级基础，是全面建成小康社会、坚持和发展中国特色社会主义的主力军。国有企业培养了一支产业工人大军，拥有四千多万在岗职工、近八十万个党组织、一千多万名党员，这是我国工人阶级队伍的骨干力量。要完善各类国有资产管理体制，改革国有资本授权经营体制，加快国有经济布局优化、结构调整、战略性重组，促进国有资产保值增值，推动国有资本做强做优做大，有效防止国有资产流失。深化国有企业改革，发展混合所有制经济，培育具有全球竞争力的世界一流企业。

全面实施市场准入负面清单制度，清理废除妨碍统一市场和公平竞争的各种规定和做法，支持民营企业发展，激发各类市场主体活力。坚持权利平等、机会平等、规则平等，进一步放宽非公有制经济市场准入。凡法律法规未明确禁入的行业和领域，都要允许各类市场主体平等进入；凡向外资开放的行业和领域，都要向民间资本开放；凡影响市场公平竞争的不合理行为，都要坚决制止。深化商事制度改革，实行多证合一，扩大“证照分离”改革试点。打破行政性垄断，防止市场垄断，加快要素价格市场化改革，放宽服务业准入限制，完善市场监管体制。

党的十九届四中全会指出，加快完善社会主义市场经济体制。建设高标准市场体系，健全以公平为原则的产权保护制度，推进要素市场制度建设，强化消费者权益保护，加强资本市场基础制度建设，优化经济治理基础数据库，健全推动发展先进制造业，实施乡村振兴战略，构建区域协调发展新机制，形成主体功能明显、优势互补、高质量发展的区域经济布局。

---

① 《中共中央、国务院关于完善产权保护制度依法保护产权的意见》，2016年11月4日。

第三节 以新发展理念统领经济发展全局

一、新发展理念与经济高质量发展

“发展理念是发展行动的先导，是管全局、管根本、管方向、管长远的东西，是发展思路、发展方向、发展着力点的集中体现。”[①] 发展理念是否对头，从根本上决定着发展成效乃至成败。党的十八大以来，面对极其错综复杂的国内外经济形势，以习近平为主要代表的中国共产党人在深刻总结国内外发展经验教训、深刻分析国内外发展大势的基础上，针对我国发展中的突出矛盾和问题，逐步提出了创新、协调、绿色、开放、共享的新发展理念。

在2012年中央经济工作会议上，习近平就强调：“必须坚持发展是硬道理的战略思想，决不能有丝毫动摇”“必须全面深化改革，坚决破除一切妨碍科学发展的思想观念和体制机制障碍”。[②] 在2013年中央经济工作会议上，习近平强调“实施创新驱动发展”“积极促进区域协调发展”和“注重永续发展”等理念，提出“推进丝绸之路经济带建设”“建设21世纪海上丝绸之路”等举措以及“让老百姓得到实实在在的好处”等思想。[③] 在2014年中央经济工作会议上，习近平提出“推动全面创新”的思想以及“创新必须落实到创造新的增长点上，把创新成果变成实实在在的产业活动”的要求，并提出“要完善区域政策，促进各地区协调发展、协同发展、共同发展”。[④] 立足于这些论断和阐释，在2015年制定“十三五”规划和召开中央经济工作会议时，习近平明确提出了创新、协调、绿色、开放、共享的发展理念。

新发展理念传承党的发展理论，坚持以人民为中心的发展思想，进一步科学回答了实现什么样的发展、怎样实现发展的问题，深化了中国共产党对中国特色社会主义经济发展规律的认识，丰富发展了中国特色社会主义政治经济学。创新发展注重的是解决发展动力问题，必须把创新摆在国家发展全局的核心位置，让创新贯穿党和国家一切工作。协调发展注重的是解决发展不平衡问

---

① 《十八大以来重要文献选编》(中)，中央文献出版社2016年版，第774页。
② 《中央经济工作会议在北京举行》，《人民日报》2012年12月17日。
③ 《中央经济工作会议在北京举行》，《人民日报》2013年12月16日。
④ 《中央经济工作会议在北京举行》，《人民日报》2014年12月12日。

题，必须正确处理发展中的重大关系，不断增强发展整体性。绿色发展注重的是解决人与自然和谐共生问题，必须实现经济社会发展和生态环境保护协同共进，为人民群众创造良好生产生活环境。开放发展注重的是解决发展内外联动问题，必须发展更高层次的开放型经济，以扩大开放推进改革发展。共享发展注重的是解决社会公平正义问题，必须坚持全民共享、全面共享、共建共享、渐进共享，不断推进全体人民共同富裕。创新、协调、绿色、开放、共享的发展理念，相互贯通、相互促进，是具有内在联系的集合体，要统一贯彻，不能顾此失彼，也不能相互替代。

新发展理念是正确处理和解决社会主义社会主要矛盾的根本路径和方法。在中国特色社会主义新时代，人民日益增长的美好生活需要和不平衡不充分的发展之间的矛盾成为社会主要矛盾，对发展中问题提出了更多的新要求，要求更加坚定不移地贯彻新发展理念，着力解决发展的不平衡不充分问题，更好满足人民日益增长的美好生活的需要。新发展理念是习近平新时代中国特色社会主义思想根本要义和基本方略的重要组成部分，将在新时代“建设现代化经济体系”中发挥主导和引导作用，也是新时代不断提高党的执政能力和领导水平的重要方面。新发展理念不仅解决中国的发展道路问题，也为21世纪“全球南方国家”寻找发展道路提供了中国智慧，必将对世界产生巨大的影响。

新发展理念具有很强的战略性、纲领性、引领性，必须贯穿经济活动的全过程。当前，中国特色社会主义进入了新时代，我国经济发展也进入了新时代，其基本特征就是我国经济已由高速增长阶段转向高质量发展阶段。高质量发展，集中体现了坚持以提高发展质量和效益为中心，是能够很好地满足人民日益增长的美好生活需要的发展，是体现新发展理念的发展，是创新成为第一动力、协调成为内生特点、绿色成为普遍形态、开放成为必由之路、共享成为根本目的的发展。更明确地说，高质量发展，就是经济发展从“有没有”转向“好不好”。

推动高质量发展是遵循经济规律发展的必然要求，但对于我国这样一个经济和人口规模巨大的国家，由高速增长阶段转向高质量发展阶段并不容易。一方面，必须跨越非常规的我国经济发展现阶段特有的关口，特别是要打好防范化解重大风险、精准脱贫、污染防治三大攻坚战。另一方面，就是要跨越常规性的长期性的关口，也就是要大力转变经济发展方式、优化经济结构、转换增长动力，特别是要净化市场环境，提升人力资本素质，增强国家治理能力。综合来看，尽管风险挑战很多，但我国经济发展健康稳定的基本面没有改变，支撑高质量发展的生产要素条件没有改变，长期稳中向好的总体势头没有改变。坚定必胜信念，全面用好我国发展的重要战略机遇期，高质量发展之路就一定会越走越宽广。

二、经济发展新常态与供给侧结构性改革

经济发展进入新常态是以习近平同志为核心的党中央综合分析世界经济长周期和我国发展阶段性特征及其相互作用做出的重大战略判断，深刻反映了我国经济由高速增长阶段向高质量发展阶段转变的重要特征。从消费需求、投资需求、出口和国际收支、生产能力和产业组织方式、生产要素相对优势、市场竞争特点、资源环境约束、经济风险积累和化解、资源配置模式和宏观调控方式等各个方面来看，中国经济发展进入新常态，正经历新旧动能转化的阵痛，但经济稳定发展的基本面没有改变。认识经济发展新常态必须准确到位，“一方面我国经济发展基本面是好的，另一方面也面临着很多困难和挑战，特别是结构性产能过剩比较严重”。

早在 2012 年 12 月，习近平在广东考察工作时就指出，以经济结构战略性调整为主攻方向加快转变经济发展方式，是当前和今后一个时期我国经济发展的重要任务。2013 年 10 月，习近平在出席亚太经合组织工商领导人峰会时明确指出：“中国经济已经进入新的发展阶段，正在进行深刻的方式转变和结构调整。”① 2013 年年底召开的中央经济工作会议，做出了中国经济正处在“三期叠加”阶段的判断，这都表明了对中国经济发展新的形势和进程的初步认识，为新常态或新阶段思想的形成打下了基础。2014 年 5 月，习近平在河南考察时指出，我国发展仍处于重要战略机遇期，我们要增强信心，从当前我国经济发展的阶段性特征出发，适应新常态，保持战略上的平常心态。② 2014 年 7 月，在中央召开的党外人士座谈会上，习近平又强调，要“正确认识我国经济发展的阶段性特征，进一步增强信心，适应新常态，共同推动经济持续健康发展”③。

① 《习近平谈治国理政》，外文出版社 2014 年版，第 346 页。
② 《习近平关于社会主义经济建设论述摘编》，中央文献出版社 2017 年版，第 73 页。
③ 《中共中央召开党外人士座谈会》，《人民日报》2014 年 7 月 30 日。

2014年11月，在亚太经合组织工商领导人峰会开幕式上，习近平指出：中国经济呈现出新常态，有几个主要特点。一是从高速增长转为中高速增长。二是经济结构不断优化升级，第三产业、消费需求逐步成为主体，城乡区域差距逐步缩小，居民收入占比上升，发展成果惠及更广大民众。三是从要素驱动、投资驱动转向创新驱动。这是第一次阐述新常态的主要特点。2014年12月，中央经济工作会议对经济发展新常态做出了全面分析并明确了大的政策方向，提出"这些趋势性变化，既是新常态的外在特征，又是新常态的内在动因"①。2015年7月，习近平在吉林调研时强调，要适应和把握我国经济发展进入新常态的趋势性特征，保持战略定力，增强发展自信，坚持变中求新、变中求进、变中突破，走出一条质量更高、效益更好、结构更优、优势充分释放的发展新路，推动我国经济向形态更高级、分工更优化、结构更合理的阶段演进。2016年年初，在省部级主要领导干部学习贯彻党的十八届五中全会精神专题研讨班上的讲话中，习近平进一步指出："新常态下，我国经济发展的主要特点是：增长速度要从高速转向中高速，发展方式要从规模速度型转向质量效率型，经济结构调整要从增量扩能为主转向调整存量、做优增量并举，发展动力要从主要依靠资源和低成本劳动力等要素投入转向创新驱动。"②

推进供给侧结构性改革，是在全面分析国内经济阶段性特征的基础上调整经济结构、转变经济发展方式的治本良方，是培育增长新动力、形成先发新优势、实现创新引领发展的必然要求。要把推进供给侧结构性改革作为当前和今后一个时期经济发展和经济工作的主线。

进入新时代，我国社会主要矛盾发生变化，但其基本运动方式没有变，仍然是"发展"与"需要"之间的矛盾，解决途径仍然是通过"发展"满足"需要"。供给侧结构性改革的根本目的是提高社会生产力水平，更好满足人民日益增长的美好生活需要。它通过使供给体系有效适应需求结构变化，从而使"发展"与"需要"相互联通并且有效匹配。

2015年第三季度，中国国内生产总值增速第一次降到7%以下，但从中长期来看，供给结构老化导致中国经济缺乏复苏动力。在2015年11月中央财经领导小组第十一次会议上，习近平首次提出了"供给侧结构性改革"，要求

---

① 《习近平谈治国理政》第2卷，外文出版社2017年版，第233页。
② 《习近平谈治国理政》第2卷，外文出版社2017年版，第245页。

“在适度扩大总需求的同时，着力加强供给侧结构性改革，着力提高供给体系质量和效率，增强经济持续增长动力，推动我国社会生产力水平实现整体跃升”①。2015年11月，习近平在亚太经合组织会议上再提“供给侧结构性改革”，指出“要解决世界经济深层次问题，单纯靠货币刺激政策是不够的，必须下决心在推进经济结构性改革方面做更大努力，使供给体系更适应需求结构的变化”。2015年12月召开的中央经济工作会议进一步明确了“去产能、去库存、去杠杆、降成本、补短板”等当前供给侧结构性改革的五大重点任务。可见，供给侧结构性改革已经成为我国宏观经济管理的核心内容与主攻方向，供给侧结构性改革将会是“十三五”期间我国践行“创新、协调、绿色、开放、共享”发展理念的重要政策着力点。2016年1月，习近平在重庆调研时指出，当前和今后一个时期，制约我国经济发展的因素，供给和需求两侧都有，但矛盾的主要方面在供给侧。2016年1月，习近平在省部级主要领导干部学习贯彻党的十八届五中全会精神专题研讨班上指出，从政治经济学的角度看，供给侧结构性改革的根本，是使我国供给能力更好满足广大人民日益增长、不断升级和个性化的物质文化和生态环境需要，从而实现社会主义生产目的。2016年5月，习近平在中央财经领导小组第十三次会议上指出，推进供给侧结构性改革，要把握好三个基本要求。其一，根本目的是提高供给质量满足需要，使供给能力更好满足人民美好生活的需要，这是坚持以人民为中心发展思想的必然要求。其二，主攻方向是减少无效供给、扩大有效供给，提高供给结构对需求结构的适应性。其三，本质属性是深化改革。2016年12月，习近平在中央经济工作会议上指出，振兴实体经济是供给侧结构性改革的主要任务，供给侧结构性改革要向振兴实体经济发力、聚力。

要深刻理解时代背景，当前我国经济发展中有周期性、总量性问题，但结构性问题最突出，尤其是重大的结构性失衡，主要变现在“三大失衡”，即实体经济结构性供需失衡、金融和实体经济失衡、房地产和实体经济失衡。如果只是简单采取扩大需求的办法，不仅不能解决结构性失衡，反而会加剧产能过剩、抬高杠杆率和企业成本，加剧这种失衡。矛盾的主要方面在供给侧。要准确把握基本要求，供给侧结构性改革的根本目的是提高供给质量满足需要，使供给能力更好满足人民日益增长的物质文化需要；主攻方向是减少无效供给，

① 《习近平关于全面建成小康社会论述摘编》，中央文献出版社2016年版，第44页。

扩大有效供给，提高供给结构对需求结构的适应性。

我国的供给侧结构性改革，同西方经济学的供给学派不是一回事。供给学派强调的重点是减税，过分突出税率的作用，并且思想方法比较绝对，只注重供给而忽视需求，只注重市场功能而忽视政府作用。我们说的供给侧结构性改革，重点是解放和发展社会生产力，用改革的办法推进结构调整，减少无效和低端供给，扩大有效和中高端供给，增强供给结构对需求变化的适应性和灵活性，提高全要素生产率。

推进供给侧结构性改革，要处理好几个重大关系。一是要处理好政府和市场的关系。使市场在资源配置中起决定性作用、更好发挥政府作用，是推进供给侧结构性改革的重大原则。我们既要遵循市场规律，善用市场机制解决问题，又要让政府勇担责任，干好自己该干的事。二是要处理好短期和长期的关系。要立足当前、着眼长远，从化解当前突出矛盾入手，从构建长效体制机制、重塑中长期经济增长动力着眼，既要在战略上坚持持久战，又要在战术上打好歼灭战。三是要处理好减法和加法的关系。做减法，就是减少低端供给和无效供给，去产能、去库存、去杠杆，为经济发展留出新空间。做加法，就是扩大有效供给和中高端供给，补短板、惠民生，加快发展新技术、新产业、新产品，为经济增长培育新动力。无论做减法还是做加法，都要把握症结、用力得当，突出定向、精准、有度。四是要处理好供给和需求的关系。供给和需求是市场经济内在关系的两个基本方面，供给侧和需求侧是管理和调控宏观经济的两个基本手段。经济政策是以供给侧为重点还是以需求侧为重点，要依据宏观经济形势作出抉择，二者不是非此即彼、一去一存的替代关系，而是要相互配合、协调推进。

三、坚持问题导向部署经济发展新战略

党的十八大以来，以习近平为主要代表的中国共产党人，深刻回答了新的历史条件下党和国家发展面临的一系列重大理论和现实问题，贯穿着强烈的问题意识、鲜明的问题导向，体现了共产党人求真务实的科学态度，展现了马克思主义者的坚定信仰和责任担当。

坚持问题导向是党的十八大以来党中央治国理政的鲜明特色，问题是实践的起点、创新的起点，抓住问题就能抓住经济社会发展的“牛鼻子”。纵观人类发展历史，一切发展进步无不是在破解时代问题中实现的。发现问题、研究

问题、解决问题，始终是推动一个国家、一个民族向前发展的重要动力。

改革开放以来，在正确回答什么是社会主义、怎样建设社会主义，建设什么样的党、怎样建设党，实现什么样的发展、怎样发展，坚持和发展什么样的中国特色社会主义，怎样坚持和发展中国特色社会主义等重大理论和实践问题过程中，中国共产党人坚持发展中国特色社会主义理论体系，不断推进马克思主义中国化。

2015 年 11 月 23 日，习近平在主持中共中央政治局第二十八次集体学习时指出："当前，世界经济和我国经济都面临许多新的重大课题，需要作出科学的理论回答。我们要立足我国国情和我们的发展实践，深入研究世界经济和我国经济面临的新情况新问题，揭示新特点新规律，提炼和总结我国经济发展实践的规律性成果，把实践经验上升为系统化的经济学说，不断开拓当代中国马克思主义政治经济学新境界，为马克思主义政治经济学创新发展贡献中国智慧。"①

坚持问题导向部署经济发展新战略，对我国经济社会发展变革产生深远影响。党的十八大以来，正是以化解矛盾、解决问题为目标任务进行开拓性、创造性工作，才解决了许多长期想解决而没有解决的难题，办成了许多过去想办而没有办成的大事，使党和国家事业发生历史性变革，中国特色社会主义取得重大成就。

四、坚持稳中求进的工作总基调

"得其法者事半功倍，不得法者事倍功半"。做好经济工作，离不开正确的工作策略和方法。党的十八大以来，以习近平同志为核心的党中央始终牢牢把握稳中求进工作总基调，强调要保持战略定力，坚持问题导向、底线思维，发扬钉钉子精神，一步一个脚印向前迈进。

坚持稳中求进的工作总基调，突出体现在党的十八大以来的多次中央经济工作会议精神中。2012 年 12 月 15 日召开的中央经济工作会议指出：坚持稳中求进工作总基调，全面提高党领导经济工作水平。履行党领导经济工作的职能，议大事、抓大事。发展是党执政兴国的第一要务，作为执政党，我们必须切实加强党对经济工作的领导，扎扎实实做好经济工作。2013 年 12 月 10 日召

① 《十八大以来重要文献选编》(下)，中央文献出版社 2018 年版，第 7 页。

开的中央经济工作会议指出，坚持底线思维，维护大局稳定。我国正处于跨越“中等收入陷阱”并向高收入国家迈进的历史阶段，矛盾和风险比从低收入国家迈向中等收入国家时更多更复杂。所以，凡事要从坏处准备，努力争取最好结果，做到有备无患。要稳扎稳打，步步为营，巩固稳中向好的发展态势，促进经济社会大局稳定，为全面深化改革创造条件。同时，要积极推动全面深化改革，坚持问题导向，勇于突破创新，以改革促发展、促转方式调结构、促民生改善。“稳”也好，“改”也好，是辩证统一、互为条件的。一静一动，静要有定力，动要有秩序，关键是把握好这两者之间的度。2014 年 12 月，习近平在中央经济工作会议上的讲话中指出，坚持稳中求进工作总基调，“稳”的重点要放在稳住经济运行上，确保增长、就业、物价不出现大的波动，确保金融不出现区域性系统性风险。“进”的重点要放在调整经济结构和深化改革开放上，确保转变经济发展方式和创新驱动发展取得新成效。稳中求进工作总基调是治国理政的重要原则，也是做好经济工作的方法论。

坚持稳中求进，成为党的十八大以来我国经济稳中向好态势的基础。经济发展进入新时代，“稳”既指平稳的经济增长，更包括稳定的就业、物价以及社会经济环境；“进”既指质量的提升、效率的提高、新动能的增强等，也包括资源环境更好的保护和民生改善等。“稳”和“进”是辩证统一的，要作为一个整体来把握。坚持稳中求进工作总基调，要深刻认识“稳”和“进”的辩证统一，从整体上来把握，掌握好工作节奏和力度。

党的十八大以来，我国经济发展缓中趋稳、稳中向好，出现更多积极变化。主要表现在如下方面：经济增长的速度更“稳”，我国经济运行始终保持在合理区间，质量和效益不断提高，经济实力再上新台阶，成为世界经济增长的主要动力源和稳定器。

第四节 建设现代化经济体系

现代化经济体系，是由社会经济活动各个环节、各个层面、各个领域的相互关系和内在联系构成的有机整体。只有形成符合中国国情、具有中国特色的现代化经济体系，才能更好顺应现代化发展潮流，赢得国际竞争主动，为其他领域现代化提供有力支撑，为实现人民对美好生活的向往奠定更为坚实而强大的物质基础。党的十八大以来，以习近平同志为核心的党中央从党和国家事业全局出发，着眼于实现“两个一百年”奋斗目标，提出了建设现代化经济体系的命题，集中体现了转变发展方式、优化经济结构、转换增长动力的迫切要求。建设现代化经济体系主要包括建设创新引领、协同发展的产业体系，统一开放、竞争有序的市场体系，体现效率、促进公平的收入分配体系，彰显优势、协调联动的城乡区域发展体系，资源节约、环境友好的绿色发展体系，多元平衡、安全高效的全面开放体系，充分发挥市场作用、更好发挥政府作用的经济体制。这七个方面是个统一的整体，要一体建设、一体推进。当前，全面落实高质量发展要求，加快建设现代化经济体系的主要着力点在于加快建设创新型国家、实施乡村振兴战略、实施区域协调发展战略、推动形成全面开放新格局等几个方面。

一、加快建设创新型国家

科技兴则民族兴，科技强则国家强。创新是引领发展的第一动力，是建设现代化经济体系的战略支撑。创新型国家的主要标志是，科技和人才成为国家强盛最重要的战略资源，劳动生产率、社会生产力提高主要依靠科技进步和全面创新，拥有一批世界一流的科研机构、研究型大学和创新型企业，创新的法律制度环境、市场环境和文化环境优良。我国建设创新型国家的战略目标是，到 2020 年进入创新型国家行列，到 2035 年跻身创新型国家前列，到新中国成立 100 年时成为世界科技强国。加快建设创新型国家是解决我国新时代社会主要矛盾的必然选择，是抢抓新科技革命和产业变革历史机遇的战略举措。历史经验表明，科技革命和产业变革会深刻改变世界发展格局，一些国家抓住机遇，实现了经济实力、科技实力、国防实力和国际影响力迅速增强。

党的十八大以来，我国在实施创新驱动发展战略上取得了显著成就，科技进步对经济增长的贡献率从 2012 年的 52. 2%提高到 2016 年的 56. 2%，有力推动了产业升级。2016 年高技术产业增加值占规模以上工业增加值比重达到了 12. 4%，比 2012 年提高 3 个百分点。

面向世界科技前沿、面向经济主战场、面向国家重大需求，是我国科技创新的战略主攻方向。要瞄准世界科技前沿，强化基础研究，实现前瞻性基础研究、引领性原创成果重大突破。加强应用基础研究，拓展实施国家重大科技项目，突出关键共性技术、前沿引领技术、现代工程技术、颠覆性技术创新，为建设科技强国、质量强国、航天强国、网络强国、交通强国、数字中国、智慧社会提供有力支撑。

加强国家创新体系建设，强化战略科技力量。国家创新体系是决定国家发展水平的基础，战略科技力量是国家创新体系的中坚力量，国际竞争很大程度上是科技创新能力体系的比拼。“深化科技体制改革，坚决扫除阻碍科技创新能力提高的体制障碍，有力打通科技和经济转移转化的通道，优化科技政策供给，完善科技评价体系，营造良好创新环境。”① 建立以企业为主体、市场为导向、产学研深度融合的技术创新体系，加强对中小企业创新的支持，促进科技成果转化。

倡导创新文化，强化知识产权创造、保护、运用。创新驱动实质上是人才驱动，综合国力竞争归根到底是人才竞争。培养造就一大批具有国际水平的战略科技人才、科技领军人才、青年科技人才和高水平创新团队。“‘一年之计，莫如树谷；十年之计，莫如树木；终身之计，莫如树人。’要在全社会大力营造勇于创新、鼓励成功、宽容失败的良好氛围，为人才发挥作用、施展才华提供更加广阔的天地，让他们人尽其才、才尽其用、用有所成。”②

二、实施乡村振兴战略

农业、农村、农民（简称“三农”）问题是关系国计民生的根本性问题，必须始终把解决好“三农”问题作为全党工作重中之重。改革开放以来，党中央一直致力于破除城乡“二元结构”以缩小城乡差距，自 2004 年起，连续 15 年的中央一号文件都是聚焦“三农”问题的解决。党的十九大在“统筹城乡发展”和“新农村建设”取得显著成就的基础上，进一步提出了大力实施乡村振兴的战略。

当前，我国最大的发展不平衡，是城乡发展不平衡；最大的发展不充分，是农村发展不充分。中国要强，农业必须强；中国要美，农村必须美；中国要富，农民必须富。党的十九大从全局和战略高度，明确提出要坚持农业农村优先发展，是党中央着眼“两个一百年”奋斗目标导向和农业农村短腿短板的问题导向做出的战略安排，表明在全面建设社会主义现代化国家新征程中，要始

---

① 《习近平关于科技创新论述摘编》，中央文献出版社 2016 年版，第 56 页。

② 《习近平关于科技创新论述摘编》，中央文献出版社 2016 年版，第 109-110 页。

终坚持把解决好“三农”问题作为全党工作重中之重，真正摆上优先位置。

随着工业化、城镇化的深入推进，我国人均国内生产总值已超过 1 万美元，城市人口比重将很快超过 60%，农业占国内生产总值的份额将进一步下降，但农业的基础地位不会改变。实施乡村振兴战略，要按照产业兴旺、生态宜居、乡风文明、治理有效、生活富裕的总要求，建立健全城乡融合发展体制机制和政策体系，加快推进农业农村现代化。产业兴旺，就是要紧紧围绕促进产业发展，引导和推动更多的资本、技术、人才等要素向农业农村流动，调动广大农民的积极性、创造性，形成现代农业产业体系，实现一二三产业融合发展，保持农业农村经济发展旺盛的活力。生态宜居就是加强农村资源环境保护，改善基础设施，营造青山绿水的田园风光。乡风文明，就是要促进农村文化教育、医疗卫生等事业发展，推进移风易俗、文明进步，弘扬农耕文明和优良传统，使农民综合素质进一步提升，农村文明程度进一步提高。治理有效，就是加强和创新农村社会治理，使农村更加和谐、安定有序。生活富裕，就是要让农民有持续稳定的收入来源，经济宽裕，衣食无忧，生活便利，共同富裕。

推进乡村振兴，根本还要靠深化改革。巩固和完善农村基本经营制度，首先是深化农村土地制度改革，完善承包地所有权、承包权、经营权“三权分置”制度。保持土地承包关系稳定并长久不变，第二轮土地承包到期后再延长三十年。真正让农户的承包权稳下去、经营权活起来。其次是深化农村集体产权制度改革，保障农民财产权益，壮大集体经济。在摸清集体资产家底基础上，推进集体资产权能改革试点，盘活农村集体资产，提高农村各类资源要素的配置和利用效率，多途径发展壮大集体经济。再次是加快建设现代化农业。习近平强调，没有农业现代化，国家现代化是不完整、不全面、不牢固的。当前，农业现代化仍是“四化同步”的短腿。农业现代化的主要内涵包括：一是确保国家粮食安全，把中国人的饭碗牢牢端在自己手中。解决好十几亿人吃饭问题始终是治国安邦的头等大事，是农业发展的首要任务。二是构建现代农业产业体系、生产体系、经营体系，这是现代农业的“三大支柱”。完善农业支持保护制度，发展多种形式适度规模经营，培育新型农业经营主体，健全农业社会化服务体系，实现小农户和现代农业发展有机衔接。三是调整农业结构，促进农村一二三产业融合发展。支持和鼓励农民就业创业，拓宽增收渠道。四是加强农村基层基础工作，健全自治、法治、德治相结合的乡村治理体系。培养造就一支懂农业、爱农村、爱农民的“三农”工作队伍。

三、实施区域协调发展战略

区域发展战略是经济社会发展战略的重要组成部分。1999年以来，我国逐步形成西部开发、东北振兴、中部崛起、东部率先发展的区域发展总体战略。党的十八大以来，以习近平同志为核心的党中央统筹内外、着眼于全局，提出建设“一带一路”倡议和京津冀协同发展、长江经济带发展战略，推动形成东西南北纵横联动发展新格局。党的十九大以来，立足于解决发展的不平衡不充分问题，进一步开创区域协调发展新格局。实施区域协调发展战略是增强区域发展协同性的重要途径，是拓展区域发展新空间的内在要求，是建设现代化经济体系的重要支撑，是实现“两个一百年”奋斗目标的重大举措。

党的十九大报告明确提出了区域协调发展战略的主要任务和战略取向。

一是加大力度支持革命老区、民族地区、边疆地区、贫困地区加快发展。老少边穷地区是我国特殊类型困难地区。党的十八大以来，随着对老少边穷地区推出的一系列举措，脱贫攻坚、开发建设、开发开放等，这些地区的面貌发生了前所未有的变化。党的十九大报告进一步将老少边穷地区放在区域协调发展战略的优先位置，体现了党中央加快老少边穷地区发展的决心。

二是强化举措推进西部大开发形成新格局，深化改革加快东北等老工业基地振兴，发挥优势推动中部地区崛起，创新引领率先实现东部地区优化发展。党的十八大以来，推进“一带一路”建设和长江经济带发展，增强了西部地区与沿海地区经济联系，拓展了西部地区对外开放空间。今后一个时期推进西部大开发，要充分发挥“一带一路”建设的引领带动作用，加大西部开放力度，提高对外开放和外向型经济发展水平。近年来，受到深层次体制性因素影响，东北地区发展面临新的困难和挑战。加快东北等老工业基地振兴，必须从深化改革上找出路，加快转变政府职能，减少政府对市场主体的不合理干预。中部地区具有连接东西、贯通南北的区位优势条件和产业体系较为完整的优势。东部地区是我国经济发展的先行区，对全国经济发挥着重要的增长引擎和辐射带动作用。东部地区率先实现优化发展，必须加快在创新引领上实现突破，充分利用和拓展创新要素集聚的特殊优势，打造具有国际影响力的创新高地。

三是建立更加有效的区域协调发展新机制。以疏解北京非首都功能为“牛鼻子”推动京津冀协同发展，高起点规划、高标准建设雄安新区，根本是要健全区域协调发展新机制，走出一条中国特色解决“大城市病”的路子。以共抓大保护、不搞大开发为导向推动长江经济带发展。推进建设粤港澳大湾区，有利于深化内地和港澳交流合作，对港澳参与国家发展战略，提升竞争力，保持长期繁荣稳定具有重要意义。习近平指出：“支持长江三角洲区域一体化发展并上升为国家战略，着力落实新发展理念，构建现代化经济体系，推进更高起点的深化改革和更高层次的对外开放，同‘一带一路’建设、京津冀协同发展、长江经济带发展、粤港澳大湾区建设相互配合，完善中国改革开放空间布局。”① 支持资源型地区经济转型发展。加快边疆发展，确保边疆巩固、边境安全。坚持陆海统筹，加快建设海洋强国。

四是以城市群为主体构建大中小城市和小城镇协调发展的城镇格局，加快农业转移人口市民化。城市群是我国经济发展的重要增长极，也是最具创新活力的板块。农业转移人口市民化是推进新型城镇化的关键。党的十八大以来，中央提出到2020年实现约1亿农业转移人口落户城镇的目标，出台了推进户籍制度改革、实施居住证制度等举措。到2017年年底，全国户籍人口城镇化率、常住人口城镇化率分别达到42.35%和58.52%。

四、推动形成全面开放新格局

党的十一届三中全会以来我国改革开放的成就充分证明，对外开放是推动我国经济社会发展的重要动力。不断扩大对外开放，提高对外开放水平，以开放促改革、促发展，是我国发展不断取得新成就的重要法宝。

当前中国与世界同处于发展的重大转折期，应对错综复杂的国内外形势，统筹国内国际两个大局，对我们发展开放型经济提出了更高的要求。我们要顺应中国经济深度融入世界经济的趋势，奉行互利共赢的开放战略，发展更高层次的开放型经济。

习近平关于对外开放的战略思想，主要体现在以下几个方面：

第一，推动形成全面开放新格局。2013年4月，习近平提出中国将在更大范围、更宽领域、更深层次上提高开放型经济水平。② 2013年10月，习近平进

---

① 习近平：《共建创新包容的开放型世界经济：在首届中国国际进口博览会开幕式上的主旨演讲》，人民出版社2018年版，第11页。

② 习近平：《在同出席博鳌亚洲论坛2013年年会的中外企业家代表座谈时的讲话》，《人民日报》2013年4月9日。

一步指出要完善互利共赢、多元平衡、安全高效的开放型经济体系。① 2013年11月，党的十八届三中全会提出“构建开放型经济新体制”。党的十九大报告正式提出推动形成全面开放新格局，具体表述为：要以“一带一路”建设为重点，形成陆海内外联动、东西双向互济的开放格局；赋予自由贸易试验区更大改革自主权，探索建设自由贸易港。

第二，建设开放型世界经济。2013年习近平提出“共同维护和发展开放型世界经济”的新理念。党的十九大报告更明确提出：“中国支持多边贸易体制，促进自由贸易区建设，推动建设开放型世界经济。”“历史地看，经济全球化是社会生产力发展的客观要求和科技进步的必然结果，不是哪些人、哪些国家人为造出来的。经济全球化为世界经济增长提供了强劲动力，促进了商品和资本流动、科技和文明进步、各国人民交往。”② 2017年1月，习近平在联合国演讲时指出，“建设一个开放、包容、普惠、平衡、共赢的经济全球化”。党的十九大报告强调：“同舟共济，促进贸易和投资自由化便利化，推动经济全球化朝着更加开放、包容、普惠、平衡、共赢的方向发展。”③

第三，积极参与引领全球经济治理体系改革和建设。2013年4月，习近平指出：“要稳步推进国际经济金融体系改革，完善全球治理机制。”2015年7月，习近平提出：“完善全球经济治理，加强新兴市场国家和发展中国家在国际经济金融事务中的代表性和话语权，让世界银行、国际货币基金组织等传统国际金融机构取得新进展，焕发新活力。”习近平在2017年世界经济达沃斯论坛开幕式上讲到：“小智治事，大智治制。全球经济治理体系变革紧迫性越来越突出，国际社会呼声越来越高。全球治理体系只有适应国际经济格局新要求，才能为全球经济提供有力保障”。党的十九大报告提出，中国秉持共商共建共享的全球治理观，倡导国际关系民主化，积极参与全球治理体系改革和建设。

第四，推动构建人类命运共同体。2013年3月23日，习近平在担任国家主席后首次出访的第一站便提出，“人类生活在同一个地球村里，生活在历史

① 习近平：《深化改革开放　共创美好亚太——在亚太经合组织工商领导人峰会上的演讲》，《人民日报》2013年10月8日。

② 习近平：《共担时代责任　共促全球发展——在世界经济论坛2017年年会开幕式上的主旨演讲》，新华网，2017年1月17日。

③ 习近平：《决胜全面建成小康社会　夺取新时代中国特色社会主义伟大胜利》，人民出版社2017年版，第59页。

和现实交汇的同一个时空里，越来越成为你中有我、我中有你的命运共同体”。两千多年的交往历史证明，只要坚持团结互信、平等互利、包容互鉴、合作共赢，不同种族、不同信仰、不同文化背景的国家完全可以共享和平，共同发展。此后，习近平在不同场合进行了多次阐述。2014 年 3 月，习近平在联合国教科文组织总部发表演讲，向世界讲述中国“和而不同”的哲学理念，深刻阐述了“文明因交流而多彩，文明因互鉴而丰富”的文明观。文明交流互鉴，是推动人类文明进步和世界和平发展的重要动力。当今世界，人类生活在不同文化、种族、肤色、宗教和不同社会制度所组成的世界里，各国人民形成了你中有我、我中有你的命运共同体。

2015 年 9 月，在第 70 届联合国大会一般性辩论时的讲话中，习近平倡导：“和平、发展、公平、正义、民主、自由，是全人类的共同价值，也是联合国的崇高目标。……构建以合作共赢为核心的新型国际关系，打造人类命运共同体。”① 习近平关于人类命运共同体的新理念在党的十九大报告中得到进一步丰富和完善，出现 6 次之多。习近平指出：“明确中国特色大国外交要推动构建新型国际关系，推动构建人类命运共同体。”② 党的十九大强调，坚持推动构建人类命运共同体是习近平新时代中国特色社会主义思想的基本方略之一。

2017 年世界经济达沃斯论坛上，习近平指出：“人类已经成为你中有我、我中有你的命运共同体，利益高度融合，彼此相互依存。每个国家都有发展权利，同时都应该在更加广阔的层面考虑自身利益，不能以损害其他国家利益为代价。”2018 年 4 月，习近平在博鳌亚洲论坛年会指出：“中国人民将继续扩大开放、加强合作，坚定不移奉行互利共赢的开放战略，坚持引进来和走出去并重，推动形成陆海内外联动、东西双向互济的开放格局，实行高水平的贸易和投资自由化便利化政策，探索建设中国特色自由贸易港。中国人民将继续与世界同行、为人类作出更大贡献，坚定不移走和平发展道路，积极发展全球伙伴关系，坚定支持多边主义，积极参与推动全球治理体系变革，构建新型国际关系，推动构建人类命运共同体。”③ 2018 年 6 月，习近平在上合组织青岛峰会

---

① 《十八大以来重要文献选编》(中)，中央文献出版社 2016 年版，第 695 页。

② 习近平：《决胜全面建成小康社会 夺取新时代中国特色社会主义伟大胜利》，人民出版社 2017 年版，第 59 页。

③ 习近平：《开放共创繁荣 创新引领未来：在博鳌亚洲论坛 2018 年年会开幕式上的主旨演讲》，人民出版社 2018 年版，第 10 页。

上阐述文明交流互鉴思想，呼吁“要树立平等、互鉴、对话、包容的文明观”，指出了一条人类文明和谐共生之路。

第五，促进“一带一路”国际合作。2013 年 9 月和 10 月，习近平在出访中亚和东南亚国家期间，先后提出共建“丝绸之路经济带”和“21 世纪海上丝绸之路”的重大倡议，得到国际社会高度关注。这是习近平深刻思考人类前途命运以及中国和世界发展大势，为促进全球共同繁荣、推动构建人类命运共同体所提出的中国方案，开辟了我国参与和引领全球开放合作的新境界，在世界发展史上具有里程碑意义。

共建“一带一路”是推动构建人类命运共同体的实践平台。“一带一路”倡议具有丰富的内涵。首先，“一带一路”是繁荣之路。发展是解决一切问题的总钥匙。推进“一带一路”建设，应聚焦发展这个根本性问题，释放各国发展潜力，实现经济大融合、发展大联动、成果大共享。其次，“一带一路”是开放之路。“一带一路”建设以开放为导向，解决经济增长和平衡问题。结合自身国情，积极发展开放型经济，参与全球治理和公共产品供给，携手构建广泛的利益共同体。再次，“一带一路”是创新之路。创新是推动发展的重要力量。“一带一路”建设本身就是一个创举，搞好“一带一路”建设也要向创新要动力。最后，“一带一路”是文明之路。“一带一路”建设以文明交流超越文明隔阂、文明互鉴超越文明冲突、文明共存超越文明优越，推动各国相互理解、相互尊重、相互信任。

“一带一路”建设造福沿线各国人民。首先，“一带一路”建设以共商共建共享为基本原则。共商共建共享，是习近平倡导的全球治理观，也是“一带一路”建设的重要指导原则。“共商”就是沟通协商，充分尊重各国发展水平、经济结构、法律制度、营商环境和文化传统的差异。“共建”就是共同参与，深度对接有关国家和区域发展战略。“共享”就是实现互利共赢，充分调动各方面积极性。其次，“一带一路”建设以深化“五通”合作为关键支撑。政策沟通、设施联通、贸易畅通、资金融通和民心相通，是“一带一路”建设的核心内容。最后，“一带一路”建设以构建全面开放新格局为努力方向。习近平指出，过去我国的开放基于沿海地区，面向海洋、面向发达国家，今后更多要考虑中西部地区和沿边地区开放，进一步向西开放、向周边国家开放。习近平强调，要积极促进“一带一路”国际合作，努力实现政策沟通、设施联通、贸易畅通、资金融通、民心相通，打造国际合作新平台，增添共同发展新动力。

这是在新的历史起点上谱写“一带一路”新篇章的政治宣言和行动纲领。2017年5月，习近平在“一带一路”国际合作高峰论坛上进一步丰富文明交流互鉴的思想内涵，古丝绸之路绵延万里，延续千年，积淀了以和平合作、开放包容、互学互鉴、互利共赢为核心的丝路精神。

共建“一带一路”倡议源于中国，但机会和成果属于世界，中国不打地缘博弈小算盘，不搞封闭排他小圈子，不做凌驾于人的强买强卖，只要各方秉持和遵循共商共建共享的原则，就一定能增进合作、化解分歧，把“一带一路”打造成为顺应经济全球化潮流的最广泛国际合作平台，让共建“一带一路”更好造福各国人民。

我国日益走近世界舞台中央，如何在加快自身发展的同时，应对全球挑战、谋求共同发展，是新时代扩大对外开放的重要课题。我们必须审时度势，积极参与国际经贸规则制定，贡献中国智慧、提出中国方案，努力在经济全球化中抢占先机、赢得主动，建设开放型世界经济，促进共同发展。“一带一路”倡议致力于打造不同文明和谐共融的利益共同体、责任共同体、命运共同体，推动现有国际秩序、国际规则增量改革，为完善全球治理体系提供了新思路新方案，成为有关各国实现共同发展的巨大合作平台。

思考题

1. 如何正确理解习近平新时代中国特色社会主义经济思想的时代背景？
2. 为什么说新发展理念是“指挥棒”“红绿灯”？
3. 如何理解“坚持以人民为中心的发展思想”是马克思主义政治经济学的根本立场？
4. 什么是现代化经济体系？如何建设现代化经济体系？
5. 乡村振兴战略及其意义是什么？
6. 如何理解习近平提出的构建人类命运共同体？
7. “一带一路”倡议的主要内容和精神是什么？“一带一路”建设的基本原则及意义有哪些？

阅读文献

■ 恩格斯：《国民经济学批判大纲》，《马克思恩格斯文集》第 1 卷，人民出版社 2009 年版。

■ 恩格斯：《英国工人阶级状况》，《马克思恩格斯文集》第 1 卷，人民出版社 2009 年版。

■ 马克思：《雇佣劳动与资本》，《马克思恩格斯文集》第 1 卷，人民出版社 2009 年版。

■ 马克思、恩格斯：《共产党宣言》，《马克思恩格斯文集》第 2 卷，人民出版社 2009 年版。

■ 马克思：《〈政治经济学批判〉导言》，《马克思恩格斯文集》第 8 卷，人民出版社 2009 年版。

■ 马克思：《〈政治经济学批判〉序言》，《马克思恩格斯文集》第 2 卷，人民出版社 2009 年版。

■ 马克思：《资本论》第 1—3 卷，《马克思恩格斯文集》第 5、6、7 卷，人民出版社 2009 年版。

■ 马克思：《哥达纲领批判》，《马克思恩格斯文集》第 3 卷，人民出版社 2009 年版。

■ 恩格斯：《社会主义从空想到科学的发展》，《马克思恩格斯文集》第 3 卷，人民出版社 2009 年版。

■ 列宁：《卡尔·马克思》，《列宁专题文集　论马克思主义》，人民出版社 2009 年版。

■ 列宁：《弗里德里希·恩格斯》，《列宁专题文集　论马克思主义》，人民出版社 2009 年版。

■ 列宁：《俄国资本主义的发展》，《列宁专题文集　论资本主义》，人民出版社 2009 年版。

■ 列宁：《帝国主义是资本主义的最高阶段》，《列宁专题文集　论资本主义》，人民出版社 2009 年版。

■ 列宁：《论欧洲联邦口号》，《列宁专题文集　论社会主义》，人民出版社 2009 年版。

■ 列宁：《苏维埃政权的当前任务》，《列宁专题文集　论社会主义》，人民出版社 2009 年版。

■ 列宁：《论粮食税》，《列宁专题文集　论社会主义》，人民出版社 2009 年版。

■ 列宁：《论合作社》，《列宁专题文集　论社会主义》，人民出版社 2009 年版。

■ 斯大林：《苏联社会主义经济问题》，《斯大林文集（1934—1952）》，人民出版社 1985 年版。

■ 毛泽东：《中国社会各阶级的分析》，《毛泽东选集》第 1 卷，人民出版社 1991 年版。

■ 毛泽东：《中国革命和中国共产党》，《毛泽东选集》第 2 卷，人民出版社 1991 年版。

■ 毛泽东：《新民主主义论》，《毛泽东选集》第 2 卷，人民出版社 1991 年版。

■ 毛泽东：《革命的转变和党在过渡时期的总路线》，《毛泽东文集》第 6 卷，人民出版社 1999 年版。

■ 毛泽东：《关于农业合作化问题》，《毛泽东文集》第 6 卷，人民出版社 1999 年版。

■ 毛泽东：《社会主义革命的目的是解放生产力》，《毛泽东文集》第 7 卷，人民出版社 1999 年版。

■ 毛泽东：《论十大关系》，《毛泽东文集》第 7 卷，人民出版社 1999 年版。

■ 毛泽东：《把我国建设成为社会主义的现代化强国》，《毛泽东文集》第 8 卷，人民出版社 1999 年版。

■ 邓小平：《我国经济建设的历史经验》，《邓小平文选》第 2 卷，人民出版社 1994 年版。

■ 中共中央宣传部：《邓小平同志建设有中国特色社会主义理论学习纲要》，学习出版社 1995 年版。

■《中共中央关于经济体制改革的决定》，人民出版社 1984 年版。

■ 江泽民：《高举邓小平理论伟大旗帜　把建设有中国特色社会主义事业全面推向二十一世纪》，人民出版社 1997 年版。

■《中共中央关于完善社会主义市场经济体制若干问题的决定》，人民出版社 2003 年版。

■《中共中央关于构建社会主义和谐社会若干重大问题的决定》，人民出版社 2006 年版。

■ 胡锦涛：《高举中国特色社会主义伟大旗帜　为夺取全面建设小康社会新胜利而奋斗》，人民出版社 2007 年版。

■ 习近平：《习近平谈治国理政》（第 1、2 卷），外文出版社 2014、2017 年版。

■ 习近平：《决胜全面建成小康社会　夺取新时代中国特色社会主义伟大胜利》，人民出版社 2017 年版。

■ 中共中央文献研究室编：《十八大以来重要文献选编》（上、中、下），中央文献出版社 2014、2016、2018 年版。

■ 中共中央文献研究室编：《习近平关于社会主义经济建设论述摘编》，中央文献出版社 2017 年版。

■ 中共中央宣传部编：《习近平新时代中国特色社会主义思想三十讲》，学习出版社 2018 年版。

■ 中共中央宣传部编：《习近平新时代中国特色社会主义思想学习纲要》，学习出版社、人民出版社 2019 年版。

人名译名对照表

[埃]	阿明	Samir Amin
[美]	奥康纳	James O'Connor
[美]	巴兰	Paul Alexander Baran
[法]	贝特兰	Charles Bettelheim
[德]	伯恩施坦	Eduard Bernstein
[法]	布阿吉尔贝尔	Pierre Le Pesant Boisguillebert
[苏]	布哈林	Nikolai Ivanovich Bukharin
[美]	布雷弗曼	Harry Braverman
[俄]	杜冈-巴拉诺夫斯基	Tugan-Baranovsky
[日]	都留重人	Shigeto Tsuru
[英]	多布	Maurice Herbert Dobb
[巴]	多斯桑托斯	Theotonio dos Santos
[德]	恩格斯	Friedrich Engels
[英]	法因	Ben Fine
[德]	费尔巴哈	Ludwig Andreas Feuerbach
[德]	费希特	Johann Gottlieb Fichte
[法]	傅立叶	Charles Fourier
[德]	弗兰克	Andre Gunder Frank
[奥]	格罗斯曼	Henryk Grossmann
[意]	葛兰西	Antonio Gramsci
[奥]	哈耶克	Friedrich August von Hayek
[日]	河上肇	Hajime Kawakami
[德]	黑格尔	Georg Wilhelm Friedrich Hegel
[英]	霍布森	John Atkinson Hobson
[英]	霍华德	Michael Charles Howard
[英]	金	John Edward King
[巴]	卡多佐	Fernando Henrique Silva Cardoso
[德]	康德	Immanuel Kant
[德]	考茨基	Karl Kautsky

[德]	柯尔施	Karl Korsch
[法]	魁奈	Francois Quesnay
[法]	拉法格	Paul Lafargue
[波]	兰格	Oskar Lange
[英]	李嘉图	David Ricardo
[德]	李斯特	Friedrich List
[俄]	列宁	Vladimir Ilyich Lenin
[瑞典]	林德贝克	Assar Lindbeck
[匈]	卢卡奇	Ceorg Lukacs
[德]	卢森堡	Rosa Luxemburg
[美]	罗默	John Roemer
[英]	马尔萨斯	Thomas Robert Malthus
[德]	马克思	Karl Marx
[英]	马歇尔	Alfred Marshall
[比]	曼德尔	Ernest Mandel
[英]	米克	Ronald Meek
[奥]	米塞斯	Ludwig von Mises
[英]	莫尔	Thomas More
[英]	穆勒	James Mill
[意]	内格里	Antonio Negri
[英]	诺夫	Alec Nove
[英]	欧文	Robert Owen
[奥]	庞巴维克	Eugen von Bohm-Bawerk
[英]	配第	William Petty
[阿根廷]	普雷维什	Raul Prebisch
[法]	萨伊	Jean Baptiste Say
[日]	森岛通夫	Michio Morishima
[法]	圣西门	Claude Henri de Saint-Simon
[苏]	斯大林	Josef Vissarionovich Stalin
[英]	斯密	Adam Smith
[美]	斯威齐	Paul Marlor Sweezy
[苏]	瓦尔加	Eugen Varga

[美]	沃勒斯坦	Immanuel Wallerstein
[法]	西斯蒙第	Jean-Charles-Léonard Simonde de Sismondi
[奥]	希法亭	Rudolf Hilferding
[德]	谢林	Friedrich Wilhelm Joseph von Schelling
[日]	幸德秋水	Kōtoku Shūsui
[希]	伊曼纽尔	Arghirl Emmanuel
[日]	宇野弘藏	Kozo Uno
[日]	置盐信雄	Nobuo Okishio
[美]	哈维	David Harvey
[美]	福斯特	John Bellamy Foster
[意]	奈格里	Antonio Negri
[法]	迪梅尼尔	Gérard Duménil
[法]	莱维	Dominique Lévy
[美]	科茨	David Kotz
[美]	布伦纳	Robert Brenner
[法]	皮凯蒂	Thomas Piketty
[英]	高夫	Ian Gough
[美]	奥康纳	James O’Connor
[美]	科威尔	Joel Kovel

第一版后记

《马克思主义经济学说史》教材是马克思主义理论研究和建设工程重点教材。在编写过程中，得到了马克思主义理论研究和建设工程咨询委员会的指导，得到了中央有关部门和有关专家学者的帮助与支持。同时，广泛听取了高校马克思主义经济学说史课程教师和学生的意见与建议。

本教材由首席专家顾海良主持编写。参加教材写作和修改的有：顾海良、程恩富、柳欣、何自力、姚开建、白暴力、张旭、葛扬、李楠、常庆欣、王璐、傅辉煌、尹贵斌。自始至终参加讨论和修改工作的有：顾海良、张旭、葛扬、何自力、常庆欣。参加部分章节修改的有：许兴亚、李玉峰、沈尤佳。对部分章节提出修改意见的有：颜鹏飞、李建平。张磊主持了工程办公室组织的审改和统稿工作。邵文辉、宋凌云、何成、田岩、王勇、戚向阳、王生升、唐棣宣、陈东琼、魏学江、王燕燕、宋义栋、汤荣光、山郁林、邢云文、宫长瑞、任文启等参加了具体审改和统稿工作。参加集中阅看并提出修改意见的有：邱海平、孙蚌珠、张俊山、杨玉生、丁堡骏、毛立言、吴宇晖、高德步、赖小琼、史继刚、李建建、朱富强、刘明远、刘永佶等。

2012 年 5 月

第二版后记

组织全面修订马克思主义理论研究和建设工程重点教材，是推动习近平新时代中国特色社会主义思想和党的十九大精神进教材、进课堂、进头脑的重要举措。《马克思主义经济学说史》（第二版）是在第一版教材基础上修订而成的。在教材修订过程中，得到了马克思主义理论研究和建设工程咨询委员会的指导，得到了中央有关部门和有关专家学者的帮助和支持。同时，也广泛听取了高校专业课程教师和学生的意见和建议。

教材修订课题组由顾海良任首席专家并主持修订，李楠、王在全、王璐、郑吉伟、傅辉煌，白暴力、姚开建、张旭作为主要成员参加修订，马思宇作为学术助手做了辅助性工作。何成主持了工程办公室组织的审改定稿工作。田岩、冯静、吴学锐、王昆、王勇、曹守亮、张文君、徐立恒等参加了审改。参加集中审阅并提出修改意见的有：邱海平、张衔、何自力、方敏、孙蚌珠、王生升、张广生、张开、刘凤义、朱安东、黄一兵、李玉峰、孙立冰等。

2020 年 5 月

读者意见反馈

为收集对教材的意见建议,进一步完善教材编写并做好服务工作,读者可将对本教材的意见建议通过如下渠道反馈至我社。

咨询电话 400-810-0598

反馈邮箱 gjdzfwb@ pub.hep.cn

通信地址 北京市朝阳区惠新东街 4 号富盛大厦 1 座

高等教育出版社总编辑办公室

邮政编码 100029